COMENTÁRIOS AO ESTATUTO DA CRIANÇA E DO ADOLESCENTE

WILSON DONIZETI LIBERATI

COMENTÁRIOS AO ESTATUTO DA CRIANÇA E DO ADOLESCENTE

*12ª edição,
revista e ampliada,
de acordo com a Lei 13.058, de 22.12.2014*

COMENTÁRIOS AO
ESTATUTO DA CRIANÇA
E DO ADOLESCENTE

© Wilson Donizeti Liberati

1ª edição: 1991; 2ª edição: 1993; 3ª edição, 1ª tiragem: 02.1995; 2ª tiragem: 10.1995; 4ª edição, 1ª tiragem, 07.1997; 2ª tiragem, 02.1999; 5ª edição: 03.2000; 6ª edição: 04.2002; 7ª edição: 04.2003; 8ª edição: 08.2004; 9ª edição: 04.2006; 10ª edição: 04.2008; 11ª edição: 03.2010.

ISBN 978-85-392-0265-2

Direitos reservados desta edição por
MALHEIROS EDITORES LTDA.
Rua Paes de Araújo, 29 – conjunto 171
CEP 04531-940 – São Paulo/SP
Tel.: (11) 3078-7205 – Fax: (11) 3168-5495
URL www.malheiroseditores.com.br
e-mail: malheiroseditores@terra.com.br

Editoração Eletrônica
Cicacor Editorial

Capa
Nadia Basso

Impresso no Brasil
Printed in Brazil
01.2015

Dedico este trabalho aos meus pais,
Alcides e Irma,
pela abnegação com que se propuseram a me educar.

A minha mulher,
Maria José (Zezé),
pela presença constante em minha vida, com amor,
sem o qual seria impossível a realização deste trabalho.

Aos meus filhos,
Maria Carolina e Gabriel,
frutos do amor, sujeitos de toda a nossa atenção
e titulares de direitos, que me ensinaram
a respeitar o direito das outras crianças.

PREFÁCIO À 1ª EDIÇÃO

Tenho imensa satisfação em apresentar este precioso trabalho do Dr. WILSON D. LIBERATI. Imensa satisfação e grande responsabilidade.

Pela primeira, em razão de ver os frutos da grande árvore do Ministério Público amadurecerem e se colocarem a serviço da comunidade brasileira. As sérias e nobres atribuições institucionais conferidas pela Constituição Federal e, neste momento, pelo Estatuto da Criança e do Adolescente colocam o Ministério Público como uma das molas propulsoras da sempre desejada transformação social. Se a História registra o gradativo compromisso do Promotor de Justiça com os menos favorecidos e marginalizados, na atual etapa representa um importante agente para o resgate da cidadania de significativa parcela da população.

Do distante Estado de São Paulo acompanho com entusiasmo e grande interesse a atuação do Promotor de Justiça da Infância e da Juventude de Rondônia. E comprovo a cada momento a jovialidade de sua luta, a esperança como seu estilo, a determinação e o descortino de quem se dispõe a enfrentar os desafios.

Fica a constatação pessoal do Promotor de Justiça vibrante e do cidadão profundamente consciente de sua responsabilidade, que se somam na pessoa do Autor. E é dessa valiosa simbiose do profissional e do cidadão que surgem e se fortalecem os nobres ideais capazes de ultrapassar a mediocridade e colaborar na construção de uma sociedade mais justa e solidária.

As transformações se aceleram.

A duras penas já se consegue vislumbrar o ainda nebuloso vulto de uma sociedade democratizada.

O Dr. Wilson D. Liberati muito tem contribuído no seu Estado para as mudanças que paulatinamente se tornarão realidade em todo o Brasil. A presente obra é um dos instrumentos.

São Paulo, agosto de 1991

Munir Cury
Procurador de Justiça

NOTA DO AUTOR

As modificações trazidas pela Lei 10.406, de 10.1.2002, que instituiu o novo Código Civil – principalmente aquelas relacionadas ao Direito de Família –, fizeram com que uma nova abordagem sobre o Estatuto da Criança e do Adolescente fosse feita.

Assim, esta edição foi totalmente adaptada para incluir as discussões sobre a "guarda", a "adoção", o "direito de visita" e outros institutos, que tiveram incidência no Estatuto com o advento do novo Código Civil.

Espera-se, com esses Comentários, oferecer à comunidade forense e aos operadores do sistema de justiça, mais uma ferramenta de trabalho, apta a desvendar as dificuldades operacionais do Estatuto.

Março de 2003

WILSON DONIZETI LIBERATI

NOTA A 12ª EDIÇÃO

Além das mudanças trazidas pelo Código Civil, Lei 10.406/2002 e pela Lei 12.010/2009 que atualizou e unificou o tema da adoção no Estatuto da Criança e do Adolescente, nesta nova edição foi necessário acrescentar as mudanças trazidas pelas Leis 11.829/2008; 12.015/2009; 12.038/2009; 12.415/2011; 12.594/2012; 12.696/2012; 12.955/2014; 12.962/2014; 13.010/2014; e Resoluções do CONANDA. Com essas modificações legislativas, ora comentadas neste livro, o operador do Direito terá maior facilidade para desvendar a vontade do legislador estatutário e protagonizar a mudança civilizatória pretendida pelo Estatuto.

Setembro de 2014

WILSON DONIZETI LIBERATI

SUMÁRIO

Prefácio à 1ª edição 7
Nota do Autor 9
Nota à 12ª edição 11

Livro I – PARTE GERAL

I – DISPOSIÇÕES PRELIMINARES
1. A teoria da proteção integral comparada com a da situação irregular (art. 1º) 17
2. A definição de criança e de adolescente (art. 2º) 18
3. Os direitos fundamentais da criança e do adolescente (art. 3º) 20
4. A absoluta prioridade (art. 4º) 20
5. A criança sujeito. A criança objeto (art. 227 da CF) (art. 5º) 21
6. A interpretação da lei. Criança e adolescente, condição peculiar de pessoas em desenvolvimento (art. 6º) 22

II – DOS DIREITOS FUNDAMENTAIS
1. Do direito à vida e à saúde (arts. 7º a 14) 24
2. Do direito à liberdade, ao respeito e à dignidade (arts. 15 a 18-B) ... 26
3. Do direito à convivência familiar e comunitária
   3.1 Disposições gerais (arts. 19 a 24) 29
   3.2 Da família natural (arts. 25 a 27) 31
   3.3 Da família substituta (arts. 28 a 32) 37
   3.4 Da guarda (arts. 33 a 35) 39
   3.5 Da tutela (arts. 36 a 38) 48
   3.6 Da adoção (arts. 39 a 52-D) 58
4. Do direito à educação, à cultura, ao esporte e ao lazer (arts. 53 a 59) ... 75
5. Do direito à profissionalização e à proteção no trabalho (arts. 60 a 69) ... 78

III – DA PREVENÇÃO
1. Disposições gerais (arts. 70 a 73)..82
2. Da prevenção especial
   2.1 Da informação, cultura, lazer, esportes, diversões e espetáculos (arts. 74 a 80)...84
   2.2 Dos produtos e serviços (arts. 81 e 82).................................86
   2.3 Da autorização para viajar (arts. 83 a 85).............................89

Livro II – PARTE ESPECIAL

I – DA POLÍTICA DE ATENDIMENTO
1. Disposições gerais (art. 86)...92
   1.1 A ação articulada do governo e da sociedade (art. 86)..........92
   1.2 As linhas de ação da política de atendimento (art. 87)..........93
   1.3 As diretrizes da política de atendimento (arts. 88 e 89).........95
2. Das entidades de atendimento
   2.1 Disposições gerais (arts. 90 a 94)...103
   2.2 Da fiscalização das entidades (arts. 95 a 97).......................108

II – DAS MEDIDAS DE PROTEÇÃO
1. Disposições gerais (art. 98)...110
   1.1 As hipóteses do art. 98 (art. 98)..110
   1.2 Das medidas específicas de proteção (arts. 99 a 102).........116

III – DA PRÁTICA DO ATO INFRACIONAL
1. Disposições gerais (art. 103)...122
   1.1 Inimputabilidade infanto-juvenil (art. 104)............................123
   1.2 Ato infracional praticado por criança (art. 105)....................124
2. Dos direitos individuais
   2.1 Garantias constitucionais (arts. 106 e 107).........................125
   2.2 A internação "provisória" (art. 108).......................................128
   2.3 Da identificação do adolescente (art. 109)...........................129
3. Das garantias processuais
   3.1 O devido processo legal (art. 110)..130
   3.2 Garantias asseguradas (art. 111)...131
4. Das medidas socioeducativas
   4.1 Disposições gerais (arts. 112 a 114)....................................135
   4.2 Da advertência (art. 115)...137
   4.3 Da obrigação de reparar o dano (art. 116)...........................138
   4.4 Da prestação de serviços à comunidade (art. 117).............140
   4.5 Da liberdade assistida (arts. 118 e 119)...............................142
   4.6 Do regime de semiliberdade (art. 120).................................144
   4.7 Da internação (arts. 121 a 125)
       4.7.1 Disposições gerais 147

SUMÁRIO 15

4.7.2 Princípios e finalidade da internação 147
4.7.3 Condições para a aplicação da medida 152
4.7.4 Internação "provisória" 154
4.7.5 Os direitos do adolescente privado de liberdade 155
5. Da remissão (arts. 126 a 128) 156

IV – DAS MEDIDAS PERTINENTES AOS PAIS OU RESPONSÁVEL (ARTS. 129 E 130)
1. Disposições gerais 160
2. Das medidas sociais, psicológicas e de tratamento especializado 162
3. Advertência aos pais ou responsável 162
4. Perda da guarda 163
5. Destituição da tutela 164
6. Suspensão ou destituição do poder familiar (de acordo com o Código Civil, Lei 10.406/2002) 164

V – DO CONSELHO TUTELAR
1. Disposições gerais (arts. 131 e 132) 166
2. Da formação do Conselho (arts. 133 a 135) 168
3. Das atribuições do Conselho (arts. 136 a 138) 171
4. Da escolha e dos impedimentos dos conselheiros (arts. 139 e 140) 172

VI – DO ACESSO À JUSTIÇA
1. Acesso à Justiça. Disposições gerais (arts. 141 a 145) 175
2. Do juiz da infância e da juventude (art. 146) 179
3. Critérios para a fixação da competência (art. 147) 180
4. Da competência jurisdicional (art. 148) 182
5. Da competência administrativa (art. 149) 186
6. Dos serviços auxiliares e órgãos de colaboração (arts. 150 e 151) 187

VI.1 – DOS PROCEDIMENTOS E DOS RECURSOS
1. Disposições gerais (arts. 152 a 154) 190
2. Da suspensão e extinção do poder familiar (de acordo com o Código Civil, Lei 10.406/2002) (arts. 155 a 163) 195
3. Da destituição da tutela (art. 164) 206
4. Da colocação em família substituta (arts. 165 a 170) 209
5. Da apuração de ato infracional atribuído a adolescente 212
   5.1 Procedimento na fase policial (arts. 171 a 178) 214
   5.2 Procedimento no Ministério Público (arts. 179 a 182) 222
   5.3 Procedimento na fase judicial (arts. 183 a 190) 228
6. Da apuração de irregularidades em entidade de atendimento (arts. 191 a 193) 234
7. Da apuração de infração administrativa às normas de proteção à criança e ao adolescente (arts. 194 a 197) 237

8. Da habilitação de pretendentes à adoção (arts. 197-A a 197-E) 240
9. Dos recursos (arts. 198 a 199-E) 242
VI.2 – DO MINISTÉRIO PÚBLICO
1. Disposições gerais (art. 200) 247
2. Das atribuições do Ministério Público (arts. 201 a 205) 251
VI.3 – DO ADVOGADO (arts. 206 e 207) 264
VI.4 – DA PROTEÇÃO JUDICIAL DOS INTERESSES INDIVIDUAIS, DIFUSOS E COLETIVOS
1. Disposições gerais. Interesses difusos e coletivos 267
2. O objeto da proteção judicial. Prioridade absoluta (art. 208) 269
3. Foro competente para a ação e órgãos legitimados (arts. 209 a 212) ... 273
4. Obrigação de fazer e de não fazer (art. 213, *caput*) 275
5. Medida liminar e ação cautelar (art. 213, § 1º) 276
6. Imposição de multa diária (arts. 213, §§ 2º e 3º, e 214) 277
7. Efeito suspensivo dos recursos (art. 215) 278
8. Responsabilidade civil e execução da sentença (arts. 216 e 217) ... 278
9. Ação manifestamente infundada. Honorários advocatícios (art. 218, *caput*) 279
10. Litigância de má-fé (arts. 218, parágrafo único, e 219) 279
11. Provocação da iniciativa do Ministério Público (arts. 220 a 222) ... 280
12. Inquérito civil (arts. 223 e 224) 283

VII – DOS CRIMES E DAS INFRAÇÕES ADMINISTRATIVAS
1. Disposições gerais (arts. 225 a 227) 285
2. Dos crimes em espécie (arts. 228 a 244-B) 287
3. Das infrações administrativas (arts. 245 a 258-B) 317

VIII – DISPOSIÇÕES FINAIS E TRANSITÓRIAS (arts. 259 a 267) 332

Bibliografia 348

LIVRO I

PARTE GERAL

TÍTULO I

DISPOSIÇÕES PRELIMINARES

Art. 1º. Esta Lei dispõe sobre a proteção integral à criança e ao adolescente.

1. A teoria da proteção integral comparada com a da situação irregular

A Lei 8.069/1990 revolucionou o Direito Infanto-Juvenil, inovando e adotando a doutrina da proteção integral. Essa nova visão é baseada nos direitos próprios e especiais das crianças e adolescentes, que, na condição peculiar de pessoas em desenvolvimento, necessitam de proteção diferenciada, especializada e integral (TJSP, AC 19.688-0, Rel. Lair Loureiro).

É integral, primeiro, porque assim diz a CF em seu art. 227, quando determina e assegura os direitos fundamentais de todas as crianças e adolescentes, sem discriminação de qualquer tipo; segundo, porque se contrapõe à teoria do "Direito tutelar do menor", adotada pelo Código de Menores revogado (Lei 6.697/1979), que considerava as crianças e os adolescentes como objetos de medidas judiciais, quando evidenciada a situação irregular, disciplinada no art. 2º da antiga lei.

O Código revogado não passava de um Código Penal do "Menor", disfarçado em sistema tutelar; suas medidas não passavam de verdadeiras sanções, ou seja, penas, disfarçadas em medidas de proteção. Não relacionava nenhum direito, a não ser aquele sobre a assistência religiosa; não trazia nenhuma medida de apoio à família; tratava da situação irregular da criança e do jovem, que, na realidade, eram seres privados de seus direitos.

Na verdade, em situação irregular estão a família, que não tem estrutura e que abandona a criança; os pais, que descumprem os deveres do poder familiar; o Estado, que não cumpre as suas políticas sociais básicas; nunca a criança ou o jovem.

A nova teoria, baseada na total proteção dos direitos infanto-juvenis, tem seu alicerce jurídico e social na Convenção Internacional sobre os Direitos da Criança, adotada pela Assembleia-Geral das Nações Unidas, no dia 20.11.1989. O Brasil adotou o texto, em sua totalidade, pelo Dec. 99.710, de 21.11.1990, após ser ratificado pelo Congresso Nacional (Dec. Legislativo 28, de 14.9.1990).

Dessa forma, o novo instrumento legal volta-se para o desenvolvimento da população jovem do País, garantindo proteção especial àquele segmento considerado pessoal e socialmente mais sensível.

> **Art. 2º.** Considera-se criança, para os efeitos desta Lei, a pessoa até doze anos de idade incompletos e adolescente aquela entre doze e dezoito anos de idade.
>
> Parágrafo único. Nos casos expressos em lei, aplica-se excepcionalmente este Estatuto às pessoas entre dezoito e vinte e um anos de idade.

2. A definição de criança e de adolescente

O art. 2º vem distinguir o atendimento socioeducativo, pela definição dos conceitos de criança e adolescente. A separação está fundada tão somente no aspecto da idade, não levando em consideração o psicológico e o social.

Para a norma, criança é aquela pessoa que tem 12 anos incompletos; adolescente, dos 12 aos 18 anos de idade.

Vários autores, entre eles Albergaria e Nogueira, fazem restrições à colocação do limite de 12 anos para o início da adolescência, pelo fato de a distinção pretendida pelo legislador não coincidir com a evolução biológica de uma fase para outra.

Essa distinção é importante porque "a infância é o período decisivo em que se desenvolve a pessoa humana... A socialização que se inicia na infância prossegue na adolescência para a aquisição da consciência moral" (Albergaria, J., p. 24).

Nogueira entende que "a fixação do início da adolescência pelo Estatuto aos 12 anos completos, principalmente para responder por ato infracional, através de processo contraditório com ampla defesa, não deixa, salvo melhor juízo, de ser uma temeridade, pois aos 12 anos a pessoa ainda é uma criança" (Nogueira, P. L., p. 9).

Na realidade, os conceitos de criança e adolescente e seus limites etários são variáveis "entre vários países, conforme dados estatísticos da ONU: em 74 países, o critério cronológico se fixa em 15 anos; em 10 países, em 16 anos; em 31 países, em 18 anos; e em 6 países, mais de 18 anos" (Albergaria, J., p. 24).

Haim Grünspun, médico-psiquiatra, psicólogo e bacharel em Direito, entende que a puberdade é caracterizada "pela aparição dos primeiros sinais exteriores da maturação sexual. Na menina, consideramos o aparecimento das primeiras regras, que após a década de 50 se antecipou de 2 anos, entre 9 e 13 anos". Em relação à adolescência, continua Grünspun, "vai do fim da puberdade até próximo aos 18 anos, podendo ser antecipada até aos 16 anos, na atualidade" (Grünspun, H., p. 39).

Na verdade, quando o Estatuto se referiu ao "estado" de criança e de adolescente, quis caracterizar aqueles seres humanos em peculiares condições de desenvolvimento, devendo ser, em todas as hipóteses, ontologicamente respeitados.

Outro aspecto que deve ser abordado é a mudança do termo "menor" para criança e adolescente.

Na concepção técnico-jurídica, "menor" designa aquela pessoa que não atingiu ainda a maioridade, ou seja, 18 anos. A ele não se atribui a imputabilidade penal, nos termos do art. 104 do ECA c/c art. 27 do CP. Se isso não bastasse, a palavra "menor", com o sentido dado pelo antigo Código de Menores, era sinônimo de carente, abandonado, delinquente, infrator, egresso da FEBEM, trombadinha, pivete. A expressão "menor" reunia todos esses rótulos e os colocava sob o estigma da "situação irregular". Essa terminologia provocava traumas e marginalização naqueles pequenos seres.

Com as expressões genéricas "criança" e "adolescente", pretendeu o legislador não particularizar, não permitir a marginalização, a marca, o estigma, a cicatriz, o trauma.

O parágrafo único do art. 2º do ECA permite que o atendimento aos adolescentes ultrapasse o limite dos 18 anos. Assim é o caso do art. 40 – quando disciplina a adoção de maior de 18 anos, nas hipóteses em que o adotando já esteja sob a guarda dos adotantes –, e do § 5º do art. 121 – que permite a aplicação e cumprimento da medida socioeducativa de internação até os 21 anos.

Art. 3º. A criança e o adolescente gozam de todos os direitos fundamentais inerentes à pessoa humana, sem prejuízo da proteção integral de que trata esta Lei, assegurando-se-lhes, por lei ou por outros meios, todas as oportunidades e facilidades, a fim de lhes facultar o desenvolvimento físico, mental, moral, espiritual e social, em condições de liberdade e de dignidade.

3. Os direitos fundamentais da criança e do adolescente

Os direitos fundamentais da criança e do adolescente são os mesmos direitos de qualquer pessoa humana, tais como o direito à vida e à saúde, à educação, à liberdade, ao respeito e à dignidade, à convivência familiar e comunitária, à cultura, ao lazer e ao esporte, à profissionalização e à proteção no trabalho. Esses direitos são garantidos na Constituição Federal (art. 5º) e consignados no Estatuto.

A garantia e a proteção desses direitos deverão ser exercidos, assegurando aos seus beneficiários, quer pela lei ou por qualquer outro meio, todas as facilidades para o desenvolvimento físico, moral, mental, espiritual e social, com dignidade e liberdade.

Não se pode esquecer, todavia, que a pedra angular dos direitos infanto-juvenis tem sua fonte na Declaração dos Direitos da Criança, proclamada pela Assembleia-Geral das Nações Unidas, em 20.11.1959, contemplando em seus 10 princípios a base jurídico-social da dignidade daquele ser menos protegido.

> **Art. 4º.** É dever da família, da comunidade, da sociedade em geral e do Poder Público assegurar, com absoluta prioridade, a efetivação dos direitos referentes à vida, à saúde, à alimentação, à educação, ao esporte, ao lazer, à profissionalização, à cultura, à dignidade, ao respeito, à liberdade e à convivência familiar e comunitária.
>
> Parágrafo único. A garantia de prioridade compreende:
>
> a) primazia de receber proteção e socorro em quaisquer circunstâncias;
>
> b) precedência de atendimento nos serviços públicos ou de relevância pública;
>
> c) preferência na formulação e na execução das políticas sociais públicas;
>
> d) destinação privilegiada de recursos públicos nas áreas relacionadas com a proteção à infância e à juventude.

4. A absoluta prioridade

O art. 4º praticamente transcreve o art. 227 da CF, que determina que, primeiro, a *família* e, supletivamente, o *Estado* e a *sociedade* têm o dever de assegurar, por todos os meios, de todas as formas e com *absoluta prioridade*, todos os direitos inerentes à constituição de um homem civilizado (cfr. nosso *O Melhor Interesse da Criança: um Debate Interdisciplinar,* editado pela Renovar, 1999).

Por *absoluta prioridade* devemos entender que a criança e o adolescente deverão estar em primeiro lugar na escala de preocupação dos governantes; devemos entender que, primeiro, devem ser atendidas todas as necessidades das crianças e adolescentes, pois "o maior patrimônio de uma nação é o seu povo, e o maior patrimônio de um povo são suas crianças e jovens" (Gomes da Costa, A. C.).

Por *absoluta prioridade* entende-se que, na área administrativa, enquanto não existirem creches, escolas, postos de saúde, atendimento preventivo e emergencial às gestantes, dignas moradias e trabalho, não se deveriam asfaltar ruas, construir praças, sambódromos, monumentos artísticos etc., porque a vida, a saúde, o lar, a prevenção de doenças são mais importantes que as obras de concreto que ficam para demonstrar o poder do governante.

Além de descrever e enumerar os direitos da criança e do adolescente, o Estatuto indica o mecanismo de sua exigibilidade. Assim, a "garantia de prioridade" compreendida no parágrafo único do art. 4º será promovida e fiscalizada pelo Ministério Público, nos termos de suas funções institucionais, gravadas no inciso II do art. 129 da CF.

A destinação privilegiada dos recursos públicos nas áreas relacionadas com a proteção à infância e à juventude está assegurada nos arts. 59, 87, 88 e 261, parágrafo único, do ECA.

Nossos Tribunais têm reiteradamente, e com acerto, firmado entendimento reconhecendo que o interesse da criança e do adolescente deve prevalecer sobre qualquer outro interesse, quando seu destino estiver em discussão (*RT* 420/139, 423/115, 425/92, 430/84).

> **Art. 5º.** Nenhuma criança ou adolescente será objeto de qualquer forma de negligência, discriminação, exploração, violência, crueldade e opressão, punido na forma da lei qualquer atentado, por ação ou omissão, aos seus direitos fundamentais.

5. A criança sujeito. A criança objeto (art. 227 da CF)

O art. 5º do ECA regulamenta a última parte do art. 227 da CF, que visa proteger todas as crianças e adolescentes da negligência, discriminação, exploração, violência, crueldade, opressão e todos os atentados aos seus direitos, quer por ação ou omissão.

Os mandamentos constitucional e estatutário têm sua fonte no 9º Princípio da Declaração dos Direitos da Criança, da ONU: "A criança gozará de proteção contra quaisquer formas de negligência, crueldade e exploração. Não será jamais objeto de tráfico, sob qualquer forma...".

A utilização do Direito pelas crianças e pelos adolescentes "torna-se um projeto de educação para as novas gerações e um investimento social de autoproteção para o homem" (Grünspun, H., p. 5).

Com essa lei civilizatória, as crianças e jovens passam a ser *sujeitos* de direitos e deixam de ser *objetos* de medidas judiciais e procedimentos policiais, quando expostos aos efeitos da marginalização social decorrente da omissão da sociedade e do Poder Público, pela inexistência ou insuficiência das políticas sociais básicas.

Art. 6º. Na interpretação desta Lei levar-se-ão em conta os fins sociais a que ela se dirige, as exigências do bem comum, os direitos e deveres individuais e coletivos, e a condição peculiar da criança e do adolescente como pessoas em desenvolvimento.

6. A interpretação da lei. Criança e adolescente, condição peculiar de pessoas em desenvolvimento

O art. 6º do ECA está ontologicamente relacionado com o art. 5º da Lei de Introdução ao Código Civil, que dispõe: "Art. 5º. Na aplicação da lei, o juiz atenderá aos fins sociais a que ela se dirige".

Não resta a menor dúvida de que por essa interpretação busca-se descobrir qual o sentido atribuído ao texto, pela vontade do legislador.

No ensinamento de Sílvio Rodrigues, "a lei disciplina relações que se estendem no tempo e que florescerão em condições necessariamente desconhecidas do legislador. Daí a ideia de se procurar interpretar a lei de acordo com o fim a que ela se destina, isto é, procurar dar-lhe uma interpretação teleológica. O intérprete, na procura do sentido da norma, deve inquirir qual o efeito que ela busca, qual o problema que ela almeja resolver. Com tal preocupação em vista é que se deve proceder à exegese de um texto" (Rodrigues, S., 1979, p. 26).

Em verdade, na interpretação do texto legal, o que se deve observar é a proteção dos interesses da criança e do adolescente, que deverão sobrepor-se a qualquer outro bem ou interesse juridicamente tutelado, levando em conta a destinação social da lei e o respeito à condição peculiar da criança e do adolescente como pessoas em desenvolvimento.

# TÍTULO II

DOS DIREITOS FUNDAMENTAIS

Capítulo I
Do direito à vida e à saúde

Art. 7º. A criança e o adolescente têm direito à proteção à vida e à saúde, mediante a efetivação de políticas sociais públicas que permitam o nascimento e o desenvolvimento sadio e harmonioso, em condições dignas de existência.

Art. 8º. É assegurado à gestante, através do Sistema Único de Saúde, o atendimento pré e perinatal.

§ 1º. A gestante será encaminhada aos diferentes níveis de atendimento, segundo critérios médicos específicos, obedecendo-se aos princípios de regionalização e hierarquização do Sistema.

§ 2º. A parturiente será atendida preferencialmente pelo mesmo médico que a acompanhou na fase pré-natal.

§ 3º. Incumbe ao poder propiciar apoio alimentar à gestante e à nutriz que dele necessitem.

§ 4º. Incumbe ao Poder Público proporcionar assistência psicológica à gestante e à mãe, no período pré e pós-natal, inclusive como forma de prevenir ou minorar as consequências do estado puerperal. (*Acrescentado pela Lei 12.010/2009*)

§ 5º. A assistência referida no § 4º deste artigo deverá ser também prestada a gestantes ou mães que manifestem interesse em entregar seus filhos para adoção. (*Acrescentado pela Lei 12.010/2009*)

Art. 9º. O Poder Público, as instituições e os empregadores propiciarão condições adequadas ao aleitamento materno, inclusive aos filhos de mães submetidas a medida privativa de liberdade.

Art. 10. Os hospitais e demais estabelecimentos de atenção à saúde de gestantes, públicos e particulares, são obrigados a:

I – manter registro das atividades desenvolvidas, através de prontuários individuais, pelo prazo de dezoito anos;

II – identificar o recém-nascido mediante o registro de sua impressão plantar e digital e da impressão digital da mãe, sem prejuízo de outras formas normatizadas pela autoridade administrativa competente;

III – proceder a exames visando ao diagnóstico e terapêutica de anormalidades no metabolismo do recém-nascido, bem como prestar orientação aos pais;

IV – fornecer declaração de nascimento onde constem necessariamente as intercorrências do parto e do desenvolvimento do neonato;

V – manter alojamento conjunto, possibilitando ao neonato a permanência junto à mãe.

Art. 11. É assegurado atendimento integral à saúde da criança e do adolescente, por intermédio do Sistema Único de Saúde, garantido o acesso universal e igualitário às ações e serviços para promoção, proteção e recuperação da saúde. (*Redação dada pela Lei 11.185/2005*)

§ 1º. A criança e o adolescente portadores de deficiência receberão atendimento especializado.

§ 2º. Incumbe ao Poder Público fornecer gratuitamente àqueles que necessitarem os medicamentos, próteses e outros recursos relativos ao tratamento, habilitação ou reabilitação.

Art. 12. Os estabelecimentos de atendimento à saúde deverão proporcionar condições para a permanência em tempo integral de um dos pais ou responsável, nos casos de internação de criança ou adolescente.

Art. 13. Os casos de suspeita ou confirmação de castigo físico, de tratamento cruel ou degradante e de maus-tratos contra criança ou adolescente serão obrigatoriamente comunicados ao Conselho Tutelar da respectiva localidade, sem prejuízo de outras providências legais. (*Redação dada pela Lei 13.010/2014*)

Parágrafo único. As gestantes ou mães que manifestem interesse em entregar seus filhos para adoção serão obrigatoriamente encaminhadas à Justiça da Infância e da Juventude. (*Acrescentado pela Lei 12.010/2009*)

Art. 14. O Sistema Único de Saúde promoverá programas de assistência médica e odontológica para a prevenção das enfermidades que ordinariamente afetam a população infantil, e campanhas de educação sanitária para pais, educadores e alunos.

Parágrafo único. É obrigatória a vacinação das crianças nos casos recomendados pelas autoridades sanitárias.

1. Do direito à vida e à saúde

Dentre os direitos fundamentais protegidos e assegurados pela lei, o direito à vida e à saúde destaca-se, por sua importância.

Em sua *Liturgia do Amor Maior*, Liborni Siqueira ensina que "o direito à vida reflete hoje a mais importante das reivindicações do ser humano através dos padrões do comportamento defensivo, quais sejam: o biológico, quando o ser bate-se pela sobrevivência e procura a satisfação de suas necessidades orgânicas; e o psicossocial, quando busca a coesão interna e sua própria valorização" (Siqueira, L., 1987, p. 17).

A criança e o adolescente, que estão em fase de desenvolvimento, devem merecer a proteção especial da família, da sociedade e do Poder

Público, devendo este criar condições e programas específicos que permitam seu nascimento e desenvolvimento de forma sadia e harmoniosa. Com a redação dada pela Lei n. 13.010/2014 o artigo 13 recebeu ampliação das hipóteses de ações que afetam a saúde e a vida de crianças e adolescentes.

Além dos maus-tratos, já presentes no dispositivo legal, a citada lei acrescenta a ação delituosa de pessoas que se utilizam de castigo físico, tratamento cruel ou degradante para violar a integridade física, moral e psíquica de crianças e adolescentes, sem prejuízo de outras condutas delitivas previstas no Estatuto.

A Lei 12.010/2009 incluiu os §§ 4º e 5º do art. 8º e o parágrafo único do art. 13 com ênfase na destinação de recém-nascidos. Muitas mães descartam os filhos recém-nascidos influenciadas pelo estado puerperal. Nesses casos a lei determina que o Poder Público (União, Estados, Municípios e Distrito Federal) coloque à disposição dessas mães toda a assistência psicológica/médica para prevenir ou minorar as consequências daquele estado. Se, entretanto, as mães tiverem firme propósito de entregar seus filhos para adoção, devem ser encaminhadas à Justiça da Infância e da Juventude, quando os técnicos farão análise da situação e comunicação do fato ao juiz.

As condições dignas de atendimento à saúde são asseguradas à gestante e à parturiente, com o acompanhamento de profissional competente e através do Sistema Único de Saúde, pela CF nos arts. 201, II, 203, I, 208, VII, e 227, § 1º, I.

O respeito que se deve dar à manutenção da vida constitui-se a pilastra central de toda a formação física e emocional da criança. Pelo simples fato de ter sua mãe ao seu lado, no leito de um hospital, a criança mostrará rápida recuperação de sua enfermidade, pois, além da Ciência, o amor desempenha importante papel terapêutico.

Capítulo II
Do direito à liberdade, ao respeito e à dignidade

Art. 15. A criança e o adolescente têm direito à liberdade, ao respeito e à dignidade como pessoas humanas em processo de desenvolvimento e como sujeitos de direitos civis, humanos e sociais garantidos na Constituição e nas leis.

Art. 16. O direito à liberdade compreende os seguintes aspectos:

I – ir, vir e estar nos logradouros públicos e espaços comunitários, ressalvadas as restrições legais;

II – opinião e expressão;

III – crença e culto religioso;

IV – brincar, praticar esportes e divertir-se;

V – participar da vida familiar e comunitária, sem discriminação;

VI – participar da vida política, na forma da lei;

VII – buscar refúgio, auxílio e orientação.

Art. 17. O direito ao respeito consiste na inviolabilidade da integridade física, psíquica e moral da criança e do adolescente, abrangendo a preservação da imagem, da identidade, da autonomia, dos valores, ideias e crenças, dos espaços e objetos pessoais.

Art. 18. É dever de todos velar pela dignidade da criança e do adolescente, pondo-os a salvo de qualquer tratamento desumano, violento, aterrorizante, vexatório ou constrangedor.

Art. 18-A. A criança e o adolescente têm o direito de ser educados e cuidados sem o uso de castigo físico ou de tratamento cruel ou degradante, como formas de correção, disciplina, educação ou qualquer outro pretexto, pelos pais, pelos integrantes da família ampliada, pelos responsáveis, pelos agentes públicos executores de medidas socioeducativas ou por qualquer pessoa encarregada de cuidar deles, tratá-los, educá-los ou protegê-los. (*Acrescentado pela Lei 13.010/2014*)

Parágrafo único. Para os fins desta Lei, considera-se:

I – castigo físico: ação de natureza disciplinar ou punitiva aplicada com o uso da força física sobre a criança ou o adolescente que resulte em:

a) sofrimento físico; ou

b) lesão;

II – tratamento cruel ou degradante: conduta ou forma cruel de tratamento em relação à criança ou ao adolescente que:

a) humilhe; ou

b) ameace gravemente; ou

c) ridicularize.

Art. 18-B. Os pais, os integrantes da família ampliada, os responsáveis, os agentes públicos executores de medidas socioeducativas ou qualquer pessoa encarregada de cuidar de crianças e de adolescentes, tratá-los, educá-los ou protegê-los que utilizarem castigo físico ou tratamento cruel ou degradante como formas de correção, disciplina, educação ou qualquer outro pretexto estarão sujeitos, sem prejuízo de outras sanções cabíveis, às seguintes medidas, que serão aplicadas de acordo com a gravidade do caso: (*Acrescentado pela Lei 13.010/2014*)

I – encaminhamento a programa oficial ou comunitário de proteção à família;

II – encaminhamento a tratamento psicológico ou psiquiátrico;

III – encaminhamento a cursos ou programas de orientação;

IV – obrigação de encaminhar a criança a tratamento especializado;

V – advertência.

Parágrafo único. As medidas previstas neste artigo serão aplicadas pelo Conselho Tutelar, sem prejuízo de outras providências legais.

2. Do direito à liberdade, ao respeito e à dignidade

A liberdade, o respeito e a dignidade constituem direitos fundamentais da criança e do adolescente, assegurados pela Constituição Federal e pelo Estatuto.

Esses direitos são valores intrínsecos que asseguram as condições que determinam o desenvolvimento da personalidade infanto-juvenil, e sem os quais o ser "frágil" tem frustrada a sua evolução.

Segundo Albergaria, "o menor posto fora de seu meio social não sobreviverá ou realizará sua vocação pessoal de crescer. Não terá o natural contato com as instituições sociais, bem organizadas, como a família, a escola, o emprego, o clube e a igreja. A sociedade ou o excluiu ou o deixou à margem. O homem não se realiza fora da sociedade. O defeito de socialização pode ter efeitos patológicos, privando o menor de sua dimensão social, ou criando a subcultura do dissocial e do delinquente. O efeito do malogro da integração social do menor frustra o destino do menor e afeta o futuro de uma geração" (Albergaria, J., p. 40).

Lembra Basile que a liberdade e a igualdade são valores "que derivam da dignidade da pessoa. A perda dos direitos da liberdade e da igualdade constitui uma agressão à dignidade, como degradação da própria pessoa" (in Albergaria, J., p. 39).

Os artigos 18-A e 18-B foram incluídos no Estatuto pela Lei 13.010/2014, conhecida popularmente por "Lei da Palmada", que vai, doravante, ser chamada de "Lei Menino Bernardo".[1] Os novos artigos foram incluídos no rol de direitos ao respeito e à dignidade de crianças e adolescentes. Educar sem violência, essa é a tônica dos citados artigos. Ninguém poderá justificar que, mediante castigo físico ou de tratamento cruel ou degradante, crianças e adolescentes podem e devem ser educados. A violência não pode e não deve ser tolerada de forma alguma, mesmo a pretexto de "educar".

Os pais, a família ampliada (tios, primos, sobrinhos, avós) ou responsáveis, agentes públicos, diretores de estabelecimento que executam medidas protetivas e socioeducativas, pessoas que têm o dever legal de cuidar, tratar, educar ou proteger crianças e adolescentes, que usarem castigo físico ou tratamento cruel e degradante contra criança ou adolescente ficam sujeitos a medidas de encaminhamento a programa oficial ou comunitário de proteção à família, de encaminhamento a tratamento psicológico ou psiquiátrico, de encaminhamento a cursos ou programas de orientação, de obrigação de encaminhar a criança a tratamento especializado e advertência, sem prejuízo das demais medidas previstas no art. 129, I ao VII, do Estatuto. Essas medidas serão aplicadas pelo conselho tutelar da região onde reside a criança.

O parágrafo único do art. 18-A atualiza os conceitos de *castigo físico* e de *tratamento cruel ou degradante*. Por *castigo físico* entende a lei que

---

1. O nome da Lei foi escolhido em homenagem ao garoto gaúcho Bernardo Boldrini, de 11 anos, que foi encontrado morto no mês de março de 2014, na cidade de Três Passos (RS), supostamente morto pelo pai e pela madrasta.

é a ação de natureza disciplinar ou punitiva aplicada com o uso da força física sobre a criança ou o adolescente, que resulte em sofrimento físico ou lesão. O *tratamento cruel ou degradante* é caracterizado pela conduta ou forma cruel de tratamento em relação à criança ou ao adolescente que humilhe, ou ameace gravemente, ou ridicularize.

Capítulo III
Do direito à convivência familiar e comunitária
Seção I – **Disposições gerais**

Art. 19. Toda criança ou adolescente tem direito a ser criado e educado no seio da sua família e, excepcionalmente, em família substituta, assegurada a convivência familiar e comunitária, em ambiente livre da presença de pessoas dependentes de substâncias entorpecentes.

§ 1º. Toda criança ou adolescente que estiver inserido em programa de acolhimento familiar ou institucional terá sua situação reavaliada, no máximo, a cada 6 (seis) meses, devendo a autoridade judiciária competente, com base em relatório elaborado por equipe interprofissional ou multidisciplinar, decidir de forma fundamentada pela possibilidade de reintegração familiar ou colocação em família substituta, em quaisquer das modalidades previstas no art. 28 desta Lei. (*Acrescentado pela Lei 12.010/2009*).

§ 2º. A permanência da criança e do adolescente em programa de acolhimento institucional não se prolongará por mais de 2 (dois) anos, salvo comprovada necessidade que atenda ao seu superior interesse, devidamente fundamentada pela autoridade judiciária. (*Acrescentado pela Lei 12.010/2009*).

§ 3º. A manutenção ou reintegração de criança ou adolescente à sua família terá preferência em relação a qualquer outra providência, caso em que será esta incluída em programas de orientação e auxílio, nos termos do parágrafo único do art. 23, dos incisos I e IV do *caput* do art. 101 e dos incisos I a IV do *caput* do art. 129 desta Lei. (*Acrescentado pela Lei 12.010/2009*).

§ 4º. Será garantida a convivência da criança e do adolescente com a mãe ou o pai privado de liberdade, por meio de visitas periódicas promovidas pelo responsável ou, nas hipóteses de acolhimento institucional, pela entidade responsável, independentemente de autorização judicial. (*Acrescentado pela Lei 12.962/2014*)

Art. 20. Os filhos, havidos ou não da relação do casamento, ou por adoção, terão os mesmos direitos e qualificações, proibidas quaisquer designações discriminatórias relativas à filiação.

Art. 21. O poder familiar será exercido, em igualdade de condições, pelo pai e pela mãe, na forma do que dispuser a legislação civil, assegurado a qualquer deles o direito de, em caso de discordância, recorrer à autoridade judiciária competente para a solução da divergência. (*Redação dada pela Lei 12.010/2009*)

Art. 22. Aos pais incumbe o dever de sustento, guarda e educação dos filhos menores, cabendo-lhes ainda, no interesse destes, a obrigação de cumprir e fazer cumprir as determinações judiciais.

Art. 23. A falta ou a carência de recursos materiais não constitui motivo suficiente para a perda ou a suspensão do poder familiar. (*Redação dada pela Lei 12.010/2009*)

§ 1º. Não existindo outro motivo que por si só autorize a decretação da medida, a criança ou o adolescente será mantido em sua família de origem, a qual deverá obrigatoriamente ser incluída em programas oficiais de auxílio. (*Remunerado pela Lei 12.962/2014*)[2]

§ 2º. A condenação criminal do pai ou da mãe não implicará a destituição do poder familiar, exceto na hipótese de condenação por crime doloso, sujeito à pena de reclusão, contra o próprio filho ou filha. (*Acrescentado pela Lei 12.962/2014*)

Art. 24. A perda e a suspensão do poder familiar serão decretadas judicialmente, em procedimento contraditório, nos casos previstos na legislação civil, bem como na hipótese de descumprimento injustificado dos deveres e obrigações a que alude o art. 22. (*Redação dada pela Lei 12.010/2009*)

3. Do direito à convivência familiar e comunitária

3.1 Disposições gerais

A família é o primeiro agente socializador do ser humano. A falta de afeto e de amor da família gravará para sempre seu futuro.

Os pais são os responsáveis pela formação e proteção dos filhos, não só pela detenção do poder familiar, mas pelo dever de garantir-lhes os direitos fundamentais assegurados pela Constituição, tais como a vida, a saúde, a alimentação e a educação (art. 227).

O apelo do 6º Princípio da Declaração Universal dos Direitos da Criança é veemente:

"Para o desenvolvimento completo e harmonioso de sua personalidade, a criança precisa de amor e compreensão. Criar-se-á, sempre que possível, aos cuidados e sob a responsabilidade dos pais, e em qualquer hipótese, num ambiente de afeto e de segurança moral e material; salvo circunstâncias excepcionais, a criança de tenra idade não será apartada da mãe.

"À sociedade e às autoridades públicas caberá a obrigação de propiciar cuidados especiais às crianças sem família e àquelas que carecem

---

2. Cf. o parágrafo único do art. 1.589 do CC que dispõe: "O direito de visita estende-se a qualquer dos avós, a critério do juiz, observados os interesses da criança ou do adolescente". Cf., também, o inciso VII do art. 888 do CPC que dispõe: "Art. 888. O juiz poderá ordenar ou autorizar, na pendência da ação principal ou antes de sua propositura: (..) VII – A guarda e a educação dos filhos, regulado o direito de visita que, no interesse da criança ou do adolescente, pode, a critério do juiz, ser extensivo a cada um dos avós; (...)".

de meios adequados de subsistência. É desejável a prestação de ajuda oficial e de outra natureza em prol da manutenção dos filhos de famílias numerosas."

A Lei 12.010/2009 acrescentou três parágrafos ao art. 19, referindo-se à situação de crianças e adolescentes inseridos em programas de acolhimento familiar ou institucional. No § 1º do art. 19 a citada lei determina que a situação da criança ou adolescente deva ser reavaliada, no máximo, a cada seis meses. Assim, a equipe interprofissional do Juizado da Infância deverá apresentar relatório da situação ao juiz, priorizando a possibilidade de reintegração na família natural ou, na impossibilidade, a colocação em família substituta. O que não se permite é a manutenção de criança ou adolescente em instituições de abrigo por tempo superior a dois anos ou de forma indeterminada, consideradas as exceções previstas no § 2º do art. 19.

O § 3º do art. 19 determina que a manutenção ou a reintegração de criança ou adolescente à sua família terão preferência sobre qualquer outra providência; ou seja, a equipe interprofissional deverá envidar todos os esforços possíveis para manter ou reintegrar a criança na sua família natural, mesmo que seja necessária sua inclusão em programas de orientação e auxílio previstos no § 1º do art. 23, nos incisos I e IV do *caput* do art. 101 e nos incisos I a IV do *caput* do art. 129 do ECA. Em caso negativo dar-se-á sua colocação em família alternativa.

A Lei 12.962/2014 incluiu o § 4º no art. 19. Garante-se o convívio familiar da criança e do adolescente com a mãe ou o pai privado de liberdade. Crianças e adolescentes não poderão ser privadas do direito ao convívio com seus pais por estarem eles presos. Enquanto essa situação existir, o responsável pela criança ou adolescente – seja ele nomeado pelo juiz ou diretor de entidade de acolhimento institucional – deverá promover visitas periódicas para que elas se encontrem com seus genitores. Se a criança ou o adolescente estiver em entidade de acolhimento institucional, o próprio dirigente da entidade promoverá a visita, sem precisar pedir autorização judicial. É claro que esses encontros familiares devem observar as regras do sistema prisional local.

Conforme o disposto no *caput* do art. 23, não poderá ocorrer a perda ou suspensão do poder familiar por motivo de carência de recursos financeiros dos pais, ou seja, por pobreza. A Lei 12.962/2014 acrescentou os §§ 1º e 2º ao art. 23 (o § 1º já existia como sendo parágrafo único). Não existindo outro motivo que por si só autorize a decretação da medida, a criança ou o adolescente será mantido em sua família de origem, a qual deverá obrigatoriamente ser incluída em programas oficiais de auxílio.

A condenação criminal do pai ou da mãe não poderá ser motivo suficiente para a destituição do poder familiar, a não ser que referida

Dos Direitos Fundamentais 31

condenação seja por crime doloso, sujeito à pena de reclusão, contra o próprio filho ou filha, nos termos do § 2º.

O costume social desenvolveu-se juridicamente com características discriminatórias em relação aos filhos havidos fora do casamento.

Com o advento da Lei 6.515/1977, que introduziu o divórcio em nosso sistema jurídico, surgiu a primeira oportunidade de equiparação dos filhos, de qualquer natureza, na partilha da herança (art. 51, 2).

A CF, em seu art. 227, § 6º, põe termo à distinção que se fazia entre filiação legítima, ilegítima e adotiva. Não é mais possível, em nosso ordenamento jurídico, o uso de designações discriminatórias e até constrangedoras, como filho adulterino, ilegítimo, incestuoso ou adotivo.

O procedimento judicial tornou-se contraditório, e os filhos deverão permanecer, sempre que possível, com os pais, que têm a obrigação de criá-los e mantê-los.

Seção II – **Da família natural**

Art. 25. Entende-se por família natural a comunidade formada pelos pais ou qualquer deles e seus descendentes.

Parágrafo único. Entende-se por família extensa ou ampliada aquela que se estende para além da unidade pais e filhos ou da unidade do casal, formada por parentes próximos com os quais a criança ou adolescente convive e mantém vínculos de afinidade e afetividade. (*Acrescentado pela Lei 12.010/2009*)

Art. 26. Os filhos havidos fora do casamento poderão ser reconhecidos pelos pais, conjunta ou separadamente, no próprio termo de nascimento, por testamento, mediante escritura ou outro documento público, qualquer que seja a origem da filiação.

Parágrafo único. O reconhecimento pode preceder o nascimento do filho ou suceder-lhe ao falecimento, se deixar descendentes.

Art. 27. O reconhecimento do estado de filiação é direito personalíssimo, indisponível e imprescritível, podendo ser exercitado contra os pais ou seus herdeiros, sem qualquer restrição, observado o segredo de Justiça.

3.2 Da família natural

A família natural compreende aquela comunidade formada pelos pais ou qualquer deles e seus descendentes. A Lei 12.010/2009 acrescentou parágrafo único ao art. 25 do ECA para incluir um conceito de "família": "Entende-se por família extensa ou ampliada aquela que se estende para além da unidade pais e filhos ou da unidade do casal, formada por parentes próximos com os quais a criança ou adolescente convive e mantém vínculos de afinidade e afetividade".

A Lei Maior reconhece como entidade familiar a constituída pelo casamento civil, a derivada da relação estável entre o homem e a mulher e a comunidade formada por qualquer dos pais e seus descendentes. É o que dispõe o art. 226, §§ 1º a 4º, da CF.

Já não há maiores problemas quanto à juridicidade do reconhecimento de filhos havidos fora do casamento. O reconhecimento voluntário se dá nos termos do art. 26; o judicial reveste-se de características próprias, mas sem os habituais preconceitos, disciplinadas no art. 27.

A origem materna da filiação sempre foi considerada óbvia, representada pela máxima *mater semper certa est*. Com a possibilidade de utilização de útero alheio, esta máxima é hoje colocada em cheque. Sempre se considerou a maternidade como certa. A discussão do momento é saber quem é a mãe: aquela que gerou a criança em seu ventre e deu à luz ou aquela que forneceu o material genético.

É possível o reconhecimento de filho havido fora das relações conjugais *a matre*, ao arrepio da presunção *pater vero is est, quem nuptiae demonstrant*? A resposta é afirmativa, ou seja, o pai biológico pode reconhecer o filho adulterino *a matre* mesmo na incidência da presunção de que o pai verdadeiro é aquele que as núpcias atestam. A questão tem maior relevância na identificação da filiação, ou seja, do direito personalíssimo do filho de saber quem são seus pais.

Embora essa situação possa desencadear um certo constrangimento nas relações matrimoniais, colocando em risco a paz familiar, essa situação poderá ser superada com o reconhecimento de uma paternidade afetiva (do marido) quando descobre a falsa filiação de seu filho.

Antes da Constituição Federal de 1988 era proibida a investigação da maternidade da suposta mãe, com a finalidade de atribuir-lhe prole ilegítima, quando ela era casada, ou prole incestuosa quando ela era solteira. Com o advento do art. 227, § 6º, da CF, o reconhecimento da filiação é direito personalíssimo do filho.

Por outro lado, a investigação de maternidade pode, também, ser proposta pelo próprio filho, ou através de seu representante legal. Se o filho morrer, seus herdeiros poderão dar continuidade à ação. É verdade, porém, que para iniciar a ação de investigação de maternidade é preciso, primeiro, providenciar, judicialmente, o cancelamento do registro de nascimento da criança ou adolescente.

Arnoldo Wald (1999, p. 182), depois de fazer uma retrospectiva da legislação pátria da evolução da ação de investigação de paternidade e maternidade, finaliza: "Atualmente, a filiação adulterina, *a patre* ou *a matre*, pode ser reconhecida por qualquer dos cônjuges e, consequentemente, investigada a paternidade pelo filho, ainda que casado o pai ou a mãe ao tempo de sua concepção".

A investigação de maternidade é, segundo o autor acima mencionado, "amplamente permitida. Com a nova Constituição (art. 227, § 6º), desapareceu a restrição que existia no Código Civil [de 1916] e que proibia a investigação de maternidade para atribuir prole adulterina à mulher casada e incestuosa à mulher solteira (CC, arts. 364 e 358). Atualmente, tanto a investigação de maternidade como de paternidade pode beneficiar o filho adulterino ou incestuoso".[3]

Dispõe o art. 1.607 do CC que "o filho havido fora do casamento pode ser reconhecido pelos pais, conjunta ou separadamente". Entretanto, dispõe o art. 1.608 do CC: "Quando a maternidade constar do termo do nascimento do filho, a mãe só poderá contestá-la, provando a falsidade do termo, ou das declarações nele contidas".

Olhando sob a ótica do direito do filho, o art. 27 do ECA dispõe que o reconhecimento do estado de filiação é direito *personalíssimo* (só pode ser exercido pelo filho); se menor, será representado ou assistido (art. 142); é *indisponível* (não pode ser objeto de renúncia ou de transação); é *imprescritível* (a ação judicial poderá ser proposta a qualquer tempo), podendo ser exercido contra os pais ou seus herdeiros, sem qualquer restrição, observado o segredo de justiça.

Caio Mário da Silva Pereira (1993, p. 95) alerta que: "Iniciada, porém, a ação pelo filho natural, e morto ele *pendente lite*, seus herdeiros podem com ela prosseguir, habilitando-se no respectivo processo, na forma prevista na lei processual".

A ação que investiga a paternidade ou maternidade é *imprescritível* e pode ser intentada em qualquer tempo (Súmula 149 do STF).

Sobre a legitimidade *ad causam* do Ministério Público para a propositura da ação de investigação de paternidade, não há concordância na doutrina. A Lei 8.560/1992, no art. 2º, § 5º, confere legitimidade ativa ao Ministério Público para iniciar a ação como *substituto processual*. Na ação investigatória de paternidade dá-se legitimidade extraordinária ativa ao Ministério Público. Entretanto, pelo art. 127, *caput*, da CF, o Ministério Público intervirá obrigatoriamente como fiscal da lei (CPC, art. 82). Para Marco Aurélio S. Viana (1998, p. 61) "é inoportuna a iniciativa que atribui ao Ministério Público o direito de ajuizar ação de investigação de paternidade. Há uma ingerência indevida e injustificável na vida privada, na intimidade das famílias, quando se desconhece o direito da iniciativa repousar no interessado direto".

Com a edição da Lei 12.010/2009, e em especial a adição dos §§ 5º e 6º à Lei 8.560/1992, a atribuição do Ministério Público solidificou-se, como dispõem, respectivamente: "§ 5º. Nas hipóteses previstas no §

3. Ob. cit., p. 175.

4º deste artigo, é dispensável o ajuizamento de ação de investigação de paternidade pelo Ministério Público se, após o não comparecimento ou a recusa do suposto pai em assumir a paternidade a ele atribuída, a criança for encaminhada para adoção. § 6º. A iniciativa conferida ao Ministério Público não impede a quem tenha legítimo interesse de intentar investigação, visando a obter o pretendido reconhecimento da paternidade".

Embora outras vozes soem contrárias ao texto legal acima citado, é certo que a norma outorgou ao *Parquet* a legitimidade *ad causam* para aquele mister.

Tratando-se de propositura de ação de investigação de paternidade *post mortem*, o filho(a), ou seu representante legal, terá legitimidade para iniciá-la. O polo passivo será representado pelos herdeiros do suposto pai falecido. Assim tem entendido a jurisprudência: "Legitimidade *ad causam* – Morte do suposto pai – Ação de investigação de paternidade dirigida contra herdeiros, em seu sentido mais amplo – Abrangência – Renúncia da herança pelos herdeiros em favor do cônjuge sobrevivente – Consequências – Exegese dos art. 366 do CC e 485 do CC.[4] *Ementa oficial*: Falecido o suposto pai, caberá ação de investigação de paternidade contra os herdeiros, entendendo-se que esta expressão deve ser compreendida no mais amplo sentido, abrangendo sucessores a título universal, legítimos e testamentários e até os legatários. Assim, estando citados os filhos legítimos, forma-se regularmente a relação jurídica processual, sendo insofismável a caracterização da legitimidade passiva *ad causam*. A superveniente renúncia da herança pelos já mencionados herdeiros em favor do cônjuge sobrevivente após a citação da investigatória não torna inviável a demanda nem afasta a regularidade da relação processual, visto que seu pleito não visa somente interesses patrimoniais, mas ao reconhecimento de um estado de família. Desnecessária, portanto, a convocação à lide do cônjuge meeiro beneficiário da renúncia ou, mesmo, do espólio, que então representava, em face da própria natureza da causa" (*RT* 645/55).

Deve-se esclarecer que a jurisprudência tem caminhado na direção de não permitir a inclusão do "espólio", no polo passivo da ação de investigação de paternidade.[5] Assim é o julgado: "Obrigação dos herdeiros somente por débitos alimentares do *de cujus* vencidos até sua morte – Exegese dos arts. 402 c/c 1.796 do CC.[6] Maioria de votos. É juridicamente

---

4. Respectivamente arts. 1.616 e 1.196 do CC/2002.

5. Cf. *RSTJ* 26/407: "Ação de investigação de paternidade. Falecido o que se pretende seja o pai, como réus deverão figurar os herdeiros e não o espólio".

6. Respectivamente arts. 1.700 e 1.997 do CC/2002. De acordo com o art. 1.700, "a obrigação de prestar alimentos *transmite-se* aos herdeiros do devedor, na forma do art. 1.694", ao contrário do que dispunha o citado art. 402 do CC de 1916.

impossível que espólio e herdeiros sejam simultaneamente autores ou réus. A colocação dos herdeiros e sucessores como partes exclui igual colocação do espólio, e vice-versa. Tratando-se de ação de investigação de paternidade *post mortem* cumulada ou não com petição de herança, a legitimidade passiva *ad causam* é só dos herdeiros, compreendidos estes na mais ampla acepção jurídica do vocábulo, abrangente daqueles que herdaram ou poderiam herdar e dos sucessores dos primitivos herdeiros" (*RT* 616/52).

Sendo considerados parte legítima no polo passivo os filhos (herdeiros) do falecido, estes serão convocados a contestar a ação de investigação de paternidade no caso de falecimento do suposto pai. Entretanto, já entendeu a jurisprudência que, em caso de falecimento ou de inexistência de filhos do falecido, a ação de investigação de paternidade poderá ser promovida em face da viúva-meeira: "Investigatória – Viúva-meeira – Legitimidade passiva de parte – Ré erigida à condição de sucessora, em face da morte de um dos filhos, corréu, no curso da demanda – Existência, ademais, de interesse moral em discutir a paternidade atribuída ao ex-marido – Sentença confirmada" (*JTJ-Lex* 144/81).

Em relação à filiação, o art. 1.593 do CC reconhece outras espécies de parentesco civil, além daquele decorrente da adoção. Permite a possibilidade de parentesco civil, no vínculo parental, proveniente da técnica de reprodução assistida heteróloga, relativamente ao pai (ou mãe), que não contribuiu com seu material fecundante, e da paternidade socioafetiva, fundada na posse do estado de filho.

Nos incisos III, IV e V, do art. 1.597 do CC, novas técnicas de reprodução assistida são admitidas. A fecundação *heteróloga* (inciso V), que envolve o emprego de material fecundante de terceiros, pressupõe que a relação sexual é substituída pela vontade (ou eventualmente pelo risco da situação jurídica matrimonial) juridicamente qualificada, gerando presunção absoluta ou relativa de paternidade no que tange ao marido da mãe da criança concebida, dependendo da manifestação expressa (ou implícita) de vontade no curso do casamento.

A fecundação *homóloga* (incisos III e IV) caracteriza-se pela utilização de material genético do marido (ou convivente). Para ser possível a presunção da paternidade do marido falecido, a mulher, ao se submeter a uma das técnicas de reprodução assistida com o material genético do falecido, deverá estar na condição de viúva, sendo obrigatório, ainda, que haja autorização escrita do marido para que se utilize seu material genético após a sua morte.

No caso de separação do casal, com o falecimento de um deles, havendo embriões excedentes, a regra do inciso IV somente poderá ser aplicada se houver autorização prévia, por escrito, dos ex-cônjuges, para a utilização dos embriões excedentários, só podendo ser revogada até o início do procedimento de implantação desses embriões.

Se a adoção atribui a condição de filho ao adotado, desligando-o de qualquer vínculo com os pais e parentes consanguíneos, de igual forma, a reprodução assistida heteróloga atribui a condição de filho à criança resultante de técnica conceptiva heteróloga. Entretanto, enquanto na adoção haverá o desligamento dos vínculos entre o adotado e seus parentes consanguíneos, na reprodução assistida heteróloga sequer será estabelecido o vínculo de parentesco entre a criança e o doador do material fecundante.

Seção III – **Da família substituta**

Subseção I – Disposições gerais

Art. 28. A colocação em família substituta far-se-á mediante guarda, tutela ou adoção, independentemente da situação jurídica da criança ou adolescente, nos termos desta Lei.

§ 1º. Sempre que possível, a criança ou o adolescente será previamente ouvido por equipe interprofissional, respeitado seu estágio de desenvolvimento e grau de compreensão sobre as implicações da medida, e terá sua opinião devidamente considerada. (*Redação dada pela Lei 12.010/2009*)

§ 2º. Tratando-se de maior de 12 (doze) anos de idade, será necessário seu consentimento, colhido em audiência. (*Redação dada pela Lei 12.010/2009*)

§ 3º. Na apreciação do pedido levar-se-á em conta o grau de parentesco e a relação de afinidade ou de afetividade, a fim de evitar ou minorar as consequências decorrentes da medida. (*Acrescentado pela Lei 12.010/2009*)

§ 4º. Os grupos de irmãos serão colocados sob adoção, tutela ou guarda da mesma família substituta, ressalvada a comprovada existência de risco de abuso ou outra situação que justifique plenamente a excepcionalidade de solução diversa, procurando-se, em qualquer caso, evitar o rompimento definitivo dos vínculos fraternais. (*Acrescentado pela Lei 12.010/2009*)

§ 5º. A colocação da criança ou adolescente em família substituta será precedida de sua preparação gradativa e acompanhamento posterior, realizados pela equipe interprofissional a serviço da Justiça da Infância e da Juventude, preferencialmente com o apoio dos técnicos responsáveis pela execução da política municipal de garantia do direito à convivência familiar. (*Acrescentado pela Lei 12.010/2009*)

§ 6º. Em se tratando de criança ou adolescente indígena ou proveniente de comunidade remanescente de quilombo, é ainda obrigatório: *(§ e incisos acrescentados pela Lei 12.010/2009)*

I – que sejam consideradas e respeitadas sua identidade social e cultural, os seus costumes e tradições, bem como suas instituições, desde que não sejam incompatíveis com os direitos fundamentais reconhecidos por esta Lei e pela Constituição Federal;

II – que a colocação familiar ocorra prioritariamente no seio de sua comunidade ou junto a membros da mesma etnia;

III – a intervenção e oitiva de representantes do órgão federal responsável pela política indigenista, no caso de crianças e adolescentes indígenas, e de antropólogos, perante a equipe interprofissional ou multidisciplinar que irá acompanhar o caso. (*Acrescentado pela Lei 12.010/2009*)

Art. 29. Não se deferirá colocação em família substituta a pessoa que revele, por qualquer modo, incompatibilidade com a natureza da medida ou não ofereça ambiente familiar adequado.

Art. 30. A colocação em família substituta não admitirá transferência da criança ou adolescente a terceiros ou a entidades governamentais ou não governamentais, sem autorização judicial.

Art. 31. A colocação em família substituta estrangeira constitui medida excepcional, somente admissível na modalidade de adoção.

Art. 32. Ao assumir a guarda ou a tutela, o responsável prestará compromisso de bem e fielmente desempenhar o encargo, mediante termo nos autos.

3.3 Da família substituta

A família natural é a comunidade primeira da criança. Lá ela deve ser mantida, sempre que possível, mesmo apresentando carência financeira. Lá é o lugar onde devem ser cultivados e fortalecidos os sentimentos básicos de um crescimento sadio e harmonioso.

Quando essa família, por algum motivo, desintegra-se, colocando em risco a situação de crianças e adolescentes, surge, então, a família substituta, que, supletivamente, tornará possível sua integração social, evitando a institucionalização.

A colocação de criança ou jovem em família substituta dar-se-á pela guarda, pela tutela ou pela adoção, independentemente de sua situação jurídica.

A Justiça da Infância e da Juventude é competente para apreciar e julgar todos os pedidos de adoção de criança ou adolescente. No caso de guarda e tutela, sua competência restringe-se às hipóteses do art. 98 (art. 148, II, e parágrafo único, "a").

A manifestação da vontade da criança e do adolescente deverá ser respeitada, tratando-se de colocação em família substituta. A providência é obrigatória em face do novo § 2º do art. 28, que determina que, sendo maior de 12 anos, o adolescente será necessariamente ouvido pela autoridade judiciária, em audiência, para manifestar seu consentimento sobre sua colocação em outra família. A ausência da manifestação do adolescente gera nulidade absoluta de todos os atos processuais posteriores. Há que se considerar que nos casos de tutela, previstos no art. 1.740, III, do CC, o consentimento do adolescente com 12 anos de idade é obrigatório, sob pena de serem considerados nulos todos os atos praticados em relação ao exercício da tutela.

Em boa hora a Lei 12.010/2009 firmou a necessidade de se procurar na família extensiva, ou seja, nos parentes mais próximos, a possibilidade da colocação de crianças e adolescentes em família substituta, com o fim de evitar ou minorar as consequências decorrentes da medida.

O art. 28 do ECA sofreu profunda modificação pela Lei 12.010/2009, reformulando e incluindo novos parágrafos. O § 4º do art. 28 impede que grupos de irmãos sejam colocados sob adoção, tutela ou guarda em famílias diferentes, excetuando os casos que comprovem a existência de risco, de abuso ou de outra situação que justifique a excepcionalidade da medida. Dessa forma, a lei privilegia a permanência dos irmãos em um mesmo núcleo familiar substituto.

A equipe interprofissional da Justiça da Infância e da Juventude, com o apoio de técnicos responsáveis pela execução da política municipal de garantia do direito à convivência familiar, fará a preparação da criança ou adolescente para sua colocação em família substituta, bem como acompanhamento posterior.

A Lei 12.010/2009 preocupou-se com a colocação em família substituta de criança ou adolescente indígena ou proveniente de comunidade remanescente de quilombo. Para isso exigiu que fossem respeitado a identidade social e cultural, os costumes e tradições de suas instituições, como forma de garantir a continuidade do seu *modus vivendi*. Para que isso fosse possível, a lei determinou que a colocação familiar seja feita prioritariamente em suas comunidades de origem ou junto a membros da mesma etnia. Por fim, nos casos de colocação em família substituta de crianças ou adolescentes indígenas ou remanescentes de quilombo, o § 6º do art. 28 determina, como procedimento obrigatório, a intervenção e oitiva de representantes do órgão federal responsáveis pela política indigenista, no caso de crianças ou adolescentes indígenas, e de antropólogos, perante a equipe interprofissional ou multidisciplinar que irá acompanhar o caso.

A colocação de criança ou adolescente em família substituta de origem estrangeira só será possível em casos excepcionalíssimos, porquanto o legislador, implicitamente, considerou prioritária a colocação em família substituta nacional.

Aliás, essa excepcionalidade foi reafirmada no XIII Congresso da Associação Internacional de Magistrados de Menores e de Família, realizado em Turim, Itália, nos dias 16 a 21.9.1990, com a seguinte conclusão: "Que seja confirmado o caráter subsidiário da adoção internacional, à qual se poderá recorrer somente depois de esgotadas todas as possibilidades de manutenção da criança na própria família ou em outra família no seu país de origem" (Cury, Garrido e Marçura, p. 26).

Subseção II – Da guarda

Art. 33. A guarda obriga a prestação de assistência material, moral e educacional à criança ou adolescente, conferindo a seu detentor o direito de opor-se a terceiros, inclusive aos pais.

§ 1º. A guarda destina-se a regularizar a posse de fato, podendo ser deferida, liminar ou incidentalmente, nos procedimentos de tutela e adoção, exceto no de adoção por estrangeiros.

§ 2º. Excepcionalmente deferir-se-á a guarda, fora dos casos de tutela e adoção, para atender a situações peculiares ou suprir a falta eventual dos pais ou responsável, podendo ser deferido o direito de representação para a prática de atos determinados.

§ 3º. A guarda confere à criança ou adolescente a condição de dependente, para todos os fins e efeitos de direito, inclusive previdenciários.

§ 4º. Salvo expressa e fundamentada determinação em contrário, da autoridade judiciária competente, ou quando a medida for aplicada em preparação para adoção, o deferimento da guarda de criança ou adolescente a terceiros não impede o exercício do direito de visitas pelos pais, assim como o dever de prestar alimentos, que serão objeto de regulamentação específica, a pedido do interessado ou do Ministério Público. (*Acrescentado pela Lei 12.010/2009*)

Art. 34. O Poder Público estimulará, por meio de assistência jurídica, incentivos fiscais e subsídios, o acolhimento, sob a forma de guarda, de criança ou adolescente afastado do convívio familiar. (*Redação dada pela Lei 12.010/2009*)

§ 1º. A inclusão da criança ou adolescente em programas de acolhimento familiar terá preferência a seu acolhimento institucional, observado, em qualquer caso, o caráter temporário e excepcional da medida, nos termos desta Lei. (*Acrescentado pela Lei 12.010/2009*)

§ 2º. Na hipótese do § 1º deste artigo a pessoa ou casal cadastrado no programa de acolhimento familiar poderá receber a criança ou adolescente mediante guarda, observado o disposto nos arts. 28 a 33 desta Lei. (*Acrescentado pela Lei 12.010/2009*)

Art. 35. A guarda poderá ser revogada a qualquer tempo, mediante ato judicial fundamentado, ouvido o Ministério Público.

3.4 Da guarda

Dentre as modalidades de colocação de criança ou adolescente em família substituta está a guarda, que pode ser deferida também a alguma instituição, que poderá opor-se a terceiros, inclusive aos pais (art. 33).

Apesar de não operar mudança no poder familiar, o procedimento da guarda não será contraditório, a não ser que haja divergência e/ou discordância entre os genitores, ou destes com terceiros.

A finalidade da guarda é, sem dúvida, regularizar a posse de fato da criança ou do adolescente, podendo ser deferida liminar ou incidentalmente, nos procedimentos de tutela e adoção, exceto nos de adoção por estrangeiros.

A guarda provisória poderá ser concedida fora dos casos de adoção ou tutela para atender a casos urgentes, situações peculiares, ou para suprir a eventual falta dos pais.

A outorga dos poderes da representação conferida aos detentores da guarda é uma novidade trazida pelo Estatuto, pois, de acordo com o art. 1.634 do CC, a representação competia, exclusivamente, aos pais, tutores ou curadores.

A Lei 12.010/2009 incluiu o § 4º no art. 33, que impõe aos pais naturais o direito de visitas bem como o dever de prestar alimentos aos seus filhos quando a medida aplicada for em preparação para adoção ou determinados pela autoridade judiciária.

É preciso esclarecer que a guarda aqui tratada está elencada dentre as medidas opcionais de colocação de criança ou adolescente em família substituta. Aliás, pela própria estrutura do Estatuto, a guarda está dimensionada na seção III, do cap. II, do tít. II do Livro I, que trata da família substituta.

Essa colocação é importante para se definir a competência do juiz nas questões de disputa do exercício do poder familiar.

Quando se trata de disputa de pais pela guarda de filhos, torna-se evidente que não é caso de colocação de criança ou adolescente em família substituta, mas simples regulamentação da guarda na própria família do filho disputado, na ocorrência de separação de seus pais.

Assim, conclui-se que a concessão da guarda nos casos de separação de casais é apreciada e julgada pelo magistrado da Vara de Família.

A Lei 12.010/2009 retirou do art. 34 as expressões "criança ou adolescente órfão ou abandonado", substituindo-as por "de criança ou adolescente afastado do convívio familiar", cuja terminologia é mais adequada aos termos legais nacionais e inscritos em documentos internacionais.

A Lei 12.010/2009 ainda incluiu no art. 34 os §§ 1º e 2º, que privilegiam os programas de acolhimento familiar de criança ou adolescente em detrimento do sistema institucional (tradicional) de abrigo, anotando que, mesmo sendo o programa de acolhimento familiar de natureza mais benéfica à criança ou adolescente, ele será desenvolvido em caráter temporário e excepcional.

A citada lei ainda permite que pessoa ou casal que esteja cadastrado no programa de acolhimento familiar possa receber criança ou adolescente mediante guarda, conforme dispõem os arts. 28 e 33 do ECA.

Comentando o art. 34 do ECA, os eminentes Membros do Ministério Público de São Paulo Munir Cury, Paulo Afonso Garrido de Paula e Jurandir Norberto Marçura entendem que a guarda ali tratada é de caráter especial, "destinada a crianças e adolescentes de difícil colocação, excluídos ordinariamente da tutela e adoção, pela falta de interessados. O dispositivo visa à desinstitucionalização, reconhecendo as sequelas negativas provocadas pelos internados, seu alto custo e a falência do sistema, que não atinge o fim a que se destina" (Cury, Garrido e Marçura, p. 28).

"A concessão da guarda, seja ela provisória ou de caráter definitivo, não faz coisa julgada, podendo ser modificada no interesse exclusivo do menor e desde que não tenham sido cumpridas as obrigações pelo seu guardião." É verdade que a decisão poderá ser revista a qualquer tempo, no interesse da criança ou do adolescente. Esse é o reiterado entendimento de nossos Tribunais: *RT* 637/52, 628/106, 596/262.

Há, entretanto, uma nova modalidade de guarda, que vem sendo utilizada como auxílio da guarda judicial: a *guarda familiar* – também conhecida por *famílias de apoio, casais hospedeiros, casas-lares, creche domiciliar, lar vicinal* e outros –, que é a designação dada àquele instituto, de natureza substitutiva da família natural, outorgada a casal ou família que recebe uma criança ou adolescente em seu seio, provisoriamente, por ordem da autoridade judiciária, para dela cuidar, assistir e prestar todo o tipo de assistência material, moral, espiritual e emocional, sem a finalidade de se tornar definitiva (cf. nosso artigo "A guarda familiar", na *Revista do Ministério Público do Maranhão* 9/9-36, 2002).

A guarda familiar é, portanto, aquela oriunda de programas de atendimento, que pode atender às necessidades peculiares de abrigamento, de caráter excepcional e não jurisdicional, previstas no art. 33, § 2º, do Estatuto.

O vínculo familiar é essencial para o desenvolvimento harmonioso e sadio de crianças e adolescentes, o que só é possível em uma família. No passado, quando o vínculo não existia, ou se tratava de situações de crianças abandonadas, o Poder Público, associado com instituições filantrópicas, disseminou o atendimento em asilos, hospitais e internatos.

A cultura do abrigamento familiar não é recente entre nós. Desde o período da escravatura até o início do séc. XX difundiu-se um comportamento ímpar nas famílias, relacionado ao "cuidado" que elas tinham com as crianças de seus vizinhos ou parentes. Tratava-se de um comportamento de solidariedade, pelo qual, na zona rural ou urbana, uma família ajudava a "criar" a criança da outra.

Sem dúvida, muitas dessas famílias tinham relações de parentesco ou de afinidade, tratando-se de tios, primos, compadres e, até mesmo, de vizinhos. Não havia qualquer problema jurídico que impedisse uma família de cuidar da criança de outra família, principalmente se esta se encontrasse em difícil conjuntura. A situação era informal. A base desse serviço era, sem dúvida, o voluntariado. As famílias não recebiam qualquer remuneração por isso. E funcionava! Mesmo tendo o Poder Público e as entidades filantrópicas insistido na institucionalização de crianças em *internatos*, *patronatos* ou *casas de abrigo*, o abrigamento informal e natural das famílias não desapareceu.

Entre nós, a guarda familiar é, ainda, incipiente, tanto como *medida* aplicada e supervisionada pela autoridade judiciária quanto como um *programa* de atendimento. Não há um programa "oficial" de estímulo para que casais assumam a responsabilidade e os cuidados de uma criança ou adolescente em situação de risco pessoal e social. Há, apenas, iniciativas privadas de instituições que, filantropicamente, preparam casais e desenvolvem, com sucesso, a guarda familiar.

O Código Civil não identificou a guarda em capítulo próprio; incorporou-o no capítulo que trata da proteção da pessoa dos filhos, a partir do art. 1.583, com a nova redação dada pela Lei 13.058, de 22.12.2014. A guarda compartilhada será decidida em sede de vara de família, pois, dificilmente, uma criança ou adolescente em situação de risco pessoal, como descrita no art. 98, será atendida na vara da infância e da juventude.

De fato, a nova lei, ao tangenciar o assunto, localiza a guarda como derivação do poder familiar,[7] na constância ou na ruptura da sociedade conjugal ou da união estável, exercida sobre os filhos menores, ou da responsabilidade civil dos pais por danos decorrentes da prática de atos ilícitos praticados por seus filhos menores.

Por exclusão, o Código Civil não trata da guarda quanto a crianças e adolescentes que se encontram em situação de risco pessoal e social, definidas no art. 98 do ECA. Dessa forma, a situação jurídica de crianças hipossuficientes que foram relegadas ao Estado e à sociedade, por falta ou omissão dos pais ou responsável, as cujos genitores foram destituídos do poder familiar ou, em outras palavras, daquelas consideradas *em situação de risco*, estarão abrigadas pelas normas específicas da Lei 8.069/1990.

Tendo como certa a unidade e solidariedade da responsabilidade parental entre os cônjuges, em relação aos filhos menores, salienta-se que os pais, em conjunto, devem suportar o ônus da guarda.

A igualdade dos deveres parentais, introduzida pelo § 5º do art. 226 da CF, permite acolher juridicamente a *guarda compartilhada* ou *conjunta*.

---

7. Dispõe o art. 1.630 do CC/2002: "Os filhos estão sujeitos ao poder familiar, enquanto menores". Art. 1.631: "Durante o casamento e a união estável, compete o poder familiar aos pais; na falta ou impedimento de um deles, o outro o exercerá com exclusividade".

Aliado à ordem constitucional, o art. 1.583 do CC, a exemplo do disposto no art. 9º da Lei 6.515/1977, autoriza a concessão da guarda dos filhos menores segundo o que ficar acordado entre os cônjuges.

Pela regra, os cônjuges poderão – e já podiam! – eleger a guarda conjunta como forma de manter as relações parentais com os filhos. Os arts. 1.583, 1.584, 1.585 e 1.634 do Código Civil foram alterados pela Lei 13.058/2014, que estabeleceu a aplicação da guarda compartilhada, como regra, no âmbito do direito de família, mormente nas situações de separação ou divórcio do casal.

Pela nova lei, o *caput* do art. 1.583 foi mantido, os §§ 2º, 3º e 5º sofreram significativa alteração e os incisos de I ao III foram revogados. O § 2º estabeleceu que "na guarda compartilhada, o tempo de custódia física dos filhos deve ser dividido de forma equilibrada com a mãe e com pai, sempre tendo em vista as condições fáticas e os interesses dos filhos". Em outras palavras, o casal recém-separado deverá estabelecer, de forma equilibrada, o tempo de permanência do filho em sua companhia, respeitando, sobretudo, suas atividades.

O § 3º do art. 1.583, com redação da Lei 13.058/2014, dispõe que "na guarda compartilhada, a cidade considerada base de moradia dos filhos será aquela que melhor atender aos interesses dos filhos". Na intenção de garantir que os direitos dos filhos sejam garantidos e respeitados, a decisão dos pais sobre o lugar de residência dos filhos deverá levar em conta o pleno exercício desses direitos, principalmente no que diz respeito à escola, atendimento à saúde, amizades, familiares, profissionalização, lazer etc. O novel dispositivo pode entrar em choque com as principais orientações de especialistas sobre comportamento e saúde mental de crianças e adolescentes, que entendem que essa decisão deve ser tomada em conjunto com os pais e, se possível, com a obrigatória oitiva dos filhos. Qual será o melhor lugar para o filho crescer? Com certeza a alternância de lares entre os pais já provou que mais prejudica o comportamento dos filhos. Tal orientação legal viaja na contramão da atual corrente jurisprudencial – por sinal dominante – que considera tal atitude a chamada *guarda alternada*, onde o filho, alternadamente, passa a viver com os pais, ora com um, ora com outro, em lares diferentes.

O § 5º do art. 1.583, com a nova redação dada Lei 13.058/2014, trouxe a seguinte disposição: "a guarda unilateral obriga o pai ou a mãe que não a detenha a supervisionar os interesses dos filhos. Para possibilitar tal supervisão, qualquer dos genitores sempre será parte legítima para solicitar informações e/ou prestação de contas, objetivas ou subjetivas, em assuntos ou situações que direta ou indiretamente afetem a saúde física e psicológica e a educação de seus filhos". Pela nova disposição a obrigação parental de saber o que se passa com seus filhos torna-se obrigatória, ou seja, uma atitude que deveria resultar da própria natureza da paternidade/maternidade tornou-se imperativa em face da lei. Mesmo separados os pais devem, além de ter conhecimento da situação dos filhos, obrigarem-se a resolver seus problemas, principalmente aqueles relacionados à saúde física e psicológica e os concernentes à educação. Entretanto, a permissão legal para um genitor solicitar informações sobre o filho a outro pode ser motivo de novos gravames emocionais, se a relação entre os pais não for amistosa. Neste caso, aquele que detém a guarda unilateral poderá (por vários motivos) sonegar as informações solicitadas pelo outro genitor. Se isto acontecer como é que se resolverá a questão? O genitor sonegado irá procurar o Judiciário e reclamar que o outro genitor não lhe deu as informações sobre o filho? Na prática, a discordância em relação à guarda do filho poderá gerar, ao longo do tempo, inúmeros filhotes de ação de regulamentação de visita, tornando, ainda mais desgastante a relação entre os pais. E quem sai prejudicado, naturalmente, é o filho.

O § 2º do art. 1.584, com redação da Lei 13.058/2014 tem a seguinte redação: "quando não houver acordo entre a mãe e o pai quanto à guarda do filho, encontrando-se ambos os genitores aptos a exercer o poder familiar será aplicada a guarda compartilhada, salvo se um dos genitores declarar ao magistrado que não deseja a guarda do menor". A guarda compartilhada será o regime obrigatório mesmo na hipótese de discordância dos pais. Se um dos pais não quiser adotar a guarda compartilhada deverá expor o fato ao juiz (de preferência na petição inicial). Todavia, o magistrado ao julgar o caso concreto deverá (e não poderá) seguir a regra constitucional do *melhor interesse da criança*, que é o mandamento superior à nova lei. Portanto, em que pese outros entendimentos, a guarda será deferida ao pai ou à mãe que melhor atender aos direitos dos filhos e não, simplesmente, decidir de maneira automática, como determina o novo dispositivo legal. Isto significa dizer que, no caso concreto, o deferimento da guarda compartilhada não será absoluto. Por outro lado, o legislador desta novel lei regrediu, juridicamente, ao se utilizar de expressão ultrapassada e significativa de exclusão social, firmando no final do texto "a guarda do *menor*". Ora, este termo, "menor" já foi banido da nomenclatura jurídica, cujo significado tornou-se, além de antijurídico, pejorativo, porque remetia àquela pessoa menor de 18 anos, abandonada, órfã, infratora, pivete, bandido. Ora, ao tratar da guarda compartilhada, em sede de vara de família, supõe-se que será o filho o protagonista daquela forma de proteger seus direitos. Na verdade o legislador deveria ter mencionado a palavra "*filho*", pois ninguém chama seu filho de "menor".

O § 3º do art. 1.584, com redação dada pela Lei 13.058/2014 dispõe que "para estabelecer as atribuições do pai e da mãe e os períodos de convivência sob guarda compartilhada, o juiz, de ofício ou a requerimento do Ministério Público, poderá basear-se em orientação técnico-profissional ou de equipe interdisciplinar, que deverá visar à divisão equilibrada do tempo com o pai e com a mãe". A colaboração da equipe técnica interprofissional do juízo é extremamente importante na formação da sentença do juiz. Os técnicos assistentes sociais e psicólogos conseguem levar ao conhecimento do juiz, com maior clareza, a situação familiar e psicológica da criança ou adolescente, indicando, com segurança, a direção que pode ser escolhida na decisão judicial.

O § 4º do art. 1.584, com redação da Lei 13.058/2014 ressalta que "a alteração não autorizada ou o descumprimento imotivado de cláusula de guarda unilateral ou compartilhada poderá implicar a redução de prerrogativas atribuídas ao seu detentor". O dispositivo legal trata de situação já conhecida das varas de família: o descumprimento das regras estipuladas no acordo firmado na ação judicial, que suscitará ação de cumprimento da sentença ou ações novas de modificação da guarda. Solução: diálogo entre os pais sobre a melhor maneira de conduzir a relação entre os filhos superando as desavenças pessoais. O filho não pode – e não deve – ser objeto de disputa para satisfazer a vontade dos pais.

Com redação da Lei 13.058/2014 o § 5º do art. 1.584 instituiu que "se o juiz verificar que o filho não deve permanecer sob a guarda do pai ou da mãe, deferirá a guarda à pessoa que revele compatibilidade com a natureza da medida, considerados, de preferência, o grau de parentesco e as relações de afinidade e afetividade". Ao verificar que os pais não oferecem condições ideais para a garantia e proteção dos direitos dos filhos – muitas vezes por puro egoísmo – o juiz poderá deferir a guarda a outra pessoa, de preferência membros da família e deverá instituir regime de visita especificando as particularidades necessárias para o encontro com os filhos.

O § 6º do art. 1.584, com redação dada pela Lei 13.058/2014 dispõe que "qualquer estabelecimento público ou privado é obrigado a prestar informações a qualquer dos genitores sobre os filhos destes, sob pena de multa de R$ 200,00 (duzentos reais) a R$ 500,00 (quinhentos reais) por dia pelo não atendimento da solicitação". A solução encontrada pelo legislador, para resolver um problema simples, que é a obtenção de informações sobre o filho nos estabelecimentos públicos ou privados poderá se complicar na medida em que os diretores de escola, gerentes de postos de saúde, enfim, dos lugares que recebem os filhos, não forem advertidos da nova responsabilidade. É verdade que, muitas vezes, os pais buscam essas informações, justamente, para usá-las contra o outro genitor, no intuito de provarem situações que impliquem em desabono de sua conduta na condução da guarda do filho.

Com redação da Lei 13.058/2014, o art. 1.585 do Código Civil passou a ter a seguinte redação: "em sede de medida cautelar de separação de corpos, em sede de medida cautelar de guarda ou em outra sede de fixação liminar de guarda, a decisão sobre guarda de filhos, mesmo que provisória, será proferida preferencialmente após a oitiva de ambas as partes perante o juiz, salvo se a proteção aos interesses dos filhos exigir a concessão de liminar sem a oitiva da outra parte, aplicando-se as disposições do art. 1.584". O dispositivo legal assegura a oitiva dos genitores antes de deferida uma liminar requerida, mas o juiz poderá decidir sem essa providência se o caso concreto exigir urgência na garantia e proteção dos direitos do filho.

Igualmente, o art. 1.634 do Código Civil sofreu modificação pela Lei 13.058/2014 que passou a ter a seguinte redação: "compete a ambos os pais, qualquer que seja a situação conjugal, o pleno exercício do poder familiar, que consiste em, quanto aos filhos: I – dirigir-lhes a criação e a educação; II – exercer a guarda unilateral ou compartilhada nos termos do art. 1.584; III – conceder-lhes ou negar-lhes consentimento para casarem; IV – conceder-lhes ou negar-lhes consentimento para viajarem para ao exterior; V – conceder-lhes ou negar-lhes consentimento para mudarem sua residência permanente para outro município; VI – nomear--lhes tutor por testamento ou documento autêntico, se o outro dos pais não lhe sobreviver, ou sobrevivo não puder exercer o poder familiar; VII – representá-los judicial e extrajudicialmente até os 16 (dezesseis) anos, nos ato da vida civil, e assisti-los, após essa idade, nos atos em que forem partes, suprindo-lhes o consentimento; VIII – reclamá-los de quem legalmente os detenha; IX – exigir que lhes prestem obediência, respeito e os serviços próprios de sua idade e condição".

Com efeito, a responsabilidade paterna não se extingue pelo deferimento da guarda a um dos cônjuges ou companheiros, no momento da separação.

A guarda constitui verdadeiro encargo aos pais, que, *conjuntamente*, devem contribuir para sua execução, mesmo estando separados. Tenha--se presente, porém, a dificuldade do exercício desse múnus em face da animosidade sempre manifesta na separação do casal.

Todavia, a atividade conjunta dos pais nada mais é do que a continuação da relação filhos/pais após a ruptura da sociedade conjugal, ou seja, embora não exista mais a sociedade conjugal permanece a "sociedade parental".

É preciso, porém, diferenciar a guarda compartilhada ou conjunta, da guarda *alternada*. Esta permite, apenas o revezamento de "lares" ou "domicílios alternados", sem preocupar-se com a responsabilidade dos pais; é, como se refere Lotufo (2000, p. 274) "identificada pela situação em que pai e mãe alternam a guarda dos filhos em espaços de tempo que tanto podem ser semanais, mensais, ou anuais e, em regra, decidindo, no período em que com eles estiver, como se fosse guardião único".

A guarda alternada não tem encontrado guarida em nossos Tribunais.[8] Grisard Filho (1999, pp. 220-221) comenta que "ao regularem a guarda, distribuem entre elas a posse, o cargo ou a custódia dos filhos, revezando-a entre si, semanalmente, quinzenalmente, mensalmente, porém com o desaplauso da jurisprudência, ao fundamento da inconveniência à consolidação dos hábitos, valores, padrões e ideias na mente do menor e à formação de sua personalidade".

Não se pode esquecer, todavia, que o objetivo da guarda conjunta é o *compartilhamento da responsabilidade parental* no que diz respeito às decisões sobre os filhos.

Enfim, a guarda compartilhada ou conjunta visa a manter vivos os laços parentais, proporcionando amor aos filhos e deferindo aos pais, conjuntamente, a resolução dos problemas advindos das relações com os filhos e desses com a sociedade.

Subseção III – Da tutela

Art. 36. A tutela será deferida, nos temos da lei civil, a pessoa de até 18 (dezoito) anos incompletos. (*Redação dada pela Lei 12.010/2009*)

Parágrafo único. O deferimento da tutela pressupõe a prévia decretação da perda ou suspensão do poder familiar e implica necessariamente o dever de guarda. (*Redação dada pela Lei 12.010/2009*)

Art. 37. O tutor nomeado por testamento ou qualquer documento autêntico, conforme previsto no parágrafo único do art. 1.729 da Lei n. 10.406, de 10 de janeiro de 2002 – Código Civil, deverá, no prazo de 30 (trinta) dias após a abertura da sucessão, ingressar com pedido destinado ao controle judicial do ato, observando o procedimento previsto nos arts. 165 a 170 desta Lei. (*Redação dada pela Lei 12.010/2009*)

Parágrafo único. Na apreciação do pedido, serão observados os requisitos previstos nos arts. 28 e 29 desta Lei, somente sendo deferida a tutela à pessoa indicada na disposição de última vontade, se restar comprovado que a medida é vantajosa ao tutelando e que não existe outra pessoa em melhores condições de assumi-la. (*Redação dada pela Lei 12.010/2009*)

Art. 38. Aplica-se à destituição da tutela o disposto no art. 24.

---

8. TJMG, 5ª Câm., Ap. Civ. 48.974-0, rel. Des. Campos Oliveira: "Menor – Guarda – Pais separados – Custódia alternada semanalmente – Inconveniência – Permanência sob a guarda da mãe – Direito de visita do pai. Ementa oficial: É inconveniente à boa formação da personalidade do filho ficar submetido à guarda dos pais separados, durante a semana, alternadamente; se estes não sofrem restrições de ordem moral, os filhos, principalmente durante a infância, devem permanecer com a mãe, por razões óbvias, garantindo ao pai, que concorrerá para as despesas dentro do princípio necessidade-possibilidade, o direito de visita".

3.5 Da tutela

A definição de tutela é do eminente Prof. Sílvio Rodrigues: "A tutela é o conjunto de poderes e encargos conferidos pela lei a um terceiro, para que zele pela pessoa de um menor que se encontra fora do pátrio poder [*hoje poder familiar*], e lhe administre os bens" (Rodrigues, S., 1982, p. 398).

Com o caráter nitidamente assistencial que visa a substituir o poder familiar, a tutela reveste-se, principalmente, de um encargo, de um múnus imposto pelo Estado a alguém.

A tutela foi regulamentada pelos arts. 1.728 e ss. do CC, atualizando os dispositivos que privilegiavam os direitos do homem em detrimento dos da mulher, em consonância com o princípio da isonomia, consagrada no § 5º do art. 226 da CF.

Pelo enunciado do art. 1.728, o legislador deixa clara a diferença entre a tutela e a curatela. A tutela será deferida somente aos filhos menores de 18 anos, que não têm representação na vida civil, pelo falecimento, declaração de ausência e destituição do poder familiar dos pais. Dessa forma, a tutela destina-se a suprir a incapacidade em virtude da idade do tutelado. A curatela, por sua vez, destina-se a: a) àqueles que, por enfermidade ou deficiência mental, não tiverem o necessário discernimento para os atos da vida civil; b) àqueles que por outra causa duradoura, não puderem exprimir a sua vontade; c) os deficientes mentais, os ébrios habituais e os viciados em tóxicos; d) os excepcionais sem completo desenvolvimento mental; e) os pródigos (CC de 2002, art. 1.767).

Com especial atenção, o art. 1.731 elege outras pessoas em falta dos pais e dos parentes consanguíneos da criança e do adolescente. Assim, os ascendentes e os colaterais foram, também, convocados a assumir o nobre múnus, com as regras inscritas no citado artigo.

A Lei 12.010/2009 alterou o art. 1.734 do CC, dispondo que crianças e adolescentes cujos pais sejam desconhecidos, falecidos ou que tenham sido suspensos ou destituídos do poder familiar terão tutores nomeados pelo juiz ou serão incluídos em programa de colocação familiar, na forma prevista pela Lei 8.069/1990.

A escusa da tutela, prevista no art. 1.736, foi modificada, para incluir as mulheres "casadas" e não, simplesmente, as "mulheres"; a escusa poderá ser invocada, igualmente, por aqueles que tiverem sob sua autoridade mais de "três" filhos – e não mais de "cinco", como previa o art. 414 do antigo CC.

Embora silente, o Código Civil/2002 autoriza a nomeação de tutor a partir dos 18 anos de idade, tendo em vista a adequação da capacidade civil inscrita no art. 5º.

O CC inscreveu, no art. 1.740, III, a obrigação do magistrado de colher a opinião do adolescente, se este contar 12 anos de idade, a exemplo do que já ocorria com a determinação do art. 28 do Estatuto (a Lei 12.010/2009 deu nova redação ao § 2º do art. 28 do ECA, dispondo que: "Tratando-se de maior de doze anos de idade, será necessário seu consentimento, colhido em audiência").

O art. 1.742 da nova lei cria a figura do *protutor*,[9] que é nomeado pelo juiz, cuja finalidade é fiscalizar os atos do tutor. Equivocou-se a lei. A prestação de contas do exercício da tutela é prevista a partir do art. 1.755 e estabelece restrição ao lapso temporal desse exercício. Os fiscais do exercício da tutela são o juiz e o Ministério Público. A nova lei ressuscitou o instituo, criando mais uma instância verificatória para a comprovação da prestação de contas do tutor.

A tutela cessará aos 18 anos, quando o adolescente atinge a plena capacidade civil (art. 5º).

O Código Civil/2002 manteve as três espécies de tutela: a) a *testamentária*, inscrita no art. 1.729, que dispõe que o direito de nomear tutor aos filhos menores compete aos pais, em conjunto, retirando os demais personagens citados no art. 497 da antiga lei (avô paterno e avô materno). A nomeação deve constar de testamento ou de qualquer outro documento autêntico; b) a *legítima*, inscrita no art. 1.731, que dispõe que, na ausência de tutor nomeado pelos pais, o juiz poderá deferir a tutela aos parentes consanguíneos, na ordem citada nos incisos do referido artigo; c) a *dativa*, inscrita no art. 1.732, que dispõe que, na falta ou na impossibilidade de nomeação de tutor testamentário ou dativo aos filhos menores de idade, o juiz nomeará tutor idôneo e residente no domicílio do menor. O art. 1.734, na redação dada pela Lei 12.010/2009, completa que "as crianças e os adolescentes cujos pais forem desconhecidos, falecidos ou que tiverem sido suspensos ou destituídos do poder familiar terão tutores nomeados pelo Juiz ou serão incluídos em programa de colocação familiar", na forma prevista pelo ECA.

O Estatuto trata da tutela em seus arts. 36 a 38 como uma das formas de colocação de criança e adolescente em família substituta.

A Lei 12.010/2009 alterou o *caput* do art. 36 para ajustar a idade de 18 anos como limite mínimo da concessão da tutela. O deferimento da tutela estará vinculado necessariamente ao pressuposto da prévia decretação de perda ou suspensão do poder familiar, nos termos do parágrafo único do art. 36.

9. A figura do *protutor* existia no direito romano, correspondendo à figura do gestor dos negócios do menor ou pupilo (cf. Carlos Roberto Gonçalves, v. 2, p. 166).

A perda ou suspensão do poder familiar serão decretadas judicialmente, em procedimento contraditório (art. 24), nos casos previstos na legislação civil, bem como nas hipóteses de descumprimento injustificado dos deveres e obrigações a que alude o art. 22 (art. 1.634 do CC).

Se o procedimento é contraditório, fica impossível a coexistência do exercício do poder familiar com o múnus da tutela.

Se é através do procedimento contraditório que se apurará a injustificada transgressão dos pais aos deveres de sustento, guarda, educação, ou o descumprimento de determinações judiciais que digam respeito a interesse de filhos menores, podendo sofrer inibição do poder familiar, fica impossível a coexistência com o desempenho da tutela.

A Lei 12.010/2009 alterou o art. 37 do ECA para que o tutor nomeado por testamento ou qualquer documento autêntico, como previsto no parágrafo único do art. 1.729 do CC, deverá, no prazo de 30 dias após a abertura da sucessão, ingressar com pedido destinado ao controle judicial do ato, observado o procedimento previsto nos arts. 165 a 170 do ECA. Em outras palavras, o tutor nomeado por testamento ou por qualquer outro documento autêntico deverá protocolar pedido de tutela perante a Vara da Infância e da Juventude ou aquela designada pela lei de organização judiciária. O parágrafo único do art. 37 determina que na apreciação do pedido de tutela os requisitos dos arts. 28 e 29 do ECA devem ser respeitados, observando que a medida deve ser vantajosa para o tutelado e que não exista outra pessoa em melhores condições de assumir a tutela.

As modificações trazidas pela Lei 12.010/2009 extinguiram a especialização de hipoteca legal; vale dizer que o tutor não será obrigado a onerar seu patrimônio para que possa exercer o encargo que lhe foi confiado. Todavia, o parágrafo único do art. 1.745 do CC alerta que, se o patrimônio do tutelado for de valor considerável, poderá o juiz condicionar o exercício da tutela à prestação de caução bastante, podendo dispensá-la se o tutor for de reconhecida idoneidade.

No que se refere à destituição da tutela será observado o disposto no art. 24, mediante procedimento contraditório, nos casos previstos na legislação civil (ECA, art. 164).

Subseção IV – Da adoção

Art. 39. A adoção de criança e de adolescente reger-se-á segundo o disposto nesta Lei.

§ 1º. A adoção é medida excepcional e irrevogável, à qual se deve recorrer apenas quando esgotados os recursos de manutenção da criança ou adolescente na família natural ou extensa, na forma do parágrafo único do art. 25 desta Lei. (*Acrescentado pela Lei 12.010/2009*)

Dos Direitos Fundamentais

§ 2º. É vedada a adoção por procuração. (*Renumerado pela Lei 12.010/2009*)

Art. 40. O adotando deve contar com, no máximo, dezoito anos à data do pedido, salvo se já estiver sob a guarda ou tutela dos adotantes.

Art. 41. A adoção atribui a condição de filho ao adotado, com os mesmos direitos e deveres, inclusive sucessórios, desligando-o de qualquer vínculo com pais e parentes, salvo os impedimentos matrimoniais.

§ 1º. Se um dos cônjuges ou concubinos adota o filho do outro, mantêm-se os vínculos de filiação entre o adotado e o cônjuge ou concubino do adotante e os respectivos parentes.

§ 2º. É recíproco o direito sucessório entre o adotado, seus descendentes, o adotante, seus ascendentes, descendentes e colaterais até o 4º grau, observada a ordem de vocação hereditária.

Art. 42. Podem adotar os maiores de 18 (dezoito) anos, independentemente do estado civil. (*Redação dada pela Lei 12.010/2009*)

§ 1º. Não podem adotar os ascendentes e os irmãos do adotando.

§ 2º. Para adoção conjunta, é indispensável que os adotantes sejam casados civilmente ou mantenham união estável, comprovada a estabilidade da família. (*Redação dada pela Lei 12.010/2009*)

§ 3º. O adotante há de ser, pelo menos, dezesseis anos mais velho do que o adotando.

§ 4º. Os divorciados, os judicialmente separados e os ex-companheiros podem adotar conjuntamente, contanto que acordem sobre a guarda e o regime de visitas e desde que o estágio de convivência tenha sido iniciado na constância do período de convivência e que seja comprovada a existência de vínculos de afinidade e afetividade com aquele não detentor da guarda, que justifiquem a excepcionalidade da concessão. (*Redação dada pela Lei 12.010/2009*)

§ 5º. Nos casos do § 4º deste artigo, desde que demonstrado efetivo benefício ao adotando, será assegurada a guarda compartilhada, conforme previsto no art. 1.584 da Lei n. 10.406, de 10 de janeiro de 2002 – Código Civil. (*Acrescentado pela Lei 12.010/2009*)

§ 6º. A adoção poderá ser deferida ao adotante que, após inequívoca manifestação de vontade, vier a falecer no curso do procedimento, antes de prolatada a sentença. (*Renumerado pela Lei 12.010/2009*)

Art. 43. A adoção será deferida quando apresentar reais vantagens para o adotando e fundar-se em motivos legítimos.

Art. 44. Enquanto não der conta de sua administração e saldar o seu alcance, não pode o tutor ou o curador adotar o pupilo ou o curatelado.

Art. 45. A adoção depende do consentimento dos pais ou do representante legal do adotando.

§ 1º. O consentimento será dispensado em relação à criança ou adolescente cujos pais sejam desconhecidos ou tenham sido destituídos do poder familiar. (*Redação dada pela Lei 12.010/2009*)

§ 2º. Em se tratando de adotando maior de doze anos de idade, será também necessário o seu consentimento.

Art. 46. A adoção será precedida de estágio de convivência com a criança ou adolescente, pelo prazo que a autoridade judiciária fixar, observadas as peculiaridades do caso.

§ 1º. O estágio de convivência poderá ser dispensado se o adotando já estiver sob a tutela ou guarda legal do adotante durante tempo suficiente para que seja possível avaliar a conveniência da constituição do vínculo. (*Redação dada pela Lei 12.010/2009*)

§ 2º. A simples guarda de fato não autoriza, por si só, a dispensa da realização do estágio de convivência. (*Acrescentado pela Lei 12.010/2009*)

§ 3º. Em caso de adoção por pessoa ou casal residente ou domiciliado fora do País, o estágio de convivência, cumprido no território nacional, será de, no mínimo, 30 (trinta) dias. (*Renumerado e com redação dada pela Lei 12.010/2009*)

§ 4º. O estágio de convivência será acompanhado pela equipe interprofissional a serviço da Justiça da Infância e da Juventude, preferencialmente com apoio dos técnicos responsáveis pela execução da política de garantia do direito à convivência familiar, que apresentarão relatório minucioso acerca da conveniência do deferimento da medida. (*Acrescentado pela Lei 12.010/2009*)

Art. 47. O vínculo da adoção constitui-se por sentença judicial, que será inscrita no registro civil mediante mandado do qual não se fornecerá certidão.

§ 1º. A inscrição consignará o nome dos adotantes como pais, bem como o nome de seus ascendentes.

§ 2º. O mandado judicial, que será arquivado, cancelará o registro original do adotado.

§ 3º. A pedido do adotante, o novo registro poderá ser lavrado no Cartório do Registro Civil do Município de sua residência. (*Acrescentado pela Lei 12.010/2009*)

§ 4º. Nenhuma observação sobre a origem do ato poderá constar nas certidões do registro. (*Renumerado pela Lei 12.010/2009*)

§ 5º. A sentença conferirá ao adotado o nome do adotante e, a pedido de qualquer deles, poderá determinar a modificação do prenome. (*Redação dada pela Lei 12.010/2009*)

§ 6º. Caso a modificação de prenome seja requerida pelo adotante, é obrigatória a oitiva do adotando, observado o disposto nos §§ 1º e 2º do art. 28 desta Lei. (*Acrescentado pela Lei 12.010/2009*)

§ 7º. A adoção produz seus efeitos a partir do trânsito em julgado da sentença constitutiva, exceto na hipótese prevista no § 6º do art. 42 desta Lei, caso em que terá força retroativa à data do óbito. (*Renumerado e com redação dada pela Lei 12.010/2009*)

§ 8º. O processo relativo à adoção assim como outros a ele relacionados serão mantidos em arquivo, admitindo-se seu armazenamento em microfilme ou por outros meios, garantida a sua conservação para consulta a qualquer tempo. (*Acrescentado pela Lei 12.010/2009*)

§ 9º. Terão prioridade de tramitação os processos de adoção em que o adotando for criança ou adolescente com deficiência ou com doença crônica. (*Acrescentado pela Lei 12.955/2014*)

Art. 48. O adotado tem direito de conhecer sua origem biológica, bem como de obter acesso irrestrito ao processo no qual a medida foi aplicada e seus eventuais incidentes, após completar 18 (dezoito) anos. (*Redação dada pela Lei 12.010/2009*)

Parágrafo único. O acesso ao processo de adoção poderá ser também deferido ao adotado menor de 18 (dezoito) anos, a seu pedido, assegurada orientação e assistência jurídica e psicológica. (*Acrescentado pela Lei 12.010/2009*)

Art. 49. A morte dos adotantes não restabelece o poder familiar dos pais naturais. (*Redação dada pela Lei 12.010/2009*)

Art. 50. A autoridade judiciária manterá, em cada comarca ou foro regional, um registro de crianças e adolescentes em condições de serem adotados e outro de pessoas interessadas na adoção.

§ 1º. O deferimento da inscrição dar-se-á após prévia consulta aos órgãos técnicos do juizado, ouvido o Ministério Público.

§ 2º. Não será deferida a inscrição se o interessado não satisfizer os requisitos legais, ou verificada qualquer das hipóteses previstas no art. 29.

§ 3º. A inscrição de postulantes à adoção será precedida de um período de preparação psicossocial e jurídica, orientado pela equipe técnica da Justiça da Infância e da Juventude, preferencialmente com apoio dos técnicos responsáveis pela execução da política municipal de garantia do direito à convivência familiar. (*§§ 3º a 14 acrescentados pela Lei 12.010/2009*)

§ 4º. Sempre que possível e recomendável, a preparação referida no § 3º deste artigo incluirá o contato com crianças e adolescentes em acolhimento familiar ou institucional em condições de serem adotados, a ser realizado sob a orientação, supervisão e avaliação da equipe técnica da Justiça da Infância e da Juventude, com apoio dos técnicos responsáveis pelo programa de acolhimento e pela execução da política municipal de garantia do direito à convivência familiar.

§ 5º. Serão criados e implementados cadastros estaduais e nacional de crianças e adolescentes em condições de serem adotados e de pessoas ou casais habilitados à adoção.

§ 6º. Haverá cadastros distintos para pessoas ou casais residentes fora do País, que somente serão consultados na inexistência de postulantes nacionais habilitados nos cadastros mencionados no § 5º deste artigo.

§ 7º. As autoridades estaduais e federais em matéria de adoção terão acesso integral aos cadastros, incumbindo-lhes a troca de informações e a cooperação mútua, para melhoria do sistema.

§ 8º. A autoridade judiciária providenciará, no prazo de 48 (quarenta e oito) horas, a inscrição das crianças e adolescentes em condições de serem adotados que não tiveram colocação familiar na comarca de origem, e das pessoas ou casais que tiveram deferida sua habilitação à adoção nos cadastros estadual e nacional referidos no § 5º deste artigo, sob pena de responsabilidade.

§ 9º. Compete à Autoridade Central Estadual zelar pela manutenção e correta alimentação dos cadastros, com posterior comunicação à Autoridade Central Federal Brasileira.

§ 10. A adoção internacional somente será deferida se, após consulta ao cadastro de pessoas ou casais habilitados à adoção, mantido pela Justiça da Infância e da Juventude na comarca, bem como aos cadastros estadual e nacional referidos no § 5º deste artigo, não for encontrado interessado com residência permanente no Brasil.

§ 11. Enquanto não localizada pessoa ou casal interessado em sua adoção, a criança ou o adolescente, sempre que possível e recomendável, será colocado sob guarda de família cadastrada em programa de acolhimento familiar.

§ 12. A alimentação do cadastro e a convocação criteriosa dos postulantes à adoção serão fiscalizadas pelo Ministério Público.

§ 13. Somente poderá ser deferida adoção em favor de candidato domiciliado no Brasil não cadastrado previamente nos termos desta Lei quando:

I – se tratar de pedido de adoção unilateral;

II – for formulada por parente com o qual a criança ou adolescente mantenha vínculos de afinidade e afetividade;

III – oriundo o pedido de quem detém a tutela ou guarda legal de criança maior de 3 (três) anos ou adolescente, desde que o lapso de tempo de convivência comprove a fixação de laços de afinidade e afetividade, e não seja constatada a ocorrência de má-fé ou qualquer das situações previstas nos arts. 237 ou 238 desta Lei.

§ 14. Nas hipóteses previstas no § 13 deste artigo, o candidato deverá comprovar, no curso do procedimento, que preenche os requisitos necessários à adoção, conforme previsto nesta Lei.

Art. 51. Considera-se adoção internacional aquela na qual a pessoa ou casal postulante é residente ou domiciliado fora do Brasil, conforme previsto no art. 2 da Convenção de Haia, de 29 de maio de 1993, Relativa à Proteção das Crianças e à Cooperação em Matéria de Adoção Internacional, aprovada pelo Decreto Legislativo n. 1, de 14 de janeiro de 1999, e promulgada pelo Decreto n. 3.087, de 21 de junho de 1999. *(Redação dada pela Lei 12.010/2009)*

§ 1º. A adoção internacional de criança ou adolescente brasileiro ou domiciliado no Brasil somente terá lugar quando restar comprovado:

I – que a colocação em família substituta é a solução adequada ao caso concreto;

II – que foram esgotadas todas as possibilidades de colocação da criança ou adolescente em família substituta brasileira, após consulta aos cadastros mencionados no art. 50 desta Lei;

III – que, em se tratando de adoção de adolescente, este foi consultado, por meios adequados ao seu estágio de desenvolvimento, e que se encontra preparado para a medida, mediante parecer elaborado por equipe interprofissional, observado o disposto nos §§ 1º e 2º do art. 28 desta Lei. *(Redação dada pela Lei 12.010/2009)*

§ 2º. Os brasileiros residentes no exterior terão preferência aos estrangeiros, nos casos de adoção internacional de criança ou adolescente brasileiro. *(Redação dada pela Lei 12.010/2009)*

§ 3º. A adoção internacional pressupõe a intervenção das Autoridades Centrais Estaduais e Federal em matéria de adoção internacional. *(Redação dada pela Lei 12.010/2009)*

§ 4º. *(Revogado pela Lei 12.010/2009)*

Art. 52. A adoção internacional observará o procedimento previsto nos arts. 165 a 170 desta Lei, com as seguintes adaptações: *(Redação do "caput" dada pela Lei 12.010/2009; incisos e §§ acrescentados pela mesma lei)*

I – a pessoa ou casal estrangeiro, interessado em adotar criança ou adolescente brasileiro, deverá formular pedido de habilitação à adoção perante a Autoridade Central em matéria de adoção internacional no país de acolhida, assim entendido aquele onde está situada sua residência habitual;

II – se a Autoridade Central do país de acolhida considerar que os solicitantes estão habilitados e aptos para adotar, emitirá um relatório que contenha informações sobre a identidade, a capacidade jurídica e adequação dos solicitantes para adotar, sua situação pessoal, familiar e médica, seu meio social, os motivos que os animam e sua aptidão para assumir uma adoção internacional;

III – a Autoridade Central do país de acolhida enviará o relatório à Autoridade Central Estadual, com cópia para a Autoridade Central Federal Brasileira;

IV – o relatório será instruído com toda a documentação necessária, incluindo estudo psicossocial elaborado por equipe interprofissional habilitada e cópia autenticada da legislação pertinente, acompanhada da respectiva prova de vigência;

V – os documentos em língua estrangeira serão devidamente autenticados pela autoridade consular, observados os tratados e convenções internacionais, e acompanhados da respectiva tradução, por tradutor público juramentado;

VI – a Autoridade Central Estadual poderá fazer exigências e solicitar complementação sobre o estudo psicossocial do postulante estrangeiro à adoção, já realizado no país de acolhida;

VII – verificada, após estudo realizado pela Autoridade Central Estadual, a compatibilidade da legislação estrangeira com a nacional, além do preenchimento por parte dos postulantes à medida dos requisitos objetivos e subjetivos necessários ao seu deferimento, tanto à luz do que dispõe esta Lei como da legislação do país de acolhida, será expedido laudo de habilitação à adoção internacional, que terá validade por, no máximo, 1 (um) ano;

VIII – de posse do laudo de habilitação, o interessado será autorizado a formalizar pedido de adoção perante o Juízo da Infância e da Juventude do local em que se encontra a criança ou adolescente, conforme indicação efetuada pela Autoridade Central Estadual.

§ 1º. Se a legislação do país de acolhida assim o autorizar, admite-se que os pedidos de habilitação à adoção internacional sejam intermediados por organismos credenciados.

§ 2º. Incumbe à Autoridade Central Federal Brasileira o credenciamento de organismos nacionais e estrangeiros encarregados de intermediar pedidos de habilitação à adoção internacional, com posterior comunicação às Autoridades Centrais Estaduais e publicação nos órgãos oficiais de imprensa e em sítio próprio da Internet.

§ 3º. Somente será admissível o credenciamento de organismos que:

I – sejam oriundos de países que ratificaram a Convenção de Haia e estejam devidamente credenciados pela Autoridade Central do país onde estiverem sediados e no país de acolhida do adotando para atuar em adoção internacional no Brasil;

II – satisfizerem as condições de integridade moral, competência profissional, experiência e responsabilidade exigidas pelos países respectivos e pela Autoridade Central Federal Brasileira;

III – forem qualificados por seus padrões éticos e sua formação e experiência para atuar na área de adoção internacional;

IV – cumprirem os requisitos exigidos pelo ordenamento jurídico brasileiro e pelas normas estabelecidas pela Autoridade Central Federal Brasileira.

§ 4º. Os organismos credenciados deverão ainda:

I – perseguir unicamente fins não lucrativos, nas condições e dentro dos limites fixados pelas autoridades competentes do país onde estiverem sediados, do país de acolhida e pela Autoridade Central Federal Brasileira;

II – ser dirigidos e administrados por pessoas qualificadas e de reconhecida idoneidade moral, com comprovada formação ou experiência para atuar na área de adoção internacional, cadastradas pelo Departamento de Polícia Federal e aprovadas pela Autoridade Central Federal Brasileira, mediante publicação de portaria do órgão federal competente;

III – estar submetidos à supervisão das autoridades competentes do país onde estiverem sediados e no país de acolhida, inclusive quanto à sua composição, funcionamento e situação financeira;

IV – apresentar à Autoridade Central Federal Brasileira, a cada ano, relatório geral das atividades desenvolvidas, bem como relatório de acompanhamento das adoções internacionais efetuadas no período, cuja cópia será encaminhada ao Departamento de Polícia Federal;

V – enviar relatório pós-adotivo semestral para a Autoridade Central Estadual, com cópia para a Autoridade Central Federal Brasileira, pelo período mínimo de 2 (dois) anos. O envio do relatório será mantido até a juntada de cópia autenticada do Registro Civil, estabelecendo a cidadania do país de acolhida para o adotado;

VI – tomar as medidas necessárias para garantir que os adotantes encaminhem à Autoridade Central Federal Brasileira cópia da certidão de registro de nascimento estrangeira e do certificado de nacionalidade tão logo lhes sejam concedidos.

§ 5º. A não apresentação dos relatórios referidos no § 4º deste artigo pelo organismo credenciado poderá acarretar a suspensão de seu credenciamento.

§ 6º. O credenciamento de organismo nacional ou estrangeiro encarregado de intermediar pedidos de adoção internacional terá validade de 2 (dois) anos.

§ 7º. A renovação do credenciamento poderá ser concedida mediante requerimento protocolado na Autoridade Central Federal Brasileira nos 60 (sessenta) dias anteriores ao término do respectivo prazo de validade.

§ 8º. Antes de transitada em julgado a decisão que concedeu a adoção internacional, não será permitida a saída do adotando do território nacional.

§ 9º. Transitada em julgado a decisão, a autoridade judiciária determinará a expedição de alvará com autorização de viagem, bem como para obtenção de passaporte, constando, obrigatoriamente, as características da criança ou adolescente adotado, como idade, cor, sexo, eventuais sinais ou traços peculiares, assim como foto recente e a aposição da impressão digital do seu polegar direito, instruindo o documento com cópia autenticada da decisão e certidão de trânsito em julgado.

§ 10. A Autoridade Central Federal Brasileira poderá, a qualquer momento, solicitar informações sobre a situação das crianças e adolescentes adotados.

§ 11. A cobrança de valores por parte dos organismos credenciados, que sejam considerados abusivos pela Autoridade Central Federal Brasileira e que não estejam devidamente comprovados, é causa de seu descredenciamento.

§ 12. Uma mesma pessoa ou seu cônjuge não podem ser representados por mais de uma entidade credenciada para atuar na cooperação em adoção internacional.

§ 13. A habilitação de postulante estrangeiro ou domiciliado fora do Brasil terá validade máxima de 1 (um) ano, podendo ser renovada.

§ 14. É vedado o contato direto de representantes de organismos de adoção, nacionais ou estrangeiros, com dirigentes de programas de acolhimento institucional ou familiar, assim como com crianças e adolescentes em condições de serem adotados, sem a devida autorização judicial.

§ 15. A Autoridade Central Federal Brasileira poderá limitar ou suspender a concessão de novos credenciamentos sempre que julgar necessário, mediante ato administrativo fundamentado.

Art. 52-A. É vedado, sob pena de responsabilidade e descredenciamento, o repasse de recursos provenientes de organismos estrangeiros encarregados de intermediar pedidos de adoção internacional a organismos nacionais ou a pessoas físicas. (*Acrescentado pela Lei 12.010/2009*)

Parágrafo único. Eventuais repasses somente poderão ser efetuados via Fundo dos Direitos da Criança e do Adolescente e estarão sujeitos às deliberações do respectivo Conselho de Direitos da Criança e do Adolescente.

Art. 52-B. A adoção por brasileiro residente no exterior em país ratificante da Convenção de Haia, cujo processo de adoção tenha sido processado em conformidade com a legislação vigente no país de residência e atendido o disposto na alínea "c" do art. 17 da referida Convenção, será automaticamente recepcionada com o reingresso no Brasil. (*Acrescentado pela Lei 12.010/2009*)

§ 1º. Caso não tenha sido atendido o disposto na alínea "c" do art. 17 da Convenção de Haia, deverá a sentença ser homologada pelo Superior Tribunal de Justiça.

§ 2º. O pretendente brasileiro residente no exterior em país não ratificante da Convenção de Haia, uma vez reingressado no Brasil, deverá requerer a homologação da sentença estrangeira pelo Superior Tribunal de Justiça.

Art. 52-C. Nas adoções internacionais, quando o Brasil for o país de acolhida, a decisão da autoridade competente do país de origem da criança ou do adolescente será conhecida pela Autoridade Central Estadual que tiver processado o pedido de habilitação dos pais adotivos, que comunicará o fato à Autoridade Central Federal e determinará as providências necessárias à expedição do Certificado de Naturalização Provisório.

§ 1º. A Autoridade Central Estadual, ouvido o Ministério Público, somente deixará de reconhecer os efeitos daquela decisão se restar demonstrado que a adoção é manifestamente contrária à ordem pública ou não atende ao interesse superior da criança ou do adolescente. (*Acrescentado pela Lei 12.010/2009*)

§ 2º. Na hipótese de não reconhecimento da adoção, prevista no § 1º deste artigo, o Ministério Público deverá imediatamente requerer o que for de direito para resguardar os interesses da criança ou do adolescente, comunicando-se as providências à Autoridade Central Estadual, que fará a comunicação à Autoridade Central Federal Brasileira e à Autoridade Central do país de origem.

Art. 52-D. Nas adoções internacionais, quando o Brasil for o país de acolhida e a adoção não tenha sido deferida no país de origem porque a sua legislação a delega ao país de acolhida, ou, ainda, na hipótese de, mesmo com decisão, a criança ou o adolescente ser oriundo de país que não tenha aderido à Convenção referida, o processo de adoção seguirá as regras da adoção nacional. (*Acrescentado pela Lei 12.010/2009*)

3.6 Da adoção

Vários autores definiram a adoção. Entre eles, Clóvis Beviláqua entende que "a adoção é o ato pelo qual alguém aceita um estranho na qualidade de filho" (Beviláqua, C., *Direito de Família*, p. 473). Sílvio Rodrigues afirma, por sua vez, que "a adoção é o ato do adotante pelo qual traz ele, para sua família e na condição de filho, pessoa que lhe é estranha" (Rodrigues, S., 1982, p. 333).

Essas posições de eminentes Professores caracterizam o ato unilateral do adotante, situação, essa, que não se coaduna com o verdadeiro sentido do instituto, agora proposto com mais liberalidade pelo Estatuto.

Em posição adversa, segundo a qual a adoção é um ato jurídico, bilateral, que cria, entre duas pessoas, um liame jurídico de filiação, está Arnoldo Wald, que leciona que "a adoção é uma ficção jurídica que cria o parentesco civil. É um ato jurídico bilateral que gera laços de paternidade e filiação entre pessoas para as quais tal relação inexiste naturalmente" (Wald, A., p. 164). Para Orlando Gomes a adoção é "o ato jurídico pelo qual se estabelece, independentemente do fato natural, o vínculo de filiação. Trata-se de uma ficção legal, que permite a constituição, entre duas pessoas, do laço de parentesco do primeiro grau em linha reta" (Gomes, O., p. 381).

Com a entrada em vigor da Lei 12.010/2009 o instituto da adoção foi profundamente modificado no Estatuto da Criança e do Adolescente, que praticamente se tornou absoluto em relação ao tema "adoção".

A citada lei deu nova redação aos arts. 1.618 e 1.619 do CC, além de revogar as disposições dos arts. 1.620 a 1.629. Ao art. 1.734 deu a seguinte redação: "As crianças e os adolescentes cujos pais forem desconhecidos, falecidos ou que tiverem sido suspensos ou destituídos do poder familiar, terão tutores nomeados pelo juiz ou serão incluídos em programa de colocação familiar, na forma prevista pela Lei n. 8.069, de 13 de julho de 1990 – Estatuto da Criança e do Adolescente".

O art. 1.618 do CC, agora sem o parágrafo único, que foi revogado pela Lei 12.010/2009, dispõe que, a adoção de crianças e adolescentes será deferida, com exclusividade, na forma prevista no Estatuto da Criança e do Adolescente.

Pela nova redação do art. 1.619, a adoção de maiores de 18 anos dependerá da assistência efetiva do Poder Público e de sentença judicial constitutiva, aplicando-se, no que couber, as regras gerais previstas no Estatuto.

O art. 39 do ECA define a adoção de crianças (até 12 anos incompletos) e de adolescentes (de 12 a 18 anos incompletos). A modificação trazida pelo art. 1.618 do CC não colocou obstáculos à adoção de maiores de 18 e menores de 21 anos que já estivessem sob a guarda ou tutela do adotante, como dispõem os arts. 2º e 40. A modificação da capacidade civil e a adoção de maiores de 18 anos não são obstáculos à adoção de pessoa maior de 18 anos que convivia com os adotantes à época do pedido.

A partir da vigência da CF de 1988 e, especificamente, das alterações trazidas com os §§ 5º e 6º do art. 227, que foram integralmente acolhidas pelo art. 39 do ECA, a adoção por "escritura pública" foi abolida de nosso ordenamento jurídico. Hoje, todas as adoções revestem-se das seguintes características e efeitos: a) são judiciais; b) definidas por sentença constitutiva; c) assistidas pelo Poder Público; d) protegidas pela irrevogabilidade do vínculo a partir da publicação da sentença constitutiva (exceção: art. 42, § 6º, do ECA); e) mantêm-se os vínculos de parentesco entre o adotado e os adotantes, entre o adotante e os descendentes do adotado e entre o adotado e todos os parentes do adotante, com todas as obrigações resultantes dessa relação, como o dever de alimentos, direitos sucessórios, direito de visita etc.; f) manutenção do vínculo consanguíneo do adotado com os pais e parentes naturais (biológicos) em virtude dos impedimentos matrimoniais; g) que sejam realizadas no interesse da criança e do adolescente.

Em relação à competência jurisdicional mantém-se aquela prevista pelo art. 148, III, do Estatuto, que decidiu, definitivamente, que a competência para processar o pedido de adoção de crianças e adolescentes é da Justiça da Infância e da Juventude. Para o processamento do pedido de adoção de maiores de 18 anos é competente a Vara Cível e, onde houver, a Vara de Família. Para esses casos, o Código Civil/2002 não disciplinou o procedimento, vez que é matéria processual. Entendemos, porém, que, sendo maiores os protagonistas da adoção adulta (de maior de 18 anos), o procedimento deveria caracterizar-se pela informalidade e rapidez. Entretanto, com a expressa vedação do parágrafo único do art. 275 do CPC, que dispõe que o procedimento sumário "não será observado nas ações relativas ao estado e à capacidade das pessoas" e, de igual forma, no de jurisdição voluntária, em que não se opera a coisa julgada material, colocando em risco a constituição da sentença de adoção, a resposta procedimental mais adequada à adoção de adultos é aquela que define o *procedimento ordinário*, previsto nos arts. 282 e ss. do CPC, vez que oferece maior segurança para a constituição das relações parentais.

O *caput* do art. 41 do ECA consagra o efeito mais importante da adoção, já disposto no art. 227, § 6º da CF: a *condição jurídica de filho ao adotado*, carregando todos os direitos sucessórios.¹⁰ Embora o art. 1.626 tenha sido revogado pela Lei 12.010/2009, permanece o impedimento para casamento do adotado com os parentes consanguíneos do adotante.

O § 1º do art. 41 contempla a adoção unilateral, que se dá quando um dos cônjuges ou companheiros adota o filho do outro. O vínculo de filiação que surge dessa relação é o mesmo que o estipulado no art. 21, exercendo o cônjuge ou companheiro do adotante, plenamente, o poder familiar.

Vale lembrar que a Lei 12.010/09 revogou o art. 1.622 do CC, que estabelecia que "ninguém pode ser adotado por duas pessoas, salvo se forem marido e mulher". A mesma lei deu nova redação ao § 2º do art. 42 do ECA, que dispõe que, "para adoção conjunta, é indispensável que os adotantes sejam casados civilmente ou mantenham união estável, comprovada a estabilidade da família". A discussão que se faz, neste caso, é da possibilidade ou não da adoção por homossexuais, tema não enfrentado pela citada lei.

A dificuldade reside, entretanto, nos posicionamentos morais e costumeiros de nossa sociedade, que, recém saída de um sistema patriarcal, vê-se cercada de constantes inovações nas relações afetivas, como é o caso das relações homossexuais.

O magistrado pernambucano Luiz Carlos de Barros Figueirêdo (2001) revela a preocupação com este assunto em seu livro *Adoção para Homossexuais*. Preocupa-se, o autor, em demonstrar como nossa sociedade está eivada de preconceitos contra os homossexuais a ponto de considerá-los psicopatas, como no caso transcrito na *RT* 463/329 em que o julgador lembra que "não existe a menor dúvida de que o homossexual é um psicopata, ou seja, indivíduo que, em virtude de mórbida condição mental, têm modificadas a juridicidade de seus atos e de suas relações sociais".

Deve-se, entretanto, recorrer ao princípio da igualdade de direitos, consagrado em nossa Lei Maior, para concordar com a possibilidade de adoção por homossexuais em conjunto. Embora haja a vedação do § 2º

---

10. Com o voto-vista do Min. Gilmar Mendes, o STF concluiu, na sessão de 3.4.2014, o julgamento da AR 1.811, que pretendia desconstituir decisão da 1ª Turma da Corte que negou a uma filha adotiva o direito a herança. Prevaleceu, por maioria de votos, o entendimento segundo o qual o direito dos herdeiros rege-se pela lei vigente à época em que ocorre a abertura da sucessão.

do art. 42, exigindo que, para a adoção conjunta, os adotantes, sejam casados civilmente ou mantenham união estável, entendemos, com José Luiz Mônaco da Silva (2001, p. 44) que "o Estatuto da Criança e do Adolescente não contém dispositivo legal tratando de adoção pleiteada por homossexuais. Por causa dessa omissão, é possível que alguns estudiosos entendam inviável a adoção por homossexuais. A nosso ver o homossexual tem o direito de adotar um menor, salvo se não preencher os requisitos estabelecidos em lei. Aliás, se um homossexual não pudesse adotar uma criança ou um adolescente, o princípio da igualdade perante a lei estaria abertamente violado. E mais: apesar da omissão legal, o ECA não veda, implícita ou explicitamente a adoção por homossexuais. O que importa, no substancial, é a idoneidade moral do candidato e a sua capacitação para assumir os encargos decorrentes de uma paternidade (ou maternidade) adotiva".

O assunto está longe de ter unanimidade. No entanto, a melhor regra para o caso é aquela prevista no art. 43 do ECA, que determina que a adoção será deferida quando apresentar reais vantagens para o adotando e fundar-se em motivos legítimos.[11]

O *caput* do art. 42 e seu § 2º do ECA foram alterados pela Lei 12.010/2009, que estabeleceu a idade de 18 anos e a estabilidade familiar. Redação equivalente existia no art. 1.618 e parágrafo único do CC, revogado pela lei acima citada. Mesmo com a atual modificação, na adoção por ambos os cônjuges ou companheiros, pelo menos um deles deverá ter 18 anos completos e ainda manter a diferença de 16 anos entre adotante e adotado (ECA, art. 42, § 3º). Para privilegiar a capacidade civil aos 18 anos o legislador autorizou a adoção aos maiores de 18 anos. Ora, se o homem e a mulher se casam ou resolvem viver em união estável e um deles conta apenas 16 anos e o outro 18 anos, a adoção será permitida, pois foi cumprido o critério etário. Entretanto, a nova lei, sem definir ou oferecer os requisitos essenciais da exigência, introduz um pressuposto que, certamente, não será realizável, em função do rebaixamento da capacidade civil: a comprovação da *estabilidade familiar*. Esse requisito já se encontrava presente no § 2º do art. 42 do ECA, mas para aqueles que já tivessem completado 21 anos. Sabemos que um jovem de 18 anos não tem qualquer estabilidade familiar. Pode conviver com uma mulher e ter filhos, mas só isso não significa ter estabilidade familiar. A resposta para esse paradoxo pode estar nas obrigações parentais previstas no art. 229 da CF, que dispõe que "os pais têm o dever de assistir, criar e educar os filhos menores (...)". Pode-se definir a estabilidade familiar como *a condição de um casal que vive em harmonia, tem rendimentos suficientes*

---

11. Cf. Resolução 175, do CNJ, de 14.5.2013, aprovada durante a 169ª Sessão Plenária.

para a manutenção do lar e das obrigações parentais. Mas isso também não basta. A estabilidade familiar passa, entretanto, pela normalidade e consistência psicológica, moral, psíquica, sem as quais a convivência marital, com certeza, não daria bons resultados.

A Lei 12.010/2009 instituiu no § 2º do art. 42 a obrigatoriedade de os adotantes serem casados civilmente ou manterem união estável. A modificação legislativa manteve inalteradas as restrições à adoção pleiteada pelos ascendentes "avós" e por irmãos "unilaterais ou bilaterais" do adotando. Mantém, entretanto, a possibilidade de adoção pelos tios, primos e sobrinhos, desde que preenchidos os requisitos necessários.

Cury, Garrido e Marçura explicam que "a razão da vedação prende--se ao fato de que a adoção rompe os vínculos naturais de filiação e parentesco, estabelecendo novos vínculos entre as pessoas referidas no art. 42, § 2º" (Cury, Garrido e Marçura, p. 31).

Com o advento da Carta Magna de 1988, a situação jurídica da união estável teve seu assentamento definitivo no § 3º do art. 226, que dispõe: "Para efeito da proteção do Estado, é reconhecida a união estável entre o homem e a mulher como entidade familiar, devendo a lei facilitar sua conversão em casamento".

A união estável deve ser aquela caracterizada pela estabilidade, pela notoriedade (não publicidade) e pela fidelidade, apresentando-se à comunidade como uma união dentro dos parâmetros normais de uma sociedade familiar (CC, arts. 1.723-1.727).

A união estável, garantida constitucionalmente, foi objeto de regulamentação através da Lei 9.278, de 10.5.1996, que estabelece, em seu art. 1º, que "é reconhecida como entidade familiar a convivência duradoura, pública e contínua, de um homem e uma mulher, estabelecida com objetivo de constituição de família". Assegura-se, portanto, a adoção conjunta pelos unidos com intenção de constituir uma sociedade familiar.

A Lei 12.010/2009 deu nova redação ao § 4º do art. 42 do ECA, permitindo que os divorciados, os judicialmente separados e os ex-companheiros possam adotar conjuntamente, contanto que acordem sobre a guarda e o regime de visitas e desde que o estágio de convivência tenha sido iniciado na constância do período de convivência e seja comprovada a existência de vínculos de afinidade e afetividade com aquele não detentor da guarda, que justifiquem a excepcionalidade da concessão.

A referida lei estabeleceu, no § 5º do art. 42, que as hipóteses de adoção apresentadas no § 4º do mesmo artigo devem vir acompanhadas de demonstração de efetivo benefício ao adotando, ocasião em que poderá ser assegurada a guarda compartilhada, conforme dispõe o art. 1.584 do CC.

A hipótese de adoção apresentada no § 6º do art. 42 é aquela deferida a pessoa que tenha falecido no curso do procedimento já instaurado e que tenha manifestado, de forma inequívoca, sua vontade de aceitar a medida. Nesse caso, os efeitos da adoção retroagem à data do óbito (ECA, art. 47, § 7º), ao mesmo tempo em que se determina a abertura da sucessão (CC, arts. 1.784 e 1.788).

A adoção, como forma de colocação em família substituta, é medida de exceção, devendo o adotando ser nela inserido desde que lhe sejam oferecidas vantagens reais, seja fundada em motivos legítimos (art. 43) e revele compatibilidade com a sua natureza (art. 29). Tal disposição reflete a preocupação das normativas internacionais que buscam a proteção do melhor (superior) interesse da criança.[12]

Nada impede que o curador ou tutor adotem o curatelado ou o pupilo, desde que prestem contas da administração de seus bens e preencham os requisitos necessários, extensivos a todos (art. 44).

O *consentimento* para a adoção é uma exigência providencial. O *caput* do art. 45 do ECA já consagrava a obrigação de colher o consentimento dos *pais* ou do *representante legal* do adotando. O § 1º do art. 45 do ECA dispõe que o consentimento da criança ou adolescente será dispensado quando seus pais forem desconhecidos ou tenham sido destituídos do poder familiar. No § 2º do citado artigo o legislador considerou necessário e obrigatório o consentimento do adolescente maior de 12 anos de idade. Tal medida é imperativa, tendo em vista que o adolescente maior de 18 anos já tem condições de dar sua opinião sobre a pretensão dos adotantes que querem integrá-lo em sua família.

A Lei 12.010/2009 revogou o art. 1.624 do CC, que se referia à criança em situação de risco pessoal e social como "infante exposto". Em boa hora a referida lei eliminou a nova categoria de criança ou adolescente em situação de risco pessoal e social, denominada pelo art. 1.624 do CC de "infante exposto".

Evidentemente que com a morte dos pais opera-se a extinção do poder familiar (art. 1.635 do CC). Deve-se ressaltar, também, que o poder

---

12. Com o intuito de preservar os interesses da criança, a 3ª Turma do STJ concedeu *habeas corpus* para que uma criança fosse mantida sob a guarda do casal que o adotou irregularmente. A decisão foi unânime. A Justiça paulista havia determinado o recolhimento da criança a um abrigo, sob o único argumento de ter havido adoção irregular – a mãe, supostamente usuária de drogas, teria entregado a criança para que fosse criado pelo casal. Em decisão individual, a relatora, Min. Nancy Andrighi, já havia concedido liminar para que a criança voltasse à família adotiva. Ela destacou que não havia situação de risco que justificasse a aplicação da medida de proteção de acolhimento institucional. De acordo com o Ministério Público estadual, a criança estava sendo bem tratada pelo casal e não havia informações sobre a existência de familiares biológicos que pudessem assumir os seus cuidados.

familiar continua a ser irrenunciável e que para o deferimento da adoção não basta somente a suspensão do poder familiar, mas a sua destituição ou o consentimento dos pais ou responsáveis legais.

Na hipótese de o adotando ser maior de 12 anos de idade será também necessário seu consentimento pessoal, não podendo ser suprido pelos pais ou representante legal, pois se trata de condição essencial para o deferimento da adoção (ECA, art. 45, § 2º). O consentimento dos pais ou responsável recebeu especial importância na Lei 12.010/2009, que alterou o *caput* do art. 166 do ECA, acrescentando, ainda, sete parágrafos. A sensível mudança no *caput* do art. 166 refere-se à assistência por advogado quando o pedido de adoção puder ser formulado diretamente em cartório, em petição assinada pelos próprios requerentes. Em outras palavras, quando ocorrer a hipótese prevista no *caput* do art. 166 o legislador entendeu que a presença do advogado poderia ser dispensada. Em seguida, os novos parágrafos do art. 166, incluídos pela citada lei, que estabelecem:

"§ 1º. Na hipótese de concordância dos pais, esses serão ouvidos pela autoridade judiciária e pelo representante do Ministério Público, tomando-se por termo as declarações.

"§ 2º. O consentimento dos titulares do poder familiar será precedido de orientações e esclarecimentos prestados pela equipe interprofissional da Justiça da Infância e da Juventude, em especial, no caso de adoção, sobre a irrevogabilidade da medida.

"§ 3º. O consentimento dos titulares do poder familiar será colhido pela autoridade judiciária competente em audiência, presente o Ministério Público, garantida a livre manifestação de vontade e esgotados os esforços para manutenção da criança ou do adolescente na família natural ou extensa.

"§ 4º. O consentimento prestado por escrito não terá validade se não for ratificado na audiência a que se refere o § 3º deste artigo.

"§ 5º. O consentimento é retratável até a data da publicação da sentença constitutiva da adoção.

"§ 6º. O consentimento somente terá valor se for dado após o nascimento da criança.

"§ 7º. A família substituta receberá a devida orientação por intermédio de equipe técnica interprofissional a serviço do Poder Judiciário, preferencialmente com apoio dos técnicos responsáveis pela execução da política municipal de garantia do direito à convivência familiar."

Pela norma, surge uma possibilidade de desfazimento da adoção antes do trânsito em julgado da sentença. É comum acontecer que mães que "doaram" seu filho(a) para adoção sintam, depois, arrependimento pelo ato. Nesses casos é possível reverter a adoção sem a oferta de recurso. O interessado (geralmente os pais ou responsáveis do adotando) pode dirigir-se ao juiz da ação e requerer a reversão da adoção. Nesse momento o juiz deverá suspender o processo e determinar a realização de uma nova avaliação pela equipe interprofissional do Juizado e, obrigatoriamente ouvir o(a) arrependido(a) em audiência, na presença do representante do Ministério Público.

A adoção será precedida de estágio de convivência com a criança ou adolescente, pelo prazo que o juiz fixar, atendidas as peculiaridades de cada caso (art. 46).

O objetivo desse estágio é a verificação da adaptação do adotando na futura família, já que se destina a propiciar o convívio entre adotante e adotado para proporcionar a consolidação do liame emocional entre eles.

A Lei 12.010/2009 deu nova redação aos §§ 1º e 2º, acrescentando, ainda, os §§ 3º e 4º ao art. 46. O § 1º do art. 46 estabelece que "o estágio de convivência poderá ser dispensado se o adotando já estiver sob a tutela ou guarda legal do adotante durante tempo suficiente para que seja possível avaliar a conveniência da constituição do vínculo".

Lembra Nogueira que "a disposição de um casal em adotar já está devidamente amadurecida quando chega a requerer a adoção, não sendo fruto de qualquer precipitação, pois figura até mesmo na lista de espera, quando não há menores disponíveis".

"Com referência ao adotando é que se torna necessária essa convivência, já que ele passará a viver num novo lar, podendo vir a sentir dificuldade de adaptação.

"Contudo, a criança recém-nascida ou de tenra idade pode adaptar-se com facilidade a qualquer família substituta, já que, pela própria idade, se integra, perfeitamente, sem dificuldades, podendo assim ser dispensado o estágio de convivência" (Nogueira, P. L., p. 58).

O § 2º do art. 46 alerta que "a simples guarda de fato não autoriza, por si só, a dispensa da realização do estágio de convivência".

Nessa hipótese, o estágio é obrigatório e não poderá ser dispensado, podendo a autoridade judiciária ampliar os prazos mínimos fixados pela lei, segundo seu convencimento.

Situação diversa é apresentada pelo § 3º do art. 46, que disciplina o estágio de convivência por pessoa ou casal residente ou domiciliado fora do País. Neste caso o estágio deverá ser cumprido no território nacional e o prazo será de no mínimo 30 dias. "O estágio de convivência será acompanhado pela equipe interprofissional a serviço da Justiça da Infância e da Juventude, preferencialmente com apoio dos técnicos responsáveis pela execução da política de garantia do direito à convivência familiar, que apresentarão relatório minucioso acerca da conveniência do deferimento da medida" (§ 4º).

Certamente, ao determinar o cumprimento do estágio de convivência, o juiz deverá fornecer ao estrangeiro um documento, autorizando-o a ficar com o adotando. Na realidade, esse documento, sob que título for, deverá outorgar uma guarda ao pretendente, ainda que provisória e por tempo determinado, nos termos do *caput* do art. 167, *in fine*. Tal orientação não confronta com o disposto no § 1º do art. 33, porque não se pode conceber que o juiz entregue a criança aos adotantes sem qualquer formalidade.

A adoção sempre será deferida através de processo judicial, como prescreve o art. 47 do ECA, cuja sentença será inscrita no cartório de registro civil, mediante mandado, do qual não se fornecerá certidão, conforme completa o art. 47 do ECA.

O mandado de inscrição conterá: o nome dos adotantes como pais e de seus ascendentes (§ 1º); a determinação do cancelamento do registro anterior, se houver, e nenhuma observação sobre a origem do fato deverá constar nas certidões (§§ 2º e 3º).

A Lei 12.010/2009 fez modificações em alguns parágrafos do art. 47, acrescentando, ainda, os §§ 7º e 8º. O mandado de inscrição conterá: nome dos adotantes como pais, bem como o nome de seus ascendentes (§ 1º); a determinação do cancelamento do registro anterior, se houver (§ 2º), podendo o novo registro ser lavrado no Cartório do Registro Civil do Município de sua residência (§ 3º). "Nenhuma observação sobre a origem do ato poderá constar nas certidões do registro" (§ 4º).

O § 5º do art. 47 estabelece que a decisão judicial conferirá ao adotado o nome do adotante e, a pedido de qualquer deles, poderá determinar a modificação do prenome. Todavia, dispõe o § 6º, se a modificação do prenome for requerida pelo adotante, é obrigatória a oitiva do adotando, conforme dispõem os §§ 1º e 2º do art. 28 do ECA.

A Lei n. 12.955/2014 incluiu o § 9º no art. 47 que determina que terão prioridade de tramitação os processos de adoção em que o adotando for criança ou adolescente com deficiência ou com doença crônica.

A adoção produzirá seus efeitos a partir do trânsito em julgado da sentença constitutiva, exceto nos casos previstos no § 6º do art. 42, caso em que terá força retroativa à data do óbito (§ 7º). Como os efeitos da adoção são irrevogáveis (ECA, art. 39, § 1º), a desconstituição da sentença somente será possível por meio de recurso ou, transcorrido o prazo legal, de ação rescisória, nos termos dos arts. 485 e ss. do CPC. O processo relativo à adoção assim como outros a ele relacionados serão mantidos em arquivo, admitindo-se seu armazenamento em microfilme ou por outros meios, garantida sua conservação para consulta a qualquer tempo (§ 8º).

A Lei 12.010/2009 deu nova redação ao *caput* do art. 48 e ainda acrescentou o parágrafo único. O *caput* do art. 48 permite ao adotado conhecer sua origem biológica bem como obter acesso irrestrito ao processo no qual a medida foi aplicada e seus eventuais incidentes, após completar 18 anos. Todavia, o parágrafo único permite o acesso ao processo de adoção ao adotado que tiver menos de 18 anos desde que seja por ele requerido ao juiz da infância e da juventude, assegurando-lhe orientação e assistência jurídica e psicológica.

O poder familiar dos pais naturais não se restabelece em virtude da morte dos adotantes, pois uma das consequências da adoção é o rompimento dos vínculos da filiação natural e do parentesco. Assim, se os pais naturais quiserem ver restabelecido seu poder familiar após a morte dos adotantes, deverão fazer a adoção de seus próprios filhos (art. 49).

O art. 50 do Estatuto dispõe que "a autoridade judiciária manterá, em cada comarca ou em foro regional, um registro de crianças e de adolescentes em condições de serem adotados e outro de pessoas interessadas na adoção". O citado artigo trata do cadastro nacional de crianças e adolescentes preparados ou disponíveis para adoção e de casais ou pessoas nela interessadas.

Foi publicada no dia 3.4.2014, no *DJ-e*, a Resolução CNJ 190, que alterou a Resolução CNJ 54/2008, aumentando a visibilidade dos pretendentes que moram no exterior no procedimento de adoção internacional.

A partir da publicação, fica permitida a inclusão dos pretendentes domiciliados no exterior (brasileiros ou estrangeiros, devidamente habilitados nos tribunais estaduais) no Cadastro Nacional de Adoção (CNA). A mudança, na prática, só deverá ocorrer dentro de 4 a 6 meses, após alteração no sistema de funcionamento do CNA. A inclusão dos domiciliados no exterior no CNA permitirá aos magistrados da infância e juventude de todos os municípios brasileiros o acesso aos dados dos estrangeiros habilitados em todos os Tribunais de Justiça, de forma a atender o disposto no art. 50, § 6º, do ECA.

O deferimento da inscrição dar-se-á após prévia consulta aos órgãos técnicos do Juizado, necessariamente ouvido o Ministério Público. Importante papel terá o Ministério Publico no deferimento da inscrição, pois analisará a satisfação dos requisitos legais e a demonstração de compatibilidade dos interessados com a natureza da medida (§ 1º). Entretanto, se o interessado não satisfizer os requisitos legais ou não atender ao comando do art. 29, o interessado não poderá fazer sua inscrição no cadastro (§ 2º).

A Lei 12.010/2009 acrescentou os §§ 3º a 14 ao art. 50 do Estatuto. A inscrição de postulantes à adoção será precedida de um período de preparação psicossocial e jurídica, orientado pela equipe técnica da Justiça da Infância e da Juventude, preferencialmente com apoio dos técnicos responsáveis pela execução da política municipal de garantia do direito à convivência familiar (§ 3º) Sempre que possível e recomendável, a preparação referida no § 3º desse artigo incluirá o contato com crianças e adolescentes em acolhimento familiar ou institucional em condições de serem adotados, a ser realizado sob a orientação, supervisão e avaliação da equipe técnica da Justiça da Infância e da Juventude, com apoio dos técnicos responsáveis pelo programa de acolhimento e pela execução da política municipal de garantia do direito à convivência familiar (§ 4º).

Serão criados e implementados cadastros estaduais e nacional de crianças e adolescentes em condições de serem adotados e de pessoas ou casais habilitados à adoção (§ 5º). Haverá cadastros distintos para pessoas ou casais residentes fora do País, que somente serão consultados na inexistência de postulantes nacionais habilitados nos cadastros mencionados no § 5º do referido artigo (§ 6º). As autoridades estaduais e federais em matéria de adoção terão acesso integral aos cadastros, incumbindo-lhes a troca de informações e a cooperação mútua, para melhoria do sistema (§ 7º).

A autoridade judiciária providenciará, no prazo de 48 horas, a inscrição das crianças e adolescentes em condições de serem adotados que não tiveram colocação familiar na comarca de origem e das pessoas ou casais que tiveram deferida sua habilitação à adoção nos cadastros estadual e nacional referidos no § 5º do art. 50, sob pena de responsabilidade (§ 8º) Compete à Autoridade Central Estadual zelar pela manutenção e correta alimentação dos cadastros, com posterior comunicação à Autoridade Central Federal Brasileira (§ 9º). A adoção internacional somente será deferida se, após consulta ao cadastro de pessoas ou casais habilitados à adoção, mantido pela Justiça da Infância e da Juventude na comarca, bem como aos cadastros estadual e nacional referidos no § 5º do artigo, não for encontrado interessado com residência permanente no Brasil (§ 10). Enquanto não localizada pessoa ou casal interessado em sua adoção, a criança ou o adolescente, sempre que possível e recomendável, será colocado sob guarda de família cadastrada em programa de acolhimento familiar (§ 11). A alimentação do cadastro e a convocação criteriosa dos postulantes à adoção serão fiscalizadas pelo Ministério Público (§ 12). Somente poderá ser deferida adoção em favor de candidato domiciliado no Brasil não cadastrado previamente nos termos do Estatuto quando: I – se tratar de pedido de adoção unilateral; II – for formulada por parente com o qual a criança ou adolescente mantenha vínculos de afinidade e afetividade; III – oriundo o pedido de quem detém a tutela ou guarda legal de criança maior de três anos ou adolescente, desde que o lapso de tempo de convivência comprove a fixação de laços de afinidade e afetividade e não seja constatada a ocorrência de má-fé ou qualquer das situações previstas nos arts. 237 ou 238 dessa lei (§ 13). Nas hipóteses previstas no § 13 do artigo, o candidato deverá comprovar, no curso do procedimento, que preenche os requisitos necessários à adoção, conforme previsto nessa lei (§ 14).

Por força da Resolução 54, de 29.4.2008, do Conselho Nacional de Justiça/CNJ, que dispõe sobre a implantação e funcionamento do Cadastro Nacional de Adoção, esse mister foi deferido ao próprio Conselho.

O CNJ implantará o Banco Nacional de Adoção, que tem por finalidade consolidar dados de todas as comarcas das unidades da Federação referentes a crianças e adolescentes disponíveis para adoção, após o trânsito em julgado dos respectivos processos, assim como dos pretendentes à adoção domiciliados no Brasil e devidamente habilitados.

O Banco Nacional de Adoção ficará hospedado no CNJ, assegurado o acesso aos dados nele contidos exclusivamente pelos órgãos autorizados. As Corregedorias dos Tribunais de Justiça funcionarão como administradoras do sistema do respectivo Estado e terão acesso integral aos cadastrados, com a atribuição de cadastrar e liberar o acesso ao juiz competente de cada uma das comarcas bem como zelar pela correta alimentação do sistema, que deverá se ultimar no prazo de 180 dias da publicação da referida resolução.

As Corregedorias-Gerais da Justiça e os juízes responsáveis pela alimentação diária do sistema encaminharão os dados por meio eletrônico ao Banco Nacional de Adoção.

O CNJ prestará o apoio técnico necessário aos Tribunais de Justiça dos Estados e do Distrito Federal para alimentar os dados no Banco Nacional de Adoção.

Os tribunais poderão manter os atuais sistemas de controle de adoções em utilização ou substituí-los por outros que entendam mais adequados, desde que assegurada a migração dos dados, por meio eletrônico, contidos nas fichas e formulários que integram os anexos da Resolução CNJ-54/2008.

O CNJ, as Comissões Estaduais Judiciárias de Adoção/CEJAS/ CEJAIS e as Corregedorias-Gerais da Justiça devem fomentar campanhas incentivando a adoção de crianças e adolescentes em abrigos e sem perspectivas de reinserção na família natural. O CNJ poderá celebrar convênio com a Secretaria Especial de Direitos Humanos da Presidência da República/SEDH para troca de dados e consultas ao Banco Nacional de Adoção.

A Lei 12.010/2009 acrescentou a Seção VIII do Capítulo III do Livro II do Título IV, sob o título "Da Habilitação de Pretendentes à Adoção", incluindo os arts. 197-A a 199-E, que estabelece o procedimento dos interessados brasileiros em postular a adoção.

A adoção requerida por estrangeiros não residentes ou domiciliados no País[13] vem disciplinada nos arts. 51 a 52-D do ECA. A Lei 12.010/2009 reformulou por completo os arts. 51 e 52, acrescentando, ainda, os arts. 52-A a 52-D, que tratam de requisitos obrigatórios para a adoção internacional, inseridos pela Convenção de Haia, de 29.5.1993, Relativa à Proteção das Crianças e à Cooperação em Matéria de Adoção Internacional, aprovada pelo Decreto Legislativo 1, de 14.1.1999, e promulgada pelo Decreto 3.087, de 21.6.1999 (ECA, art. 51, *caput*).

A adoção internacional de criança ou adolescente brasileiro ou domiciliado no Brasil somente terá lugar quando restar comprovado: I – que a colocação em família substituta é a solução adequada ao caso concreto; II – que foram esgotadas todas as possibilidades de colocação da criança ou adolescente em família substituta brasileira, após consulta aos cadastros mencionados no art. 50 do ECA; III – que, tratando-se de adoção de adolescente, este foi consultado, por meios adequados ao seu estágio de desenvolvimento, e que se encontra preparado para a medida, mediante parecer elaborado por equipe interprofissional, observado o disposto nos §§ 1º e 2º do art. 28 do ECA (ECA, art. 51, § 1º).

Os brasileiros residentes no exterior terão preferência aos estrangeiros nos casos de adoção internacional de criança ou adolescente brasileiro (ECA, art. 51, § 2º). A adoção internacional pressupõe a intervenção das Autoridades Centrais Estaduais e Federal em matéria de adoção internacional (ECA, art. 51, § 3º).

Em qualquer hipótese, é bom lembrar que a colocação em família substituta estrangeira constitui medida excepcional, somente sendo possível sob a forma de adoção (art. 31). Assim, família estrangeira que não reside neste País não poderá obter a guarda definitiva ou a tutela, mas somente a adoção.

A Lei 12.010/2009 operou profunda reforma no art. 52 do Estatuto, para recepcionar as orientações procedimentais da Convenção de Haia e com o intuito de disciplinar o procedimento da adoção internacional, previsto nos arts. 165 a 170 do ECA, com as seguintes adaptações: I – a pessoa ou casal estrangeiro, interessado em adotar criança ou adolescente brasileiro, deverá formular pedido de habilitação à adoção perante a Autoridade Central em matéria de adoção internacional no país de acolhida, assim entendido aquele onde está situada sua residência habitual; II – se a Autoridade Central do país de acolhida considerar que os solicitantes estão habilitados e aptos para adotar, emitirá relatório que contenha informações sobre a identidade, a capacidade jurídica e adequação dos

---

13. A referência à família estrangeira, feita no art. 51, é à não residente e domiciliada no Brasil, tendo em vista que a CF, em seu art. 5º, assegura a todos os que aqui residem igualdade perante a lei.

solicitantes para adotar, sua situação pessoal, familiar e médica, seu meio social, os motivos que os animam e sua aptidão para assumir uma adoção internacional; III – a Autoridade Central do país de acolhida enviará o relatório à Autoridade Central Estadual, com cópia para a Autoridade Central Federal Brasileira; IV – o relatório será instruído com toda a documentação necessária, incluindo estudo psicossocial elaborado por equipe interprofissional habilitada e cópia autenticada da legislação pertinente, acompanhada da respectiva prova de vigência; V – os documentos em língua estrangeira serão devidamente autenticados pela autoridade consular, observados os tratados e convenções internacionais, e acompanhados da respectiva tradução, por tradutor público juramentado; VI – a Autoridade Central Estadual poderá fazer exigências e solicitar complementação sobre o estudo psicossocial do postulante estrangeiro à adoção, já realizado no país de acolhida; VII – verificada, após estudo realizado pela Autoridade Central Estadual, a compatibilidade da legislação estrangeira com a nacional, além do preenchimento por parte dos postulantes à medida dos requisitos objetivos e subjetivos necessários ao seu deferimento, tanto à luz do que dispõe o Estatuto como da legislação do país de acolhida, será expedido laudo de habilitação à adoção internacional, que terá validade por, no máximo, um ano; VIII – de posse do laudo de habilitação, o interessado será autorizado a formalizar pedido de adoção perante o Juízo da Infância e da Juventude do local em que se encontra a criança ou adolescente, conforme indicação efetuada pela Autoridade Central Estadual.

Se a legislação do país de acolhida assim o autorizar, admite-se que os pedidos de habilitação à adoção internacional sejam intermediados por organismos credenciados (§ 1º).

Todavia, incumbe à Autoridade Central Federal Brasileira o credenciamento de organismos nacionais e estrangeiros encarregados de intermediar pedidos de habilitação à adoção internacional, com posterior comunicação às Autoridades Centrais Estaduais e publicação nos órgãos oficiais de imprensa e em sítio próprio da Internet (§ 2º).

Somente será admissível o credenciamento de organismos que: I – sejam oriundos de países que ratificaram a Convenção de Haia e estejam devidamente credenciados pela Autoridade Central do país onde estiverem sediados e no país de acolhida do adotando para atuar em adoção internacional no Brasil; II – satisfizerem as condições de integridade moral, competência profissional, experiência e responsabilidade exigidas pelos países respectivos e pela Autoridade Central Federal Brasileira; III – forem qualificados por seus padrões éticos e sua formação e experiência para atuar na área de adoção internacional; IV – cumprirem os requisitos exigidos pelo ordenamento jurídico brasileiro e pelas normas estabelecidas pela Autoridade Central Federal Brasileira (§ 3º).

Os organismos credenciados deverão, ainda: I – perseguir unicamente fins não lucrativos, nas condições e dentro dos limites fixados pelas autoridades competentes do país onde estiverem sediados, do país de acolhida e pela Autoridade Central Federal Brasileira; II – ser dirigidos e administrados por pessoas qualificadas e de reconhecida idoneidade moral, com comprovada formação ou experiência para atuar na área de adoção internacional, cadastradas pelo Departamento de Polícia Federal e aprovadas pela Autoridade Central Federal Brasileira, mediante publicação de portaria do órgão federal competente; III – estar submetidos à supervisão das autoridades competentes do país onde estiverem sediados e no país de acolhida, inclusive quanto à sua composição, funcionamento e situação financeira; IV – apresentar à Autoridade Central Federal Brasileira, a cada ano, relatório geral das atividades desenvolvidas, bem como relatório de acompanhamento das adoções internacionais efetuadas no período, cuja cópia será encaminhada ao Departamento de Polícia Federal; V – enviar relatório pós-adotivo semestral para a Autoridade Central Estadual, com cópia para a Autoridade Central Federal Brasileira, pelo período mínimo de dois anos. O envio do relatório será mantido até a juntada de cópia autenticada do Registro Civil, estabelecendo a cidadania do país de acolhida para o adotado; VI – tomar as medidas necessárias para garantir que os adotantes encaminhem à Autoridade Central Federal Brasileira cópia da certidão de registro de nascimento estrangeira e do certificado de nacionalidade tão logo lhes sejam concedidos (§ 4º).

A não apresentação dos relatórios referidos no § 4º do art. 52 pelo organismo credenciado poderá acarretar a suspensão de seu credenciamento (§ 5º).

O credenciamento de organismo nacional ou estrangeiro encarregado de intermediar pedidos de adoção internacional terá validade de dois anos (§ 6º).

A renovação do credenciamento poderá ser concedida mediante requerimento protocolado na Autoridade Central Federal Brasileira nos 60 dias anteriores ao término do respectivo prazo de validade (§ 7º).

Antes de transitada em julgado a decisão que concedeu a adoção internacional não será permitida a saída do adotando do território nacional (§ 8º).

Transitada em julgado a decisão, a autoridade judiciária determinará a expedição de alvará com autorização de viagem, bem como para obtenção de passaporte, constando, obrigatoriamente, as características da criança ou adolescente adotado, como idade, cor, sexo, eventuais sinais ou traços peculiares, assim como foto recente e a aposição da impressão digital do seu polegar direito, instruindo o documento com cópia autenticada da decisão e certidão de trânsito em julgado (§ 9º).

A Autoridade Central Federal Brasileira poderá, a qualquer momento, solicitar informações sobre a situação das crianças e adolescentes adotados (§ 10).

A cobrança de valores, por parte dos organismos credenciados, que sejam considerados abusivos pela Autoridade Central Federal Brasileira e que não estejam devidamente comprovados é causa de seu descredenciamento (§ 11).

Uma mesma pessoa ou seu cônjuge não podem ser representados por mais de uma entidade credenciada para atuar na cooperação em adoção internacional (§ 12).

A habilitação de postulante estrangeiro ou domiciliado fora do Brasil terá validade máxima de um ano, podendo ser renovada (§ 13).

É vedado o contato direto de representantes de organismos de adoção, nacionais ou estrangeiros, com dirigentes de programas de acolhimento institucional ou familiar, assim como com crianças e adolescentes em condições de serem adotados, sem a devida autorização judicial (§ 14).

A Autoridade Central Federal Brasileira poderá limitar ou suspender a concessão de novos credenciamentos sempre que julgar necessário, mediante ato administrativo fundamentado (§ 15).

Convém assinalar que a "Convenção Relativa à Proteção das Crianças e à Cooperação em Matéria de Adoção Internacional", concluída em Haia, em 29 de maio de 1993, traz em seus "considerandos" garantias internacionais de proteção às crianças e adolescentes adotados e aos adotantes, das quais destacamos: a) a criança deve desenvolver-se em ambiente familiar; b) a criança deve permanecer em sua família de origem e, somente em último caso, ser entregue para adoção; c) a adoção internacional surge como alternativa para a criança que não encontra, em seu país de origem, família adequada para acolhê-la; e d) a adoção internacional deve ser feita no interesse superior da criança, com respeito a seus direitos fundamentais, como, também, para evitar e prevenir o sequestro, a venda ou o tráfico de crianças.

A Convenção entrou em vigor internacional em 1º de maio de 1995. O Governo brasileiro depositou o Instrumento de Ratificação da referida Convenção em 10 de março de 1999, passando a vigorar em 1º de julho do mesmo ano, conforme o disposto no § 2º de seu art. 46.

Como determina o inciso I do art. 49 da CF, o Congresso Nacional aprovou o texto da referida Convenção, através do Decreto Legislativo n. 1, de 14.1.1999. Por sua vez – desnecessariamente, diga-se de passagem –, o Presidente da República promulgou a Convenção através do Decreto 3.087, de 21.6.1999. Entretanto, através do Decreto 3.174, de 16.9.1999, o Presidente da República designou as Autoridades Centrais encarregadas de dar cumprimento às obrigações impostas pela Convenção, instituiu o Programa Nacional de Cooperação em Adoção Internacional e criou o Conselho das Autoridades Centrais Administrativas Brasileiras.

Capítulo IV
Do direito à educação, à cultura, ao esporte e ao lazer

Art. 53. A criança e o adolescente têm direito à educação, visando ao pleno desenvolvimento de sua pessoa, preparo para o exercício da cidadania e qualificação para o trabalho, assegurando-se-lhes:

I – igualdade de condições para o acesso e permanência na escola;

II – direito de ser respeitado por seus educadores;

III – direito de contestar critérios avaliativos, podendo recorrer às instâncias escolares superiores;

IV – direito de organização e participação em entidades estudantis;

V – acesso a escola pública e gratuita próxima de sua residência.

Parágrafo único. É direito dos pais ou responsáveis ter ciência do processo pedagógico, bem como participar da definição das propostas educacionais.

Art. 54. É dever do Estado assegurar à criança e ao adolescente:

I – ensino fundamental, obrigatório e gratuito, inclusive para os que a ele não tiveram acesso na idade própria;

II – progressiva extensão da obrigatoriedade e gratuidade ao ensino médio;

III – atendimento educacional especializado aos portadores de deficiência, preferencialmente na rede regular de ensino;

IV – atendimento em creche e pré-escola às crianças de zero a seis anos de idade;

V – acesso aos níveis mais elevados do ensino, da pesquisa e da criação artística, segundo a capacidade de cada um;

VI – oferta de ensino noturno regular, adequado às condições do adolescente trabalhador;

VII – atendimento no ensino fundamental, através de programas suplementares de material didático-escolar, transporte, alimentação e assistência à saúde.

§ 1º. O acesso ao ensino obrigatório e gratuito e direito público subjetivo.

§ 2º. O não oferecimento do ensino obrigatório pelo Poder Público ou sua oferta irregular importa responsabilidade da autoridade competente.

§ 3º. Compete ao Poder Público recensear os educandos no ensino fundamental, fazer-lhes a chamada e zelar, junto aos pais ou responsável, pela frequência à escola.

Art. 55. Os pais ou responsável têm a obrigação de matricular seus filhos ou pupilos na rede regular de ensino.

Art. 56. Os dirigentes de estabelecimentos de ensino fundamental comunicarão ao Conselho Tutelar os casos de:

I – maus-tratos envolvendo seus alunos;

II – reiteração de faltas injustificadas e de evasão escolar, esgotados os recursos escolares;

III – elevados níveis de repetência.

Art. 57. O Poder Público estimulará pesquisas, experiências e novas propostas relativas a calendário, seriação, currículo, metodologia, didática e avaliação, com vistas à inserção de crianças e adolescentes excluídos do ensino fundamental obrigatório.

Art. 58. No processo educacional respeitar-se-ão os valores culturais, artísticos e históricos próprios do contexto social da criança e do adolescente, garantindo-se a estes a liberdade da criação e o acesso às fontes de cultura.

Art. 59. Os municípios, com apoio dos Estados e da União, estimularão e facilitarão a destinação de recursos e espaços para programações culturais, esportivas e de lazer voltadas para a infância e a juventude.

4. Do direito à educação, à cultura, ao esporte e ao lazer

Entre os direitos do indivíduo de participar dos benefícios da vida civilizada está o direito à educação (cf. Liberati, W. D. (org.), *Direito à Educação: uma questão de justiça*). Não se pode, pois, sob qualquer argumento, demonstrar que a pessoa analfabeta não pode participar da vida política, econômica e social do Estado.

A CF, em seus arts. 205 e 214, vem assegurar e disciplinar a distribuição e implementação do direito à educação, extensivo a todos os brasileiros, e em especial à criança e ao adolescente.

O art. 205 assegura o acesso de todos à educação, sendo dever do Estado e da família promover sua distribuição e implementação, visando ao pleno desenvolvimento da pessoa, seu preparo para a vida, para o exercício da cidadania e à sua qualificação profissional.

O art. 53 do ECA reproduz o dispositivo acima citado e corporifica a intenção da Declaração Universal dos Direitos da Criança, que dispõe no 7º Princípio que "a criança terá direito a receber educação, que será gratuita e compulsória, pelo menos no grau primário. Ser-lhe-á propiciada educação capaz de promover a sua cultura geral e capacitá-la a, em condições de iguais oportunidades, desenvolver as suas aptidões, sua capacidade de emitir juízo e seu senso de responsabilidade moral e social, e a tornar-se um membro útil da sociedade...".

Na verdade, quando o Estatuto assegura à criança e ao adolescente igualdade de condições para o acesso e permanência na escola, o direito de serem respeitados por seus educadores, o direito de contestar critérios de avaliação, o direito de organização e participação em atividades estudantis e o acesso à escola pública e próxima à sua residência, nada mais está fazendo que regulamentar a necessidade de se alfabetizarem de forma digna, o que os levará a ter uma convivência sadia e equilibrada na comunidade.

Na opinião abalizada de Grünspun "os menores têm direito a bons professores, que saibam mais do que eles, saibam ensinar. Os menores precisam aprender com os professores sobre toda a realidade, desde a sexualidade até a violência. A escola deve ajudá-los a desenvolver as oportunidades para viver em sociedade. Compete aos professores criar a motivação para os menores aprenderem" (Grünspun, H., p. 57).

O art. 54, reproduzindo o art. 208 da CF, repete os deveres do Estado relativos à educação. São deveres que asseguram o ensino fundamental, obrigatório e gratuito, bem como o ensino médio e o atendimento educacional especializado aos portadores de deficiência (incisos I e II). São complementados pelo atendimento em creche e pré-escola de crianças de zero a seis anos de idade, o acesso à pesquisa, ensino noturno regular e suporte para o atendimento ao ensino fundamental, com material didático- -escolar, transporte, alimentação e assistência à saúde (incisos IV e VII).

O não oferecimento de ensino obrigatório pelo Poder Público ou sua oferta irregular importa responsabilidade da autoridade competente (§ 2º), ensejando a propositura de ação civil pública. Neste caso, e em outros, onde a CF privilegia os direitos fundamentais da criança e do adolescente, é comum o Administrador Público não respeitar as deliberações do Conselho de Direitos. Tem-se como certo que o Administrador será chamado a responder judicialmente pelo descumprimento daquelas deliberações, vez que o citado Conselho é o órgão máximo de deliberação de políticas públicas destinadas à infância.

Desde que verificada a hipótese, compete ao Ministério Público, nos termos do art. 201, X, do ECA, promover a ação cabível para a apuração da responsabilidade civil, conforme determinam os arts. 208 e 216 da lei estatutária.

O art. 205 da CF dispõe que é dever supletivo da família promover e incentivar a educação. O dispositivo estatutário congênere determina que os pais ou responsável têm a obrigação de matricular seus filhos ou pupilos na rede regular de ensino (art. 55).

Nos casos de verificação de maus-tratos sofridos pelos alunos, de faltas reiteradas e injustificadas às aulas, de evasão e repetência escolar, os dirigentes de estabelecimentos de ensino deverão comunicar ao Conselho Tutelar (art. 56).

À evidência, não fica excluída a obrigatoriedade de o professor ou dirigente da escola ou creche comunicar à autoridade policial os casos de ocorrência de maus-tratos envolvendo seus alunos (CP, art. 136).

A criança e o jovem têm direito a um desenvolvimento sadio e completo, devendo o Estado, a família e a sociedade proporcionar-lhes condições de aprimorar-se e crescer com liberdade de criação e acesso às fontes de cultura (art. 58).

A cultura, o esporte e o lazer constituem-se, também, em direitos fundamentais e integrativos da formação infanto-juvenil. O ECA foi complementado pela Lei de Diretrizes e Bases da Educação Nacional-LDB, Lei 9.394, de 26.12.1996, que disciplinou a organização da educação nacional, atendendo ao comando constitucional exposto nos arts. 205 e ss. da CF.

Capítulo V
Do direito à profissionalização
e à proteção no trabalho

Art. 60. É proibido qualquer trabalho a menores de quatorze anos de idade, salvo na condição de aprendiz. (*Revogado pela Emenda Constitucional n. 20, de 15.12.1998, que deu nova redação ao art. 7º, inciso XXXIII*, cujo enunciado dispõe: "XXXIII – proibição de trabalho noturno, perigoso ou insalubre a menores de 18 (dezoito) anos e de qualquer trabalho a menores de 16 (dezesseis) anos, salvo na condição de aprendiz, a partir de 14 (quatorze) anos").

Art. 61. A proteção ao trabalho dos adolescentes é regulada por legislação especial, sem prejuízo do disposto nesta Lei.

Art. 62. Considera-se aprendizagem a formação técnico-profissional ministrada segundo as diretrizes e bases da legislação de educação em vigor.

Art. 63. A formação técnico-profissional obedecerá aos seguintes princípios:

I – garantia de acesso e frequência obrigatória ao ensino regular;

II – atividade compatível com o desenvolvimento do adolescente;

III – horário especial para o exercício das atividades.

Art. 64. Ao adolescente até quatorze anos de idade é assegurada bolsa de aprendizagem.

Art. 65. Ao adolescente aprendiz, maior de quatorze anos, são assegurados os direitos trabalhistas e previdenciários.

Art. 66. Ao adolescente portador de deficiência é assegurado trabalho protegido.

Art. 67. Ao adolescente empregado, aprendiz, em regime familiar de trabalho, aluno de escola técnica, assistido em entidade governamental ou não governamental, é vedado trabalho:

I – noturno, realizado entre as vinte e duas horas de um dia e às cinco horas do dia seguinte;

II – perigoso, insalubre ou penoso;

III – realizado em locais prejudiciais à sua formação e ao seu desenvolvimento físico, psíquico, moral e social;

IV – realizado em horários e locais que não permitam a frequência à escola.

Art. 68. O programa social que tenha por base o trabalho educativo, sob responsabilidade de entidade governamental ou não governamental sem fins lucrativos, deverá assegurar ao adolescente que dele participe condições de capacitação para o exercício de atividade regular remunerada.

§ 1º. Entende-se por trabalho educativo a atividade laboral em que as exigências pedagógicas relativas ao desenvolvimento pessoal e social do educando prevalecem sobre o aspecto produtivo.

§ 2º. A remuneração que o adolescente recebe pelo trabalho efetuado ou a participação na venda dos produtos de seu trabalho não desfigura o caráter educativo.

Art. 69. O adolescente tem direito à profissionalização e à proteção no trabalho, observados os seguintes aspectos, entre outros:

I – respeito à condição peculiar de pessoa em desenvolvimento;
II – capacitação profissional adequada ao mercado de trabalho.

5. Do direito à profissionalização e à proteção no trabalho

A segunda parte do 9º Princípio da Declaração Universal dos Direitos da Criança dispõe que: "... Não será permitido à criança empregar-se antes da idade mínima conveniente; de nenhuma forma será levada a ou ser-lhe-á permitido empenhar-se em qualquer ocupação ou emprego que lhe prejudique a saúde ou a educação ou que interfira em seu desenvolvimento físico, mental ou moral".

Ao dispor sobre os direitos dos trabalhadores urbanos e rurais, a CF determina, no art. 7º, XXXIII,[14] a proibição do trabalho noturno, perigoso ou insalubre, a menores de 18 anos, e de qualquer trabalho a menores de 16 anos, salvo na condição de aprendiz, a partir de 14 anos.

O art. 403 da CLT (adaptado à CF) estabelece a proibição do trabalho ao menor de 14 anos. O trabalho entre 14 e 16 anos de idade fica sujeito às seguintes condições: a) garantia de frequência à escola que assegure sua formação ao menos em nível primário; b) serviços de natureza leve, que não sejam nocivos à sua saúde e ao seu desenvolvimento normal.

Nota-se, portanto, pelo enunciado normativo, que o menor de 14 anos não pode ser empregado, pois é absolutamente incapaz para o trabalho.

Por que a legislação é tão enfática ao disciplinar e proteger o trabalho da criança e do adolescente?

A indagação mereceu uma resposta completa do eminente Min. Mozart Víctor Russomano ao analisar assim o problema: "o menor de

---

14. V., também, CF, art. 227, § 3º, I-III. É da justiça do trabalho a competência para julgar autorização de trabalho para menores de 16 anos (Processo TRT-2ª R. 00017544920135020063). Cf., também, Resolução 105, de 10.3.2014, do Conselho Nacional do Ministério Público que dispõe sobre a atuação dos membros do MP como órgão interveniente nos processos judiciais em que se requer autorização para o trabalho de crianças e adolescentes menores de 16 anos.

hoje será o trabalhador adulto de amanhã. Por sua idade, por seu incipiente desenvolvimento mental e orgânico, a lei trabalhista lança mão de todos os meios ao seu alcance a fim de evitar desgastes exagerados em seu corpo. É igualmente necessário que o trabalho executado pelo menor, por força das contingências da vida moderna, não prejudique a aquisição, através do estudo, dos conhecimentos mínimos indispensáveis à participação ativa do homem na vida do País". E continua: "Só dando ao menor o que ele merece, defendendo a formação de seu espírito e a constituição de seu corpo, é que a sociedade poderá contar com homens úteis a si mesmos e à comunidade" (Russomano, M. V., p. 501).

Assim, ao analisar o art. 60 (c/c o art. 69 do ECA), nota-se o direito à profissionalização do adolescente e à sua proteção no trabalho, observados o respeito à sua condição peculiar de pessoa em desenvolvimento e sua capacitação profissional adequada. Aí está a chave de toda a estrutura para salvaguardar a idade mínima para o início da atividade laboral.

O trabalho do adolescente está protegido e regulado pela CLT, arts. 402 a 441, e pelo disposto no Estatuto (art. 61).

O Estatuto considera aprendizagem a formação técnico-profissional, ministrada segundo as diretrizes e bases da legislação de educação em vigor (art. 62).

Para Délio Maranhão, no entanto, "aprendiz é aquele que trabalha aprendendo ao mesmo tempo, sob a direção de outrem, uma arte ou um ofício". E continua: "a aprendizagem clássica era realizada, sempre, no próprio local de trabalho, através de contrato entre o empregador (mestre) e o empregado (aprendiz)" (Maranhão, D., p. 149).

O parágrafo único do art. 80 da CLT (c/c o art. 7º, XXXIII, da CF) também define o aprendiz: "Considera-se aprendiz o menor de 14 a 16 anos, sujeito à formação profissional metódica do ofício em que exerça o seu trabalho".

O contrato de aprendizagem foi regulamentado pela Lei 10.097/2000, estabelecendo uma relação especial entre o aprendiz e o empregador. Neste contrato, que deve ser delimitado no tempo – ou seja, por prazo determinado –, o empregador se compromete a assegurar ao maior de 14 e menor de 18 anos, inscrito no programa de aprendizagem, formação técnico-profissional metódica, compatível com o seu desenvolvimento físico, moral e psicológico. Por outro lado, o aprendiz deve comprometer-se a executar com zelo e diligência, as tarefas necessárias a essa formação.

O contrato de aprendizagem encerra-se aos 18 anos de idade (cf. CLT, art. 433 outras hipótese de extinção do contrato de aprendizagem) e pressupõe: *a*) anotação na Carteira de Trabalho e Previdência Social: *b*) matrícula e frequência do aprendiz à escola (se não tiver concluído o ensino fundamental); *c*) inscrição em programa desenvolvido sob a orientação de entidade qualificada em formação técnico-profissional metódica; *d*) garantia do salário-mínimo-hora; *e*) duração de dois anos; *f*) a formação por meio de atividades teóricas e práticas, metodicamente organizadas em tarefas de complexidade progressiva desenvolvidas no ambiente de trabalho. O contrato de aprendizagem não pode ser prorrogado; decorridos os dois anos previstos, o contrato de aprendizagem transforma-se em contrato de trabalho por tempo indeterminado, regido pelos arts. 442 e ss. da CLT (CLT, arts. 402 a 441 e Lei 10.097/2000).

Levando em consideração a personalidade do adolescente, sua capacidade intelectual, seus interesses e suas aptidões físicas e mentais, a formação técnico-profissional obedecerá aos seguintes princípios: I – garantia de acesso e frequência obrigatórios ao ensino regular; II – atividade compatível com o desenvolvimento do adolescente; e III – horário especial para o exercício das atividades (art. 63).

No art. 227, § 3º, I, da CF, são assegurados os direitos trabalhistas e previdenciários a todos os adolescentes trabalhadores, não importando a idade (art. 65).

A realidade do sistema laboral pátrio revela que a população infanto-juvenil trabalha em péssimas condições, sem a proteção das leis trabalhistas, com alto índice de trabalhadores jovens, sem carteira assinada, e trabalhando mais de 40 horas semanais.

O art. 66 do ECA, amparado no preceito constitucional (arts. 7º, XXXI, 23, II, 24, XIV, e 37, VIII), determina que o trabalho do adolescente portador de deficiência deverá ser protegido.

TÍTULO III

DA PREVENÇÃO

Capítulo I
Disposições gerais

Art. 70. É dever de todos prevenir a ocorrência de ameaça ou violação dos direitos da criança e do adolescente.

Art. 70-A. A União, os Estados, o Distrito Federal e os Municípios deverão atuar de forma articulada na elaboração de políticas públicas e na execução de ações destinadas a coibir o uso de castigo físico ou de tratamento cruel ou degradante e difundir formas não violentas de educação de crianças e de adolescentes, tendo como principais ações: (*Acrescentado pela Lei 13.010/2014*)

I – a promoção de campanhas educativas permanentes para a divulgação do direito da criança e do adolescente de serem educados e cuidados sem o uso de castigo físico ou de tratamento cruel ou degradante e dos instrumentos de proteção aos direitos humanos;

II – a integração com os órgãos do Poder Judiciário, do Ministério Público e da Defensoria Pública, com o Conselho Tutelar, com os Conselhos de Direitos da Criança e do Adolescente e com as entidades não governamentais que atuam na promoção, proteção e defesa dos direitos da criança e do adolescente;

III – a formação continuada e a capacitação dos profissionais de saúde, educação e assistência social e dos demais agentes que atuam na promoção, proteção e defesa dos direitos da criança e do adolescente para o desenvolvimento das competências necessárias à prevenção, à identificação de evidências, ao diagnóstico e ao enfrentamento de todas as formas de violência contra a criança e o adolescente;

IV – o apoio e o incentivo às práticas de resolução pacífica de conflitos que envolvam violência contra a criança e o adolescente;

V – a inclusão, nas políticas públicas, de ações que visem a garantir os direitos da criança e do adolescente, desde a atenção pré-natal, e de atividades junto aos pais e responsáveis com o objetivo de promover a informação, a reflexão, o debate e a orientação sobre alternativas ao uso de castigo físico ou de tratamento cruel ou degradante no processo educativo;

VI – a promoção de espaços intersetoriais locais para a articulação de ações e a elaboração de planos de atuação conjunta focados nas famílias em situação de violência, com participação de profissionais de saúde, de assistência social e de educação e de órgãos de promoção, proteção e defesa dos direitos da criança e do adolescente.

Parágrafo único. As famílias com crianças e adolescentes com deficiência terão prioridade de atendimento nas ações e políticas públicas de prevenção e proteção.

Art. 70-B. As entidades, públicas e privadas, que atuem nas áreas a que se refere o art. 71, dentre outras, devem contar, em seus quadros, com pessoas capacitadas a reconhecer e comunicar ao Conselho Tutelar suspeitas ou casos de maus-tratos praticados contra crianças e adolescentes. (*Incluído pela Lei 13.046/2014*)

Parágrafo único. São igualmente responsáveis pela comunicação de que trata este artigo, as pessoas encarregadas, por razão de cargo, função, ofício, ministério, profissão ou ocupação, do cuidado, assistência ou guarda de crianças e adolescentes, punível, na forma deste Estatuto, o injustificado retardamento ou omissão, culposos ou dolosos. (*Incluído pela Lei 13.046/2014*)

Art. 71. A criança e o adolescente têm direito a informação, cultura, lazer, esportes, diversões, espetáculos e produtos e serviços que respeitem sua condição peculiar de pessoa em desenvolvimento.

Art. 72. As obrigações previstas nesta Lei não excluem da prevenção especial outras decorrentes dos princípios por ela adotados.

Art. 73. A inobservância das normas de prevenção importará em responsabilidade da pessoa física ou jurídica, nos termos desta Lei.

1. Disposições gerais

A prevenção geral de que tratam os arts. 70 a 73 do ECA tem seu fundamento no conjunto de medidas sociais e jurídicas colocadas à disposição da família e da sociedade para a garantia e respeito dos direitos da criança e do adolescente.

É dever de todos prevenir a ocorrência da ameaça ou violação desses direitos (art. 70). Essa prevenção deverá garantir todos os direitos infanto-juvenis, pela adoção de medidas e programas de atendimento que evitem a marginalização, a discriminação e a caracterização da situação de risco pessoal.

A Lei 13.010/2014 incluiu o art. 70-A no Estatuto. O dispositivo legal vem reforçar a ideia de que a União, os Estados, o Distrito Federal e os Municípios devem trabalhar conjuntamente e de forma articulada, para elaborar políticas públicas e executar ações que visem a coibir e impedir o uso de castigo físico ou de tratamento cruel ou degradante e difundir formas não violentas de educação de crianças e de adolescentes. Para que isso aconteça o referido artigo indica, em seus incisos, como sugestão, as principais ações que devem ser desenvolvidas por aqueles órgãos.

O art. 70-A recebeu do legislador uma tônica especial, assim como as modificações trazidas pela Lei 13.010/2014: a proteção da integridade física e psíquica de crianças e adolescentes contra atos que importem castigos físicos ou tratamento cruel ou degradante, seja na educação doméstica ou na formal.

Posição interessante é abraçada pelo Prof. Antônio Carlos Gomes da Costa, ao lecionar que "em assistência social não existem programas preventivos. A verdadeira prevenção da situação de risco é a inclusão de toda a população na cobertura das políticas sociais básicas; se alguém se encontra em *situação de risco*, e, portanto, na condição de destinatário de ações do aparelho assistencial do Estado, não cabe aí o conceito de programa preventivo, uma vez que a linha de risco já foi transposta" (Gomes da Costa, p. 73).

De qualquer maneira, a inobservância das normas de prevenção importará responsabilidade da pessoa física ou jurídica.[1]

A Lei 13.046/2014 acrescentou o art. 70-B ao Estatuto. O legislador estatutário quer, com esse novo artigo, exigir que as entidades de atendimento, públicas e privadas, mantenham em seu quadro funcional pessoas capacitadas para reconhecer suspeitas ou casos de maus-tratos contra criança e adolescente que, porventura, para lá forem encaminhados, e, imediatamente, comuniquem o Conselho Tutelar para as providências cabíveis. O parágrafo único nomina, exemplificativamente, as pessoas que, em função do cargo que ocupam tenham a obrigação legal de informar o Conselho Tutelar os maus-tratos sofridos por crianças e adolescentes sob pena de, na omissão ou retardamento injustificado, sofrerem as consequências previstas nos arts. 97, 236 e 245 do Estatuto.

Capítulo II
Da prevenção especial

Seção I – **Da informação, cultura, lazer, esportes, diversões e espetáculos**

Art. 74. O Poder Público, através do órgão competente, regulará as diversões e espetáculos públicos, informando sobre a natureza deles, as faixas etárias a que não se recomendem, locais e horários em que sua apresentação se mostre inadequada.

Parágrafo único. Os responsáveis pelas diversões e espetáculos públicos deverão afixar, em lugar visível e de fácil acesso, à entrada do local de exibição, informação destacada sobre a natureza do espetáculo e a faixa etária especificada no certificado de classificação.

1. Arts. 208-224 e 228-258 do ECA.

Art. 75. Toda criança ou adolescente terá acesso às diversões e espetáculos públicos classificados como adequados à sua faixa etária.

Parágrafo único. As crianças menores de dez anos somente poderão ingressar e permanecer nos locais de apresentação ou exibição quando acompanhadas dos pais ou responsável.

Art. 76. As emissoras de rádio e televisão somente exibirão, no horário recomendado para o público infanto-juvenil, programas com finalidades educativas, artísticas, culturais e informativas.

Parágrafo único. Nenhum espetáculo será apresentado ou anunciado sem aviso de sua classificação, antes de sua transmissão, apresentação ou exibição.

Art. 77. Os proprietários, diretores, gerentes e funcionários de empresas que explorem a venda ou aluguel de fitas de programação em vídeo cuidarão para que não haja venda ou locação em desacordo com a classificação atribuída pelo órgão competente.

Parágrafo único. As fitas a que alude este artigo deverão exibir, no invólucro, informação sobre a natureza da obra e faixa etária a que se destinam.

Art. 78. As revistas e publicações contendo material impróprio ou inadequado a crianças e adolescentes deverão ser comercializadas em embalagem lacrada, com a advertência de seu conteúdo.

Parágrafo único. As editoras cuidarão para que as capas que contenham mensagens pornográficas ou obscenas sejam protegidas com embalagem opaca.

Art. 79. As revistas e publicações destinadas ao público infanto-juvenil não poderão conter ilustrações, fotografias, legendas, crônicas ou anúncios de bebidas alcoólicas, tabaco, armas e munições, e deverão respeitar os valores éticos e sociais da pessoa e da família.

Art. 80. Os responsáveis por estabelecimentos que explorem comercialmente bilhar, sinuca ou congênere ou por casas de jogos, assim entendidas as que realizem apostas, ainda que eventualmente, cuidarão para que não seja permitida a entrada e a permanência de crianças e adolescentes no local, afixando aviso para orientação do público.

2. Da prevenção especial

2.1 Da informação, cultura, lazer, esportes, diversões e espetáculos

A seção I do cap. II. do tít. III do Estatuto traz uma grande revelação, que chega a ser herética para juristas mais legalistas e tradicionais: a criança e o adolescente têm direito de se divertir! Terão acesso às diversões e espetáculos públicos classificados como adequados a sua faixa etária (art. 75), sem estarem sob a sombra fiscalizatória do "comissário de menores".[2]

2. Cf. Resolução 163 CONANDA, de 13.3.2014.

E as crianças com idade abaixo de 10 anos poderão ingressar e permanecer nos locais de apresentação ou exibição, desde que acompanhadas pelos pais ou responsável (parágrafo único).

Antes de ser norma permissiva estatutária, ela é corolário de liberação mais ampla, da Lei Maior, que concede a todos o direito de livre locomoção, em todo o território nacional, podendo nele entrar, permanecer, ou dele sair (art. 5º, XV, da CF).

É intrigante a novidade legal, porque por muitos anos imperou a vontade do art. 51 do Código de Menores revogado, que determinava que nenhum menor de 18 anos, sem prévia autorização da autoridade judiciária, poderia participar de espetáculo público e seus ensaios, bem como entrar ou permanecer em qualquer dependência de estúdios cinematográficos, de teatro, rádio ou televisão. Ou seja, o jovem de 17 anos não podia ir ao cinema, no período noturno, sem a prévia autorização do juiz de menores!

Evidentemente, com a instauração da nova dinâmica, proposta pelo Estatuto, tal situação desaparece, sendo substituída por orientações que vêm, em primeiro lugar, respeitar a criança e o adolescente, como pessoas em desenvolvimento, livres, e que ocupam seu espaço na sociedade, com igualdade perante todos.

Isso não significa que a lei estatutária proporcionou uma "liberação geral". O fato de entregar a responsabilidade pela educação dos filhos à família dignifica a sociedade familiar e propicia melhores condições de formação aos seus componentes.

Contudo, a função de regulamentar as diversões e espetáculos públicos, informando sobre a natureza deles, as faixas etárias a que não se recomendem, os locais e horários de sua apresentação, compete, ainda, ao Poder Público (art. 74 do ECA e 220, § 3º, I, da CF).

Esse procedimento visa, apenas, a indicar e recomendar a classificação das diversões públicas, os programas de rádio e de televisão (art. 21, VI, da CF), tendo em vista a completa abolição da censura de natureza política, ideológica e artística.

Com essa orientação, a lei transferiu aos pais ou responsável a missão de escolher os programas transmitidos pela televisão que seriam mais adequados aos seus filhos.

Ao entrar em vigor, a Portaria 773, de 22.10.1990, baixada pelo Ministro da Justiça, estabelecendo critérios para a classificação por horário e idade das programações de rádio e televisão, provocou controvérsias sobre a volta da censura, expulsa pela Constituição de 1988,[3] tendo o

---

3. CF, art. 220, § 2º.

jurista Ives Gandra Martins, na *Folha de S. Paulo* de 24.10.1990, comentado que "a regulamentação não impede a liberdade de expressão; o que fere a Constituição são os programas muito violentos que passam em horários em que as crianças estão em casa e os pais estão trabalhando e não podem impedi-las de assistir. Esses programas são prejudiciais às crianças e ferem o artigo da Constituição, segundo o qual as famílias têm o direito de educar os filhos como quiserem".

O Estatuto também disciplinou a comercialização de revistas e publicações que contêm material impróprio ou inadequado às crianças e aos adolescentes. Deverão ser vendidas com embalagens lacradas com a advertência de seu conteúdo (art. 78). Aquelas que contenham mensagens pornográficas ou obscenas serão obrigatoriamente protegidas com embalagens opacas (parágrafo único).

Não será permitida a entrada ou a permanência de criança ou adolescente em estabelecimentos que explorem comercialmente bilhar, sinuca ou congêneres. O proprietário do referido estabelecimento deverá afixar cartaz avisando sobre a proibição (art. 80).[4]

Na realidade, os jogos de sinuca, de bilhar e similares não podem ser considerados de azar, porque dependem da técnica e da habilidade do jogador.

A causa da proibição está ligada à exploração comercial feita pela cobrança de um preço pelo tempo despendido na partida e as características do ambiente onde tais jogos são realizados.

Os jogos eletrônicos, como fliperamas e congêneres, não foram proibidos pelo Estatuto. Esses jogos são considerados de caráter lúdico, e não de azar.

De qualquer maneira, embora não contemplados especificamente pelo Estatuto, os jogos eletrônicos e o local onde são explorados deverão receber disciplina pela autoridade judiciária, tendo em vista que tais lugares são os preferidos para o ponto de encontro de desocupados e até mesmo para traficantes de entorpecentes.

Assim se manifestou o TJSP[5] ao julgar recurso interposto contra portaria do Juiz de Menores da Comarca de São Caetano do Sul/SP, que proibiu a frequência de menores de 18 anos aos fliperamas: "A lei, ao enumerar os jogos vedados aos menores, é exemplificativa, e não exaustiva, tanto que se utilizou da expressão 'congênere'. Aqui se incluem, pois, os jogos fliperamas ou diversões eletrônicas, que, como é sabido, são nefastos aos jovens, criando-lhes hábitos negativos na fase mais

4. ECA, art. 258.
5. *RT* 580/58.

DA PREVENÇÃO 87

delicada de sua formação. Sucumbem os adolescentes à sua irresistível atração, geradora de desmando econômico e ociosidade" (in Ribeiro Machado, A. L., p. 93).

Seção II – **Dos produtos e serviços**

Art. 81. É proibida a venda à criança ou ao adolescente de:
I – armas, munições e explosivos;
II – bebidas alcoólicas;
III – produtos cujos componentes possam causar dependência física ou psíquica ainda que por utilização indevida;
IV – fogos de estampido e de artifício, exceto aqueles que pelo seu reduzido potencial sejam incapazes de provocar qualquer dano físico em caso de utilização indevida;
V – revistas e publicações a que alude o art. 78;
VI – bilhetes lotéricos e equivalentes.
Art. 82. É proibida a hospedagem de criança ou adolescente em hotel, motel, pensão ou estabelecimento congênere, salvo se autorizado ou acompanhado pelos pais ou responsável.

2.2 Dos produtos e serviços

Dentre os produtos e serviços disciplinados pelo Estatuto, proíbe-se a venda à criança e ao adolescente de armas, munições e explosivos.

A proibição ajusta-se à legislação penal, que disciplina que "possuir, deter, portar, fabricar, adquirir, vender, alugar, expor à venda ou fornecer, receber, ter em depósito, transportar, ceder, ainda que gratuitamente, emprestar, remeter, empregar, manter sob guarda e ocultar arma de fogo, de uso permitido, sem a autorização legal ou regulamentar", configura crime previsto no art. 10 da Lei 9.437, de 20.2.1997.[6]

A Lei das Contravenções Penais,[7] no art. 63, I, instituiu a proibição de servir bebidas alcoólicas a menor de 18 anos. O Estatuto, contemplando a forma de vender, veio complementar o disposto no tipo contravencional.

É proibida a venda à criança e ao adolescente de produtos cujos componentes possam causar dependência física ou psíquica, ainda que por utilização indevida.[8]

Também são proibidos de ser comercializados os fogos de estampido e de artifício de grande poder de explosão.[9]

6. ECA, art. 242.
7. Dec.-lei 3.688/1941.
8. ECA, art. 243.
9. ECA, art. 244.

Merece destaque, ainda, a vedação estatutária de vender bilhetes de loteria ou equivalente à população infanto-juvenil. Trata o Estatuto com exclusividade dessa proibição, com o intuito de inibir os jovens, que estão formando seu caráter e sua personalidade, à prática do jogo de azar.

O art. 82 dispõe que é proibida a hospedagem de criança ou adolescente em hotel, motel, pensão ou estabelecimento congênere, salvo se estiver autorizado ou acompanhado pelos pais ou responsável.

Nogueira, analisando o referido artigo, comenta que "a medida parece-nos imprópria, em se tratando de hotel ou pensão, pois, se o menor pode viajar desacompanhado, desde que autorizado, não vemos como proibi-lo de se hospedar em pensões ou hotéis, salvo se constar da autorização de viagem também a de hospedagem. Do contrário, como ele iria dormir?". E continua: "...mediante a simples apresentação, a autorização de viagem servirá para qualquer eventualidade" (Nogueira, P. L., p. 90).

Há que se restringir, sem dúvida, a hospedagem de criança ou adolescente em motéis, locais, esses, destinados a encontro de casais, transformados em verdadeiras casas de prostituição.

Seção III – **Da autorização para viajar**

Art. 83. Nenhuma criança poderá viajar para fora da comarca onde reside, desacompanhada dos pais ou responsável, sem expressa autorização judicial.

§ 1º. A autorização não será exigida quando:

a) tratar-se de comarca contígua à da residência da criança, se na mesma unidade da Federação, ou incluída na mesma região metropolitana;

b) a criança estiver acompanhada:

1) de ascendente ou colateral maior, até o terceiro grau, comprovado documentalmente o parentesco;

2) de pessoa maior, expressamente autorizada pelo pai, mãe ou responsável.

§ 2º. A autoridade judiciária poderá, a pedido dos pais ou responsável, conceder autorização válida por dois anos.

Art. 84. Quando se tratar de viagem ao exterior, a autorização é dispensável, se a criança ou adolescente:

I – estiver acompanhado de ambos os pais ou responsável;

II – viajar na companhia de um dos pais, autorizado expressamente pelo outro através de documento com firma reconhecida.

Art. 85. Sem prévia e expressa autorização judicial, nenhuma criança ou adolescente nascido em território nacional poderá sair do País em companhia de estrangeiro residente ou domiciliado no exterior.

2.3 Da autorização para viajar

Pela regra estatutária, nenhuma criança de até 12 anos incompletos poderá viajar para fora da comarca onde reside, desacompanhada dos pais ou responsável, sem expressa autorização judicial (art. 83).

À evidência do citado artigo, percebe-se que o adolescente dos 12 aos 18 anos não necessitará de autorização judicial para viajar desacompanhado dentro do território nacional.

Não será necessária, também, a autorização judicial para a criança que: a) necessite viajar para comarca contígua à de sua residência; b) estiver acompanhada de ascendentes ou de colateral maior,[10] até o terceiro grau, comprovado, com documentos, o parentesco; ou c) de pessoa maior, com autorização escrita pelo pai, mãe ou responsável.

Atribui-se ao Estatuto, por essa norma, ofensa ao instituto do poder familiar, pois outorgou à autoridade judiciária atribuições próprias dos pais ou responsável, os quais, aliás, estão em melhores condições de avaliar a segurança e a conveniência do deslocamento da criança ou do adolescente. Muitos entendem que somente a eles competiria dar a autorização.

Tratando-se de viagem ao Exterior (art. 84), a autorização é dispensável se a criança ou o adolescente: a) estiver acompanhado de ambos os pais ou responsável; b) viajar na companhia de um dos pais, com autorização escrita do outro, através de documento com firma reconhecida. Tal medida se justifica quando se tratar de casais separados.[11]

---

10. Maior de 21 anos.
11. Resolução 131, do CNJ, de 26.5.2011: *"Dispõe sobre a concessão de autorização de viagem para o exterior de crianças e adolescentes brasileiros, e revoga a Resolução n 74/2009 do CNJ:*
    Art. 1º. É dispensável autorização judicial para que crianças ou adolescentes brasileiros residentes no Brasil viajem ao exterior, nas seguintes situações: I) em companhia de ambos os genitores; II) em companhia de um dos genitores, desde que haja autorização do outro, com firma reconhecida; III) desacompanhado ou em companhia de terceiros maiores e capazes, designados pelos genitores, desde que haja autorização de ambos os pais, com firma reconhecida.
    Art. 2º. É dispensável autorização judicial para que crianças ou adolescentes brasileiros residentes fora do Brasil, detentores ou não de outra nacionalidade, viajem de volta ao país de residência, nas seguintes situações: I) em companhia de um dos genitores, independentemente de qualquer autorização escrita; II) desacompanhado ou acompanhado de terceiro maior e capaz designado pelos genitores, desde que haja autorização escrita dos pais, com firma reconhecida.
    § 1º. A comprovação da residência da criança ou adolescente no exterior far-se-á mediante Atestado de Residência emitido por repartição consular brasileira há menos de dois anos.

Ao justificar essa exigência, o Juiz Alberto Augusto Cavalcanti de Gusmão assim se expressou: "Quanto às viagens para o Exterior, a exigência se apresenta mais válida e justificável. Por outro lado, é frequente a ocorrência de casos de desentendimento entre pais, em regra separados, daí resultando a saída de um deles, levando filhos para o Exterior contra a vontade do outro" (Gusmão, A. C., p. 260).

Também não será permitido que a criança ou adolescente aqui nascido possa sair do País acompanhado de estrangeiro, residente ou domiciliado no Exterior, sem a prévia e expressa autorização judicial (art. 85).

§ 2º. Na ausência de comprovação da residência no exterior, aplica-se o disposto no art. 1º.

Das Disposições Gerais

Art. 3º. Sem prévia e expressa autorização judicial, nenhuma criança ou adolescente brasileiro poderá sair do país em companhia de estrangeiro residente ou domiciliado no exterior.

Parágrafo único. Não se aplica o disposto no *caput* deste artigo, aplicando-se o disposto no art. 1º ou 2º: I) se o estrangeiro for genitor da criança ou adolescente; II) se a criança ou adolescente, nascido no Brasil, não tiver nacionalidade brasileira.

Art. 4º. A autorização dos pais poderá também ocorrer por escritura pública.

Art. 5º. O falecimento de um ou ambos os genitores deve ser comprovado pelo interessado mediante a apresentação de certidão de óbito do(s) genitor(es).

Art. 6º. Não é exigível a autorização de genitores suspensos ou destituídos do poder familiar, devendo o interessado comprovar a circunstância por meio de certidão de nascimento da criança ou adolescente, devidamente averbada.

Art. 7º. O guardião por prazo indeterminado (anteriormente nominado guardião definitivo) ou o tutor, ambos judicialmente nomeados em termo de compromisso, que não sejam os genitores, poderão autorizar a viagem da criança ou adolescente sob seus cuidados, para todos os fins desta resolução, como se pais fossem.

Art. 8º. As autorizações exaradas pelos pais ou responsáveis deverão ser apresentadas em duas vias originais, uma das quais permanecerá retida pela Polícia Federal.

§ 1º. O reconhecimento de firma poderá ser por autenticidade ou semelhança.

§ 2º. Ainda que não haja reconhecimento de firma, serão válidas as autorizações de pais ou responsáveis que forem exaradas na presença de autoridade consular brasileira, devendo, nesta hipótese, constar a assinatura da autoridade consular no documento de autorização.

Art. 9º. Os documentos mencionados nos arts. 2º, § 1º, 4º, 5º, 6º e 7º deverão ser apresentados no original ou cópia autenticada no Brasil ou por repartição consular brasileira, permanecendo retida com a fiscalização da Polícia Federal cópia (simples ou autenticada) a ser providenciada pelo interessado.

Art. 10. Os documentos de autorizações dadas pelos genitores, tutores ou guardiões definitivos deverão fazer constar o prazo de validade, compreendendo-se, em caso de omissão, que a autorização é válida por dois anos.

Art. 11. Salvo se expressamente consignado, as autorizações de viagem internacional expressas nesta resolução não se constituem em autorizações para fixação de residência permanente no exterior.

Parágrafo único. Eventuais modelos ou formulários produzidos, divulgados e distribuídos pelo Poder Judiciário ou órgãos governamentais, deverão conter a advertência consignada no *caput*.

Art. 12. Os documentos e cópias retidos pelas autoridades migratórias por força desta resolução poderão, a seu critério, ser destruídos após o decurso do prazo de dois anos.

Art. 13. O Ministério das Relações Exteriores e a Polícia Federal poderão instituir procedimentos, conforme as normas desta resolução, para que pais ou responsáveis autorizem viagens de crianças e adolescentes ao exterior quando do requerimento da expedição de passaporte, para que deste conste a autorização.

Parágrafo único. Para fins do disposto neste artigo, a Presidência do Conselho Nacional de Justiça poderá indicar representante para fazer parte de eventual Grupo de Trabalho a ser instituído pelo Ministério das Relações Exteriores e/ou Polícia Federal.

Art. 14. Fica expressamente revogada a Resolução CNJ n 74/2009, assim como as disposições em contrário.

Art. 15. A presente Resolução entra em vigor na data de sua publicação.

Min. Cezar Peluso (Pres.).

LIVRO II

PARTE ESPECIAL

TÍTULO I

DA POLÍTICA DE ATENDIMENTO

Capítulo I
Disposições gerais

Art. 86. A política de atendimento dos direitos da criança e do adolescente far-se-á através de um conjunto articulado de ações governamentais e não governamentais, da União, dos Estados, do Distrito Federal e dos Municípios.

1. *Disposições gerais*

Definindo a política social de atendimento, o Prof. Antônio Carlos Gomes da Costa conclui que "o conjunto das leis, instituições, políticas e programas criados pelo Poder Público e voltados para a distribuição de bens e serviços destinados a promover e garantir os direitos sociais dos cidadãos constitui a vertente social do Estado". E, mais adiante, afirma que "a política social, no interior desta visão, é a estrutura de leis, propósitos, compromissos, princípios e valores que presidem a estrutura e o funcionamento do ramo social do Estado no âmbito da satisfação das necessidades básicas dos cidadãos" (Gomes da Costa, A. C., p. 71).

1.1 A ação articulada do governo e da sociedade

Antes do advento do Estatuto, a ação governamental era proposta de forma isolada e de maneira autoritária, de cima para baixo, através dos programas e diretrizes desenvolvidos pela Fundação do Bem-Estar do Menor-FUNABEM, que tinha na Lei 4.153, de 1.12.1964, sua criação e seu fundamento operacional.

Isso quer dizer que, de agora em diante, não só a União, os Estados e os Municípios deverão propor ações de atendimento na área social.

Também a comunidade será chamada a opinar e indicar as necessidades de sua população, exigindo sua participação na formulação de políticas e no controle das ações em todos os níveis (art. 204, II, da CF).

Art. 87. São linhas de ação da política de atendimento:

I – políticas sociais básicas;

II – políticas e programas de assistência social, em caráter supletivo, para aqueles que deles necessitem;

III – serviços especiais de prevenção e atendimento médico e psicossocial às vítimas de negligência, maus-tratos, exploração, abuso, crueldade e opressão;

IV – serviço de identificação e localização de pais, responsável, crianças e adolescentes desaparecidos;

V – proteção jurídico-social por entidades de defesa dos direitos da criança e do adolescente;

VI – políticas e programas destinados a prevenir ou abreviar o período de afastamento do convívio familiar e a garantir o efetivo exercício do direito à convivência familiar de crianças e adolescentes; (*acrescentado pela Lei 12.010/2009*)

VII – campanhas de estímulo ao acolhimento sob forma de guarda de crianças e adolescentes afastados do convívio familiar e à adoção, especificamente inter-racial, de crianças maiores ou de adolescentes, com necessidades específicas de saúde ou com deficiências e de grupos de irmãos. (*Acrescentado pela Lei 12.010/2009*)

1.2 As linhas de ação da política de atendimento

As políticas sociais básicas são determinadas por ações que representam a qualidade de vida de um povo e devem ser estendidas a toda a população. São aquelas definidas pela primeira necessidade, ou seja, o trabalho, a educação, a saúde, a habitação, o abastecimento, o transporte, o esporte, o meio ambiente e o lazer.

A implementação das políticas sociais básicas reveste-se de urgência de prioridade absoluta por parte, primeiro, dos órgãos governamentais que detêm o poder de distribuição de verbas públicas e, supletivamente, da família e da sociedade, na elaboração de ações e programas mais adequados às necessidades da comunidade.[1]

Por outro lado, as políticas e programas assistenciais são constituídos pelo conjunto de bens e serviços destinados às pessoas e grupos que, em razão de sua vulnerabilidade temporária ou permanente, são credores de formas específicas de apoio.

A base que sustenta a formulação das políticas assistenciais ou compensatórias está, indiscutivelmente, ligada à existência de desigualdades

---

1. ECA, art. 4º, parágrafo único, e CF, art. 227.

sociais, que são incapazes de desaparecer, espontaneamente, pela atuação dos mecanismos postos pela política social básica.

No ensinamento do Prof. Antônio Carlos Gomes da Costa, a ação assistencial supletiva "dirige-se às pessoas e coletividades privadas das condições de acesso a patamares mínimos de bem-estar e de dignidade. A assistência social traz a questão da pobreza para o âmbito das políticas públicas, fazendo surgir, por esta via, o aparelho assistencial do Estado. A política de assistência dirige-se, assim, a um âmbito bem mais restrito, não estando, desta forma, voltada para o conjunto da cidadania" (Gomes da Costa, A. C., p. 72).

Portanto, os destinatários dessa política assistencial são todas as pessoas, as famílias e as comunidades que foram excluídas ou não foram atingidas ou beneficiadas pelos mecanismos das políticas sociais básicas. E essa vulnerabilidade e fragilidade, ocasionadas pela inexistência da ação social básica, caracterizam a situação de risco, surgindo a necessidade de aplicar a ação compensatória.

Os incisos III a V do art. 87 asseguram a implantação de política de proteção especial, tendo como destinatários as crianças e adolescentes considerados em situação de risco pessoal e social. São os casos específicos que ultrapassam o âmbito das políticas sociais básicas e assistenciais, exigindo esquema especial de abordagem e tratamento.

Assim, a necessidade do serviço especial de prevenção e atendimento médico e psicossocial às vítimas de negligência, maus-tratos, exploração, abuso, crueldade e opressão.

Na mesma linha de ação surge o atendimento social relacionado com a identificação e localização dos pais ou responsável de criança ou adolescente desaparecido, bem como a proteção jurídico-social de seus direitos.

Nogueira, com sensibilidade, captou o problema: "a questão do menor é essencialmente social, cabendo à própria comunidade atendê-lo e assisti-lo, resolvendo seus problemas através de maior conscientização e participação comunitária" (Nogueira, P. L., p. 99).

A Lei 12.010/2009 acrescentou os incisos VI e VII ao art. 87, ampliando as linhas de ação da política de atendimento. A primeira delas, gravada no inciso VI, determina que políticas e programas devem ser efetivados para prevenir ou abreviar o período de afastamento do convívio familiar e garantir o efetivo exercício do direito à convivência familiar de crianças e adolescentes. Em outras palavras, esta linha de ação pretende excepcionar a permanência de crianças e adolescentes em abrigos. O inciso VII do art. 87 estabelece uma linha de ação da política de atendimento que visa a estimular campanhas de acolhimento de crianças e adolescentes, afastados do convívio familiar, à adoção, de modo especial às adoções inter-raciais, de crianças maiores ou de adolescentes com necessidades específicas de saúde ou com deficiências e de grupos de irmãos.

Art. 88. São diretrizes da política de atendimento:

I – municipalização do atendimento;

II – criação de conselhos municipais, estaduais e nacional dos direitos da criança e do adolescente, órgãos deliberativos e controladores das ações em todos os níveis, assegurada a participação popular paritária por meio de organizações representativas, segundo leis federais, estaduais e municipais;

III – criação e manutenção de programas específicos, observada a descentralização político-administrativa;

IV – manutenção de fundos nacional, estaduais e municipais vinculados aos respectivos conselhos dos direitos da criança e do adolescente;

V – integração operacional de órgãos do Judiciário, Ministério Público, Defensoria, Segurança Pública e Assistência Social, preferencialmente em um mesmo local, para efeito de agilização do atendimento inicial a adolescente a quem se atribua autoria de ato infracional;

VI – integração operacional de órgãos do Judiciário, Ministério Público, Defensoria, Conselho Tutelar e encarregados da execução das políticas sociais básicas e de assistência social, para efeito de agilização do atendimento de crianças e de adolescentes inseridos em programas de acolhimento familiar ou institucional, com vista na sua rápida reintegração à família de origem ou, se tal solução se mostrar comprovadamente inviável, sua colocação em família substituta, em quaisquer das modalidades previstas no art. 28 desta Lei; (*acrescentado pela Lei 12.010/2009*)

VII – mobilização da opinião pública para a indispensável participação dos diversos segmentos da sociedade. (*Renumerado e com redação dada pela Lei 12.010/2009*)

Art. 89. A função de membro do conselho nacional e dos conselhos estaduais e municipais dos direitos da criança e do adolescente é considerada de interesse público relevante e não será remunerada.

1.3 As diretrizes da política de atendimento

Estão enumeradas no art. 88 as diretrizes da política de atendimento. São elas: a municipalização; a criação de Conselhos Municipais, Estaduais e Nacional dos Direitos da Criança e do Adolescente; a criação e manutenção de programas específicos; a manutenção dos Fundos Nacional, Estaduais e Municipais; a integração operacional dos órgãos e a mobilização da opinião pública.

A Lei 4.513, de 1.12.1964, criou a FUNABEM e definiu as diretrizes da Política Nacional do Bem-Estar do Menor com os seguintes fundamentos básicos: I – assegurar prioridade aos programas que visem à integração do menor na comunidade, através de assistência na própria família e da colocação familiar em lares substitutos; II – incrementar a criação de instituições para menores que possuam características aprimoradas aos padrões que informam a vida familiar, e, bem assim, a adaptação, a esse objetivo, das entidades existentes, de modo que somente se venha a admitir internamento de menor à falta de instituições adequadas ou por determinação judicial; III – respeitar, no atendimento às necessidades de cada região do País, as suas peculiaridades, incentivando as iniciativas locais, públicas ou privadas, e atuando como fator positivo na dinamização e autopromoção dessas comunidades.

O Estatuto revogou expressamente a referida lei, no art. 267, tendo em vista a implantação de nova política de atendimento à criança e ao adolescente. Essa política de atendimento, inovada pela lei estatutária, confronta totalmente com aquela disciplinada pelo Dec. 17.943-A, de 12.10.1927, fonte do revogado Código de Menores (Lei 6.697/1979).

Essa nova diretriz da política de atendimento tem sua base operacional no Município, que assume, agora, pela Constituição de 1988, a condição de pessoa autônoma, com *status* de ente federativo e sujeito de direitos em estado de maioridade pública (art. 88, I, do ECA).

Dentre os novos poderes do Município figura aquele de assumir todas as decisões, de âmbito governamental, protetivas ou preventivas de defesa dos direitos de suas crianças e adolescentes.

O Município deixa de ser mero executor das políticas traçadas pela União e pelos Estados. Assume, agora, com a comunidade, a iniciativa de ditar qual o melhor método de aplicação e de desenvolvimento das diretrizes por ele traçadas.

Na opinião abalizada de Edson Sêda, "havia até agora um problema do menor abandonado (ou infrator) que era federal. Para isso havia uma Política de Bem-Estar do Menor que era federal, mas devia ser executada pelos Estados. Mas, é claro, os Estados pediam 'ajuda' aos Municípios para cumprir essa execução. E havia um 'órgão executor' para essa política. Agora, tudo isso acabou: o que há são crianças ou adolescentes atendidos ou violados em seus direitos, que moram no Município, são filhos de pais que moram no Município, vivem em vizinhanças num bairro do Município e cultivam seus valores, suas aspirações, suas alegrias e tristezas na comunidade do próprio Município. Cabe ao Município discutir e resolver a situação do atendimento dos direitos dessas crianças e adolescentes em sua realidade comunitária, e decidir como fazer para que os direitos ameaçados ou violados sejam instaurados em sua plenitude".

E continua: "Por isso, o Município deve mobilizar todos os recursos que a Constituição e o Estatuto põem a sua disposição e deve fazer valer as prerrogativas que são suas, em defesa do que é dos seus" (Sêda, E., p. 55).

Para cumprir o dispositivo estatutário, o Município deverá, através de lei municipal: a) estabelecer as diretrizes básicas do atendimento infanto-juvenil; b) atender às peculiaridades locais; c) organizar as estruturas adequadas para aplicar o Estatuto; e d) criar o Conselho Municipal dos Direitos, o Fundo Municipal e o Conselho Tutelar dos Direitos da Criança e do Adolescente.

As leis municipais, estaduais e nacional, no âmbito de suas competências, criarão os Conselhos de Direitos, em todos os níveis, compostos de um número de membros que corresponda à paridade entre os representantes dos órgãos governamentais e da sociedade civil.

Tais Conselhos serão órgãos deliberativos (e não consultivos!) e controladores das ações governamentais nos respectivos níveis, em todas as questões relativas ao atendimento dos direitos da criança e do adolescente (art. 88, II).

No âmbito do Município, encarregado da execução das diretrizes básicas de atendimento às crianças e adolescentes, a lei poderá atribuir ao Conselho, após sua instalação, o detalhamento e aplicação das diretrizes aprovadas.

Resta, ainda, argumentar que os Conselhos de Direitos não terão a incumbência de executar as diretrizes escolhidas. No âmbito das políticas sociais básicas do Município, tal tarefa será atribuída aos próprios órgãos governamentais encarregados de implantá-las e executá-las. Assim, o Conselho Municipal dos Direitos da Criança e do Adolescente, após estudos e levantamentos das carências sociais do Município, indicará ao órgão executor, seja a Secretaria Municipal de Saúde, da Educação, do Trabalho etc., a necessidade de se restabelecer, ou suprir com prioridade administrativa, a carência detectada, utilizando, para tanto, os recursos financeiros que já deverão estar destacados no orçamento municipal (cf. nosso *Conselhos e Fundos no Estatuto da Criança e do Adolescente*, 2ª ed., Malheiros Editores, 2003).

Tal orientação é válida, também, para os Conselhos de Direitos em níveis estaduais e nacional, que fiscalizarão o cumprimento das diretrizes estipuladas. Em caso da não observância das metas estabelecidas pelos Conselhos, em todos os níveis, esses deverão comunicar o fato ao Ministério Público, que, através de ação civil pública,[2] restabelecerá a ordem prioritária de atendimento.

São, também, diretrizes da política de atendimento a criação e manutenção de programas específicos, observada a descentralização político-administrativa, e a manutenção de Fundos Nacional, Estaduais e

---

2. ECA, arts. 201, V, 208 e 210, I.

Municipais, vinculados aos respectivos Conselhos de Direitos da Criança e do Adolescente (art. 88, III e IV).

Os programas específicos acima citados são os de proteção e os socioeducativos (art. 90), que deverão ser criados ou mantidos pelo ente administrativo correspondente nos diversos níveis.

Importa dizer que a criação de uma rede de novos serviços e programas de atendimento a crianças e adolescentes em situação de risco pessoal e social, a partir ou não de estruturas já existentes, é necessidade primordial para que se possa assegurar a exequibilidade da nova política de atendimento.

A lei que cria e regulamenta o Conselho de Direitos também disciplina o Fundo (municipal, estadual ou nacional) dos Direitos da Criança e do Adolescente, vinculando-o ao respectivo Conselho, cuja função é captar e gerir os recursos obtidos pelos diversos mecanismos de receita.[3]

A integração operacional de órgãos do Judiciário, Ministério Público, Defensoria, Segurança Pública e Assistência Social, preferencialmente em um mesmo lugar, para efeito de agilização do atendimento inicial a adolescente a quem se atribua autoria de ato infracional, faz parte do elenco das diretrizes da política de atendimento (art. 88, V).

A diretriz aqui exposta tem sua razão de ser na avaliação dos novos métodos de atendimento ao adolescente quando considerado autor de ato infracional. Dentre esses novos métodos está a agilização da prestação do atendimento inicial, que deverá contar com técnicos capazes para operar essa nova política e, ao mesmo tempo, promover a defesa dos direitos daquele adolescente.

Com a colocação, em um mesmo lugar, da Delegacia de Defesa, do Juizado, do Ministério Público, Defensoria e Assistência Social, o atendimento será rápido, digno, e apresentará bons resultados, evitando que o jovem seja transportado para inúmeros locais onde tenha que ser atendido.

A Lei 12.010/2009 ampliou as diretrizes da política de atendimento, incluindo no inciso VI do art. 87 o comando para a integração operacional dos operadores do sistema de Justiça da Infância e da Juventude e da rede de atendimento encarregada de executar as políticas sociais básicas e de assistência social, com o fim de agilizar o atendimento de crianças e adolescentes inseridos em programas de acolhimento familiar ou institucional, com vista na sua rápida reintegração à família de origem ou, na impossibilidade, sua colocação em famílias substituta, nas modalidades previstas no art. 28 do ECA.

---

3. ECA, arts. 214 e 260.

O segredo operacional da aplicabilidade dessas diretrizes de atendimento está na participação comunitária, formada pelos diversos segmentos da sociedade (art. 88, VI).

A opinião pública deve ser conscientizada e esclarecida da existência dos problemas que envolvem crianças e adolescentes. Deve tomar posição, com urgência, para descobrir os meios necessários para enfrentá-los, levantando recursos e aplicando-os às soluções encontradas em harmonia com os órgãos governamentais e não governamentais.

Dessa campanha de esclarecimento poderão fazer parte os clubes de serviço, o Rotary Club, o Lions Club, os escoteiros, a Guarda-Mirim, as redes e emissoras de rádio e televisão etc., contribuindo, desta forma, para uma ampla divulgação do Estatuto, com suas medidas protetivas e sociais.

A função de membro do Conselho Nacional e dos Conselhos Estaduais e Municipais dos Direitos da Criança e do Adolescente é considerada de interesse público e não será remunerada (art. 89).

Capítulo II
Das entidades de atendimento

Seção I – **Disposições gerais**

Art. 90. As entidades de atendimento são responsáveis pela manutenção das próprias unidades, assim como pelo planejamento e execução de programas de proteção e socioeducativos destinados a crianças e adolescentes, em regime de: (*Redação dada pela Lei 12.594/2012*)

I – orientação e apoio sociofamiliar;

II – apoio socioeducativo em meio aberto;

III – colocação familiar;

IV – acolhimento institucional;

V – prestação de serviços à comunidade;

VI – liberdade assistida;

VII – semiliberdade; e

VIII – internação.

§ 1º. As entidades governamentais e não governamentais deverão proceder à inscrição de seus programas, especificando os regimes de atendimento, na forma definida neste artigo, no Conselho Municipal dos Direitos da Criança e do Adolescente, o qual manterá registro das inscrições e de suas alterações, do que fará comunicação ao Conselho Tutelar e à autoridade judiciária. (*§§ 1º a 3º incluídos pela Lei 12.010/2009*)

§ 2º. Os recursos destinados à implementação e manutenção dos programas relacionados neste artigo serão previstos nas dotações orçamentárias dos órgãos públicos encarregados das áreas de Educação, Saúde e Assistência Social, dentre outros, observando-se o princípio da prioridade absoluta à criança e ao adolescente preconizado pelo *caput* do art. 227 da Constituição Federal e pelo *caput* e parágrafo único do art. 4º desta Lei.

§ 3º. Os programas em execução serão reavaliados pelo Conselho Municipal dos Direitos da Criança e do Adolescente, no máximo, a cada 2 (dois) anos, constituindo-se critérios para renovação da autorização de funcionamento:

I – o efetivo respeito às regras e princípios desta Lei, bem como às resoluções relativas à modalidade de atendimento prestado expedidas pelos Conselhos de Direitos da Criança e do Adolescente, em todos os níveis;

II – a qualidade e eficiência do trabalho desenvolvido, atestadas pelo Conselho Tutelar, pelo Ministério Público e pela Justiça da Infância e da Juventude;

III – em se tratando de programas de acolhimento institucional ou familiar, serão considerados os índices de sucesso na reintegração familiar ou de adaptação à família substituta, conforme o caso.

Art. 91. As entidades não governamentais somente poderão funcionar depois de registradas no Conselho Municipal dos Direitos da Criança e do Adolescente, o qual comunicará o registro ao Conselho Tutelar e à autoridade judiciária da respectiva localidade.

§ 1º. Será negado o registro à entidade que: (*renumerado pela Lei 12.010/2009*)

a) não ofereça instalações físicas em condições adequadas de habitabilidade, higiene, salubridade e segurança;

b) não apresente plano de trabalho compatível com os princípios desta Lei;

c) esteja irregularmente constituída;

d) tenha em seus quadros pessoas inidôneas;

e) não se adequar ou deixar de cumprir as resoluções e deliberações relativas à modalidade de atendimento prestado expedidas pelos Conselhos de Direitos da Criança e do Adolescente, em todos os níveis. (*Acrescentado pela Lei 12.010/2009*)

§ 2º. O registro terá validade máxima de 4 (quatro) anos, cabendo ao Conselho Municipal dos Direitos da Criança e do Adolescente, periodicamente, reavaliar o cabimento de sua renovação, observado o disposto no § 1º deste artigo. (*Acrescentado pela Lei 12.010/2009*)

Art. 92. As entidades que desenvolvam programas de acolhimento familiar ou institucional deverão adotar os seguintes princípios: (*redação dada pela Lei 12.010/2009*)

I – preservação dos vínculos familiares e promoção da reintegração familiar; (*redação dada pela Lei 12.010/2009*)

II – integração em família substituta, quando esgotados os recursos de manutenção na família natural ou extensa; (*redação dada pela Lei 12.010/2009*)

III – atendimento personalizado e em pequenos grupos;

IV – desenvolvimento de atividades em regime de co-educação;

V – não desmembramento de grupos de irmãos;

VI – evitar, sempre que possível, a transferência para outras entidades de crianças e adolescentes abrigados;

VII – participação na vida da comunidade local;

VIII – preparação gradativa para o desligamento;

IX – participação de pessoas da comunidade no processo educativo.

§ 1º. O dirigente de entidade que desenvolve programa de acolhimento institucional é equiparado ao guardião, para todos os efeitos de direito. (*Renumerado pela Lei 12.010/2009*)

§ 2º. Os dirigentes de entidades que desenvolvem programas de acolhimento familiar ou institucional remeterão à autoridade judiciária, no máximo a cada 6 (seis) meses, relatório circunstanciado acerca da situação de cada criança ou adolescente acolhido e sua família, para fins da reavaliação prevista no § 1º do art. 19 desta Lei. (*§§ 2º a 6º acrescentados pela Lei 12.010/2009*)

§ 3º. Os entes federados, por intermédio dos Poderes Executivo e Judiciário, promoverão conjuntamente a permanente qualificação dos profissionais que atuam direta ou indiretamente em programas de acolhimento institucional e destinados à colocação familiar de crianças e adolescentes, incluindo membros do Poder Judiciário, Ministério Público e Conselho Tutelar.

§ 4º. Salvo determinação em contrário da autoridade judiciária competente, as entidades que desenvolvem programas de acolhimento familiar ou institucional, se necessário com o auxílio do Conselho Tutelar e dos órgãos de assistência social, estimularão o contato da criança ou adolescente com seus pais e parentes, em cumprimento ao disposto nos incisos I e VIII do *caput* deste artigo.

§ 5º. As entidades que desenvolvem programas de acolhimento familiar ou institucional somente poderão receber recursos públicos se comprovado o atendimento dos princípios, exigências e finalidades desta Lei.

§ 6º. O descumprimento das disposições desta Lei pelo dirigente de entidade que desenvolva programas de acolhimento familiar ou institucional é causa de sua destituição, sem prejuízo da apuração de sua responsabilidade administrativa, civil e criminal.

Art. 93. As entidades que mantenham programa de acolhimento institucional poderão, em caráter excepcional e de urgência, acolher crianças e adolescentes sem prévia determinação da autoridade competente, fazendo comunicação do fato em até 24 (vinte e quatro) horas ao Juiz da Infância e da Juventude, sob pena de responsabilidade. (*Redação dada pela Lei 12.010/2009*)

Parágrafo único. Recebida a comunicação, a autoridade judiciária, ouvido o Ministério Público e se necessário com o apoio do Conselho Tutelar local, tomará as medidas necessárias para promover a imediata reintegração familiar da criança ou do adolescente ou, se por qualquer razão não for isso possível ou recomendável, para seu encaminhamento a programa de acolhimento familiar, institucional ou a família substituta, observado o disposto no § 2º do art. 101 desta Lei. (*Acrescentado pela Lei 12.010/2009*)

Art. 94. As entidades que desenvolvem programas de internação têm as seguintes obrigações, entre outras:

I – observar os direitos e garantias de que são titulares os adolescentes;

II – não restringir nenhum direito que não tenha sido objeto de restrição na decisão de internação;

III – oferecer atendimento personalizado, em pequenas unidades e grupos reduzidos;

IV – preservar a identidade e oferecer ambiente de respeito e dignidade ao adolescente;

V – diligenciar no sentido do restabelecimento e da preservação dos vínculos familiares;

VI – comunicar à autoridade judiciária, periodicamente, os casos em que se mostre inviável ou impossível o reatamento dos vínculos familiares;

VII – oferecer instalações físicas em condições adequadas de habitabilidade, higiene, salubridade e segurança e os objetos necessários à higiene pessoal;

VIII – oferecer vestuário e alimentação suficientes e adequados à faixa etária dos adolescentes atendidos;

IX – oferecer cuidados médicos, psicológicos, odontológicos e farmacêuticos;

X – propiciar escolarização e profissionalização;

XI – propiciar atividades culturais, esportivas e de lazer;

XII – propiciar assistência religiosa àqueles que desejarem, de acordo com suas crenças;

XIII – proceder a estudo social e pessoal de cada caso;

XIV – reavaliar periodicamente cada caso, com intervalo máximo de seis meses, dando ciência dos resultados à autoridade competente;

XV – informar, periodicamente, o adolescente internado sobre sua situação processual;

XVI – comunicar às autoridades competentes todos os casos de adolescentes portadores de moléstias infectocontagiosas;

XVII – fornecer comprovante de depósito dos pertences dos adolescentes;

XVIII – manter programas destinados ao apoio e acompanhamento de egressos;

XIX – providenciar os documentos necessários ao exercício da cidadania àqueles que não os tiverem;

XX – manter arquivo de anotações onde constem data e circunstâncias do atendimento, nome do adolescente, seus pais ou responsável, parentes, endereços, sexo, idade, acompanhamento da sua formação, relação de seus pertences e demais dados que possibilitem sua identificação e a individualização do atendimento.

§ 1º. Aplicam-se, no que couber, as obrigações constantes deste artigo às entidades que mantêm programas de acolhimento institucional e familiar. (*Redação dada pela Lei 12.010/2009*)

§ 2º. No cumprimento das obrigações a que alude este artigo as entidades utilizarão preferencialmente os recursos da comunidade.

Art. 94-A. As entidades, públicas ou privadas, que abriguem ou recepcionem crianças e adolescentes, ainda que em caráter temporário, devem ter, em seus quadros, profissionais capacitados a reconhecer e reportar ao Conselho Tutelar suspeitas ou ocorrências de maus-tratos.

2. Das entidades de atendimento

2.1 Disposições gerais

As entidades de atendimento à criança e ao adolescente são classificadas pelo Estatuto em governamentais e não governamentais. Aquelas são mantidas pelo governo e estas por entidades particulares, subvencionadas ou não com verbas públicas.

Essas entidades, governamentais ou não, destinam-se à execução das medidas protetivas e socioeducativas, atendendo a crianças e jovens em situação de risco pessoal e social e adolescentes autores de atos infracionais.

Elas serão responsáveis pela manutenção das suas próprias unidades, pelo planejamento e execução de seus programas, em seus vários regimes (art. 90).

As entidades de atendimento não serão autorizadas a funcionar se: a) não oferecerem instalações físicas em condições adequadas de habitabilidade, higiene, salubridade e segurança; b) não apresentarem plano de trabalho compatível com os princípios do Estatuto; c) estiverem irregularmente constituídas; d) tiverem em seus quadros de funcionários pessoas inidôneas; e e) não se adequarem ou deixarem de cumprir as resoluções e deliberações relativas à modalidade de atendimento prestado expedidas pelos Conselhos de Direitos da Criança e do Adolescente, em todos os níveis (art. 91, § 1º, do ECA, na redação da Lei 12.010/2009).

Os programas de proteção e socioeducativos, que deverão ser planejados e executados pela entidade de atendimento, deverão seguir os seguintes regimes: I – orientação e apoio sociofamiliar; II – apoio socioeducativo em meio aberto; III – colocação familiar; IV – acolhimento institucional; V – prestação de serviços à comunidade; VI – liberdade assistida: VII – semiliberdade; e VIII – internação.

Isso quer dizer que, p. ex., uma entidade que se proponha a trabalhar com crianças e adolescentes deverá escolher a especialidade da situação de risco apresentada (vítimas de maus-tratos, deficientes físicos, abandonados, infratores etc.) e optar pelo regime de execução apresentado pela lei, que é exemplificativo.

A Lei 12.010/2009 promoveu qualificada reforma no art. 90 para incluir diretrizes e obrigações às entidades de atendimento. As entidades governamentais e não governamentais devem inscrever seus programas, os regimes de atendimento, conforme o art. 90, no Conselho Municipal dos Direitos da Criança e do Adolescente, que manterá o registro das inscrições e suas alterações, fazendo comunicação ao Conselho Tutelar e ao juiz da infância e da juventude.

Os recursos destinados a implementação e manutenção dos programas citados no art. 90 serão previstos nas dotações orçamentárias dos órgãos públicos encarregados das políticas de atendimento nas áreas de Educação, Saúde e Assistência Social, dentre outros observando-se o princípio da prioridade absoluta à criança e ao adolescente, como determinam o *caput* do art. 227 da CF e o *caput* e o parágrafo único do art. 4º do ECA.

O Conselho Municipal dos Direitos da Criança e do Adolescente reavaliará os programas em execução, a cada dois anos, constituindo critérios para renovação da autorização de funcionamento: "I – o efetivo respeito às regras e princípios desta Lei, bem como às resoluções relativas à modalidade de atendimento prestado expedidas pelos Conselhos de Direitos da Criança e do Adolescente, em todos os níveis; II – a qualidade e eficiência do trabalho desenvolvido, atestadas pelo Conselho Tutelar, pelo Ministério Público e pela Justiça da Infância e da Juventude; III – em se tratando de programas de acolhimento institucional ou familiar, serão considerados os índices de sucesso na reintegração familiar ou de adaptação à família substituta, conforme o caso".

Após a escolha da clientela e da opção pelo regime de atendimento, a entidade deverá proceder à sua inscrição, junto ao Conselho Municipal dos Direitos da Criança e do Adolescente, que manterá o registro das inscrições e de suas alterações, do que fará comunicação ao Conselho Tutelar e à autoridade judiciária (art. 90, § 1º). Sem a referida inscrição, a entidade não poderá funcionar (art. 91).

Todavia, o registro será negado à entidade que não se adequar ou deixar de cumprir as resoluções e deliberações relativas à modalidade de atendimento prestado expedidas pelos Conselhos de Direitos da Criança e do Adolescente, em todos os níveis. O registro terá validade máxima de quatro anos, cabendo ao Conselho Municipal dos Direitos da Criança e do Adolescente, periodicamente, reavaliar o cabimento de sua renovação, observado o disposto no § 1º do art. 91.

As entidades que já funcionavam, orientadas pela Política Nacional do Bem-Estar do Menor, na vigência do Código de Menores, deverão se adaptar à nova legislação, propondo novos e/ou modificando os programas de atendimento destinados à criança e ao adolescente.

As entidades que desenvolvem programas de abrigo deverão adotar os seguintes princípios: I – preservação dos vínculos familiares e promoção da reintegração familiar; II – integração em família substituta, quando esgotados os recursos de manutenção na família natural ou extensa; III – atendimento personalizado e em pequenos grupos; IV – desenvolvimento de atividades em regime de coeducação; V – não desmembramento de grupos de irmãos; VI – evitar, sempre que possível, a transferência para outras entidades de crianças e adolescentes abrigados; VII – participação na vida da comunidade local; VIII – preparação gradativa para o desligamento; IX – participação de pessoas da comunidade no processo educativo (art. 92).

Os princípios que deverão nortear as entidades de atendimento, sob regime de abrigo, são fundamentais a todo o processo de tratamento social com crianças e adolescentes.

O § 1º do art. 92 dispõe que o dirigente de entidade que desenvolve programa de acolhimento institucional é equiparado ao guardião, para todos os efeitos de direito.[4]

Os dirigentes de entidades que desenvolvem programas de acolhimento familiar ou institucional remeterão à autoridade judiciária, no máximo a cada seis meses, relatório circunstanciado acerca da situação de cada criança ou adolescente acolhido e sua família, para fins da reavaliação prevista no § 1º do art. 19 do ECA.

Os entes federados, por intermédio dos Poderes Executivo e Judiciário, promoverão conjuntamente a permanente qualificação dos profissionais que atuam direta ou indiretamente em programas de acolhimento institucional e destinados à colocação familiar de crianças e adolescentes, incluindo membros do Poder Judiciário, Ministério Público e Conselho Tutelar.

Salvo determinação em contrário da autoridade judiciária competente, as entidades que desenvolvem programas de acolhimento familiar ou institucional, se necessário com o auxílio do Conselho Tutelar e dos órgãos de assistência social, estimularão o contato da criança ou adolescente com seus pais e parentes, em cumprimento ao disposto nos incisos I e VIII do *caput* do art. 92.

As entidades que desenvolvem programas de acolhimento familiar ou institucional somente poderão receber recursos públicos se comprovado o atendimento dos princípios, exigências e finalidades do Estatuto.

O descumprimento das disposições previstas no Estatuto pelo dirigente de entidade que desenvolva programas de acolhimento familiar ou institucional é causa de sua destituição, sem prejuízo da apuração de sua responsabilidade administrativa, civil e criminal.

As entidades que mantenham programa de acolhimento institucional poderão, em caráter excepcional e de urgência, acolher crianças e adolescentes sem prévia determinação da autoridade competente, fazendo comunicação do fato em até 24 horas ao juiz da infância e da juventude, sob pena de responsabilidade.

---

4. ECA, arts. 33 e 249.

Ao receber a comunicação o juiz ouvirá o Ministério Público e se necessário, com o apoio do Conselho Tutelar local, tomará as medidas necessárias para promover a imediata reintegração familiar da criança ou do adolescente ou, se por qualquer razão não for isso possível ou recomendável, para seu encaminhamento a programa de acolhimento familiar, institucional ou a família substituta, observado o disposto no § 2º do art. 101 do Estatuto.

A medida proposta pelo referido artigo tem a finalidade de indicar a solução para aquelas ocorrências com crianças e adolescentes verificadas no período noturno, em feriados e finais de semana, quando não funcionarem os plantões da Justiça da Infância e da Juventude e do Conselho Tutelar.

As obrigações das entidades de atendimento que desenvolvem programas de internação estão elencadas no art. 94 do ECA. São obrigações relativas não só ao regime de atendimento como, também, ao próprio tratamento psicossocial-pedagógico. São elas: I – observar os direitos e garantias de que são titulares os adolescentes; II – não restringir nenhum direito que não tenha sido objeto de restrição na decisão de internação; III – oferecer atendimento personalizado, em pequenas unidades e grupos reduzidos; IV – preservar a identidade e oferecer ambiente de respeito e dignidade ao adolescente; V – diligenciar no sentido do restabelecimento e da preservação dos vínculos familiares; VI – comunicar à autoridade judiciária, periodicamente, os casos em que se mostre inviável ou impossível o reatamento dos vínculos familiares; VII – oferecer instalações físicas em condições adequadas de habitabilidade, higiene, salubridade e segurança e os objetos necessários à higiene pessoal; VIII – oferecer vestuário e alimentação suficientes e adequados à faixa etária dos adolescentes atendidos; IX – oferecer cuidados médicos, psicológicos, odontológicos e farmacêuticos; X – propiciar escolarização e profissionalização; XI – propiciar atividades culturais, esportivas e de lazer; XII – propiciar assistência religiosa àqueles que desejarem, de acordo com suas crenças; XIII – proceder a estudo social e pessoal de cada caso; XIV – reavaliar periodicamente cada caso, com intervalo máximo de seis meses, dando ciência dos resultados à autoridade competente; XV – informar, periodicamente, o adolescente internado sobre sua situação processual; XVI – comunicar às autoridades competentes todos os casos de adolescentes portadores de moléstias infectocontagiosas; XVII – fornecer comprovante de depósito dos pertences dos adolescentes; XVIII – manter programas destinados ao apoio e acompanhamento de egressos; XIX – providenciar os documentos necessários ao exercício da cidadania àqueles que não os tiverem; XX – manter arquivo de anotações onde constem data e circunstâncias do atendimento, nome do adolescente, seus pais ou responsável, parentes, endereços, sexo, idade, acompanhamento da sua formação, relação de seus pertences e demais dados que possibilitem sua identificação e a individualização do atendimento.

As obrigações mencionadas no *caput* do art. 94 serão aplicadas, no que couber, às entidades que mantêm programas de acolhimento institucional e familiar.

Pelas obrigações constantes do citado artigo, colocam-se em evidência as diferentes modalidades de assistência inerentes ao processo de acompanhamento e tratamento social: a assistência à saúde, a instrução escolar, o atendimento jurídico, a religião, a profissionalização, o lazer e esporte, a assistência familiar e o respeito com a pessoa em peculiar situação de desenvolvimento físico e mental.

Para concretizar esse tratamento no regime de internação, as entidades utilizarão, de preferência, os recursos da comunidade (§ 2º do art. 94). É claro que não se pode esquecer que o Estado tem a obrigação de destacar, de seu orçamento, verbas para o efetivo atendimento aos programas sociais destinados à criança e ao adolescente.

Por certo, as obrigações e orientações contempladas no art. 94, de forma explicativa, sugerem o roteiro que deverá seguir a entidade de atendimento que se propõe a adotar o regime de internação, no trabalho com crianças e adolescentes.

Conclui-se, portanto, que as normas gerais para o funcionamento dos regimes de atendimento serão fixadas pelo Conselho de Direitos, através da lei municipal. O cumprimento dessas orientações ficará sob a responsabilidade das entidades governamentais e não governamentais, que poderão buscar recursos na comunidade para sua manutenção.

A Lei 13.046/2014 acrescentou o art. 94-B ao Estatuto com o intuito de exigir das entidades que desenvolvem programas de atendimento a obrigação de manter em seu quadro funcional pessoas capacitadas a reconhecer suspeitas ou ocorrências de maus-tratos e reportar ao Conselho Tutelar, a exemplo do art. 70-B.

Seção II – **Da fiscalização das entidades**

Art. 95. As entidades governamentais e não governamentais referidas no art. 90 serão fiscalizadas pelo Judiciário, pelo Ministério Público e pelos Conselhos Tutelares.

Art. 96. Os planos de aplicação e as prestações de contas serão apresentados ao Estado ou ao Município, conforme a origem das dotações orçamentárias.

Art. 97. São medidas aplicáveis às entidades de atendimento que descumprirem obrigação constante do art. 94, sem prejuízo da responsabilidade civil e criminal de seus dirigentes ou prepostos:

I – às entidades governamentais:

a) advertência;

b) afastamento provisório de seus dirigentes;
c) afastamento definitivo de seus dirigentes;
d) fechamento de unidade ou interdição de programa.

II – às entidades não governamentais:
a) advertência;
b) suspensão total ou parcial do repasse de verbas públicas;
c) interdição de unidades ou suspensão de programa;
d) cassação do registro.

§ 1º. Em caso de reiteradas infrações cometidas por entidades de atendimento, que coloquem em risco os direitos assegurados nesta Lei, deverá ser o fato comunicado ao Ministério Público ou representado perante autoridade judiciária competente para as providências cabíveis, inclusive suspensão das atividades ou dissolução da entidade. (*Renumerado pela Lei 12.010/2009*)

§ 2º. As pessoas jurídicas de direito público e as organizações não governamentais responderão pelos danos que seus agentes causarem às crianças e aos adolescentes, caracterizado o descumprimento dos princípios norteadores das atividades de proteção específica. (*Acrescentado pela Lei 12.010/2009*)

2.2 Da fiscalização das entidades

Cabe ao Poder Judiciário, ao Ministério Público e aos Conselhos Tutelares a missão de fiscalizar as entidades de atendimento, governamentais ou não, referidas no item anterior, comentando o art. 90 (art. 95).

Não se pode dizer que a execução dessa medida é estranha à função do juiz, do Ministério Público ou do Conselho Tutelar, porque, após a intervenção jurisdicional pelo juiz, a criança ou o adolescente ficaria à mercê do arbítrio do dirigente da entidade, quando poderiam ocorrer abusos (cf. nosso *Conselhos e Fundos no Estatuto da Criança e do Adolescente*, 2ª ed., Malheiros Editores, 2003).

A fiscalização efetuada pelos órgãos citados tem a missão de garantir e proteger os direitos da criança e do adolescente, como pessoas humanas.

Na opinião de Albergaria, "a intervenção do juiz de menores está vinculada à proteção dos direitos humanos, que é o fundamento de todo o direito da execução tutelar. O direito do menor tem sua origem no princípio de proteção dos direitos da pessoa humana do imaturo, em torno do qual se sistematizam as regras e institutos, que configuram o Direito Tutelar" (Albergaria, J., p. 215).

Na verdade, a fiscalização não poderá limitar-se à simples verificação da pedagogia do atendimento. Deverão, pois, ser também observadas a parte física do estabelecimento, suas repartições, suas condições de higiene e boa saúde. Isso se torna imprescindível quando se trata de entidade de atendimento que adota o regime de internação, caracterizado pela vida em comum dos internos.

Enfim, a fiscalização deverá ser geral, em todos os aspectos, desde a alimentação, instalações físicas, oficinas de profissionalização, monitores, técnicos, até o procedimento pedagógico desenvolvido pelo dirigente em conformidade com o regime de atendimento escolhido.[5]

Em caso de descumprimento das obrigações constantes do art. 94, as entidades de atendimento e os seus dirigentes sofrerão as seguintes penalidades, sem prejuízo das responsabilidades civil e criminal: I – as entidades governamentais ficarão sujeitas a: a) advertência; b) afastamento provisório de seus dirigentes; c) afastamento definitivo de seus dirigentes; e d) fechamento de unidade ou interdição de programa; II – As entidades não governamentais ficarão sujeitas a: a) advertência; b) suspensão total ou parcial do repasse de verbas públicas; c) interdição de unidades ou suspensão de programa; e d) cassação do registro (art. 97).

Em caso de reiteradas infrações cometidas por entidades de atendimento que coloquem em risco os direitos assegurados pelo Estatuto, deverá o fato ser comunicado ao Ministério Público ou representado perante a autoridade judiciária competente para as providências cabíveis, inclusive suspensão das atividades ou dissolução da entidade.

As pessoas jurídicas de direito público e as organizações não governamentais responderão pelos danos que seus agentes causarem às crianças e aos adolescentes, caracterizado o descumprimento dos princípios norteadores das atividades de proteção específica.

A princípio, nota-se, pela leitura do citado artigo, que a punição recairá, com vigor, sobre as entidades mantenedoras do programa. Na realidade, a penalidade deverá recair sobre seus dirigentes que as administram de forma displicente. As entidades sofrerão penalidade, sim, quando não apresentarem condições físicas ou materiais para seu funcionamento.

É por isso que, ao fazerem a fiscalização, o juiz, o curador e os membros do Conselho Tutelar deverão exercê-la com mais rigor sobre os métodos administrativos do dirigente, pois o fechamento provisório ou definitivo da entidade acarretará sérios prejuízos aos seus beneficiários.

Os procedimentos para apurar irregularidades nas entidades de atendimento estão dispostos nos arts. 191 a 193.

Em particular, nota-se a possibilidade de o juiz, percebendo motivo grave, decretar liminarmente o afastamento provisório do dirigente de entidade não governamental, mediante decisão fundamentada (art. 191, parágrafo único).

---

5. ECA, art. 90, I-VII.

TÍTULO II

DAS MEDIDAS DE PROTEÇÃO

Capítulo I
Disposições gerais

Art. 98. As medidas de proteção à criança e ao adolescente são aplicáveis sempre que os direitos reconhecidos nesta Lei forem ameaçados ou violados:
I – por ação ou omissão da sociedade ou do Estado;
II – por falta, omissão ou abuso dos pais ou responsável;
III – em razão de sua conduta.

1. *Disposições gerais*

Edson Sêda define as medidas de proteção como aquelas "providências adotadas por autoridades com poderes especiais sempre que crianças e adolescentes, caso a caso, forem ameaçados ou violados em seus direitos" (Sêda, E., 1990).

De fato, seguindo a orientação trazida pelo art. 227 da CF, as crianças e adolescentes terão tratamento especial e geral, abrangendo todos os direitos fundamentais, a saber: à vida, à saúde, à educação, ao lazer, à recreação, às convivências familiar e comunitária.

As medidas de proteção surgem exatamente quando esses direitos forem ameaçados ou violados, proporcionando o restabelecimento da situação anterior de regularidade.

1.1 *As hipóteses do art. 98*

As ocorrências enumeradas nos incisos do art. 98 constituem a base de verificação da real situação de risco pessoal e social em que se encontram as crianças e adolescentes. Se presentes quaisquer das hipóteses mencionadas, evidencia-se a situação de risco, devendo a autoridade judiciária ou o Conselho Tutelar tomar uma das providências sugeridas pelo art. 101.

Ao utilizar os termos "ameaçados" e "violados", o Estatuto serviu-se de fórmula genérica em contraposição à teoria da situação irregular, que utilizava figuras casuísticas, tais como "menor abandonado", "carente", "delinquente" etc., para identificar a situação de risco pessoal e social da criança e do adolescente.

Analisando o inciso I do artigo em estudo, pergunta-se: quando o Estado e a sociedade, por ação ou omissão, ameaçam ou violam os direitos da criança e do adolescente?

A resposta deve, antes, passar pelo disposto no art. 70: "É dever de todos prevenir a ocorrência de ameaça ou violação dos direitos da criança e do adolescente". Entende-se, portanto, que todos têm a obrigação de evitar que os direitos infanto-juvenis sejam vilipendiados.

Posto isso, recorre-se ao art. 4º, que impõe à família, à comunidade, à sociedade em geral e ao Poder Público o dever de assegurar os direitos fundamentais da criança e do adolescente com garantia de prioridade. Nos arts. 8º, 11 e 14 são assegurados o atendimento médico e odontológico à gestante, à criança e ao adolescente. Toda a dinâmica educacional do ensino fundamental e supletivo deverá ser assegurada às crianças e aos adolescentes, nos termos do art. 54. O atendimento social protetivo e educativo será efetivado pelo Estado, em ações articuladas, em todos os níveis, conforme os arts. 86 a 88. Pelo art. 208 responsabilizam-se aqueles que ofenderem os direitos assegurados à criança e ao adolescente. Assim, quando o Estado e a sociedade, por qualquer motivo, não assegurarem aqueles direitos ou, oferecendo proteção aos direitos infanto-juvenis, o fizerem de forma incompleta ou irregular, estarão permitindo que os direitos da criança e do adolescente sejam ameaçados ou violados, realizando o tipo descrito no inciso I.

Situação diversa ocorre na hipótese do inciso II. Os direitos serão ameaçados ou violados quando ocorrer a *falta*, *omissão* ou *abuso* dos pais ou responsável. A *falta* dos pais se verifica pela morte ou pela ausência. A simples distância física não justifica juridicamente a falta, mas pode ser motivo de ameaça ou violação dos direitos das crianças e dos jovens.

Pela omissão, abandono ou negligência dos pais ou responsável também se caracteriza a situação de risco pessoal e social da criança e do adolescente. Por *omissão* entende-se a ausência de ação ou inércia dos pais ou responsável; por *abandono*, tanto o material quanto o jurídico, identifica-se o desamparo daquele ser desprotegido; por *negligência* supõe-se o desleixo, o descuido, a incúria, a desatenção, o menosprezo, a preguiça e a indolência dos pais ou responsável.[1]

Também pelo *abuso* dos pais ou responsável ocorrem a ameaça e a violação dos direitos da criança e do adolescente. O abuso é a exorbitância das atribuições do poder familiar. Pode ser caracterizado pela violência sexual (estupro, atentado violento ao pudor, atos libidinosos etc.) e pelos maus-tratos, que, segundo o art. 136 do CP, é crime de quem expõe a perigo a vida ou a saúde de pessoa que se ache sob sua autoridade, guarda ou vigilância, para fins de educação, ensino, tratamento ou custódia, seja privando-a de alimentação ou cuidados indispensáveis, seja impondo-lhe trabalho excessivo ou impróprio, seja abusando de meios corretivos ou disciplinares.

Pelo inciso III, as crianças e os adolescentes serão submetidos às medidas de proteção na iminência de ameaça ou violação de seus direitos em razão de sua conduta.

Com frequência cada vez mais evidente percebe-se que muitas crianças e jovens enveredam pelo caminho alucinante das drogas; tornam-se delas dependentes e, muitas vezes, traficam-na. A droga "atrai" a prostituição: duas situações que não se separam.

Enfim, a própria criança ou adolescente poderá colocar em risco de ameaça ou violação os seus direitos, em virtude de sua conduta. Esse comportamento poderá estar relacionado com a prática de ato infracional, que dará origem à ação judiciária ou tutelar de imposição da medida protetiva mais adequada para o caso.

Assim, em virtude desses comportamentos, praticados pelas crianças e adolescentes, a lei assegura-lhes tratamento protetivo para evitar que sofram prejuízos em seus direitos.

Capítulo II
Das medidas específicas de proteção

Art. 99. As medidas previstas neste Capítulo poderão ser aplicadas isolada ou cumulativamente, bem como substituídas a qualquer tempo.

Art. 100. Na aplicação das medidas levar-se-ão em conta as necessidades pedagógicas, preferindo-se aquelas que visem ao fortalecimento dos vínculos familiares e comunitários.

Parágrafo único. São também princípios que regem a aplicação das medidas: (*acrescentado pela Lei 12.010/2009*)

I – condição da criança e do adolescente como sujeitos de direitos: crianças e adolescentes são os titulares dos direitos previstos nesta e em outras leis, bem como na Constituição Federal;

---

1. ECA, arts. 22, 55 e 129.

II – proteção integral e prioritária: a interpretação e aplicação de toda e qualquer norma contida nesta Lei deve ser voltada à proteção integral e prioritária dos direitos de que crianças e adolescentes são titulares;

III – responsabilidade primária e solidária do Poder Público: a plena efetivação dos direitos assegurados a crianças e a adolescentes por esta Lei e pela Constituição Federal, salvo nos casos por esta expressamente ressalvados, é de responsabilidade primária e solidária das 3 (três) esferas de governo, sem prejuízo da municipalização do atendimento e da possibilidade da execução de programas por entidades não governamentais;

IV – interesse superior da criança e do adolescente: a intervenção deve atender prioritariamente aos interesses e direitos da criança e do adolescente, sem prejuízo da consideração que for devida a outros interesses legítimos no âmbito da pluralidade dos interesses presentes no caso concreto;

V – privacidade: a promoção dos direitos e proteção da criança e do adolescente deve ser efetuada no respeito pela intimidade, direito à imagem e reserva da sua vida privada;

VI – intervenção precoce: a intervenção das autoridades competentes deve ser efetuada logo que a situação de perigo seja conhecida;

VII – intervenção mínima: a intervenção deve ser exercida exclusivamente pelas autoridades e instituições cuja ação seja indispensável à efetiva promoção dos direitos e à proteção da criança e do adolescente;

VIII – proporcionalidade e atualidade: a intervenção deve ser a necessária e adequada à situação de perigo em que a criança ou o adolescente se encontram no momento em que a decisão é tomada;

IX – responsabilidade parental: a intervenção deve ser efetuada de modo que os pais assumam os seus deveres para com a criança e o adolescente;

X – prevalência da família: na promoção de direitos e na proteção da criança e do adolescente deve ser dada prevalência às medidas que os mantenham ou reintegrem na sua família natural ou extensa ou, se isto não for possível, que promovam a sua integração em família substituta;

XI – obrigatoriedade da informação: a criança e o adolescente, respeitado seu estágio de desenvolvimento e capacidade de compreensão, seus pais ou responsável devem ser informados dos seus direitos, dos motivos que determinaram a intervenção e da forma como esta se processa;

XII – oitiva obrigatória e participação: a criança e o adolescente, em separado ou na companhia dos pais, de responsável ou de pessoa por si indicada, bem como os seus pais ou responsável, têm direito a ser ouvidos e a participar nos atos e na definição da medida de promoção dos direitos e de proteção, sendo sua opinião devidamente considerada pela autoridade judiciária competente, observado o disposto nos §§ 1º e 2º do art. 28 desta Lei.

Art. 101. Verificada qualquer das hipóteses previstas no art. 98, a autoridade competente poderá determinar, dentre outras, as seguintes medidas:

I – encaminhamento aos pais ou responsável, mediante termo de responsabilidade;

II – orientação, apoio e acompanhamento temporários;

III – matrícula e frequência obrigatórias em estabelecimento oficial de ensino fundamental;

IV – inclusão em programa comunitário ou oficial de auxílio à família, à criança e ao adolescente;

V – requisição de tratamento médico, psicológico ou psiquiátrico, em regime hospitalar ou ambulatorial;

VI – inclusão em programa oficial ou comunitário de auxílio, orientação e tratamento a alcoólatras e toxicômanos;

VII – acolhimento institucional; (*redação dada pela Lei 12.010/2009*)

VIII – inclusão em programa de acolhimento familiar; (*acrescentado pela Lei 12.010/2009*)

IX – colocação em família substituta. (*Renumerado pela Lei 12.010/2009*)

§ 1º. O acolhimento institucional e o acolhimento familiar são medidas provisórias e excepcionais, utilizáveis como forma de transição para reintegração familiar ou, não sendo esta possível, para colocação em família substituta, não implicando privação de liberdade. (*§§ 1º a 12 acrescentados pela Lei 12.010/2009*)

§ 2º. Sem prejuízo da tomada de medidas emergenciais para proteção de vítimas de violência ou abuso sexual e das providências a que alude o art. 130 desta Lei, o afastamento da criança ou adolescente do convívio familiar é de competência exclusiva da autoridade judiciária e importará na deflagração, a pedido do Ministério Público ou de quem tenha legítimo interesse, de procedimento judicial contencioso, no qual se garanta aos pais ou ao responsável legal o exercício do contraditório e da ampla defesa.

§ 3º. Crianças e adolescentes somente poderão ser encaminhados às instituições que executam programas de acolhimento institucional, governamentais ou não, por meio de uma Guia de Acolhimento, expedida pela autoridade judiciária, na qual obrigatoriamente constará, dentre outros:

I – sua identificação e a qualificação completa de seus pais ou de seu responsável, se conhecidos;

II – o endereço de residência dos pais ou do responsável, com pontos de referência;

III – os nomes de parentes ou de terceiros interessados em tê-los sob sua guarda;

IV – os motivos da retirada ou da não reintegração ao convívio familiar.

§ 4º. Imediatamente após o acolhimento da criança ou do adolescente, a entidade responsável pelo programa de acolhimento institucional ou familiar elaborará um plano individual de atendimento, visando à reintegração familiar, ressalvada a existência de ordem escrita e fundamentada em contrário de autoridade judiciária competente, caso em que também deverá contemplar sua colocação em família substituta, observadas as regras e princípios desta Lei.

§ 5º. O plano individual será elaborado sob a responsabilidade da equipe técnica do respectivo programa de atendimento e levará em consideração a opinião da criança ou do adolescente e a oitiva dos pais ou do responsável.

§ 6º. Constarão do plano individual, dentre outros:

I – os resultados da avaliação interdisciplinar;

II – os compromissos assumidos pelos pais ou responsável; e

III – a previsão das atividades a serem desenvolvidas com a criança ou com o adolescente acolhido e seus pais ou responsável, com vista na reintegração familiar ou, caso seja esta vedada por expressa e fundamentada determinação judicial, as providências a serem tomadas para sua colocação em família substituta, sob direta supervisão da autoridade judiciária.

§ 7º. O acolhimento familiar ou institucional ocorrerá no local mais próximo à residência dos pais ou do responsável e, como parte do processo de reintegração familiar, sempre que identificada a necessidade, a família de origem será incluída em programas oficiais de orientação, de apoio e de promoção social, sendo facilitado e estimulado o contato com a criança ou com o adolescente acolhido.

§ 8º. Verificada a possibilidade de reintegração familiar, o responsável pelo programa de acolhimento familiar ou institucional fará imediata comunicação à autoridade judiciária, que dará vista ao Ministério Público, pelo prazo de 5 (cinco) dias, decidindo em igual prazo.

§ 9º. Em sendo constatada a impossibilidade de reintegração da criança ou do adolescente à família de origem, após seu encaminhamento a programas oficiais ou comunitários de orientação, apoio e promoção social, será enviado relatório fundamentado ao Ministério Público, no qual conste a descrição pormenorizada das providências tomadas e a expressa recomendação, subscrita pelos técnicos da entidade ou responsáveis pela execução da política municipal de garantia do direito à convivência familiar, para a destituição do poder familiar, ou destituição de tutela ou guarda.

§ 10. Recebido o relatório, o Ministério Público terá o prazo de 30 (trinta) dias para o ingresso com a ação de destituição do poder familiar, salvo se entender necessária a realização de estudos complementares ou outras providências que entender indispensáveis ao ajuizamento da demanda.

§ 11. A autoridade judiciária manterá, em cada comarca ou foro regional, um cadastro contendo informações atualizadas sobre as crianças e adolescentes em regime de acolhimento familiar e institucional sob sua responsabilidade, com informações pormenorizadas sobre a situação jurídica de cada um, bem como as providências tomadas para sua reintegração familiar ou colocação em família substituta, em qualquer das modalidades previstas no art. 28 desta Lei.

§ 12. Terão acesso ao cadastro o Ministério Público, o Conselho Tutelar, o órgão gestor da Assistência Social e os Conselhos Municipais dos Direitos da Criança e do Adolescente e da Assistência Social, aos quais incumbe deliberar sobre a implementação de políticas públicas que permitam reduzir o número de crianças e adolescentes afastados do convívio familiar e abreviar o período de permanência em programa de acolhimento.

Art. 102. As medidas de proteção de que trata este Capítulo serão acompanhadas da regularização do registro civil.

§ 1º. Verificada a inexistência de registro anterior, o assento de nascimento da criança ou adolescente será feito à vista dos elementos disponíveis, mediante requisição da autoridade judiciária.

§ 2º. Os registros e certidões necessários à regularização de que trata este artigo são isentos de multas, custas e emolumentos, gozando de absoluta prioridade.

§ 3º. Caso ainda não definida a paternidade, será deflagrado procedimento específico destinado à sua averiguação, conforme previsto pela Lei n. 8.560, de 29 de dezembro de 1992. (*Acrescentado pela Lei 12.010/2009*)

§ 4º. Nas hipóteses previstas no § 3º deste artigo, é dispensável o ajuizamento de ação de investigação de paternidade pelo Ministério Público se, após o não comparecimento ou a recusa do suposto pai em assumir a paternidade a ele atribuída, a criança for encaminhada para adoção. (*Acrescentado pela Lei 12.010/2009*)

1.2 Das medidas específicas de proteção

Em certos casos, essas medidas são aplicadas pelo Conselho Tutelar, a quem a criança e o adolescente recorrem ou são encaminhados por pessoas e entidades, sempre que os direitos forem ameaçados ou violados e não se tratar de casos típicos da Justiça da Infância e da Juventude.

A Lei 12.010/2009 incluiu no parágrafo único do art. 100 princípios que regem a aplicação das medidas específicas de proteção. Esses princípios estão numerados nos incisos I ao XII do referido artigo. São eles: I – condição da criança e do adolescente como sujeitos de direitos; II – proteção integral e prioritária; III – responsabilidade primária e solidária do poder público; IV – interesse superior da criança e do adolescente; V – privacidade; VI – intervenção precoce; VII – intervenção mínima; VIII – proporcionalidade e atualidade; IX – responsabilidade parental; X – prevalência da família; XI – obrigatoriedade da informação; XII – oitiva obrigatória e participação.

Verificada, pois, qualquer das hipóteses previstas no art. 98, a autoridade competente poderá determinar, dentre outras, as seguintes medidas: I – encaminhamento aos pais ou responsável, mediante termo de responsabilidade; II – orientação, apoio e acompanhamento temporários; III – matrícula e frequência obrigatória em estabelecimento oficial de ensino fundamental; IV – inclusão em programa comunitário ou oficial de auxílio à família, à criança e ao adolescente; V – requisição de tratamento médico, psicológico ou psiquiátrico, em regime hospitalar ou ambulatorial; VI – inclusão em programa oficial ou comunitário de auxílio, orientação e tratamento a alcoólatras e toxicômanos; VII – acolhimento institucional; VIII – inclusão em programa de acolhimento familiar; IX – colocação em família substituta (art. 101).

A primeira medida é o encaminhamento aos pais ou responsável, mediante termo de responsabilidade (inciso I).

Essa medida deve ter preferência às outras, pois permite que a criança e o adolescente permaneçam em seu meio natural, junto à família e à comunidade, destacando que o ambiente familiar é o mais propício para a sua formação e integração comunitária.

É evidente que a criança ou o adolescente somente permanecerão com seus pais se não houver conflitos de interesses entre eles, sendo prejudiciais à sua educação e ao desenvolvimento de sua personalidade o conflito e desajustes entre pais e filhos.

A equipe interprofissional da Justiça da Infância e da Juventude ou do Conselho Tutelar deverá realizar o estudo social de cada caso em particular, para verificar se as condições apresentadas pela família são positivas, que permitam a permanência ou não da criança ou do adolescente naquele lar, oferecendo, de imediato, laudo circunstanciado.

Após a aprovação dessas conclusões técnicas, o juiz ou o Conselho Tutelar entregará a criança ou o adolescente aos pais ou responsável, mediante termo de responsabilidade, que deverá conter as diretrizes sugeridas pela equipe técnica.

A orientação, apoio e acompanhamento temporários (inciso II) são medidas que devem ser entendidas no mesmo contexto do encaminhamento aos pais ou responsável.

É o estudo social do caso concreto que permitirá decidir se o acompanhamento da criança ou adolescente será feito na família ou em estabelecimento de educação ou aprendizagem profissional.

Esse acompanhamento será administrado pelo Conselho Tutelar, que estabelecerá as orientações de seu desenvolvimento, execução e conclusão.

O inciso III trata daqueles casos em que a matrícula e a frequência à escola caracterizam-se como medida de integração comunitária e social. Toda criança em idade escolar deve estar matriculada em estabelecimento de ensino fundamental e sua frequência deve ser atestada pelos professores, pais ou responsável.

A missão da escola é a formação e a preparação da criança para a vida. É lá que se percebem os problemas de personalidade das crianças e jovens; detectam-se os casos precoces de desvios de conduta e comportamentos antissociais. É dever dos mestres e dos pais encaminhá-los às instituições especializadas, para diagnóstico e tratamento imediato.

O inciso IV aponta a medida específica de proteção com a inclusão em programa, comunitário ou oficial, de auxílio à família, à criança e ao adolescente.

Albergaria comenta: "o programa comunitário é um dos instrumentos da comunidade, por meio do qual se efetua a participação ativa da sociedade com o Estado na execução da política social de proteção à infância e à adolescência. O programa comunitário é destinado à promoção do bem-estar humano e social da população marginalizada. Na execução desses programas, realiza-se a participação mais ampla da comunidade, mediante a contribuição dos recursos comunitários" (Albergaria, J. P., p. 73).

Poderá, também, o Conselho Tutelar ou a autoridade judiciária orientar os pais ou responsável a procurarem na comunidade os recursos que lhes possam ajudar na solução do problema, tais como clubes de jovens, órgãos de orientação e aconselhamento familiar, clubes recreativos etc.

A requisição de tratamento médico, psicológico ou psiquiátrico é outra medida que poderá ser aplicada para evitar a ameaça ou violação dos direitos da criança e do adolescente (inciso V).

O órgão especial encarregado de acompanhar a execução da medida certificará as condições do serviço médico, que garantirá o êxito da providência determinada.

O programa para tratamento, auxílio e orientação de alcoólatras e toxicômanos será realizado pela comunidade ou por entidade governamental, que deverá manter pessoal com formação profissional especializada para a sua execução (inciso VI).

Já está provado que o tratamento especializado de orientação a alcoólatras e toxicômanos é o melhor caminho para sua reabilitação e cura e para a prevenção da delinquência, tendo em vista que existe forte correlação entre alcoolismo e criminalidade.

A Organização Mundial de Saúde já definiu o alcoolismo como uma patologia psíquica; é como doentes que eles deverão ser tratados, pois o alcoólatra é uma personalidade dependente e, por isso, precisa de tratamento contínuo durante longo tempo.

A toxicomania, por sua vez, relaciona-se estreitamente com a criminalidade e arrasta a criança e o adolescente para um comportamento antissocial e perturbado.

O acolhimento institucional de criança e adolescente é medida especial de proteção deferida no inciso VII do art. 101. O acolhimento institucional e o acolhimento familiar, este previsto no inciso VIII do art. 101, são medidas provisórias e excepcionais, que serão utilizadas somente como forma de transição para reintegração familiar ou, não sendo esta possível, para colocação em família substituta. Entretanto, essas medidas não implicarão, jamais, privação de liberdade. O acolhimento institucional e a inclusão em programa de acolhimento familiar são medidas *provisórias* e *excepcionais*, porque não deixam de ser formas de institucionalização, que, com seus inconvenientes, não são recomendáveis para a formação da personalidade de pessoas em situação peculiar de desenvolvimento. Na realidade, as medidas protetivas citadas nos incisos VII e VIII do art. 101 têm a finalidade de preparar a criança e o adolescente para ser reintegrado em sua própria família, e excepcionalmente em família substituta.

Na realidade, o abrigo, como medida provisória, tem a finalidade de preparar a criança e o jovem para ser reintegrado em sua própria família e, excepcionalmente, em família substituta (inciso IX).

O Conselho Tutelar poderá executar medidas emergenciais para proteção de vítimas de violência ou abuso sexual e das providências a que alude o art. 130 do Estatuto. O afastamento da criança ou adolescente do convívio familiar é de competência exclusiva da autoridade judiciária e importará a deflagração, a pedido do Ministério Público ou de quem tenha legítimo interesse, de procedimento judicial contencioso, no qual se garanta aos pais ou ao responsável legal o exercício do contraditório e da ampla defesa.

O encaminhamento de crianças e adolescentes às instituições que executam programas de acolhimento institucional, governamentais ou não, será realizado por meio de uma Guia de Acolhimento, expedida pelo juiz da infância, que conterá os seguintes dados: I – sua identificação e a qualificação completa de seus pais ou de seu responsável, se conhecidos; II – o endereço de residência dos pais ou do responsável, com pontos de referência; III – os nomes de parentes ou de terceiros interessados em tê-los sob sua guarda; IV – os motivos da retirada ou da não reintegração ao convívio familiar.

Plano Individual de Atendimento: imediatamente após o acolhimento da criança ou do adolescente, a entidade responsável pelo programa de acolhimento institucional ou familiar elaborará um plano individual de atendimento, visando à reintegração familiar, ressalvada a existência de ordem escrita e fundamentada em contrário de autoridade judiciária competente, caso em que também deverá contemplar sua colocação em família substituta, observadas as regras e princípios do Estatuto.

O Plano Individual de Atendimento será elaborado sob a responsabilidade da equipe técnica do respectivo programa de atendimento e levará em consideração a opinião da criança ou do adolescente e a oitiva dos pais ou do responsável.

No Plano Individual de Atendimento constarão, dentre outros: I – os resultados da avaliação interdisciplinar; II – os compromissos assumidos pelos pais ou responsável; e III – a previsão das atividades a serem desenvolvidas com a criança ou com o adolescente acolhido e seus pais ou responsável, com vista na reintegração familiar ou, caso seja esta vedada por expressa e fundamentada determinação judicial, as providências a serem tomadas para sua colocação em família substituta, sob direta supervisão da autoridade judiciária.

O acolhimento familiar ou institucional deverá ser executado no local mais próximo da residência dos pais ou do responsável e, como parte do processo de reintegração familiar, sempre que identificada a necessidade, a família de origem será incluída em programas oficiais de orientação, de apoio e de promoção social, sendo facilitado e estimulado o contato com a criança ou com o adolescente acolhido.

Toda vez que se verificar a possibilidade de reintegração familiar, o responsável pelo programa de acolhimento familiar ou institucional fará imediata comunicação à autoridade judiciária, que colherá parecer do Ministério Público, no prazo de cinco dias, decidindo em igual prazo.

Não sendo possível a reintegração da criança ou do adolescente à família de origem, após seu encaminhamento a programas oficiais ou comunitários de orientação, apoio e promoção social, será enviado relatório fundamentado ao Ministério Público, no qual constem a descrição pormenorizada das providências tomadas e a expressa recomendação, subscrita pelos técnicos da entidade ou responsáveis pela execução da política municipal de garantia do direito à convivência familiar, para a destituição do poder familiar ou destituição de tutela ou guarda.

Recebido o relatório, o Ministério Público terá o prazo de 30 dias para o ingresso com a ação de destituição do poder familiar, salvo se entender necessária a realização de estudos complementares ou outras providências que entender indispensáveis ao ajuizamento da demanda.

A autoridade judiciária manterá, em cada comarca ou foro regional, um cadastro contendo informações atualizadas sobre as crianças e adolescentes em regime de acolhimento familiar e institucional sob sua responsabilidade, com informações pormenorizadas sobre a situação jurídica de cada um bem como as providências tomadas para sua reintegração familiar ou colocação em família substituta, em qualquer das modalidades previstas no art. 28 do Estatuto.

Terão acesso ao cadastro o Ministério Público, o Conselho Tutelar, o órgão gestor da Assistência Social e os Conselhos Municipais dos Direitos da Criança e do Adolescente e da Assistência Social, aos quais incumbe deliberar sobre a implementação de políticas públicas que permitam reduzir o número de crianças e adolescentes afastados do convívio familiar e abreviar o período de permanência em programa de acolhimento.

Devem os técnicos sociais apurar a real situação da criança e do adolescente, analisar sua personalidade e a dos futuros guardiães, para definir sua permanência ou não naquelas famílias substitutas.

É necessário lembrar que as medidas específicas de proteção são aplicadas pelo Conselho Tutelar, com exceção da medida de colocação em família substituta e as relacionadas com a suspensão e extinção do poder familiar, que deverão ser julgadas pela Justiça da Infância e da Juventude.[2]

As decisões do Conselho Tutelar poderão ser revistas pela autoridade judiciária a pedido de quem tenha legítimo interesse (art. 137).

Ao ser provocada a aplicação de medida protetiva pelo Conselho Tutelar, este deverá regularizar a situação da cidadania da criança e do adolescente, requisitando certidões de nascimento e óbito.[3] Nos casos que ensejarem retificação, suprimento ou cancelamento dos referidos documentos, a competência é da autoridade judiciária, nos termos do art. 148, parágrafo único, "h" (art. 102).

A Lei 12.010/2009 incluiu os §§ 3º e 4º ao art. 102 do Estatuto, que dispõem que, se ainda não definida a paternidade, será deflagrado o procedimento específico destinado à sua averiguação, conforme previsto pela Lei 8.560, de 29.12.1992. Nesse caso é dispensável o ajuizamento de ação de investigação de paternidade pelo Ministério Público se, após o não comparecimento ou a recusa do suposto pai em assumir a paternidade a ele atribuída, a criança for encaminhada para adoção.

2. ECA, arts. 28-52 e 165-170.
3. ECA, art. 136, V e VIII.

TÍTULO III

DA PRÁTICA DO ATO INFRACIONAL

Capítulo I
Disposições gerais

> **Art. 103.** Considera-se ato infracional a conduta descrita como crime ou contravenção penal.

1. Disposições gerais

O Estatuto considera *ato infracional* a conduta descrita como *crime* ou *contravenção penal* (art. 103).

Na verdade, não existe diferença entre os conceitos de ato infracional e crime, pois, de qualquer forma, ambos são condutas contrárias ao Direito, situando-se na categoria de ato ilícito.

O Estatuto também inovou quando impediu a inexistência de distinção entre as infrações definidas como de ação pública e de ação privada. Todos os atos infracionais são considerados pelo sistema estatutário como de ação pública, porque este objetiva a prática do ato em si (TJSP, HC 15.648-0, Rel. Cunha Camargo).

Duas concepções opostas disputam entre si a maneira mais correta de conceituar o crime: uma de caráter *formal*, outra de caráter *material* ou *substancial*. A definição formal atém-se ao crime *sub specie juris*, considerando crime "todo fato humano proibido pela lei penal". A conceituação material, que considera o conteúdo do fato punível, define o crime como "todo fato humano lesivo de um interesse capaz de comprometer as condições de existência, de conservação e de desenvolvimento da sociedade" (Bettiol, G., p. 241).

Nessa mesma classificação, Noronha ensina que "crime é a conduta humana que lesa ou expõe a perigo um bem jurídico protegido pela lei penal" (Magalhães Noronha, E., p. 105). Fragoso, por sua vez, entende que "crime é a ação ou omissão que, a juízo do legislador, contrasta violentamente com valores ou interesses do corpo social, de modo a exigir seja proibida sob ameaça de pena, ou que se considere afastável somente através da sanção penal" (Fragoso, H. C., 1986, p. 147). Jiménez de Asúa considera o crime "como conduta considerada pelo legislador como contrária a uma norma de cultura reconhecida pelo Estado e lesiva de bens juridicamente protegidos, procedente de um homem imputável que manifesta com sua agressão periculosidade social" (Asúa, J. de, p. 61).

A contravenção penal é o ato ilícito menos importante que o crime, e que só acarreta a seu autor a pena de multa ou prisão simples.

De qualquer forma, o Estatuto englobou em uma só expressão, *ato infracional*, a prática de crime e contravenção penal por criança ou adolescente.

> **Art. 104.** São penalmente inimputáveis os menores de dezoito anos, sujeitos às medidas previstas nesta Lei.
>
> Parágrafo único. Para os efeitos desta Lei, deve ser considerada a idade do adolescente à data do fato.

1.1 Inimputabilidade infanto-juvenil

O art. 104 do ECA foi colocado para regulamentar o preceito maior, firmado no art. 228 da CF, que diz que "são penalmente inimputáveis os menores de 18 anos, sujeitos às normas da legislação especial".

A Exposição de Motivos do Código Penal, no n. 23, ressalta que "manteve o Projeto a inimputabilidade penal ao menor de 18 anos. Trata-se de opção apoiada em critérios de Política Criminal. Os que preconizam a redução do limite, sob a justificativa da criminalidade crescente, que a cada dia recruta maior número de menores, não consideram a circunstância de que o menor, por ser ainda incompleto, é naturalmente antissocial à medida que não é socializado ou instruído. O reajustamento do processo de formação do caráter deve ser cometido à educação, não à pena criminal. De resto, com a legislação de menores recentemente editada, dispõe o Estado dos instrumentos necessários ao afastamento do jovem delinquente, menor de 18 anos, do convívio social, sem sua necessária submissão ao tratamento do delinquente adulto, expondo-o à contaminação carcerária".

Toda vez que se fala em inimputabilidade abaixo dos 18 anos de idade, reacende-se a polêmica, dividindo opiniões. Salientam uns que deve ser reduzida para 16 anos, em virtude da conquista dos direitos políticos de votar (art. 14, § 1º, II, "c", da CF); outros entendem que deve ser mantida a irresponsabilidade penal abaixo dos 18 anos, em virtude da não formação psíquica completa do jovem.

O tema da redução da imputabilidade penal do adolescente para 16 anos é cíclica, senão casuística. De tempos em tempos, e principalmente quando algo excepcional acontece, como, por exemplo, as rebeliões da Febem, o assunto torna-se obrigatório. A mídia contribui para a distorção do enfoque. O problema não está sediado somente na fixação do critério etário; o problema maior está na falência do sistema de atendimento de jovens infratores, carentes de programas de atendimento. O Poder Executivo, detentor da obrigação de instalar esses programas e executá-los, permanece completamente alheio à situação, deixando para o Poder Judiciário sua solução.

Já não são poucos aqueles que entendem que o enunciado do art. 228 constitui-se cláusula pétrea. Com acerto, o magistrado paulista, Dr. Luís Fernando Camargo de Barros Vital, comentando "A irresponsabilidade penal do adolescente", na *Revista Brasileira de Ciências Criminais–IBC-Crim* (ano 5, n. 18, abril-junho/1997, p. 91), lembra que "neste terreno movediço em que falta a razão, só mesmo a natureza pétrea da cláusula constitucional (art. 228) que estabelece a idade penal, resiste ao assédio do conservadorismo penal. A inimputabilidade etária, muito embora tratada noutro capítulo que não aquele das garantias individuais, é sem dúvida um princípio que integra o arcabouço de proteção da pessoa humana do poder estatal projetado naquele, e assim deve ser considerado cláusula pétrea".

A segunda parte do art. 104 define que os menores de 18 anos "ficarão sujeitos às medidas previstas nesta lei". A criança (que o Estatuto define como a pessoa até os 12 anos), se praticar algum ato infracional, será encaminhada ao Conselho Tutelar e estará sujeita às medidas de proteção previstas no art. 101; o adolescente (entre 12 e 18 anos), ao praticar ato infracional, estará sujeito a processo contraditório, com ampla defesa. Após o devido processo legal, receberá ou não uma "sanção", denominada medida socioeducativa, prevista no art. 112 (STJ, RHC 3.139-5, Rel. Vicente Cernicchiaro).

Art. 105. Ao ato infracional praticado por criança corresponderão as medidas previstas no art. 101.

1.2 Ato infracional praticado por criança

As crianças também cometem infrações penais. Entretanto, não são processadas e "punidas" como os adolescentes e adultos.

DA PRÁTICA DO ATO INFRACIONAL 125

Para as crianças autoras de infração penal o "procedimento" começa com a apreensão pela Polícia, que a conduz ao Conselho Tutelar ou à autoridade judiciária, que fará juízo de valor sobre o ato praticado e aplicará uma das medidas protetivas do art. 101.

Por mais hediondo que seja o ato infracional praticado pela criança, ela não poderá ser conduzida à delegacia de polícia. A autoridade policial não tem competência para investigar e apurar as provas do ato criminoso praticado pela criança. A competência originária[1] é do Conselho Tutelar; a subsidiária é da autoridade judiciária, por força do disposto no art. 262 do ECA.

Se a criança, ao praticar a infração penal, se utilizar de armas (revólver, faca, barra de ferro, correntes etc.), estas deverão ser apreendidas; quando se tratar de infrações contra o patrimônio, proceder-se-á à apreensão do produto do crime e, em ambos os casos, serão remetidos à Justiça da Infância e da Juventude.

Capítulo II
Dos direitos individuais

Art. 106. Nenhum adolescente será privado de sua liberdade senão em flagrante de ato infracional ou por ordem escrita e fundamentada da autoridade judiciária competente.
Parágrafo único. O adolescente tem direito à identificação dos responsáveis pela sua apreensão, devendo ser informado acerca de seus direitos.
Art. 107. A apreensão de qualquer adolescente e o local onde se encontra recolhido serão incontinenti comunicados à autoridade judiciária competente e à família do apreendido ou à pessoa por ele indicada.
Parágrafo único. Examinar-se-á, desde logo e sob pena de responsabilidade, a possibilidade de liberação imediata.

2. Dos direitos individuais

2.1 Garantias constitucionais

A norma estatutária do art. 106 tem seu fundamento no art. 5º, LXI, da CF, que determina "que ninguém será preso senão em flagrante delito ou por ordem escrita e fundamentada da autoridade judiciária competente (...)".

1. ECA, art. 136, I.

Faz parte da essência de qualquer regime democrático a garantia dos direitos de liberdade física de todos os indivíduos. Esses direitos são declarados pela Constituição, que define o seu conteúdo, especifica as limitações que convém aos interesses sociais e estipula os meios de garantia do seu exercício. Assim é, pois, o princípio da legalidade da prisão.

Sahid Maluf explica que "o princípio da legalidade da prisão tem suas raízes na Magna Carta dos ingleses, do século XIII. Foi a bandeira do movimento liberal, em pleno século XVIII. A Revolução Francesa, ao abrir as portas da Bastilha e de outros presídios, que simbolizavam o absolutismo dos Bourbons, devolveu ao mundo milhares de indivíduos que se achavam encarcerados por simples suspeição, sem processo nem julgamento. Em nome do rei, eram efetuadas prisões sem qualquer formalidade, por tempo indeterminado ou mesmo em caráter perpétuo. Repudiando aquele tratamento incompatível com a dignidade humana, o liberalismo triunfante de 1789 proclamou, em termos categóricos: 'Ninguém poderá ser acusado, preso ou detido, senão nos casos previstos pela lei, e segundo as formas por ela prescritas (...) A lei só deve estabelecer penas estritas e evidentemente necessárias, e ninguém poderá ser punido senão em virtude de disposição de lei promulgada anteriormente ao delito e legalmente aplicada (...) Todo homem é suposto inocente enquanto não for declarado culpado; se for indispensável detê-lo, todo o rigor que não seja necessário para lançar mão de sua pessoa deve ser severamente coibido por lei' (Declaração dos Direitos do Homem e do Cidadão, adotada pela Assembleia Constituinte Francesa, em agosto de 1789, arts. 7º a 9º)" (Maluf, S., p. 417).

Assim, do ponto de vista constitucional, só é legítima a prisão prevista e autorizada em lei. Desde que ocorra a prática do tipo penal, o indivíduo poderá ser preso em flagrante delito, ou mediante ordem escrita e fundamentada da autoridade judiciária competente.

Sendo efetuada a prisão em flagrante, a autoridade judiciária deverá ser comunicada imediatamente. Será relaxada a prisão que não for legal. Deixará de ser legal, também, a prisão em flagrante que não estiver constituída com seus pressupostos subjetivos ou objetivos; é preciso que a ação seja prevista na lei como crime ou contravenção, e que não pairem dúvidas sobre a autoria e a materialidade da infração.

Fora dos casos típicos de flagrante, a prisão será legal quando for determinada, por escrito e fundamentadamente, pela autoridade judiciária competente.

A lei não previu a emissão de ordem de prisão verbal, por telefone ou transmitida por qualquer meio de comunicação que não seja ordem escrita e devidamente fundamentada.

Esse preceito é antigo. Originou-se do Decreto de 23.5.1821, assinado por D. João VI, que dizia: "Nenhuma pessoa livre no Brasil possa jamais ser presa sem ordem por escrito do Juiz ou Magistrado criminal do território, exceto somente o caso de flagrante delito, em que qualquer do povo deve prender o delinquente" (in Maluf, S., p. 420).

Além de escrita, a ordem de prisão deve ser fundamentada, ou seja, a autoridade competente deverá declinar os motivos que a levaram a expedir o decreto segregatório.

Deverá, também, a ordem de prisão ser emanada de autoridade competente, que, na matéria pertinente à criança e ao adolescente, é o juiz da infância e da juventude (art. 146).

Se outro magistrado, que não o da Vara Especializada citada, decretar a prisão de adolescente, tal decreto será considerado ilegal e, embora deva ser imediatamente executado e cumprido, poderá ser revogado pela autoridade superior, em recurso ordinário ou em processo de *habeas corpus*.

Tal procedimento não se verifica, certamente, quando a lei de organização judiciária local indicar magistrado diverso daquele da Vara Especializada.

De resto, a prisão em flagrante delito e o auto de apreensão em flagrante do adolescente receberam, pelo Estatuto e pela Constituição, as mesmas regras, devendo cada um ser processado de acordo com a legislação pertinente.

O parágrafo único do art. 106 determina que o adolescente tem direito à identificação dos responsáveis pela sua apreensão, devendo ser informado acerca de seus direitos.

Por essa garantia individual, escorada no preceito constitucional disposto no art. 5º, LXIII e LXIV, o adolescente será informado de seus direitos e ser-lhe-á assegurado o direito de ser assistido por sua família e pelo seu advogado, bem como o de permanecer calado.

O adolescente tem o direito de solicitar o nome da pessoa que o está apreendendo. O policial, cumprindo legalmente o seu dever, deverá, sem constrangimento, fornecer-lhe sua identificação e os motivos de sua apreensão, com a leitura de seus direitos constitucionais.

A apreensão de qualquer adolescente e o local onde se encontra recolhido serão, incontinenti, comunicados à autoridade judiciária competente e à família do apreendido, ou à pessoa por ele indicada (art. 107).[2]

---

2. CF, art. 5º, LXII. O dever de fazer a comunicação da apreensão à sua família ou a pessoa por ele indicada é da Polícia Judiciária.

Portanto, toda apreensão de adolescente, quer em flagrante delito, quer por ordem escrita do juiz competente, deve ser comunicada, imediatamente, ao juiz da infância e da juventude ou ao magistrado indicado pela lei de organização judiciária local.[3]

Com propriedade, Sahid Maluf ensina que, "se não foi feita a comunicação imediata, a prisão é ilegal, sem sombra de dúvida. Mas o fato de ter sido feita a comunicação imediata não dá à prisão o caráter de legalidade. A comunicação não é requisito de legalidade da prisão, mas um meio de se evitarem prisões ilegais" (Maluf, S., p. 422).

Ao ser efetuada a apreensão do adolescente, examinar-se-á a possibilidade de sua liberação imediata, sob pena de responsabilidade (art. 107, parágrafo único).

Caso compareça qualquer dos pais ou responsável, o adolescente deverá ser liberado pela autoridade policial, sob termo de compromisso e responsabilidade de sua apresentação ao Ministério Público (art. 174).[4]

> **Art. 108.** A internação, antes da sentença, pode ser determinada pelo prazo máximo de quarenta e cinco dias.
>
> Parágrafo único. A decisão deverá ser fundamentada e basear-se em indícios suficientes de autoria e materialidade, demonstrada a necessidade imperiosa da medida.

2.2 A internação "provisória"

Contemplou o Estatuto a internação "provisória", apesar de a CF proclamar, no art. 5º, LXVI, que "ninguém será levado a prisão ou nela mantido, quando a lei admitir a liberdade provisória, com ou sem fiança".

Entretanto, não se pode equiparar a internação com a prisão. Apesar de as medidas serem idênticas na privação da liberdade, são opostas na oportunidade da aplicação e no conteúdo programático de recuperação. A internação é medida socioeducativa que deve ser cumprida em estabelecimento especializado, observado o disposto no art. 94. A prisão é pena retributiva, é castigo e pagamento pelo mal praticado (teoria absoluta), embora já se vislumbrem algumas opiniões de que é necessária a humanização do preso através de políticas de educação e de assistência (TJSP, HC 17.910.0/9, Rel. Lair Loureiro).

---

3. ECA, arts. 171, 172 e 231.
4. ECA, art. 234.

A delimitação de 45 dias imposta pela lei servirá para determinar a conclusão do procedimento, com o julgamento da representação feita pelo Ministério Público, que poderá requerer a medida socioeducativa da internação (art. 183) (TJSP, AI 12.597-0, Rel. Odyr Porto; TJSP, HC 17.918.0/9, Rel. Lair Loureiro; *RJTJSP* 133/259).

De qualquer maneira, o juiz, ao receber a representação, onde conste requerimento de medida segregativa, deverá, incontinenti, decidir sobre a internação, em decisão fundamentada (art. 184). Se o juiz não apreciar a medida, o adolescente estará privado de sua liberdade ilegalmente, sendo-lhe facultada a utilização do remédio heroico do *habeas corpus*, nos termos do inciso LXVIII do art. 5º da CF.

Tratando-se, pois, de medida excepcional, a autoridade judiciária competente deverá, ao decidir sobre ela, construir sua fundamentação em indícios suficientes de autoria e materialidade. Deve, também, ser aplicada quando sua necessidade for imperiosa e não restarem dúvidas quanto à aplicação.

Art. 109. O adolescente civilmente identificado não será submetido a identificação compulsória pelos órgãos policiais, de proteção e judiciais, salvo para efeito de confrontação, havendo dúvida fundada.

2.3 Da identificação do adolescente

Trata-se de garantia constitucional dos direitos individuais de todo cidadão, mormente da criança e do adolescente, nos termos do inciso LVIII do art. 5º da CF.

A moderna jurisprudência, inclusive a do STF, tem reconhecido que a identificação datiloscópica do identificado civilmente não pode mais ser exigida em virtude do novo mandamento constitucional: *RT* 635/290 e 300, 638/290, 647/301 e 351.

Todavia, a identificação datiloscópica poderá ser exigida quando houver a necessidade de confrontação com outra, quando houver dúvida ou rasura na identidade apresentada ou existirem fundados motivos da autoridade competente na identificação do infrator.

Capítulo III
Das garantias processuais

Art. 110. Nenhum adolescente será privado de sua liberdade sem o devido processo legal.

3. Das garantias processuais[5]

3.1 O devido processo legal

O enunciado estatutário do art. 110 foi buscar no texto constitucional seu fundamento: "Ninguém será privado da liberdade ou de seus bens sem o devido processo legal" (art. 5º, LIV) (TJSP, AC 17.532-0; AI 17.516-0/4; AC 17.209-0/3, Rel. Lair Loureiro; AC 16.070-0/0, Rel. Weiss de Andrade; AI 16.806-0/0, Rel. César de Moraes).

As garantias constitucionais do processo têm suas raízes no art. 39 da Magna Carta outorgada em 1215 por João Sem Terra: "Nenhum homem livre será preso ou privado de sua propriedade, de sua liberdade ou de seus hábitos, declarado fora da lei ou exilado ou de qualquer forma destruído, nem o castigaremos nem mandaremos forças contra ele, salvo julgamento legal feito por seus pares ou pela lei do país".

Celso Bastos explica que "o direito ao devido processo legal é mais uma garantia do que propriamente um direito. Por ele visa-se a proteger a pessoa contra a ação arbitrária do Estado. Colima-se, portanto, a aplicação da lei" (Bastos, C., p. 261).

Percebe-se, pois, que a Constituição se incumbe de configurar o Direito Processual não mais como mero conjunto de regras acessórias de aplicação do Direito Material, mas, sim, como instrumento público da realização da justiça.

A Constituição foi pródiga na tutela processual do indivíduo, na esfera penal; o processo civil não foi contemplado com a mesma atenção pelo legislador constituinte.

Assim, nas palavras de Nogueira, "o processo legal compreende o respeito aos direitos constitucionais, que foram votados para serem devidamente observados, sob pena de nulidade processual, tais como: o princípio do juiz natural, pois não haverá juízo ou tribunal de exceção, devendo cada um responder perante o juiz competente (art. 5º, XXXVII e LIII); é assegurado aos presos o respeito à integridade física e moral (art. 5º, XLIX); aos acusados em geral são assegurados o contraditório e ampla defesa, com os meios e recursos a ela inerentes (art. 5º, LV); ninguém será considerado culpado até o trânsito em julgado de sentença penal condenatória (art. 5º, LVII); a prisão ilegal será imediatamente relaxada pela autoridade judiciária (art. 5º, LXV)" (Nogueira, P. L., p. 136).

---

5. Cf. nosso trabalho *Processo Penal Juvenil*, São Paulo, Malheiros Editores, 2006, onde comentamos pormenorizadamente todas as garantias processuais penais do adolescente em conflito com a lei.

Nota-se, portanto, que a transcrição estatutária da norma constitucional traduz a garantia da tutela jurisdicional do Estado, através de procedimentos demarcados formalmente em lei.

> **Art. 111.** São asseguradas ao adolescente, entre outras, as seguintes garantias:
> I – pleno e formal conhecimento da atribuição de ato infracional, mediante citação ou meio equivalente;
> II – igualdade na relação processual, podendo confrontar-se com vítimas e testemunhas e produzir todas as provas necessárias à sua defesa;
> III – defesa técnica por advogado;
> IV – assistência judiciária gratuita e integral aos necessitados, na forma da lei;
> V – direito de ser ouvido pessoalmente pela autoridade competente;
> VI – direito de solicitar a presença de seus pais ou responsável em qualquer fase do procedimento.

3.2 Garantias asseguradas

A primeira garantia assegurada ao adolescente pelo art. 111 é o pleno e formal conhecimento da atribuição de ato infracional, mediante citação ou meio equivalente (inciso I).

Sem dúvida, o conhecimento da imputação penal é garantia constitucional, pois ninguém pode ser processado sem ter o conhecimento da imputação que lhe é feita.

Tourinho Filho salienta que "através da citação se comunica ao réu que contra ele foi intentada ação penal e, ao mesmo tempo, é chamado a comparecer em juízo, em dia e hora previamente designados, como se vê pelo art. 394 e inciso VI do art. 352, todos do CPP (...)" (Tourinho Filho, F. da C., p. 166).

A *citação*, neste caso, é corolário de outra garantia constitucional, que é a do contraditório, ou seja, o adolescente terá direito a defesa técnica por advogado (inciso III). Em outras palavras, o autor não pode mover a ação sem que o réu desta tenha notícia; nenhuma alegação se faz e nenhuma prova é produzida por qualquer dos litigantes sem que o adversário as conheça, porque "aos litigantes em processo judicial ou administrativo, e aos acusados em geral, são assegurados o contraditório e ampla defesa, com os meios e recursos a ela inerentes".[6]

---

6. CF, art. 5º, LV.

O direito à proteção especial de criança e adolescente abrangerá, também, a garantia de pleno e formal conhecimento da atribuição de ato infracional, igualdade na relação processual e defesa técnica por profissional habilitado, podendo, inclusive, confrontar-se com vítimas e testemunhas e produzir todas as provas necessárias a sua defesa (inciso II).[7]

Em palestra proferida durante o I Encontro Nacional de Promotores de Justiça Curadores de Menores, realizado nos dias 20 a 25.8.1989, em São Paulo, Paulo Affonso Garrido de Paula, ao falar sobre o contraditório, ampla defesa e o processo de apuração de ato infracional atribuído a adolescente, lembra que "a igualdade na relação processual consiste na garantia de que as partes (autor e réu) terão, perante o Judiciário, as mesmas possibilidades de alegações e de produção de provas. Autor, no caso, é o Estado, que pretende, ante a infração cometida, reeducar o adolescente. *Réu* – e aqui grife-se que a locução, no sentido jurídico, tem acepção própria, significando a pessoa em face da qual é deduzida uma pretensão, nada tendo a ver com o conteúdo leigo da expressão – é o adolescente que resiste à possibilidade de ser reeducado. O legislador constituinte garantiu que o adolescente poderá confrontar-se com o Estado em situação de igualdade, podendo praticar atos processuais equivalentes àqueles exercitados pelo próprio Estado. Assim, se o Estado, inicialmente, diz que o adolescente cometeu ato infracional, poderá este, também, liminarmente, negá-lo; se para comprovar sua alegação o Estado solicita a oitiva judicial de testemunhas, poderá o adolescente também indicar as que pretende ouvir em sua defesa; se é conferido ao Estado o direito de reperguntar as testemunhas, também o adolescente terá igual possibilidade; se o Estado requerer a realização de prova pericial, o adolescente igualmente poderá valer-se do mesmo expediente, podendo criticar e contestar a prova produzida; se, ao final da apuração, o Estado poderá valer-se de alegações finais, onde analisa a prova produzida, o adolescente poderá proceder do mesmo modo" (grifo do Autor).

De resto, nenhum adolescente a quem se atribua a prática de ato infracional, ainda que ausente ou foragido, será processado sem defensor (art. 207). Se o adolescente não constituiu advogado, ser-lhe-á nomeado pelo juiz (§ 1º), para cumprir o preceito constitucional de que o Estado prestará assistência jurídica integral e gratuita aos que comprovarem insuficiência de recursos (art. 5º, LXXIV, da CF) (inciso IV).[8]

O advogado deverá cumprir integralmente o seu mister e, para tanto, nas palavras de Nogueira, "tem o direito de examinar, em cartório de justiça ou secretaria de tribunal, os autos de qualquer processo (CPC, art. 40, I); de requerer, como procurador, vista dos autos (CPC, art. 40,

---

7. CF, art. 227, § 3º, III.
8. ECA, art. 141, § 1º.

II); e retirar os autos do cartório ou secretaria 'sempre que lhe competir falar neles por determinação do juiz, nos casos previstos em lei' (CPC, art. 40, III)" (Nogueira, P. L., p. 137).

Evidentemente, se se tratar de defensor nomeado, não haverá a necessidade de outorgar-lhe procuração. Tratando-se de adolescente com mais de 16 anos, este poderá, devidamente assistido, contratar advogado e passar-lhe procuração; aqueles menores de 16 anos, considerados impúberes, serão representados por seus pais ou responsável, que assinarão a procuração (*RT* 606/151, 575/205 e 573/196).[9]

O direito de ser ouvido pessoalmente pela autoridade competente (inciso V) e o de solicitar a presença de seus pais ou responsável em qualquer fase do procedimento (inciso VI) também constituem-se em garantias processuais do adolescente autor de infração penal.

Entre as garantias asseguradas ao adolescente, o Estatuto deixou de transcrever aquela firmada no inciso LVII do art. 5º da CF, que dispõe que "ninguém será considerado culpado até o trânsito em julgado de sentença penal condenatória". Trata-se, pois, do princípio da presunção de inocência.

Ficam, portanto, asseguradas ao adolescente autor de ato infracional todas as garantias constitucionais do processo legal, da ampla defesa, do contraditório, da presunção de inocência e de constituir profissional técnico para sua defesa (TJSP, ACv 15.650-0, AI 16.684-012, Rel. Sabino Neto; TJSP, AI 16.676-0/6, Rel. César de Moraes; TJSP, HC 13.759-0, Rel. Cunha Camargo; *JTJ* 145/124, 146/130; *JUTACrim* 69/557).

Capítulo IV
Das medidas socioeducativas

Seção I – **Disposições gerais**

Art. 112. Verificada a prática de ato infracional, a autoridade competente poderá aplicar ao adolescente as seguintes medidas:

I – advertência;

II – obrigação de reparar o dano;

III – prestação de serviços à comunidade;

IV – liberdade assistida;

V – inserção em regime de semiliberdade;

VI – internação em estabelecimento educacional;

VII – qualquer uma das previstas no art. 101, I a VI.

---

9. ECA, art. 142.

§ 1º. A medida aplicada ao adolescente levará em conta a sua capacidade de cumpri-la, as circunstâncias e a gravidade da infração.

§ 2º. Em hipótese alguma e sob pretexto algum, será admitida a prestação de trabalho forçado.

§ 3º. Os adolescentes portadores de doença ou deficiência mental receberão tratamento individual e especializado, em local adequado às suas condições.

Art. 113. Aplica-se a este Capítulo o disposto nos arts. 99 e 100.

Art. 114. A imposição das medidas previstas nos incisos II a VI do art. 112 pressupõe a existência de provas suficientes da autoria e da materialidade da infração, ressalvada a hipótese de remissão, nos termos do art. 127.

Parágrafo único. A advertência poderá ser aplicada sempre que houver prova da materialidade e indícios suficientes da autoria.

4. Das medidas socioeducativas

4.1 Disposições gerais

A medida socioeducativa é a manifestação do Estado, em resposta ao ato infracional, praticado por menores de 18 anos,[10] de natureza jurídica impositiva, sancionatória e retributiva, cuja aplicação objetiva inibir a reincidência, desenvolvida com finalidade pedagógica-educativa. Tem caráter impositivo, porque a medida é aplicada, independente da vontade do infrator – com exceção daquelas aplicadas em sede de remição, que têm finalidade transacional. Além de impositiva, as medidas socioeducativas têm cunho sancionatório, porque, com sua ação ou omissão, o infrator quebrou a regra de convivência dirigida a todos. E, por fim, ela pode ser considerada uma medida de natureza retributiva, na medida em que é uma resposta do Estado à prática do ato infracional praticado (cf. nosso *Adolescente e Ato Infracional – Medida socioeducativa é pena?*, São Paulo, Juarez de Oliveira, 2003).

Assim, a primeira medida a ser aplicada é a *advertência*.[11] Ao praticar o ato infracional, o adolescente será admoestado e receberá conselhos e orientação da autoridade competente, perante seus pais ou responsável.

Nota-se que esse primeiro encontro do adolescente com a autoridade competente (juiz ou promotor de justiça) poderá ser decisivo: ou será o início de sua recuperação, ou o início de sua carreira no crime, dependendo da forma de aplicação da medida (STJ, RE 24.437; TJSP, AI 16.986-0, Rel. Lair Loureiro).

---

10. Às crianças são aplicadas as medidas de proteção (art. 101).
11. ECA, art. 115.

A segunda medida socioeducativa que poderá ser aplicada ao adolescente infrator é a *obrigação de reparar o dano*.[12] Entende-se que o adolescente poderá obrigar-se a compor os prejuízos causados pela prática de seu ato infracional. Tal medida, antes de ser punitiva, pretende, de forma pedagógica, orientar o adolescente a respeitar os bens e o patrimônio de seus semelhantes (TJSP, ACv 18.383-0/3, Rel. Rebouças de Carvalho).

O inciso III do art. 112 autoriza a aplicação de medida socioeducativa de *prestação de serviços à comunidade*.[13] O CP adotou, no art. 43, I, a prestação de serviços à comunidade como pena substitutiva da prisão. A cada dia que passa, percebe-se que a medida ou pena privativa de liberdade não traz benefícios para o segregado nem para a comunidade onde ele vive.

Já são muito conhecidas as razões da falência do regime carcerário no País, das dificuldades de mantê-lo e dos resultados obtidos.

Por outro lado, com a opção de aplicar a medida socializante e educativa da prestação de serviços comunitários, o infrator e a comunidade vão perceber a finalidade educativa da medida.

A *liberdade assistida* (inciso IV) aparece no contexto estatutário com nova significação: trata-se de medida ampla com a finalidade de orientar, proteger e acompanhar o adolescente infrator, e deverá ser aplicada sempre que for adequada.[14]

O Prof. Antônio Luiz Ribeiro Machado, ao discorrer sobre a liberdade assistida, ensina que "ela será exercida por pessoa capacitada ou serviço especializado designados pelo juiz de menores, que deve orientar sua atuação junto ao menor, segundo as regras de conduta que lhe forem ditadas" (Ribeiro Machado, A. L., p. 52).

A inserção em *regime de semiliberdade*[15] é a medida socioeducativa alinhada no inciso V do art. 112 do ECA. Essa medida é uma forma de transição para o regime semiaberto. Revela-se a citada medida providência de alto valor terapêutico e eficaz para a integração social do adolescente, dando-lhe garantia e oportunidade de uma atividade útil e laborativa na comunidade, com o acompanhamento de equipe técnica especializada.

A *internação*[16] é a medida socioeducativa que priva o adolescente de sua liberdade e só pode ser aplicada pela autoridade judiciária em decisão fundamentada (art. 106).

12. ECA, art. 116.
13. ECA, art. 117.
14. ECA, arts. 118 e 119.
15. ECA, art. 120.
16. ECA, arts. 121-125.

Trata-se de medida excepcional, que só será determinada se for inviável ou malograr a aplicação das demais medidas (inciso VI).

A autoridade competente poderá, entretanto, optar pela aplicação das medidas de proteção, previstas no art. 101, I-VI, a adolescentes infratores, quando as medidas socioeducativas não satisfizerem ou não completarem o tratamento psicossocial (inciso VII).[17]

Para a aplicação das medidas mencionadas devem-se levar em conta a capacidade do adolescente de cumpri-las, as circunstâncias do ato infracional praticado e sua gravidade (§ 1º). Em hipótese alguma e sob pretexto algum serão admitidas a tortura e a prestação de trabalho forçado, para a concretização da medida socioeducativa (§ 2º). Os adolescentes portadores de doença ou de deficiência mental deverão receber tratamento individual e especializado, em local adequado às suas condições (§ 3º).

A competência para a aplicação das medidas socioeducativas previstas no art. 112 do Estatuto são exclusivas da autoridade judiciária (Súmula 108 do STJ: "A aplicação de medidas socioeducativas ao adolescente, pela prática de ato infracional, é de competência exclusiva do juiz").

De resto, as medidas socioeducativas poderão ser aplicadas individual ou cumulativamente ao adolescente, sempre com respaldo em análise técnico-social e em vista das circunstâncias, da gravidade do fato e da personalidade do adolescente.

A imposição das medidas previstas nos incisos II a VI do art. 112 pressupõe a existência de provas suficientes da autoria e da materialidade da infração, ressalvada a hipótese de remissão, nos termos do art. 127 (art. 114). A advertência poderá ser aplicada sempre que houver prova da materialidade e indícios suficientes da autoria (parágrafo único).

Em outras palavras, as medidas previstas nos incisos II a VI do art. 112 só poderão ser aplicadas se existirem fortes indícios que conduzam à autoria e à materialidade da infração penal. Caso contrário, o adolescente "investigado" ficará sujeito ao cumprimento antecipado de medidas socioeducativas como "suspeito", o que é proibido pela Constituição.

Se mesmo assim forem aplicadas as medidas ao jovem nesta situação, outra atitude não lhe restará que se utilizar do recurso de *habeas corpus* para ilidir a ilegalidade.

O Estatuto não estabeleceu normas e diretrizes claras para a execução das medidas socioeducativas. Consoante a Súmula 108 do STJ, o magistrado é o aplicador daquelas medidas. Assim, a discricionariedade do magistrado tornou-se o norte para a determinação das medidas socioe-

---

17. ECA, art. 113.

ducativas, colocando em risco o próprio instituto idealizado pela Lei. No 18º Congresso da Associação Brasileira dos Magistrados e Promotores de Justiça da Infância e da Juventude–ABMP, em 1999, ficou acertado que o assunto deveria ser regulamentado por lei federal, medida salutar que colocará regras claras na execução das medidas socioeducativas.

Por outro lado, as medidas de proteção referidas no art. 112, VII, não exigem indícios e/ou comprovação da autoria e materialidade da infração para serem aplicadas, pois não ofendem o princípio constitucional da liberdade de locomoção.

A jurisprudência do STJ inclina-se para o reconhecimento da possibilidade de aplicar o instituto da prescrição, com a respectiva extinção da punibilidade, às medidas socioeducativas impostas a adolescentes infratores pela prática de condutas previstas no ECA (cf. STJ, Súmula 338: "A prescrição penal é aplicável nas medidas socioeducativas". Cf. também: 6ª Turma, RHC 15.905-SC, 2004/0040749-0, Rel. Min. Hélio Quaglia Barbosa, j. 7.10.2004, *DJU* 3.11.2004, p. 245; 6ª Turma, HC 45.667-SP, 2005/0113432-3, Rel. Min. Nilson Naves, j. 27.10.2005, *DJU* 28.11.2005, p. 340).

Para que se alcancem os objetivos pretendidos pelas medidas socioeducativas é necessário que na imposição das sanções seja observado, com extremo rigor, o princípio da ampla defesa. A prévia audiência do adolescente infrator, quando possível, faz-se indispensável para a aplicação de medida socioeducativa mais gravosa. É o que dispõe o enunciado da Súmula 265 do STJ: "É necessária a oitiva do menor infrator antes de decretar-se a regressão da medida socioeducativa" (cf. também: 5ª Turma, RHC 9.270-SP, 1999/0104257-7, Rel. Min. Jorge Scartezzini, j. 16.3.2000, *DJU* 15.5.2000, p. 171).

Seção II – **Da advertência**

Art. 115. A advertência consistirá em admoestação verbal, que será reduzida a termo e assinada.

4.2 Da advertência

A *advertência* é a medida socioeducativa que será aplicada, através de admoestação verbal pelo juiz, ao adolescente autor de infração penal, perante seus pais ou responsável.

Tem-se que a imposição de qualquer medida socioeducativa – inclusive a de advertência – interfere no direito à liberdade do adolescente, e seu caráter socioeducativo determina sua vinculação ao princípio da justa causa. Entretanto, a medida será aplicada em audiência e consubstanciada em termo próprio, onde constarão as exigências e orientações que deverão ser cumpridas pelo adolescente, e receberá a assinatura do juiz, do promotor, do adolescente e de seus pais ou responsável.[18]

A medida de advertência é recomendada, via de regra, para os adolescentes que não têm histórico criminal e para os atos infracionais considerados leves, quanto à sua natureza ou consequências.

Para atingir o objetivo colimado pela aplicação da medida singela, é necessária a presença dos pais ou responsável na audiência, para que também sejam integrados no atendimento e orientação psicossociais, se houver necessidade (art. 129).

À evidência, muito será exigido do juiz e do promotor de justiça, que deverão avaliar com muito critério os casos apresentados, não ultrapassando os limites do rigor nem, tampouco, sendo por demais tolerantes, sempre tendo em vista as circunstâncias e consequências do fato, o contexto social, da personalidade do adolescente e sua maior ou menor participação no ato infracional.

Seção III – **Da obrigação de reparar o dano**

Art. 116. Em se tratando de ato infracional com reflexos patrimoniais, a autoridade poderá determinar, se for o caso, que o adolescente restitua a coisa, promova o ressarcimento do dano, ou, por outra forma, compense o prejuízo da vítima.

Parágrafo único. Havendo manifesta impossibilidade, a medida poderá ser substituída por outra adequada.

4.3 Da obrigação de reparar o dano

Por primeiro, há que se levar em conta que a prestação de serviços, como forma de compensação dos prejuízos causados à vítima, só terá validade se o adolescente concordar, nos termos do § 2º do art. 112.

Em seguida, a medida de obrigação de reparar o dano deve ser imposta em procedimento contraditório, onde sejam assegurados ao adolescente os direitos constitucionais de ampla defesa, de igualdade processual, da presunção de inocência, com a assistência técnica de advogado.

A medida só pode ser aplicada a adolescente, pois a compensação de prejuízo causado por criança terá seu foro na Justiça Comum.

Posto isso, verificamos que a medida obrigacional, originada por atos ilícitos, tem seu fundamento primeiro no art. 1.521, I e II, do CC,

---

18. Há corrente de pensamento que não concorda com a imposição de procedimento contraditório para a aplicação de medida de advertência.

quando determina que "são também responsáveis pela reparação civil: I – os pais, pelos filhos menores que estiverem sob seu poder e em sua companhia; e II – o tutor ou curador, pelos pupilos e curatelados, que se acharem nas mesmas condições".

Combinado com o disposto acima, o art. 156 do mesmo diploma legal determina que "o menor, entre 16 e 21 anos, equipara-se ao maior quanto às obrigações resultantes de atos ilícitos, em que for culpado".

Portanto, quando um adolescente com menos de 16 anos for considerado culpado e obrigado a reparar o dano causado, em virtude de sentença definitiva, a responsabilidade dessa compensação caberá, exclusivamente, aos pais ou responsável. Acima de 16 e abaixo de 21 anos, o adolescente será solidário com os pais ou responsável quanto às obrigações resultantes dos atos ilícitos por ele praticados.

Na legislação menorista de 1927[19] a reparação civil do dano causado pelo menor competia aos pais ou à pessoa a quem incumbia legalmente sua vigilância, salvo se provasse não ter havido culpa ou negligência de sua parte.

O Código de Menores revogado continha dispositivo[20] diverso: permitia a composição do dano, por acordo, com a presença da autoridade judiciária, que devia ser homologado, servindo de título judicial executório. Na hipótese de não cumprimento, o prejudicado poderia executá-lo na Justiça Comum.

O art. 116, em estudo, apresenta três hipóteses de satisfação da obrigação, a saber: a devolução da coisa, o ressarcimento do prejuízo e a compensação do prejuízo por qualquer meio.

O cumprimento dessa medida tem finalidade educativa e deverá suscitar no adolescente, tanto pela restituição quanto pela indenização do dano, o desenvolvimento do senso por responsabilidade daquilo que não é seu.

Dúvida interessante é abordada por Nogueira sobre a constitucionalidade da aplicação da medida de reparar o dano. Diz: "salvo melhor juízo, parece-nos de duvidosa constitucionalidade, pois não pode o juiz de menores impô-la como medida obrigatória, mas apenas tentar a composição do dano como previa o Código revogado (art. 103), já que nem mesmo ao adulto condenado criminalmente pode ser imposta pelo juiz criminal a obrigação de 'reparar o dano causado', nem mesmo como condição do *sursis*, embora a não reparação do dano pelo condenado constitua causa obrigatória de revogação desse benefício (CP, art. 81, II). Como, pois, impor tal medida obrigatoriamente ao adolescente

---

19. Código de Menores de 1927, art. 68, § 4º.
20. Código de Menores, Lei 6.697/1979, art. 103.

ou a seu pai em procedimento que apura a prática de ato infracional?" (Nogueira, P. L., p. 149).

Não se pode esquecer que as medidas enumeradas no art. 112 constituem ações que visam ao restabelecimento social, familiar e psicológico do adolescente, em estado peculiar de desenvolvimento, que, por algum motivo, praticou uma infração penal e por ela deve ser responsabilizado.

Se por acaso o adolescente ou seus pais ou responsável não puderem cumprir a obrigação imposta de reparar o dano, a medida poderá ser substituída por outra adequada (art. 116, parágrafo único).

Seção IV – Da prestação de serviços à comunidade

Art. 117. A prestação de serviços comunitários consiste na realização de tarefas gratuitas de interesse geral, por período não excedente a seis meses, junto a entidades assistenciais, hospitais, escolas e outros estabelecimentos congêneres, bem como em programas comunitários ou governamentais.

Parágrafo único. As tarefas serão atribuídas conforme as aptidões do adolescente, devendo ser cumpridas durante jornada máxima de oito horas semanais, aos sábados, domingos e feriados ou em dias úteis, de modo a não prejudicar a frequência à escola ou à jornada normal de trabalho.

4.4 Da prestação de serviços à comunidade

Referido artigo reproduz o enunciado no art. 46 do CP, que pretende a ressocialização do condenado através de um conjunto de ações, medidas e atitudes, com o intuito de reintegrá-lo à sua comunidade.

Um dos eminentes juristas que colaboraram para a reforma do Código Penal, Miguel Reale Júnior, salienta que "o moderno Estado Democrático deve reconhecer a existência de forças sociais organizadas, que expressam, com legitimidade, o pensamento e a vontade popular, contrapondo-se a um centralismo político, monolítico e opressor" (Reale Júnior, M., p. 86).

A medida proposta, tanto pelo Código Penal quanto pelo Estatuto, configura-se como ação alternativa da prisão ou da internação, permitindo que o infrator cumpra junto à família, no emprego e na comunidade, as imposições restritivas de seus direitos.

No mesmo sentido, há que se entender que a medida socioeducativa de prestação de serviços comunitários deverá ser fiscalizada pela comunidade, que, em conjunto com os educadores sociais, proporcionará ao adolescente infrator uma modalidade nova de cumprimento da medida em regime aberto.

O trabalho deve ser gratuito; porém, deve ser medida que reflita ônus para o infrator, que sentirá as exigências da retribuição sem se corromper, e não uma relação de emprego.

Não deve, contudo, ser imposta contra a vontade do adolescente; do contrário, corresponderia a trabalho forçado e obrigatório, o que seria proibido (art. 112, § 2º).

Waldir Snick afirma que "a prestação de serviços à comunidade preenche os objetivos da pena: é reeducativa (terapia laboral), retributiva (trabalho gratuito com valor comunitário) e intimidativa".

Albergaria comenta que "essa medida alternativa potencia o conteúdo ético-social do trabalho gratuito, como oportunidade de enriquecimento do bem comum e crescimento espiritual da pessoa humana" (Albergaria, J., p. 125).

As tarefas deverão ser atribuídas conforme a aptidão do adolescente e, na medida do possível, cumpridas de acordo com a gravidade do ato infracional praticado.

Essa medida socioeducativa será cumprida pelo adolescente sob a supervisão da autoridade judiciária, do Ministério Público, de técnicos sociais, que informarão suas atividades e comportamento através de relatório, e da comunidade.

Mirabete aponta que "o sucesso da inovação dependerá, em muito, do apoio que a comunidade der às autoridades judiciais, possibilitando a oportunidade para o trabalho do sentenciado, o que já demonstra as dificuldades do sistema adotado diante da reserva com que o condenado é encarado no meio social. Trata-se, porém, de medida de grande alcance e, aplicada com critério, poderá produzir efeitos salutares, despertando a sensibilidade popular. A realização do trabalho em hospitais, entidades assistenciais ou programas comunitários poderá alargar os horizontes e conduzir as entidades beneficiadas a elaborar mecanismos adequados à fiscalização e à orientação dos condenados na impossibilidade de serem essas atividades realizadas por meio do aparelhamento judicial" (Mirabete, J. F., 1987, v. I/264).

Seção V – **Da liberdade assistida**

Art. 118. A liberdade assistida será adotada sempre que se afigurar a medida mais adequada para o fim de acompanhar, auxiliar e orientar o adolescente.

§ 1º. A autoridade designará pessoa capacitada para acompanhar o caso, a qual poderá ser recomendada por entidade ou programa de atendimento.

§ 2º. A liberdade assistida será fixada pelo prazo mínimo de seis meses, podendo a qualquer tempo ser prorrogada, revogada ou substituída por outra medida, ouvido o orientador, o Ministério Público e o defensor.

Art. 119. Incumbe ao orientador, com o apoio e a supervisão da autoridade competente, a realização dos seguintes encargos, entre outros:

I – promover socialmente o adolescente e sua família, fornecendo-lhes orientação e inserindo-os, se necessário, em programa oficial ou comunitário de auxílio e assistência social;

II – supervisionar a frequência e o aproveitamento escolar do adolescente, promovendo, inclusive, sua matrícula;

III – diligenciar no sentido da profissionalização do adolescente e de sua inserção no mercado de trabalho;

IV – apresentar relatório do caso.

4.5 Da liberdade assistida

A medida socioeducativa da liberdade assistida é instituto legal aplicado ao adolescente autor de ato infracional sujeito a orientação e assistência social por técnicos especializados ou associações (art. 118).

A medida tem ampla abrangência na linha de acompanhamento, auxílio e orientação ao adolescente, visando à sua perfeita integração familiar e comunitária.

O melhor resultado dessa medida será conseguido pela especialização e valor do pessoal ou entidade que desenvolverá o procedimento de execução da medida com o jovem. Deverão os técnicos ou as entidades desempenhar sua missão através de estudo do caso, de métodos de abordagem, organização técnica da aplicação da medida e designação de agente capaz, sempre sob a supervisão do juiz.

O Código de Menores revogado, ao disciplinar a aplicação da liberdade assistida, estendia-a também aos "menores com desvio de conduta, em virtude de grave inadaptação familiar" (art. 2º, V), proporcionando o aspecto preventivo à infração penal, auxiliando-os a se integrar na família, na escola e no trabalho como providências inibitórias da criminalidade.

No entanto, Nogueira entende que a liberdade assistida "deve ser aplicada aos adolescentes reincidentes ou habituais na prática de atos infracionais e que demonstrem tendência para reincidir, já que os primários devem ser apenas advertidos, com a entrega aos pais ou responsável" (Nogueira, P. L., p. 153).

Na realidade, a medida está colocada em ordem de relevância no inciso IV do art. 112, dando a certeza de que as medidas antecedentes não impõem ao adolescente infrator condições tão restritivas quanto as da liberdade assistida.

Como a medida é ato executório, o juiz designará pessoa capacitada para acompanhar o caso, a qual poderá ser recomendada por entidade ou programa de atendimento (art. 118, § 1º).

Cury, Garrido e Marçura anotam que "o encargo é pessoal, devendo recair sobre pessoa determinada. As entidades que mantenham programa de liberdade assistida (art. 90, V) deverão indicar as pessoas capacitadas para exercer a função de orientador, podendo a autoridade judiciária designar qualquer pessoa de sua confiança" (Cury, Garrido e Marçura, p. 63).

O orientador deverá, pois, ter formação técnica e apresentar relatórios das atividades e comportamento do adolescente, especificando o cumprimento das obrigações estipuladas pela autoridade judiciária.

A liberdade assistida será fixada pelo prazo mínimo de seis meses, podendo a qualquer tempo ser prorrogada, revogada ou substituída por outra medida, ouvidos o orientador, o Ministério Público e o defensor (art. 118, § 2º).

Como o legislador não estipulou prazo máximo para o cumprimento da medida, entende-se que ela será aplicada enquanto o adolescente necessitar de acompanhamento, auxílio e orientação.

Cury, Garrido e Marçura advertem que "a liberdade assistida aplicada por força de remissão não poderá ser substituída pela semiliberdade ou internação, salvo instaurando-se o devido processo legal (art. 127)" (Cury, Garrido e Marçura, p. 63).

O orientador social, com o apoio e a supervisão do juiz, terá os seguintes encargos: I – promover socialmente o adolescente e sua família, fornecendo-lhes orientação e inserindo-os, se necessário, em programa oficial ou comunitário de auxílio e assistência social; II – supervisionar a frequência e o aproveitamento escolar do adolescente, promovendo, inclusive, sua matrícula; III – diligenciar no sentido da profissionalização do adolescente e sua inserção no mercado de trabalho; e IV – apresentar relatório do caso (art. 119).

De resto, convém salientar que o Estatuto não define, especificamente, as condições que serão cumpridas pelo adolescente.

O Estatuto da Criança e do Adolescente não delimitou a atividade jurisdicional, na fixação do procedimento executório das referidas medidas. Isto tem dificultado a atuação de Magistrados, Promotores de Justiça e Advogados, que não têm procedimento fixo e estável de execução das medidas socioeducativas.

Em outras palavras, o adolescente considerado autor de ato infracional, destinado a cumprir medida socioeducativa, tem o direito constitucional de ter um procedimento de execução baseado em regras claras – garantia do devido processo legal – como meio de atingir a cidadania.

Somente através de um processo de execução definido, regulador das atividades dos operadores do Direito, poderá ser dada eficácia à sentença judicial de aplicação das medidas socioeducativas, restringindo ou inibindo o arbítrio do juiz.

A controvérsia sobre o tema surge com atualidade, tendo em vista que, sem a definição de *como* o adolescente irá cumprir a medida imposta, continuariam a eclodir situações como aquelas vividas e protagonizadas pelos adolescentes internos da Febem de São Paulo-SP, Porto Alegre-RS e Belo Horizonte-MG, que depredaram os prédios das unidades onde se encontravam, sob o argumento primário e elementar de que *não sabiam quanto tempo iriam ficar internados*.

Essas prescrições poderão abranger as relações de trabalho e escola, bem como as familiares; haverá também proibição sobre condução de veículos, bebidas alcoólicas, frequência a determinados ambientes etc.

Todas essas imposições deverão considerar sempre a capacidade do adolescente de cumpri-las, as circunstâncias e a gravidade da infração (art. 112, § 2º).

Seção VI – **Do regime de semiliberdade**

Art. 120. O regime de semiliberdade pode ser determinado desde o início, ou como forma de transição para o meio aberto, possibilitada a realização de atividades externas, independentemente de autorização judicial.

§ 1º. São obrigatórias a escolarização e a profissionalização, devendo, sempre que possível, ser utilizados os recursos existentes na comunidade.

§ 2º. A medida não comporta prazo determinado, aplicando-se, no que couber, as disposições relativas à internação.

4.6 Do regime de semiliberdade

Por semiliberdade, como regime e política de atendimento, entende-se aquela medida socioeducativa destinada a adolescentes infratores que trabalham e estudam durante o dia e à noite recolhem-se a uma entidade especializada.

Existem dois tipos de semiliberdade: o primeiro é aquele determinado desde o início pela autoridade judiciária, através do devido processo legal; o segundo caracteriza-se pela progressão de regime: o adolescente internado é beneficiado com a mudança de regime, do internato para a semiliberdade (art. 120).

Como o próprio nome indica, a semiliberdade é executada em meio aberto, implicando, necessariamente, a possibilidade de realização de atividades externas, como a frequência à escola, às relações de emprego etc. Se não houver esse tipo de atividade, a medida socioeducativa perde sua finalidade.

No período noturno, quando o adolescente deverá recolher-se à entidade de atendimento, os técnicos sociais deverão complementar o trabalho de acompanhamento, auxílio e orientação, sempre verificando a possibilidade do término do tratamento.

Em todas as formas de aplicação de medida socioeducativa, principalmente naquelas que implicam o regime de semiliberdade e de internação, são obrigatórias a escolarização e a profissionalização, cuja operacionalização e recursos poderão ser captados na comunidade (art. 120, § 1º).

Campos Costa e Seabra Lopes observam que "o regime de semiliberdade destina-se, sobretudo, aos menores cuja agressividade, oposição ou instabilidade se explicam por frustrações afetivas, traumatismos da afetividade ou sentimentos de inferioridade; e ainda a menores cuja inadaptação resulta da falta de direção familiar ou da extrema fraqueza dos pais. Daí a necessidade do exame médico-psicológico e social do menor candidato ao regime de semi-internato, que não será permitido sem essa prévia observação científica do menor" (Campos Costa, A., e Lopes, J. Seabra, p. 74).

O Estatuto não fixa tempo de duração de medida, mas sugere sua aplicação, no que couber, às disposições relativas à internação (§ 2º), inclusive quanto aos direitos do adolescente privado de sua liberdade (art. 124). Percebe-se, aqui, novamente, a dificuldade de fixação de limites e regras claras para a execução da medida socioeducativa de semiliberdade.

De resto, ressalta-se que, como todo tratamento socioeducativo, os técnicos sociais deverão apresentar sistematicamente à autoridade judiciária relatório circunstanciado do acompanhamento do caso.

Seção VII – **Da internação**

Art. 121. A internação constitui medida privativa da liberdade, sujeita aos princípios de brevidade, excepcionalidade e respeito à condição peculiar de pessoa em desenvolvimento.

§ 1º. Será permitida a realização de atividades externas, a critério da equipe técnica da entidade, salvo expressa determinação judicial em contrário.

§ 2º. A medida não comporta prazo determinado, devendo sua manutenção ser reavaliada, mediante decisão fundamentada, no máximo a cada seis meses.

§ 3º. Em nenhuma hipótese o período máximo de internação excederá a três anos.

§ 4º. Atingido o limite estabelecido no parágrafo anterior, o adolescente deverá ser liberado, colocado em regime de semiliberdade ou de liberdade assistida.

§ 5º. A liberação será compulsória aos vinte e um anos de idade.

§ 6º. Em qualquer hipótese a desinternação será precedida de autorização judicial, ouvido o Ministério Público.

§ 7º. A determinação judicial mencionada no § 1º poderá ser revista a qualquer tempo pela autoridade judiciária. (*Acrescentado pela Lei 12.594/2012*)

Art. 122. A medida de internação só poderá ser aplicada quando:

I – tratar-se de ato infracional cometido mediante grave ameaça ou violência a pessoa;

II – por reiteração no cometimento de outras infrações graves;

III – por descumprimento reiterado e injustificável da medida anteriormente imposta.

§ 1º. O prazo de internação na hipótese do inciso III deste artigo não poderá ser superior a 3 (três) meses, devendo ser decretada judicialmente após o devido processo legal. (*Redação dada pela Lei 12.594/2012*)

§ 2º. Em nenhuma hipótese será aplicada a internação, havendo outra medida adequada.

Art. 123. A internação deverá ser cumprida em entidade exclusiva para adolescentes, em local distinto daquele destinado ao abrigo, obedecida rigorosa separação por critérios de idade, compleição física e gravidade da infração.

Parágrafo único. Durante o período de internação, inclusive provisória, serão obrigatórias atividades pedagógicas.

Art. 124. São direitos do adolescente privado de liberdade, entre outros, os seguintes:

I – entrevistar-se pessoalmente com o representante do Ministério Público;

II – peticionar diretamente a qualquer autoridade;

III – avistar-se reservadamente com seu defensor;

IV – ser informado de sua situação processual, sempre que solicitada;

V – ser tratado com respeito e dignidade;

VI – permanecer internado na mesma localidade ou naquela mais próxima ao domicílio de seus pais ou responsável;

VII – receber visitas, ao menos semanalmente;

VIII – corresponder-se com seus familiares e amigos;

IX – ter acesso aos objetos necessários à higiene e asseio pessoal;

X – habitar alojamento em condições adequadas de higiene e salubridade;

XI – receber escolarização e profissionalização;

XII – realizar atividades culturais, esportivas e de lazer;

XIII – ter acesso aos meios de comunicação social;

XIV – receber assistência religiosa, segundo a sua crença, e desde que assim o deseje;

XV – manter a posse de seus objetos pessoais e dispor de local seguro para guardá-los, recebendo comprovante daqueles porventura depositados em poder da entidade;

XVI – receber, quando de sua desinternação, os documentos pessoais indispensáveis à vida em sociedade.

§ 1º. Em nenhum caso haverá incomunicabilidade.

§ 2º. A autoridade judiciária poderá suspender temporariamente a visita, inclusive de pais ou responsável, se existirem motivos sérios e fundados de sua prejudicialidade aos interesses do adolescente.

Art. 125. É dever do Estado zelar pela integridade física e mental dos internos, cabendo-lhe adotar as medidas adequadas de contenção e segurança.

4.7 Da internação

4.7.1 Disposições gerais – O Estatuto define a internação como medida privativa de liberdade, sujeita aos princípios da brevidade, excepcionalidade e respeito à condição peculiar de pessoa em desenvolvimento (art. 121).

A internação tem seu parâmetro na legislação penal correspondente ao regime fechado, que é destinado aos condenados considerados perigosos e que tenham praticado crimes punidos com pena de reclusão superior a oito anos (CP, art. 33, § 2º, "a"). Ao especificar o referido regime, o Código Penal determina que a execução da pena imposta será em estabelecimento de segurança máxima ou média (CP, art. 33, § 1º, "a").

Portanto, concluiu-se que a internação, como medida socioeducativa de privação de liberdade, deve ser cumprida em estabelecimento que adote o regime fechado. Existem exceções: a) o adolescente poderá realizar atividades externas, a critério da equipe técnica (art. 121, § 1º); e b) após cumprido o prazo máximo de três anos (§ 3º), o adolescente deverá ser liberado ou colocado em regime de semiliberdade ou liberdade assistida (§ 4º).

4.7.2 Princípios e finalidade da internação – Três princípios orientam a aplicação da medida socioeducativa de internação: a) da brevidade; b) da excepcionalidade; c) do respeito à condição peculiar de pessoa em desenvolvimento.

Pelo princípio da brevidade entende-se que a internação deverá ter um tempo determinado para sua duração; o mínimo de seis meses (art. 121, § 2º) e o máximo de três anos (§ 3º). A exceção fica por conta do art. 122, § 1º, III, que estabelece o período máximo de três meses de internação nas hipóteses de descumprimento reiterado e injustificável da medida anteriormente imposta; o mínimo, neste caso, fica a critério do juiz.

À evidência, nota-se que o art. 121 e seus parágrafos não fixaram o prazo mínimo para a internação. Mas, como é prevista a reavaliação da medida a cada seis meses, para sua manutenção ou não (§ 2º), o juiz deve fixar o prazo mínimo, inicial, de seis meses, pois determinar a internação sem prazo mínimo constitui violação do princípio constitucional da anterioridade da lei, previsto no art. 5º, XXXIX (TJSP, ACv 16.563-0, Rel. Nigro Conceição; *JTJ* 143/110, 145/124; *RT* 696/442; STF, HC 69.480-2, Rel. Paulo Brossard).

O princípio da excepcionalidade informa que a medida de internação somente será aplicada se for inviável ou malograr a aplicação das demais. Existindo outras medidas que possam substituir a de internação, o juiz deverá aplicá-las, reservando a de privação da liberdade para os atos infracionais praticados mediante grave ameaça ou violência à pessoa e por reiteração no cometimento de outras infrações graves (art. 122, I e II) (TJSP, AI 13.100-0, Rel. Marino Falcão; TJSP, AI 16.095-0, Rel. Dirceu de Mello).

Vale salientar que a medida de internação será necessária naqueles casos em que a natureza da infração e o tipo de condições psicossociais do adolescente fazem supor que, sem um afastamento temporário do convívio social a que está habituado, ele não será atingido por nenhuma medida terapêutica ou pedagógica e poderá, além disso, representar risco para outras pessoas da comunidade.

Pelo princípio do respeito ao adolescente, em condição peculiar de desenvolvimento, o Estatuto reafirma que é dever do Estado zelar pela integridade física e mental dos internos, cabendo-lhe adotar as medidas adequadas de contenção e segurança (art. 125).

Ao efetuar a contenção e a segurança dos infratores internos, as autoridades encarregadas não poderão, de forma alguma, praticar abusos[21] ou submetê-los a vexame ou a constrangimento não autorizado por lei.[22] Vale dizer que devem observar os direitos do adolescente privado de liberdade, alinhados no art. 124.

Postos os princípios norteadores da internação, busca-se, agora, sua finalidade. Ainda na vigência do antigo Código de Menores, o Promotor Paulo Afonso Garrido de Paula assim destacava a finalidade da internação: "a internação tem finalidade educativa e curativa. É *educativa* quando o estabelecimento escolhido reúne condições de conferir ao infrator escolaridade, profissionalização e cultura, visando a dotá-lo de instrumentos adequados para enfrentar os desafios do convívio social.

---

21. Abusos físicos e morais.
22. Lei 4.898/1965, art. 4º, "b".

Tem finalidade *curativa* quando a internação se dá em estabelecimento ocupacional, psicopedagógico, hospitalar ou psiquiátrico, ante a ideia de que o desvio de conduta seja oriundo da presença de alguma patologia, cujo tratamento em nível terapêutico possa reverter o potencial criminógeno do qual o menor infrator seja o portador" (Paula, P. A. G. de, p. 94).

Aliado à posição adotada por Garrido, deve-se frisar que há um equívoco muito grande quando se depara com a mentalidade popular de que a solução do problema do adolescente infrator é a internação. Na verdade, por melhor que seja a entidade de atendimento, a internação deve ser aplicada de forma excepcional, porque provoca no adolescente os sentimentos de insegurança, agressividade e frustração, acarreta exacerbado ônus financeiro para o estabelecimento e não responde às dimensões do problema.

Ela terá eficácia, no entanto, se for um meio para tratar o adolescente, e nunca um fim em si mesma, adotando um critério rígido de triagem, para permitir o tratamento tutelar somente daqueles que dele necessitam. Disso decorre que a internação deve ser cumprida em estabelecimento especializado, de preferência de pequeno porte, e contar com pessoal altamente especializado nas áreas terapêutica e pedagógica e com conhecimentos de Criminologia.

Nesse aspecto, Antônio Luiz Ribeiro Machado, que já presidiu a FEBEM/SP, alerta que "a moderna pedagogia que orienta o tratamento do menor autor de infração penal, a tradicional disciplina imposta pela força e pela coação, deve ser substituída por um amplo processo que leve o menor a descobrir o seu próprio valor e, conscientemente, passe a orientar sua conduta segundo as normas de autodisciplina e de autocontrole, tendentes à ressocialização. Em suma, a verdadeira terapia deve visar: a) à formação de uma personalidade sadia, despertando no menor a autoconfiança e autoestima; b) ao domínio da agressividade; c) à sua readaptação social" (Ribeiro Machado, A. L., p. 56).

A falta de critérios para o desenvolvimento da medida socioeducativa de internação deriva em reações plausivelmente esperadas, como aquelas exemplificadas pelas rebeliões na Febem, nos Estados de São Paulo, Rio Grande do Sul e Minas Gerais. As internações ali processadas, por mais bem aplicadas pelos magistrados, são cumpridas e executadas em locais inadequados, impróprios, desenvolvendo "programas" despreocupados com os resultados de integração do jovem na família e na sociedade.

Aos 21 anos o adolescente internado pela prática de ato infracional quando menor de 18 será imediatamente liberado (art. 121, § 5º). Após essa idade não será possível a aplicação de qualquer medida socioeducativa pela autoridade judiciária, nem mesmo ancorada na exceção prevista no parágrafo único do art. 2º.

A análise dos dispositivos acima citados reclama um estudo sociopedagógico da inimputabilidade do agente, que deságua numa consequência *sui generis* em nosso sistema jurídico, que é a não aplicação de medidas socioeducativas ao infrator que atingiu 21 anos.

Essa vedação imposta pelo Estatuto pode conduzir à conclusão de que a lei é discriminatória e parcial, protegendo o infrator e fazendo com que se estabeleça uma *extinção forçada da punibilidade*, operada pela prescrição.

Na verdade, o § 5º do art. 121, ao dispor que o infrator será *liberado compulsoriamente*, cria a figura da *extinção da punibilidade do adolescente autor de ato infracional pela prescrição*, considerada de maneira análoga às disposições do Código Penal, o que não deixa de configurar a *impossibilidade do Estado Juiz de aplicar qualquer medida socioeducativa*, caracterizada pelo decurso de tempo.

Outra dificuldade de interpretação dos citados artigos decorre da possibilidade de não iniciar, continuar ou interromper o procedimento de apuração da prática de ato infracional quando o infrator já completou 18 anos. O assunto é interessante e polêmico e, quase sempre, incompreendido pelos profissionais com visão exclusivamente criminal que querem ver diminuída a idade da imputabilidade.

O art. 228 da CF consolidou a inimputabilidade dos menores de 18 anos, deferindo a esses infratores a observância de norma especial que, no caso, é o ECA. A disposição constitucional utilizou-se de dois critérios para a fixação do limite de idade: o *biológico*, já presente na legislação penal, e a *especial condição de pessoa em desenvolvimento*. Na verdade adotou apenas um critério com dois enfoques diferentes, porque a especial condição de pessoa em desenvolvimento não deixa de ser uma avaliação biológica que considera o aspecto físico; a novidade fica por conta da avaliação psicológica do indivíduo. No CP a presunção absoluta da inimputabilidade para os menores de 18 anos vem gravada no art. 27, cuja prescrição obedece, exclusivamente, ao critério biológico.

Por isso, quando se fala em inimputabilidade em razão da menoridade, seu significado deve ser amplo para atingir o sentido de não responsável criminalmente, não praticante de crime ou contravenção penal, não sujeito a pena, não sujeito a processo criminal, proibido de ser interrogado etc. Em sentido contrário, entende-se que a imputabilidade é a capacidade de a pessoa entender que o fato é ilícito e de agir de acordo com esse entendimento.

Essa circunstância pode até adequar-se à conduta do adolescente que praticou um ato infracional. Contudo, por questão de política criminal, nosso ordenamento jurídico considerou tão somente o aspecto biológico para a apreciação da inimputabilidade para os menores de 18 anos, deixando de perscrutar a intenção, o dolo, o *modus operandi* ou a culpabilidade do agente.

É por isso que, com frequência, ouvimos que um jovem de 17 anos matou, estuprou, sequestrou, roubou, consciente de sua conduta criminosa; que praticou o ato infracional com requintes de crueldade etc., mas que escapou do alcance do Código Penal por ser menor de 18 anos. Essa é uma das consequências do critério biológico adotado no Código Penal que fundamenta a presunção absoluta da inimputabilidade.

Assunto correlato a esse é a data da prática do ato infracional. Pelos artigos acima citados, e incluindo aqui o parágrafo único do art. 104, conclui-se que, estando o adolescente na faixa etária entre 12 completos e 18 anos, estará sujeito ao procedimento previsto na Lei 8.069/1990.

Isso quer dizer que, tendo o adolescente praticado o ato infracional antes de completar 18 anos, deverá percorrer o caminho processual previsto no Estatuto até o final, com a prolação da sentença, mesmo que já tenha ultrapassado o limite. O que importa é a data do fato; entretanto, o limite permitido pela lei para a aplicação de medida socioeducativa pela autoridade judiciária é de 21 anos.

Então, não é correto extinguir o procedimento de apuração do ato infracional, pelo arquivamento ou pela remissão, pelo fato de ter o infrator completado 18 anos. Se assim fosse, todos aqueles adolescentes que aos 17 anos e alguns meses tivessem praticado atos infracionais graves (homicídio, estupro, roubo etc.) estariam livres do jugo da lei ou isentos de receber as medidas socioeducativas previstas no art. 112 do ECA, quando atingissem a idade de 18 anos; isso não é motivo suficiente para autorizar o encerramento ou extinção do processo (TJSP, ACv 14.442-0, Rel. Aniceto Aliende).

E tal assertiva vem gravada e sacramentada nos §§ 3º e 5º do art. 121, que determinam, respectivamente, que *em nenhuma hipótese o período máximo de internação excederá a três anos, e a liberação será compulsória aos vinte e um anos de idade* (TJSP, ACv 14.442-0, Rel. Aniceto Aliende; TJSP, RA 9.347-0, Rel. Nóbrega Salles; TJSP, HC 14.936-0, Rel. Sabino Neto; TJSP, ACv 17.210-0, Rel. Ney Almada; *RJTJSP* 115/284; 128/248; *RT* 640/275; 638/270).

Isso vem provar que o adolescente, com 17 anos e 11 meses, considerado autor de ato infracional poderá, em cumprimento à medida de internação aplicada pelo juiz, permanecer privado de sua liberdade até completar 21 anos, vencendo o triênio estipulado pelo § 3º acima citado.

Mesmo já tendo completado 18 anos e estando o adolescente *processado* por ato praticado dentro do limite da inimputabilidade, não poderá a autoridade judiciária aplicar-lhe *pena* ou dar-se por *incompetente*, remetendo os autos à Vara Criminal para que lá continue a apuração de seu ato, ou para a Vara das Execuções Penais para o cumprimento da pena. Tal procedimento fere frontalmente o princípio constitucional da proteção da inimputabilidade e do devido processo legal.

Esse assunto voltou a ser discutido com a entrada em vigor do Código Civil/2002. O fato de ter assumido a capacidade civil aos 18 anos não autoriza o magistrado a encerrar (arquivar) os processos judiciais de apuração de ato infracional. A determinação da capacidade civil está alojada em âmbito diverso do da responsabilidade penal.

Se o adolescente considerado autor de ato infracional é inimputável por determinação constitucional, então, temos que: ele não comete crime ou contravenção penal, não pode ser interrogado, não pode receber pena, enfim, não pode submeter-se a processo criminal para a apuração de seu ato.

O procedimento a seguir é especial e vem disposto no Capítulo III, Seção V, arts. 171 a 190, do ECA. Entendemos, inclusive, que o procedimento para a apuração do ato infracional praticado pelo adolescente reveste-se de natureza civil, mesmo que, ao final do procedimento, o juiz aplique a medida socioeducativa de internação.

Em qualquer hipótese, a desinternação será precedida de autorização judicial, após a manifestação do Ministério Público (art. 121, § 6º).

Conforme disposição do § 7º do art. 121, incluído pela Lei 12.594/ 2012, a determinação judicial mencionada no § 1º-poderá ser revista a qualquer tempo pela autoridade judiciária.

4.7.3 Condições para a aplicação da medida – A autoridade judiciária somente poderá aplicar a medida socioeducativa de internação quando: I – tratar-se de ato infracional cometido mediante grave ameaça ou violência à pessoa; II – por reiteração no cometimento de outras infrações graves; III – por descumprimento reiterado e injustificável da medida anteriormente imposta (art. 122).

O elenco das condições é taxativo e exaustivo, não havendo possibilidade de aplicação da medida fora das hipóteses apresentadas.

O ato infracional cometido mediante grave ameaça é aquele em que o "mal prenunciado deve ser *certo* (não vago), *verossímil* (possível de ocorrer), *iminente* (que está para ocorrer, e não previsto para futuro longínquo) e *inevitável* (que o ameaçado não possa evitar)" (Mirabete, J. F., v. II/35).

A *ameaça*, também chamada de violência moral, é a promessa da prática de um mal a alguém, que depende da vontade do infrator e põe em perigo a tranquilidade e a liberdade psíquicas da vítima. Apesar de ser uma conduta criminosa em si mesma, no caso de se referir a promessa de mal injusto e grave (CP, art. 147), a ameaça, de modo geral, é considerada como forma de conduta para a obtenção de um resultado, que é o objeto do delito.

Mirabete especifica o âmbito de eficácia da ameaça: "quando empregada para obrigar alguém a fazer algo, é constrangimento ilegal (CP, art. 146); quando utilizada para obter coisa alheia móvel, é roubo (CP, art. 157) etc. Nesse caso, quando praticada em sentido instrumental, é ela componente do crime complexo ou circunstância qualificadora do delito" (Mirabete, J. F., 1987, v. II/35).

A ameaça, porém, deverá ser grave, ou seja, relevante e considerável, levando-se em conta, para sua aferição, as condições particulares da vítima (idade, sexo, estado de saúde etc.).

Para Aníbal Bruno, "não importa que o agente tenha ou não a intenção de executar a ameaça, ou seja, de praticar o mal enunciado, ou tenha condições de o fazer. Basta que o prenúncio do mal seja hábil a intimidar" (Bruno, A., 1975, p. 344).

Por outro lado, o ato infracional cometido mediante violência a pessoa é determinado pelo "desenvolvimento de força física para vencer resistência real ou suposta" (Fragoso, H. C., 1976, p. 23) ou "o emprego de força material cometida contra uma pessoa" (Marques, J. F., 1961, p. 194).

Dessa forma, a violência está presente quando são empregados meios físicos, aplicados sobre a pessoa da vítima, não só quando resulta morte (homicídio), mas também quando resulta dano anatômico ou ofensa à saúde (lesões corporais).

A violência que resulta de vias de fato (todo ato agressivo material que não cause à integridade corporal da vítima dano capaz de ser definido como lesão corporal) não será determinante para a aplicação da medida segregatória. A violência referida no inciso I é aquela considerada *vis physica*, que é infligida sobre a pessoa, causando lesões corporais ou morte, considerados crimes apenados com reclusão.

A segunda condição para a aplicação da medida de internação é caracterizada pela reiteração no cometimento de outras infrações graves (inciso II).

É a prática da reincidência nas infrações penais apenadas com reclusão, prevista, no Código Penal, como agravante (CP, art. 61, I).

A medida extrema da internação, nesse caso, é justificada para o adolescente que, tendo já recebido a aplicação de alguma medida, voltou a praticar outros atos infracionais de natureza grave, demonstrando com sua conduta que a medida anteriormente proposta não foi suficiente para recuperá-lo e reintegrá-lo na sociedade. Percebe-se, assim, que existe um índice maior de censurabilidade na conduta do infrator que reincide.

O reconhecimento da prática reiterada de infrações penais é indispensável nos autos e é comprovado pela certidão cartorária, onde constarão o número do processo e a data do trânsito em julgado da sentença que aplicou medida socioeducativa. Não basta, porém, a certidão de antecedentes criminais fornecida pela autoridade policial.[23]

A terceira condição é aquela determinada pelo descumprimento reiterado e injustificável da medida anteriormente imposta (inciso III).

A hipótese é diversa da apresentada acima. Naquela, o adolescente infrator pratica novos atos infracionais graves; nesta, ele descumpre, reiteradamente e sem justificativa, determinação judicial que lhe aplicou o tratamento tutelar.

Assim, ao incidir na hipótese do inciso III, o adolescente não deixará de cumprir a medida burlada, que será cumulada com a que será imposta, independentemente do ato infracional praticado, após a instauração do devido processo legal, com ampla oportunidade de defesa para o adolescente.

Cury, Garrido e Marçura lembram que, "restabelecida a medida anteriormente imposta, novo descumprimento injustificável e reiterado autoriza a renovação da internação" (Cury, Garrido e Marçura, p. 66).

De resto, a Lei 12.594/2012 incluiu comando legal no § 1º do art. 122 segundo o qual o prazo de internação, na hipótese do inciso III, não poderá ser superior a três meses, devendo ser decretada judicialmente após o devido processo legal.

É importante lembrar que a imposição da medida socioeducativa de internação é ato excepcional e não será aplicada havendo outra que a substitua (art. 122, § 2º). Deverá, ainda, ser cumprida em entidade exclusiva para adolescentes,[24] em local distinto daquele destinado ao acolhimento institucional,[25] obedecendo rigorosamente a separação por critérios de idade, compleição física e gravidade da infração, sendo obrigatória a execução de atividades pedagógicas (art. 123). Revela-se, aqui, obrigatória uma regulamentação clara e precisa quanto à execução das medidas socioeducativas.

4.7.4 Internação "provisória" – São três as possibilidades de ocorrência da internação provisória: a) por decisão fundamentada do juiz; b) por apreensão do adolescente em flagrante de ato infracional; e c) por ordem escrita da autoridade judicial.

---

23. *JTACrimSP* 17/112, 21/165, 30/55, 35/367, 36/47 e *RT* 379/217 e 422/109.
24. A internação não poderá ser cumprida em estabelecimento prisional (art. 185).
25. ECA, art. 101, § 1º.

O juiz, ao receber a ação socioeducativa pública, proposta pelo Ministério Público, proferirá decisão fundamentada baseada em indícios suficientes de autoria e materialidade, demonstrando ser necessária a imposição da medida (art. 108).

A internação provisória será determinada pela autoridade judiciária quando: a) tratar-se da prática de ato infracional com as características mencionadas nos incisos I, II e III do art. 122; b) não for possível a imediata liberação do adolescente infrator a seus pais ou responsável; e c) em virtude das consequências e gravidade do ato praticado, a segurança e proteção do adolescente estiverem ameaçadas.

Também será possível a internação provisória quando o adolescente for apreendido em flagrante de ato infracional, ou por ordem escrita do juiz. Nessas hipóteses, devem estar presentes, também, as condições previstas no art. 122.

De qualquer modo, essa medida, aplicada provisoriamente, não poderá ser cumprida em repartição policial, à exceção da hipótese do § 2º do art. 185, devendo o procedimento ser concluído no prazo máximo e improrrogável de 45 dias (art. 183).

4.7.5 Os direitos do adolescente privado de liberdade – Seguindo a diretriz traçada pela Constituição, o Estatuto inovou ao enumerar, ao menos exemplificativamente, os direitos do adolescente privado de sua liberdade.

Ao contrário do Código de Menores, que não reconhecia o direito do adolescente de ter direitos, a nova lei coloca-o como sujeito desses direitos e centro das prioridades sociais. Não se esquece, porém, de que, ao interferir no relacionamento social, desestruturando-o, ele é chamado à responsabilidade e recebe a orientação necessária para recompor-se.

Dispõe o art. 124 que são direitos do adolescente privado de liberdade, entre outros, os seguintes: I – entrevistar-se pessoalmente com o representante do Ministério Público; II – peticionar diretamente a qualquer autoridade; III – avistar-se reservadamente com seu defensor; IV – ser informado de sua situação processual, sempre que o solicitar; V – ser tratado com respeito e dignidade; VI – permanecer internado na mesma localidade ou naquela mais próxima ao domicílio de seus pais ou responsável; VII – receber visitas, ao menos semanalmente; VIII – corresponder-se com seus familiares e amigos; IX – ter acesso aos objetos necessários à higiene e asseio pessoal; X – habitar alojamento em condições adequadas de higiene e salubridade; XI – receber escolarização e profissionalização; XII – realizar atividades culturais, esportivas e de lazer; XIII – ter acesso aos meios de comunicação social; XIV – receber assistência religiosa, segundo a sua crença, e desde que assim o deseje;

XV – manter a posse de seus objetos pessoais e dispor de local seguro para guardá-los, recebendo comprovante daqueles porventura depositados em poder da entidade; XVI – receber, quando de sua desinternação, os documentos pessoais indispensáveis à vida em sociedade.

Estando o adolescente privado de liberdade, em nenhum caso poderá ficar incomunicável (§ 1º). Ao infrator adulto é reservada medida idêntica, assegurada pela Constituição (art. 136, § 3º, IV).

Capítulo V
Da remissão

Art. 126. Antes de iniciado o procedimento judicial para apuração de ato infracional, o representante do Ministério Público poderá conceder a remissão, como forma de exclusão do processo, atendendo às circunstâncias e consequências do fato, ao contexto social, bem como à personalidade do adolescente e sua maior ou menor participação no ato infracional.

Parágrafo único. Iniciado o procedimento, a concessão da remissão pela autoridade judiciária importará na suspensão ou extinção do processo.

Art. 127. A remissão não implica necessariamente o reconhecimento ou comprovação da responsabilidade, nem prevalece para efeito de antecedentes, podendo incluir eventualmente a aplicação de qualquer das medidas previstas em lei, exceto a colocação em regime de semiliberdade e a internação.

Art. 128. A medida aplicada por força da remissão poderá ser revista judicialmente, a qualquer tempo, mediante pedido expresso do adolescente ou de seu representante legal, ou do Ministério Público.

5. *Da remissão*

Define-se *remissão* como o perdão do ato infracional praticado por adolescente. Tem seu parâmetro na legislação penal que trata do perdão do ofendido (CP, art. 107, V) e do perdão judicial (CP, art. 107, IX), considerados causas extintivas da punibilidade.

É, também, a remissão, considerada transação e acordo. Embora tenha o perdão como resultado, ele é atingido através da transação, cuja popularização verificou-se através da Lei 9.099/1995, no âmbito dos Juizados Especiais Criminais (cfr. comentários ao art. 201).

O perdão do ofendido, definido por Damásio, "é o ato pelo qual, iniciada a ação penal privada, o ofendido ou seu representante legal desiste de seu prosseguimento" (Jesus, D. E. de, 1985, p. 801).

O perdão judicial, para Mirabete, "é um instituto através do qual o juiz, embora reconhecendo a coexistência dos elementos objetivos e subjetivos que constituem o delito, deixa de aplicar a pena, desde que presentes determinadas circunstâncias previstas na lei e que tornam desnecessária a imposição de sanção. Trata-se de uma faculdade do magistrado, que pode concedê-lo ou não, segundo seu critério, e não de direito do 'réu' (Mirabete, J. F., 1987, v. II/39).

Ao introduzir o instituto da remissão, o Estatuto pretendeu sanar os efeitos negativos e prejudiciais acarretados pelo procedimento judicial.

Para isso previu que a remissão pudesse ser conferida por duas autoridades distintas e em ocasiões diversas.

Na primeira hipótese, definida no *caput* do art. 126, a remissão, "antes de iniciado o procedimento judicial" para apuração de ato infracional, poderá ser concedida pelo representante do Ministério Público, como forma de exclusão do processo.

Situação diversa é aquela apresentada pelo parágrafo único do mesmo artigo, que determina que, iniciado o procedimento, a concessão da remissão será efetuada pela autoridade judiciária e importará suspensão ou extinção do processo.

Em ambos os casos, a remissão será concedida atendendo às circunstâncias do fato, ao contexto social, à personalidade do adolescente e sua maior ou menor participação no ato infracional.

A remissão concedida ao adolescente infrator pelo representante do Ministério Público deverá, necessariamente, ser reduzida a termo, onde constarão um resumo dos fatos e os fundamentos da aplicação da medida. A referida peça, acompanhada de outros documentos que a instruíram, deve ir conclusa ao juiz para homologação (art. 181, §1º). Homologada a medida, opera-se o efeito da exclusão, não havendo a necessidade de instauração de procedimento para apurar o ato infracional.

A autoridade judiciária, discordando da remissão concedida, fará remessa dos autos ao Procurador-Geral de Justiça, mediante despacho fundamentado, a exemplo da regra contida no art. 28 do CPP. O Procurador-Geral de Justiça não poderá alterar o conteúdo da remissão já concedida; poderá, no entanto, oferecer representação se entender que a medida concedida foi inadequada, ou nomear outro membro do Ministério Público para apresentá-la. No caso de o Procurador-Geral de Justiça ratificar a remissão, a autoridade judiciária estará obrigada a homologá-la (art. 181, § 2º).

A remissão, como forma de exclusão do processo, só poderá ser concedida pelo representante do Ministério Público, vez que somente ele tem a atribuição para exercitar o direito de *iniciar* a ação penal pública (CF, art. 129, I). Sua execução, entretanto, é atribuída à autoridade judiciária.

Ao contrário, iniciado o procedimento, ao constatar que o caso em julgamento reclama o perdão, a autoridade judiciária *suspenderá* o procedimento e determinará o cumprimento de uma das medidas socioeducativas, enumeradas no art. 112, com exceção da colocação em regime de semiliberdade e de internação.

Como forma de *extinção*, a remissão será concedida pelo juiz, após iniciado o procedimento, quando constituir perdão puro e simples ou vier acompanhada de medida socioeducativa que se esgote em si mesma (p. ex.: advertência).

Para a concessão da remissão não e necessário o reconhecimento ou a comprovação da responsabilidade do infrator, ou seja, que existam provas suficientes da autoria e da materialidade do ato infracional. Se existirem apenas indícios do ilícito, o perdão poderá ser aplicado, de modo que o representante do Ministério Público não dará prosseguimento ao caso, deixando de coletar provas e requisitar diligências complementares.

As medidas de inserção em regime de semiliberdade e de internação em estabelecimento especializado (art. 112, V e VI) não podem ser aplicadas na remissão, nem mesmo pela autoridade judiciária.

A remissão concedida não prevalecerá para efeito de antecedentes, não podendo ser levada em consideração para a aplicação de qualquer medida posterior, vez que o adolescente foi perdoado por exclusão ou extinção do processo (art. 127). Mesmo que tenha que cumprir, eventualmente, uma das medidas protetivas ou socioeducativas, em virtude da suspensão do processo, a remissão inibirá o registro dos antecedentes.

Ponto nevrálgico na doutrina é o posicionamento do Ministério Público na concessão da remissão quando esta vem acompanhada de uma das medidas socioeducativas, com exceção daquelas previstas nos incisos V e VI do art. 112.

Em vários pronunciamentos do Superior Tribunal de Justiça a questão foi encaminhada no sentido de que o Ministério Público é competente para conceder a remissão, mas impossibilitado de aplicar qualquer medida socioeducativa, atividade, esta, exclusiva da autoridade judiciária.

Alguns acórdãos ilustram o debate:

"Estatuto da Criança e do Adolescente. Prática de ato infracional. Medida socioeducativa. Aplicação. Ministério Público. Sobre permitir ao Ministério Público a concessão da remissão, sujeita a homologação judicial, não significa que a Lei 8.069/1990, arts. 127 e 181, § 1º também lhe permitia a imposição de medida socioeducativa, cuja aplicação reservou ao poder jurisdicional especificado nos seus arts. 146 e 148, I" (RMS n. 1.967-6/SP, *DJU* 23.9.1992, Rel. Min. José Dantas).

"Estatuto da Criança e do Adolescente. Remissão e medidas socioeducativas. Competência do Ministério Público e do juízo. 1. O representante do Ministério Público, antes de iniciado o procedimento judicial, pode conceder remissão a ser homologada judicialmente, sendo-lhe vedado aplicar medidas socioeducativas, o que é da exclusiva competência do juízo. 2. Recurso especial não acolhido" (REsp n. 24.442, *DJU* 16.11.1992, Rel. Min. Costa Lima).

"Estatuto da Criança e do Adolescente. Prática de ato infracional. Medida socioeducativa. Aplicação. A imposição de medida socioeducativa em desfavor de menor infrator é ato jurisdicional, de competência exclusiva do juiz" (*DJU* 30.11.1992, Rel. Min. Assis Toledo).

Qualquer das medidas protetivas ou socioeducativas, aplicadas por força da remissão, poderá ser revista judicialmente, a qualquer tempo, mediante pedido expresso do adolescente ou de seu representante legal, ou do Ministério Público (art. 128).

Na revisão das medidas, segundo Cury, Garrido e Marçura, a autoridade judiciária poderá: "a) cancelar a medida aplicada, com retorno à situação processual anterior; b) substituí-la por outra, com exclusão do regime de semiliberdade e da internação; e c) convertê-la em perdão puro e simples. Ocorrendo o cancelamento da medida, a eventual aplicação do regime de semiliberdade ou internação deverá obedecer às normas pertinentes ao devido processo legal (arts. 110, 111 e 182-190)" (Cury, Garrido e Marçura, p. 69).

TÍTULO IV

DAS MEDIDAS PERTINENTES AOS PAIS OU RESPONSÁVEL

Art. 129. São medidas aplicáveis aos pais ou responsável:

I – encaminhamento a programa oficial ou comunitário de proteção à família;

II – inclusão em programa oficial ou comunitário de auxílio, orientação e tratamento a alcoólatras e toxicômanos;

III – encaminhamento a tratamento psicológico ou psiquiátrico;

IV – encaminhamento a cursos ou programas de orientação;

V – obrigação de matricular o filho ou pupilo e acompanhar sua frequência e aproveitamento escolar;

VI – obrigação de encaminhar a criança ou adolescente a tratamento especializado;

VII – advertência;

VIII – perda da guarda;

IX – destituição da tutela;

X – suspensão ou destituição do poder familiar.

Parágrafo único. Na aplicação das medidas previstas nos incisos IX e X deste artigo, observar-se-á o disposto nos arts. 23 e 24.

Art. 130. Verificada a hipótese de maus-tratos, opressão ou abuso sexual impostos pelos pais ou responsável, a autoridade judiciária poderá determinar, como medida cautelar, o afastamento do agressor da moradia comum.

Parágrafo único. Da medida cautelar constará, ainda, a fixação provisória dos alimentos de que necessitem a criança ou o adolescente dependentes do agressor. (*Acrescentado pela Lei 12.415/2011*)

1. Disposições gerais

Quando crianças e adolescentes necessitam de medida de proteção especial ou praticam atos infracionais, percebe-se, com raras exceções, que suas famílias também necessitam de cuidados especiais.

Não se pode perder de vista que a família é a primeira instituição a ser convocada para satisfazer às necessidades básicas da criança, incumbindo aos pais a responsabilidade pela sua formação, orientação e acompanhamento.

Como núcleo principal da sociedade, a família deve receber imprescindível tratamento tutelar para proteger sua constituição, pois é no lar que a criança ou o adolescente irá receber a melhor preparação para a vida adulta.

À evidência, se os pais não forem orientados e preparados, serão poucas as possibilidades de se proporcionar às crianças e adolescentes um ambiente adequado para seu crescimento normal.

Sendo o melhor ambiente para o aperfeiçoamento e crescimento infanto-juvenil, a família deve ser fortalecida, primeiro com o respeito e moralização de sua finalidade, depois com programas de auxílio comunitário ou governamental, que devem colaborar na reestruturação dos ideais domésticos.

Caso não se verifique esse esforço de reordenamento da família, caberá a intervenção do Estado. Se os pais forem considerados os responsáveis pela ameaça ou violação dos direitos da criança ou do adolescente de desenvolver, sadia e harmoniosamente, sua personalidade, também intervirá o Poder Público, para garantir esse direito de realização de sua vocação pessoal.

Essa intervenção do Estado fica mais evidente quando se constata que a criança é vítima de maus-tratos, opressão ou abuso sexual impostos pelos próprios pais ou responsável, autorizando o juiz a determinar o afastamento do agressor da moradia comum (art. 130), e fixar os alimentos necessários à criança e ao adolescente que são dependentes do agressor, conforme dispõe o parágrafo único do art. 130.

Albergaria comenta que "a crueldade dos pais destrói o destino do filho, ou obsta a sua inserção na vida familiar, escolar ou social, o que renderia ensejo à intervenção imediata do Estado para identificação precoce das relações entre pais e filhos" (Albergaria, J., p. 111).

Não resta dúvida, pois, de que a constatação de crianças e adolescentes em situação de risco revela a carência, a desassistência e o enfraquecimento moral e financeiro da sociedade familiar.

Nesses casos, o art. 129 do ECA autoriza a aplicação das seguintes medidas pertinentes aos pais ou responsável: I – encaminhamento a programa oficial ou comunitário de proteção à família; II – inclusão em programa oficial ou comunitário de auxílio, orientação e tratamento a alcoólatras e toxicômanos; III – encaminhamento a tratamento psicológico ou psiquiátrico; IV – encaminhamento a cursos ou programas de orientação; V – obrigação de matricular o filho ou pupilo e acompanhar sua frequência e aproveitamento escolar; VI – obrigação de encaminhar a criança ou adolescente a tratamento especializado; VII – advertência; VIII – perda da guarda; IX – destituição da tutela; e X – suspensão ou destituição do poder familiar.

2. Das medidas sociais, psicológicas e de tratamento especializado

As medidas dos incisos I a VI do art. 129 autorizam o juiz ou o Conselho Tutelar (art. 136, II) a intervir na família todas as vezes que a integridade psíquica, física e/ou moral da criança e do adolescente estiver ameaçada ou violada por omissão, opressão ou abuso dos pais ou responsável.

Essas intervenções têm natureza tutelar e determinam que os pais ou responsável encaminhem seus filhos (em situação de risco) para participar de programas oficiais ou comunitários de proteção à família, de tratamento psicológico ou psiquiátrico e de orientação especializada.

Os pais serão também responsáveis pela inclusão dos filhos em programa oficial ou comunitário de auxílio, orientação e tratamento a alcoólatras e toxicômanos. O tratamento deverá ser realizado com o consentimento do destinatário da medida, para não haver violação do direito de sua intimidade e, consequentemente, colocar em risco a eficácia da medida.

A obrigação de matricular o filho ou pupilo e acompanhar sua frequência e aproveitamento na escola é medida imposta aos pais ou responsável, destinada a inibir a ociosidade e a criminalidade.

Diversamente das medidas protetivas (art. 101), onde as crianças e jovens são submetidos a encargos, em virtude de eventual situação de risco, as medidas ora em estudo são obrigações impostas pelo juiz ou pelo Conselho Tutelar aos pais descuidados e desidiosos na educação de seus filhos. O descumprimento de forma dolosa ou culposa dessas obrigações caracteriza a infração administrativa tipificada no art. 249 do ECA.

3. Advertência aos pais ou responsável

A advertência dirigida aos pais ou responsável tem característica de orientação e de repressão, todas as vezes que descuidarem da obrigação de assistência, proteção e vigilância de seus filhos ou pupilos. Deve ser aplicada sob a forma de admoestação verbal e será reduzida a termo, com a presença do representante do Ministério Público (art. 115).

Antes de ser sanção, a medida de advertência tem a finalidade de avisar os pais ou responsáveis de que seus filhos ou pupilos estão na iminência de ingressar na situação de risco pessoal, que pode se tornar grave, se não coibida a tempo.

O Código de Menores revogado determinava, no art. 42, que a advertência aos pais ou responsável fosse a primeira medida a ser aplicada, tendo em vista que tal medida sempre se originava de alguma falta praticada pelo filho ou pupilo, sem que o pai tivesse tomado qualquer providência para impedi-la.

As conclusões do Projeto da Lei de Menores, do Dep. Claudino Sales, justificando as medidas do art. 42, resumem que "as decisões dos juízes de menores perdem, por vezes, em eficácia, porque não exercem suficiente coerção sobre os pais do menor; quase sempre as medidas aplicadas aos menores devem ser acompanhadas pelos pais, a fim de que produzam o efeito pretendido. Quando isso não ocorre, fica o juiz desarmado diante da negligência ou displicência dos pais ou responsável" (*DCN* 17.8.1979, Seção 1, p. 8.043).

Sem dúvida, não há como negar o ditado popular que ensina que "a educação deve começar em casa", principalmente com o exemplo dos pais. Se os pais contribuem para a ocorrência de situação de risco pessoal de seus filhos, infligindo-lhes a deterioração do caráter e apoiando a prática de infrações, a autoridade judiciária ou o Conselho Tutelar deverão intervir para obstar a continuidade da irregularidade.

4. Perda da guarda

A concessão ou a perda da guarda são atos de competência exclusiva da autoridade judiciária.[1] O juiz decretará a perda da guarda quando o responsável pela criança ou adolescente deixar de prover-lhe as necessidades básicas de sobrevivência, de assistência moral e educacional (art. 33), propiciando que seus direitos sejam ameaçados ou violados "por falta, omissão ou abuso" (art. 98, II).

A guarda poderá ser modificada a qualquer tempo, sempre no interesse da criança e do adolescente, verificando, justamente, sua integração com a família substituta, e vice-versa (art. 35).

Se o responsável ameaça ou viola direito da criança, deverá receber sanção inibidora da guarda, pois os direitos dos pais ou guardiães não podem lesar os direitos do filho ou da criança sob guarda; os direitos das crianças são preponderantes e prioritários aos dos pais e responsável.

---

1. ECA, arts. 35 e 169, parágrafo único.

Convém verificar a origem da guarda para determinar a competência jurisdicional: a guarda de criança, nas condições do art. 98, será deferida ou modificada pela Justiça da Infância e da Juventude, nos termos do art. 148, parágrafo único, "a"; a regulamentação da guarda de filhos de casais separados ou divorciados – incluindo aqui também sua modificação – será processada perante a Justiça Comum ou de Família, que será competente para o caso.

5. Destituição da tutela

Sílvio Rodrigues define a tutela como "um instituto de nítido caráter assistencial que visa a substituir o pátrio poder [*hoje poder familiar*] em face das pessoas cujos pais faleceram ou foram suspensos ou destituídos do poder paternal". Mais adiante, continua: "a tutela, assim, é o conjunto de poderes e encargos conferidos pela lei a um terceiro, para que zele pela pessoa de um menor que se encontra fora do pátrio poder [*hoje poder familiar*] e lhe administre os bens" (Rodrigues, S., 1982, p. 398).

O CC/2002 dispõe, no art. 1.728, que os filhos menores sejam postos sob tutela: I – com o falecimento dos pais, ou sendo estes julgados ausentes; II – em caso de os pais decaírem do poder familiar.

Mais à frente, o art. 1.766 dispõe que "será destituído o tutor, quando negligente, prevaricador ou incurso em incapacidade".

Pelo Estatuto, o tutor será destituído de suas obrigações relativas ao poder familiar quando permitir que a criança ou adolescente tenha seus direitos ameaçados ou violados.

É medida de reparação pertinente ao tutor que descumpre, de alguma forma, as obrigações impostas pelo múnus protetivo, determinadas pela autoridade judiciária.

O procedimento será judicial, contraditório (art. 164), e deverá seguir as orientações do art. 24. De qualquer maneira, o procedimento previsto no art. 164 c/c o art. 155 deve ser observado, mesmo se a ação for proposta na Vara de Família.

6. Suspensão e extinção do poder familiar
(de acordo com o Código Civil, Lei 10.406/2002)

Assim como a perda da guarda e a destituição da tutela, a suspensão ou a destituição do poder familiar é medida aplicada aos pais ou responsável que permitem ou contribuem para a ocorrência de situação de risco pessoal de seus filhos ou pupilos.

Na lição de Nogueira, "a suspensão e a destituição do pátrio poder [*hoje poder familiar*] são institutos do Direito Civil que constituem verdadeiras sanções sofridas pelos pais por infração aos deveres que têm para com os filhos. Essas sanções visam mais ao interesse dos filhos do que propriamente a punir os pais" (Nogueira, P. L., p. 183).

Na verdade, a finalidade do poder familiar é assegurar à criança e ao adolescente o direito de se desenvolver física, intelectual e moralmente, proporcionando-lhe segurança afetiva e psíquica na realização de sua vocação.

A suspensão do poder familiar está prevista no art. 1.637 do CC, que dispõe: "Se o pai, ou a mãe, abusar de sua autoridade, faltando aos deveres a eles inerentes ou arruinando os bens dos filhos, cabe ao juiz, requerendo algum parente, ou o Ministério Público, adotar a medida que lhe pareça reclamada pela segurança do menor e seus haveres, até suspendendo o poder familiar, quando convenha". O parágrafo único do mesmo artigo contempla a disposição: "Suspende-se igualmente o exercício do poder familiar ao pai ou à mãe condenados por sentença irrecorrível, em virtude de crime cuja pena exceda a 2 (dois) anos de prisão".

Já o art. 1.638 do mesmo Código prevê as hipóteses de destituição do poder familiar: "Perderá por ato judicial o poder familiar o pai ou a mãe que: I – castigar imoderadamente o filho; II – deixar o filho em abandono; III – praticar atos contrários à moral e aos bons costumes; IV – incidir; reiteradamente, nas faltas previstas no artigo antecedente".

Percebe-se, pois, que a suspensão do poder familiar é medida transitória e temporária, podendo os pais ser reabilitados no seu exercício se ausentes os motivos geradores da medida. Entretanto, a destituição do poder familiar tem eficácia duradoura, só podendo ser restabelecida através de procedimento judicial contencioso.

Nota-se que, pelo ordenamento jurídico proposto pelo Estatuto, a falta ou a carência de recursos materiais não será motivo determinante para a aplicação das medidas de destituição da tutela e de suspensão ou destituição do poder familiar (art. 129, parágrafo único), cujo procedimento será sempre judicial e contraditório (art. 24).

TÍTULO V

DO CONSELHO TUTELAR

Capítulo I
Disposições gerais

Art. 131. O Conselho Tutelar é órgão permanente e autônomo, não jurisdicional, encarregado pela sociedade de zelar pelo cumprimento dos direitos da criança e do adolescente, definidos nesta Lei.

Art. 132. Em cada Município e em cada Região Administrativa do Distrito Federal haverá, no mínimo, 1 (um) Conselho Tutelar como órgão integrante da administração pública local, composto de 5 (cinco) membros, escolhidos pela população local para mandato de 4 (quatro) anos, permitida 1 (uma) recondução, mediante novo processo de escolha. (*Redação dada pela Lei 12.696/2012*)

1. *Disposições gerais*

A lei municipal que estabelecer as diretrizes do atendimento infanto-juvenil deverá verificar as necessidades básicas, levando em conta os aspectos demográficos, geográficos, culturais e econômicos da região.

Essa mesma lei, que define a política de atendimento da criança e do adolescente, também cria o Conselho Municipal dos Direitos da Criança e do Adolescente, o Fundo Municipal dos Direitos da Criança e do Adolescente e o Conselho Tutelar (cf. o nosso *Conselhos e Fundos no Estatuto da Criança e do Adolescente*, 2ª ed., Malheiros Editores, 2003).

O art. 131 define o Conselho Tutelar como um "órgão permanente e autônomo, não jurisdicional, encarregado pela sociedade de zelar pelo cumprimento dos direitos da criança e do adolescente".

A característica de *estabilidade* do Conselho Tutelar tem sua razão e fundamento de ser na própria característica de seu funcionamento duradouro. Uma vez criado, o Conselho não desaparece; apenas se renovam seus membros.

É autônomo porque não necessita de ordem judicial para decidir e aplicar as medidas protetivas (art. 101, I-VI) que entender mais adequadas e convenientes às crianças e adolescentes; exerce sua função com independência, mas sob a fiscalização do Conselho Municipal, da autoridade judiciária, do Ministério Público e das entidades civis que trabalham com a população infanto-juvenil.

O Conselho Tutelar é órgão com característica *não jurisdicional*, ou seja, não é revestido de poder para fazer cumprir determinações legais ou punir quem as infrinja. Contudo, poderá "encaminhar ao Ministério Público notícia de fato que constitua infração administrativa ou penal contra os direitos da criança ou adolescente" (art. 136, IV). Poderá, também, fiscalizar as entidades de atendimento (art. 95), bem como iniciar os procedimentos judiciais de apuração de irregularidades em entidade de atendimento, através de representação (art. 191) e de apuração de infrações administrativas (art. 194).

É também o Conselho um órgão da sociedade, que dividirá com o Estado e a família a responsabilidade da execução da política de atendimento social da criança e do adolescente.

A Lei 12.696/2012 alterou o art. 132, para incluir as Regiões Administrativas do Distrito Federal nas localidades atendidas pelo Conselho Tutelar. Além disto, a nova redação do art. 132 alterou o prazo de mandato do conselheiro de três para quatro anos, permitida uma recondução, mediante novo processo de escolha.

Ao firmar no art. 132 que o Conselho Tutelar é "órgão integrante da administração pública local", o legislador estabelece verdadeira e perigosa vinculação com a Administração Municipal gerando, s.m.j., um conflito com o disposto no art. 131 que firmou a *autonomia* do Conselho Tutelar. Ora o Conselho foi criando justamente para atuar de forma autônoma e livre em relação à Administração Pública, delegando à lei municipal a conformação de sua existência, forma de atuação, processo de escolha, enfim, com vínculo somente na sua lei de criação, não permitindo influências e ingerências em sua atuação. Pela forma como foi abordado o assunto no art. 132, tem-se a impressão – ou talvez fosse essa mesma a intenção do legislador! – de que o Conselho Tutelar fosse mais uma repartição da Prefeitura e, perigosamente, submissa aos mandos e desmandos do administrador de plantão.[1]

Cury, Garrido e Marçura orientam que "a lei poderá ter como critério o número de zonas eleitorais existentes no Município, podendo a cada zona corresponder um Conselho Tutelar, ou um Conselho para

---

1. Cf. Resolução CONANDA 152, de 9.8.2012.

duas ou mais zonas, consoante as necessidades locais" (Cury, Garrido e Marçura, p. 71).

> **Art. 133.** Para a candidatura a membro do Conselho Tutelar, serão exigidos os seguintes requisitos:
> I – reconhecida idoneidade moral;
> II – idade superior a vinte e um anos;
> III – residir no Município.
>
> **Art. 134.** Lei municipal ou distrital disporá sobre o local, dia e horário de funcionamento do Conselho Tutelar, inclusive quanto à remuneração dos respectivos membros, aos quais é assegurado o direito a: (*Redação dada pela Lei 12.696/2012*)
> I – cobertura previdenciária;
> II – gozo de férias anuais remuneradas, acrescidas de 1/3 (um terço) do valor da remuneração mensal;
> III – licença-maternidade;
> IV – licença-paternidade;
> V – gratificação natalina.
> Parágrafo único. Constará da lei orçamentária municipal e da do Distrito Federal previsão dos recursos necessários ao funcionamento do Conselho Tutelar e à remuneração e formação continuada dos conselheiros tutelares.
>
> **Art. 135.** O exercício efetivo da função de conselheiro constituirá serviço público relevante e estabelecerá presunção de idoneidade moral. (*Redação dada pela Lei 12.696/2012*)

2. Da formação do Conselho

O art. 132 dispõe que o Conselho será composto de cinco membros, que deverão preencher os seguintes requisitos: I – reconhecida idoneidade moral; II – idade superior a 21 anos; e III – residir no Município (art. 133).

Os requisitos apresentados são os mínimos exigíveis, podendo a lei municipal ampliá-los para atender a peculiaridades regionais, tais como a experiência comprovada ou a especialidade em trabalho com crianças e adolescentes, ou ter formação universitária.

É evidente que, para exercer o cargo de conselheiro, o profissional deverá ter, antes de tudo, condições morais que o credenciarão para o trabalho social.

A idade de 21 anos, colocada como requisito mínimo, vem reforçar a tese de que esse tipo de trabalho deve ser feito por pessoas experientes no trato dos problemas humanos e familiares, mormente aqueles em que estão envolvidos crianças e adolescentes.

Além de ter idoneidade moral e possuir mais de 21 anos, o conselheiro deverá residir no Município. A evidência da colocação é meridiana. Os problemas vividos pela comunidade só poderão ser apreciados por alguém que conhece aquela realidade. Não basta só o conhecimento teórico da realidade social; é necessária a sua vivência com a comunidade.

A formação universitária e a experiência comprovada no trato com crianças e adolescentes e seus problemas são indicadores salutares. A experiência profissional tem demonstrado que a desestruturação social e moral por que passa a família deve receber orientação especializada, e o técnico social, após analisar o problema apresentado, terá firmeza e confiança na aplicação de medida protetiva adequada.

De resto, os Municípios menores, com menos recursos, não deverão exigir requisitos impossíveis de serem cumpridos pelos cidadãos interessados em pertencer ao Conselho.

A Lei 12.696/2012 deu nova redação aos arts. 134 e 135 do Estatuto. O art. 134 progrediu no sentido de fixar, em âmbito federal, as diretrizes das garantias do conselheiro tutelar, que devem ser contempladas em lei municipal ou distrital, tais como a remuneração, o gozo de férias anuais remuneradas – acrescidas de 1/3 do valor da remuneração mensal –, a licença-maternidade, a licença-paternidade e a gratificação natalina. Entretanto, deverá constar da lei orçamentária municipal e da do Distrito Federal previsão dos recursos necessários ao funcionamento do Conselho Tutelar e à remuneração e formação continuada dos conselheiros tutelares (parágrafo único).

Com a nova redação dada pela Lei 12.696/2012 aos arts. 134 e 135 a questão da remuneração dos conselheiros tutelares, antes tumultuada pela incerteza e eventualidade, ficou resolvida definitivamente. Em outras palavras, a lei municipal deverá fixar a remuneração do conselheiro tutelar dentro dos parâmetros utilizados para a remuneração do funcionalismo público municipal.

Edson Sêda lembra que "o Conselho Tutelar atenderá casos, ou seja, pessoas, indivíduos, famílias, em que se constatem ameaças ou violações de direitos, nos termos do Estatuto. Os conselheiros trabalharão muito e darão plantões em fins de semana. Trata-se de função a ser exercida por pessoa vocacionada, capaz de compreender os aspectos humanitários de um trabalho dessa natureza, e agir sempre segundo essa compreensão. É preciso ser muito dedicado para seu exercício. Ser eleito conselheiro não é ganhar uma sinecura. É assumir um encargo; não desfrutar um cargo. Deve-se trabalhar muito para merecer a honra de ter sido eleito pelos seus concidadãos para esse encargo social" (Sêda, E., p. 58).

Com a alteração do art. 135 pela Lei 12.696/2012, o exercício efetivo da função de conselheiro constituirá serviço público relevante e estabelecerá presunção de idoneidade moral. A modificação foi oportuna, pois na redação anterior, o citado artigo assegurava ao conselheiro prisão especial, em caso de crime comum, até julgamento definitivo.

Capítulo II
Das atribuições do Conselho

Art. 136. São atribuições do Conselho Tutelar:

I – atender as crianças e adolescentes nas hipóteses previstas nos arts. 98 e 105, aplicando as medidas previstas no art. 101, I a VII;

II – atender e aconselhar os pais ou responsável, aplicando as medidas previstas no art. 129, I a VII;

III – promover a execução de suas decisões, podendo para tanto:

a) requisitar serviços públicos nas áreas de saúde, educação, serviço social, previdência, trabalho e segurança;

b) representar junto à autoridade judiciária nos casos de descumprimento injustificado de suas deliberações;

IV – encaminhar ao Ministério Público notícia de fato que constitua infração administrativa ou penal contra os direitos da criança ou adolescente;

V – encaminhar à autoridade judiciária os casos de sua competência;

VI – providenciar a medida estabelecida pela autoridade judiciária, dentre as previstas no art. 101, de I a VI, para o adolescente autor de ato infracional;

VII – expedir notificações;

VIII – requisitar certidões de nascimento e de óbito de criança ou adolescente, quando necessário;

IX – assessorar o Poder Executivo local na elaboração da proposta orçamentária para planos e programas de atendimento dos direitos da criança e do adolescente;

X – representar, em nome da pessoa e da família, contra a violação dos direitos previstos no art. 220, § 3º, inciso II, da Constituição Federal;

XI – representar ao Ministério Público para efeito das ações de perda ou suspensão do poder familiar, após esgotadas as possibilidades de manutenção da criança ou do adolescente junto à família natural. (*Redação dada pela Lei 12.010/2009*)

XII – promover e incentivar, na comunidade e nos grupos profissionais, ações de divulgação e treinamento para o reconhecimento de sintomas de maus-tratos em crianças e adolescentes. (*Incluído pela Lei 13.046/2014*)

Parágrafo único. Se, no exercício de suas atribuições, o Conselho Tutelar entender necessário o afastamento do convívio familiar, comunicará incontinenti o fato ao Ministério Público, prestando-lhe informações sobre os motivos de tal entendimento e as providências tomadas para a orientação, o apoio e a promoção social da família. (*Acrescentado pela Lei 12.010/2009*)

Art. 137. As decisões do Conselho Tutelar somente poderão ser revistas pela autoridade judiciária a pedido de quem tenha legítimo interesse.

Capítulo III
Da competência

Art. 138. Aplica-se ao Conselho Tutelar a regra de competência constante do art. 147.

3. Das atribuições do Conselho

O art. 136 do ECA fixa as atribuições próprias do Conselho Tutelar. Por essas atribuições verifica-se a importância que terá esse órgão na execução da política de atendimento à criança e ao adolescente.

Ao tratar das atribuições do Conselho, Albergaria comenta que elas "ressaltam a sua alta responsabilidade na execução da política tutelar do menor, exigindo de seus membros, além da idoneidade moral, vocação para o trabalho social e trato com os problemas humanos, familiaridade com o Direito do Menor, psicologia clínica e pedagogia emendativa" (Albergaria, J., p. 141).

Convém lembrar que o Conselho Tutelar não poderá encaminhar crianças e adolescentes para o acolhimento institucional a não ser acompanhados de Guia de Acolhimento, expedida pela autoridade judiciária, que deverá conter os dados obrigatórios previstos no art. 101, § 3º, do ECA. Todavia, se, no exercício de suas atribuições, o Conselho Tutelar entender necessário o afastamento do convívio familiar, comunicará incontinenti o fato ao Ministério Público, prestando-lhe informações sobre os motivos de tal entendimento e as providências tomadas para a orientação, o apoio e a promoção social da família (art. 136, XI). Aqui, a ação do Conselho Tutelar somente poderá resultar no afastamento da criança ou adolescente do convívio familiar se a autoridade judiciária assim o decidir, tendo ouvido, previamente, o Ministério Público.

A restrição da atividade do conselheiro tutelar também se aplica ao disposto nos incisos VII e VIII do art. 101. Somente a autoridade judiciária poderá autorizar a inclusão de criança e adolescente em programa de acolhimento familiar ou em família substituta.

As decisões do Conselho Tutelar somente poderão ser revistas pela autoridade judiciária a pedido de quem tenha legítimo interesse, não podendo essa revisão ser efetuada *ex officio* pelo juiz (art. 137).

De resto, essas atribuições serão exercidas pelo juiz da infância e da juventude enquanto não for instalado o Conselho Tutelar (art. 262).

Capítulo IV
Da escolha dos conselheiros

Art. 139. O processo para a escolha dos membros do Conselho Tutelar será estabelecido em lei municipal e realizado sob a responsabilidade do Conselho Municipal dos Direitos da Criança e do Adolescente, e a fiscalização do Ministério Público. (*Redação dada pela Lei 8.242/1991*)

§ 1º. O processo de escolha dos membros do Conselho Tutelar ocorrerá em data unificada em todo o território nacional a cada 4 (quatro) anos, no primeiro domingo do mês de outubro do ano subsequente ao da eleição presidencial. *(§§ 1º a 3º acrescentados pela Lei 12.696/2012)*

§ 2º. A posse dos conselheiros tutelares ocorrerá no dia 10 de janeiro do ano subsequente ao processo de escolha.

§ 3º. No processo de escolha dos membros do Conselho Tutelar, é vedado ao candidato doar, oferecer, prometer ou entregar ao eleitor bem ou vantagem pessoal de qualquer natureza, inclusive brindes de pequeno valor.

Capítulo V
Dos impedimentos

Art. 140. São impedidos de servir no mesmo Conselho marido e mulher, ascendentes e descendentes, sogro e genro ou nora, irmãos, cunhados, durante o cunhadio, tio e sobrinho, padrasto ou madrasta e enteado.

Parágrafo único. Estende-se o impedimento do conselheiro, na forma deste artigo, em relação à autoridade judiciária e ao representante do Ministério Público com atuação na Justiça da Infância e da Juventude, em exercício na comarca, foro regional ou distrital.

4. Da escolha e dos impedimentos dos conselheiros

O art. 139, com a nova redação dada pela Lei 8.242, de 12.10.1991, vem facilitar a formação do Conselho.

Antes de ser revogado, o citado artigo determinava que sua constituição far-se-ia através de "processo eleitoral ... realizado sob a presidência de juiz eleitoral com a fiscalização do Ministério Público".

Compete, agora, ao Conselho Municipal dos Direitos da Criança e do Adolescente regulamentar o processo de escolha, a inscrição dos candidatos, a forma de votação, a nomeação e posse dos escolhidos.

Tal procedimento de escolha, como antes, deverá ser acompanhado e fiscalizado pelo Ministério Público.

É, portanto, o Conselho Municipal dos Direitos da Criança e do Adolescente órgão máximo do Município para as questões infanto--juvenis, que deverá definir as bases da organização do processo para a escolha dos membros do Conselho Tutelar, podendo, para tanto, instituir, em seu Regimento Interno, comissões especiais e fixar regras para sua realização e eficácia.

Serão os cidadãos do Município que escolherão os conselheiros, através de votação individual, direta e secreta, e de modo simples que atenda às peculiaridades da comunidade local, evitando ônus desnecessário para o Erário público.

A Lei 12.696/2012 incorporou ao art. 139 três parágrafos que estabelecem regras para a realização do processo de escolha do Conselho Tutelar, que será em data unificada, em todo o território nacional a cada 4 anos, no primeiro domingo do mês de outubro do ano subsequente ao da eleição presidencial (§ 1º). A posse dos conselheiros tutelares ocorrerá no dia 10 de janeiro do ano subsequente ao processo de escolha (§ 2º). No processo de escolha dos membros do Conselho Tutelar, é vedado ao candidato doar, oferecer, prometer ou entregar ao eleitor bem ou vantagem pessoal de qualquer natureza, inclusive brindes de pequeno valor (§ 3º).

Ao serem inscritas as "chapas" ou pessoas candidatas ao cargo de membro do Conselho, a comissão organizadora deverá observar que "são impedidos de servir no mesmo Conselho marido e mulher, ascendentes e descendentes, sogro e genro ou nora, irmãos, cunhados, durante o cunhadio, tio e sobrinho, padrasto ou madrasta e enteado" (art. 140).

O impedimento será estendido à autoridade judiciária e ao representante do Ministério Público com atuação na Justiça da Infância e da Juventude, em exercício na comarca, foro regional ou distrital (parágrafo único).

TÍTULO VI

DO ACESSO À JUSTIÇA

Capítulo I
Disposições gerais

Art. 141. É garantido o acesso de toda criança ou adolescente à Defensoria Pública, ao Ministério Público e ao Poder Judiciário, por qualquer de seus órgãos.

§ 1º. A assistência judiciária gratuita será prestada aos que dela necessitarem, através de defensor público ou advogado nomeado.

§ 2º. As ações judiciais da competência da Justiça da Infância e da Juventude são isentas de custas e emolumentos, ressalvada a hipótese de litigância de má-fé.

Art. 142. Os menores de dezesseis anos serão representados e os maiores de dezesseis e menores de vinte e um anos assistidos por seus pais, tutores e curadores, na forma da legislação civil ou processual.

Parágrafo único. A autoridade judiciária dará curador especial à criança ou adolescente, sempre que os interesses destes colidirem com os de seus pais ou responsável, ou quando carecer de representação ou assistência legal ainda que eventual. (*Artigo parcialmente revogado pelo art. 4º do CC/2002, que contempla a capacidade civil aos 18 anos de idade*)

Art. 143. É vedada a divulgação de atos judiciais, policiais e administrativos que digam respeito a crianças e adolescentes a que se atribua autoria de ato infracional.

Parágrafo único. Qualquer notícia a respeito do fato não poderá identificar a criança ou adolescente, vedando-se fotografia, referência a nome, apelido, filiação, parentesco, residência e, inclusive, iniciais do nome e sobrenome. (*Redação dada pela Lei 10.764/2003*)

Art. 144. A expedição de cópia ou certidão de atos a que se refere o artigo anterior somente será deferida pela autoridade judiciária competente, se demonstrado o interesse e justificada a finalidade.

Capítulo II
Da Justiça da Infância e da Juventude

Seção I – **Disposições gerais**

Art. 145. Os Estados e o Distrito Federal poderão criar varas especializadas e exclusivas da infância e da juventude, cabendo ao Poder Judiciário estabelecer sua proporcionalidade por número de habitantes, dotá-las de infraestrutura e dispor sobre o atendimento, inclusive em plantões.

1. Acesso à Justiça. Disposições gerais

O *caput* do art. 5º da CF determina que "todos são iguais perante a lei, sem distinção de qualquer natureza...". O inciso II do mesmo artigo proclama o princípio da legalidade, pelo qual "ninguém será obrigado a fazer ou deixar de fazer alguma coisa senão em virtude de lei".

O *princípio da isonomia* ou da igualdade é defendido pelo liberalismo político, que define seu significado na ruptura total com o velho regime de desigualdade social. Essa teoria defende que os homens nascem e se conservam iguais em dignidade e direitos, pois a desigualdade não tem lugar no Direito Natural. Os privilégios de classes ou castas são incompatíveis com a dignidade da pessoa humana.

O *princípio da legalidade* ou da liberdade de ação, na lição de Seabra Fagundes, "é uma consequência do sistema de legislação escrita e da própria natureza da função administrativa. O Direito escrito, tendo a sua mais forte razão de ser na necessidade de excluir o arbítrio no desenvolvimento das relações sociais, pressupõe, necessariamente, limitação de atividades, segundo os seus textos. Onde há lei escrita, não pode haver arbítrio" (Seabra Fagundes, M., p. 81).

Segundo esses princípios, nota-se que a garantia individual dos direitos da criança e do adolescente está mais na forma que no conteúdo do Direito, mais na legalidade que na justiça. Tudo é regulado pela lei: o lugar, o tempo dos atos processuais, a competência para praticá-los, o cabimento da ação etc. O desrespeito à norma caracteriza ato ilegal; a prática de qualquer ato fora dos casos admitidos em lei resulta em excesso de poder.

Assim, o acesso da criança ou do jovem à Justiça é livre e incondicional, e qualquer obstáculo que se verifique à sua vontade será caracterizado como abusivo e ilegal, podendo ser assegurado através de *habeas corpus*.

Se o Estado protege e garante os direitos dos cidadãos, com igualdade e sem discriminação, com mais razão deverá assegurar os direitos da criança e do adolescente, que gozam de prioridade absoluta no atendimento de qualquer necessidade ou direito.

Através de defensor público ou advogado nomeado, a criança e o adolescente que necessitarem terão assistência jurídica gratuita (art. 141, § 1º), assegurada pelo Estado, que prestará assistência jurídica integral e gratuita aos que comprovarem insuficiência de recursos (CF, art. 5º, LXXIV).[1]

As ações judiciais de competência da Justiça da Infância e da Juventude são isentas de custas e emolumentos, com exceção das hipóteses de litigância de má-fé (art. 141, § 2º).

A representação ou assistência de criança e de adolescente, em juízo, será feita da seguinte forma: a) os menores de 16 anos serão representados por seus pais ou responsável; b) os maiores de 16 e menores de 21 anos serão assistidos por seus pais, tutores ou curadores (art. 142).

A nomeação de representante legal (tutor ou curador) para a criança ou adolescente servirá para complementar a sua capacidade processual, vez que o CC nos arts. 3º, I, e 4º, I, ainda em vigor, estabelece a incapacidade absoluta para os menores de 16 anos e a relativa aos maiores de 16 e menores de 18 anos, respectivamente.

Quando faltar, por qualquer motivo, a representação da criança ou adolescente ou quando seus interesses colidirem com os de seus pais ou responsável, a autoridade judiciária nomeará *curador especial* para a proteção dos interesses que estiverem sendo ameaçados ou violados (parágrafo único).

O art. 9º, I, do CPC dispõe que o juiz dará curador especial ao incapaz, se não tiver representante legal, ou se os interesses deste colidirem com os daquele.

Na hipótese de existir conflito de interesses entre os pais ou representante e a criança ou adolescente, o juiz os afastará do múnus, para impedir a ocorrência de prejuízo, e nomeará um curador especial, que não precisa, necessariamente, ser advogado e servirá somente para a causa.

A nomeação de curador especial, tema controvertido e de difícil assimilação por alguns juristas, deverá limitar-se ao processo em que se fizer a nomeação. Tal escolha não deverá recair, necessariamente, na pessoa de um advogado; nesse caso, ele terá que contratar procurador-advogado para acompanhar a causa em juízo. Na prática, as nomeações têm sido feitas na pessoa de advogado, servindo este como curador e procurador.

Entretanto, é de acentuar que o curador especial de que fala o art. 9º, já citado, será sempre o órgão do Ministério Público, que exercerá as

---

1. Nesses casos é dispensada a outorga de procuração (*RT* 625/180).

funções de curador à lide. A função de curador especial é privativa do Ministério Público. Somente nos casos de não haver na comarca curador de ausentes ou de incapazes, ou no impedimento do representante do *Parquet*, pode o juiz atribuir o encargo a outra pessoa.[2]

A proteção judicial integral inclui, também, a proibição de divulgação de atos judiciais, policiais e administrativos que digam respeito a crianças e adolescentes a que se atribua autoria de ato infracional (art. 143). Qualquer notícia a respeito do fato não poderá identificar a criança ou o adolescente, vedando-se fotografia, referência a nome, apelido, filiação, parentesco e residência (parágrafo único).

Corolário da norma maior que determina que a lei só poderá restringir a publicidade dos atos processuais quando a defesa da intimidade ou o interesse social o exigirem (CF, art. 5º, LX), a lei estatutária pretende evitar que a criança e o adolescente fiquem expostos a publicidade nociva e estigmatizante, que, ao invés de inibir, estimula novas violências.

O desrespeito a essa norma corresponde à infração administrativa prevista no art. 247: "Divulgar, total ou parcialmente, sem autorização devida, por qualquer meio de comunicação, nome, ato ou documento de procedimento policial, administrativo ou judicial relativo a criança ou adolescente a que se atribua ato infracional". Tal infração é apenada com multa de 3 a 20 salários de referência, aplicando-se o dobro na reincidência.

No caso da divulgação ou identificação de criança ou de adolescente autor de ato infracional por órgão de imprensa ou emissora de rádio ou televisão, além da pena de multa, o juiz poderá determinar a apreensão da publicação ou a suspensão da programação da emissora até por dois dias, bem como da publicação do periódico até por dois números (art. 247, § 2º).

O Código de Menores revogado, no art. 63, I, ampliava a proibição de identificação e divulgação quando o menor era vítima de crime. Apesar de não haver expresso essa proibição no Estatuto, é evidente que se deve evitar a publicação quando a criança ou o adolescente for vítima de crimes, mormente dos crimes contra os costumes (estupro, atentado violento ao pudor, sedução etc.).

À evidência, as reportagens sobre fatos que envolvam crianças ou adolescentes poderão ser realizadas, desde que se omitam seu nome ou apelido, endereço, filiação ou outros dados que importem sua identificação.

O parágrafo único do art. 143 foi alterado pela Lei 10.764, de 12.11.2003, trazendo, como novidade, a proibição da inclusão das ini-

2. *RT* 578/66.

ciais e sobrenome de crianças e adolescentes a que se atribua autoria de ato infracional. O objetivo desta modificação recai na preservação da intimidade, da imagem e, principalmente, no respeito à dignidade da pessoa em desenvolvimento.

À exceção, serão permitidos os documentários e reportagens com crianças e adolescentes vítimas ou autores de ato infracional quando a autoridade judiciária entender conveniente e autorizar. Essa autorização deverá ser dada na apreciação de requerimento da parte interessada. Após a realização da reportagem ou entrevista, no caso de emissora de rádio, televisão, ou pelos meios audiovisuais disponíveis, o juiz deverá apreciá-la e somente então liberará a matéria para a veiculação normal. Nesse caso, é sempre salutar o jornalista mencionar que a reportagem foi autorizada pelo juiz, para evitar constrangimentos.

De qualquer maneira, mesmo permitida a veiculação de reportagens e documentários, é vedada a identificação de crianças e adolescentes, que estão na situação prevista no *caput* do art. 143.

O art. 144 estabelece o sigilo dos atos judiciais, policiais e administrativos, impedindo o escrivão de fornecer cópias ou certidões de atos relativos à situação da criança e do adolescente. À exceção, a autoridade judiciária poderá atender a pedido da pessoa interessada, se entender nobre o motivo e justificada a finalidade.

É comum advogados criminalistas e promotores de justiça, que exercem suas funções no Tribunal do Júri, requererem ao juiz da infância e da juventude certidão "daquilo que constar contra Fulano de Tal", à época em que era menor de 18 anos, para, no plenário do Júri, exacerbar sua vida infanto-juvenil pregressa.

Tal procedimento não encontra amparo na legislação estatutária; primeiro porque, à época dos fatos, o infrator era inimputável, não lhe sendo permitida a imputação de crime ou contravenção penal; segundo porque, mesmo com a autorização do juiz, não atende ao interesse social da Justiça em ver mais estigmatizada a conduta do infrator que era irresponsável criminalmente; e terceiro porque a maneira de expor a vida pregressa da criança e do adolescente no Júri Popular não demonstra justificada sua finalidade no interesse do infrator.

Os Estados e o Distrito Federal poderão criar Varas especializadas e exclusivas da Infância e da Juventude, cabendo ao Poder Judiciário estabelecer sua proporcionalidade por número de habitantes, dotá-las de infraestrutura e dispor sobre o atendimento, inclusive em plantões (art. 145).[3]

---

3. CF, art. 96, I, "b" e "d".

Seção II – **Do juiz**

Art. 146. A autoridade a que se refere esta Lei é o Juiz da Infância e da Juventude ou o juiz que exerce essa função, na forma da lei de organização judiciária local.

2. Do juiz da infância e da juventude

A autoridade judiciária a que se refere o Estatuto é o juiz da infância e da juventude, ou o juiz que exerce essa função, na forma da lei de organização judiciária local (art. 146).

Durante a vigência do revogado Código de Menores, muitos falaram sobre a função e a missão do juiz. Para Carvalho, "o juiz é a figura central de todo o serviço de assistência ao menor" (Carvalho, F. P. de B., p. 238). Cavallieri entende que o juiz deve ter atividade administrativa, sustentando que ele não deve prestar assistência social direta (Cavallieri, A., p. 28). Siqueira diz que "o juiz de menores não deve ser apenas o receptor de feitos, mas o estudioso das causas e o propugnador constante das soluções preventivas" (Siqueira, L., 1979, p. 229). D'Antonio afirma "ser tão prejudicial o sistema que submete o menor a um juizado leigo como aquele que concede jurisdição sobre jovens aos juízes sem especialização" (D'Antonio, D. H., p. 323). Amaral e Silva adverte que "o mundo do juiz é o processo. Sua atuação extraprocessual é desaconselhável. Constitui desvio de finalidade transformar o juiz, cuja função é processual, em atendente de crianças e jovens. Não procede dizer que o magistrado de menores é um juiz diferente porque não julga" (Amaral e Silva, A. F. do, p. 91).

Para cumprir seu novo papel estatutário, o juiz da infância e da juventude deverá ter não só conhecimentos jurídicos, mas técnicos, nas áreas de Psicologia, Pedagogia, Sociologia e Assistência Social, para permitir que sua ação jurisdicional preencha a totalidade do tratamento tutelar aplicado.

Os assuntos que não dizem respeito à função jurisdicional, mormente os administrativos, ficarão, agora, sob a responsabilidade do Conselho Tutelar, que terá a incumbência de resolvê-los.

A critério do juiz especializado ficaria a atribuição do exercício da função jurisdicional, onde ele exerceria o ofício de julgar as crianças e os adolescentes em conflito com a sociedade.

Com razão, Tappan dimensiona a atividade jurisdicional no âmbito socializante de "redirecionar vidas, reformar atitudes, construir o futuro de milhares de nossos futuros cidadãos, aliviar a tristeza e a miséria emocional em milhares de lares, proteger a sociedade contra o crime incipiente e que poderia não criar impacto tão grande do ponto de vista financeiro, como proferir grandes veredictos e decisões. Todavia, pelo número de pessoas afetadas e pelo vulto de sofrimento humano aliviado, vidas humanas salvas e felicidades alcançadas, o juiz de menores em quase toda cidade presta serviço mais importante do que os mais altos tribunais" (Tappan, W. P., p. 167).

> **Art. 147.** A competência será determinada:
> I – pelo domicílio dos pais ou responsável;
> II – pelo lugar onde se encontre a criança ou adolescente, à falta dos pais ou responsável.
>
> § 1º. Nos casos de ato infracional, será competente a autoridade do lugar da ação ou omissão, observadas as regras de conexão, continência e prevenção.
>
> § 2º. A execução das medidas poderá ser delegada a autoridade competente da residência dos pais ou responsável, ou do local onde sediar-se a entidade que abrigar a criança ou adolescente.
>
> § 3º. Em caso de infração cometida através de transmissão simultânea de rádio ou televisão, que atinja mais de uma comarca, será competente, para aplicação da penalidade, a autoridade judiciária do local da sede estadual da emissora ou rede, tendo a sentença eficácia para todas as transmissoras ou retransmissoras do respectivo Estado.

3. Critérios para a fixação da competência

O Estatuto, ao fixar a competência para o processamento dos feitos que envolvam crianças e adolescentes, determina, no art. 147, duas hipóteses: I – pelo domicílio dos pais ou responsável; II – pelo lugar onde se encontre a criança ou adolescente, à falta dos pais ou responsável.

Os incapazes (CC, arts. 3º e 4º) têm por domicílio o dos seus representantes (CC, art. 76 parágrafo único). O termo "incapaz" é empregado, aqui, no sentido amplo, ou seja, da criança ou adolescente que está sob o poder familiar dos pais, dos tutores, dos curadores e dos guardiães. Será no domicílio de seu representante legal ou assistente, que é o domicílio do incapaz, que serão propostas as ações contra este. É por isso que o CPC, no art. 98, determina que a ação em que o incapaz for réu se processará no foro do domicílio do seu representante (art. 147, I).

Não estando presentes os pais ou responsável, a competência será determinada pelo lugar onde se encontrar a criança ou o adolescente. Trata-se de competência especial de foro, em razão da pessoa (art. 147, II).

Nos casos de ato infracional, será competente a autoridade do lugar da ação ou omissão, observadas as regras de conexão, continência e prevenção (art. 147, § 1º).

Na definição do Prof. Moacyr Amaral Santos, *conexão* "é um vínculo, um nexo, um elo entre duas ou mais ações, de tal maneira relacionadas entre si que faz com que sejam conhecidas e decididas pelo mesmo juiz, e, às vezes, até no mesmo processo. É um vínculo que entrelaça duas ou mais ações, a ponto de exigir que o mesmo juiz delas tome conhecimento e decida" (Amaral Santos, M., p. 261).

O art. 76 do CPP dispõe que: "A competência será determinada pela conexão: I – se, ocorrendo duas ou mais infrações, houverem sido praticadas, ao mesmo tempo, por várias pessoas reunidas, ou por várias pessoas em concurso, embora diversos o tempo e o lugar, ou por várias pessoas, umas contra as outras; II – se, no mesmo caso, houverem sido umas praticadas para facilitar ou ocultar as outras, ou para conseguir impunidade ou vantagem em relação a qualquer delas; III – quando a prova de uma infração ou de qualquer de suas circunstâncias elementares influir na prova de outra infração".

O conceito de *continência* vem gravado no art. 104 do CPC, que dispõe: "Dá-se a continência entre duas ou mais ações sempre que há identidade quanto às partes e à causa de pedir, mas o objeto de uma, por ser mais amplo, abrange o das outras".

O art. 77 do CPP determina a competência pela continência quando: "I – duas ou mais pessoas forem acusadas pela mesma infração; II – no caso de infração cometida nas condições previstas nos arts. 70, 73 e 74 do CP".

A competência será determinada pela *prevenção* toda vez que, concorrendo dois ou mais juízes igualmente competentes ou com jurisdição cumulativa, um deles tiver antecedido aos outros na prática de algum ato do processo ou de medida a este relativa, ainda que anterior ao oferecimento da denúncia ou da queixa (CPP, art. 83).[4]

A prevenção é, pois, um fenômeno processual pelo qual, verificada a existência de vários juízes que têm a mesma competência territorial, fixa-se a competência daquele que em primeiro lugar tomar conhecimento da causa.

A execução das medidas poderá ser delegada à autoridade competente da residência dos pais ou responsável, ou do local onde sediar-se a entidade que abrigar a criança ou adolescente (art. 147, § 2º).

Quando se tratar de infração cometida através de transmissão simultânea de rádio ou televisão, que atinja mais de uma comarca, será competente, para aplicação da penalidade, a autoridade judiciária do local da sede estadual da emissora ou rede, tendo a sentença eficácia para todas as transmissoras ou retransmissoras do respectivo Estado (art. 147, § 3º).

4. CPC, art. 106.

Art. 148. A Justiça da Infância e da Juventude é competente para:

I – conhecer de representações promovidas pelo Ministério Público, para apuração de ato infracional atribuído a adolescente, aplicando as medidas cabíveis;

II – conceder a remissão, como forma de suspensão ou extinção do processo;

III – conhecer de pedidos de adoção e seus incidentes;

IV – conhecer de ações civis fundadas em interesses individuais, difusos ou coletivos afetos à criança e ao adolescente, observado o disposto no art. 209;

V – conhecer de ações decorrentes de irregularidades em entidades de atendimento, aplicando as medidas cabíveis;

VI – aplicar penalidades administrativas nos casos de infrações contra norma de proteção a criança ou adolescente;

VII – conhecer de casos encaminhados pelo Conselho Tutelar, aplicando as medidas cabíveis.

Parágrafo único. Quando se tratar de criança ou adolescente nas hipóteses do art. 98, é também competente a Justiça da Infância e da Juventude para o fim de:

a) conhecer de pedidos de guarda e tutela;

b) conhecer de ações de destituição do poder familiar, perda ou modificação da tutela ou guarda;

c) suprir a capacidade ou o consentimento para o casamento;

d) conhecer de pedidos baseados em discordância paterna ou materna, em relação ao exercício do poder familiar;

e) conceder a emancipação, nos termos da lei civil, quando faltarem os pais;

f) designar curador especial em casos de apresentação de queixa ou representação, ou de outros procedimentos judiciais ou extrajudiciais em que haja interesses de criança ou adolescente;

g) conhecer de ações de alimentos;

h) determinar o cancelamento, a retificação e o suprimento dos registros de nascimento e óbito.

4. Da competência jurisdicional

Nota-se que a competência delineada no art. 148 é exclusiva do juiz da infância e da juventude, caracterizada pela distribuição da prestação jurisdicional no âmbito dos direitos da criança e do adolescente.

Todas as ações apuratórias de ato infracional atribuído a adolescente serão conhecidas pelo juiz, que receberá ou não a ação socioeducativa pública, proposta pelo Ministério Público, para a aplicação de medidas socioeducativas (inciso I). Quando se tratar de ato infracional praticado por criança, o caso será apreciado pelo Conselho Tutelar, nos termos do art. 136, I, com a aplicação das medidas protetivas do art. 101. Mas, enquanto não criado o Conselho Tutelar, suas funções serão exercidas pela autoridade judiciária (art. 262).

Caberá com exclusividade ao juiz da infância e da juventude conceder a remissão como forma de suspensão ou extinção do processo já tendo iniciado o procedimento. Competente será também para homologar a remissão e o arquivamento promovidos pelo Ministério Público (inciso II).

Caberá à autoridade judiciária conhecer de pedidos de adoção e seus incidentes. Todos os pedidos de adoção de criança e de adolescente serão processados na Justiça da Infância e da Juventude. Porém, para a guarda e tutela sua competência será limitada às hipóteses previstas no art. 98 (art. 148, III, e parágrafo único, "a").

Os incidentes da adoção são a destituição do poder familiar, que é pressuposto obrigatório da medida, e a guarda, para fins de adoção (art. 33, § 1º) (inciso III).

As ações civis fundadas em interesses individuais, difusos e coletivos afetos à criança e ao adolescente serão de competência absoluta da Justiça Especializada (inciso IV) que processará a causa, ressalvadas a competência da Justiça Federal e a competência originária dos Tribunais Superiores.

Todas as ações decorrentes de fiscalização das entidades de atendimento tutelar e social serão propostas na Justiça da Infância e da Juventude, que poderá determinar a imposição das medidas previstas no art. 97 (inciso V).[5]

A Justiça Especializada também será competente para aplicar penalidades administrativas nas hipóteses de cometimento de infrações contra norma de proteção à criança e ao adolescente (inciso VI).[6]

O Conselho Tutelar poderá representar junto à autoridade judiciária nos casos de descumprimento injustificado de suas deliberações. Encaminhará também ao juiz especializado os casos que lhe compete conhecer e julgar (inciso VI).[7]

O parágrafo único do art. 148 é o marco divisório determinante da competência da Justiça da Infância e da Juventude. Em outras palavras, o juiz especializado só será competente se a criança ou o adolescente estiverem com seus direitos *ameaçados* ou *violados* por ação ou omissão da sociedade ou do Estado; por falta, omissão ou abuso dos pais ou responsável; e em razão de sua conduta (art. 98). Deve, pois, haver a efetiva ocorrência de ameaça ou violação dos direitos fundamentais da

5. ECA, arts. 191-193.
6. ECA, arts. 245-258.
7. ECA, art. 136, III, "b", e V.

criança e do adolescente, que determinará, com exclusividade, a competência do Juizado da Infância e da Juventude, nas hipóteses previstas nas letras "a" a "h".

Assim, p. ex., se se trata de uma ação proposta pela mãe separada ou divorciada, visando à modificação da guarda, homologada por acordo na Vara de Família, por ocasião do julgamento da ação de separação ou divórcio, o juiz competente será aquele que processou a separação, pois, no caso, existe apenas uma disputa pela guarda do filho, não ficando caracterizada qualquer ameaça ou violação de seus direitos.

No entanto, se, em virtude da discordância paterna ou materna em relação ao exercício do poder familiar, ficar evidenciada a ameaça ou lesão ao direito do filho (art. 98, II), a competência será da Justiça da Infância e da Juventude (letra "d").[8]

Nas hipóteses previstas no art. 98, a Justiça da Infância e da Juventude será competente para suprir a capacidade ou o consentimento para o casamento (letra "c") e conceder a emancipação, nos termos da lei civil, quando faltarem os pais (letra "e").

Se existirem os pais, ou apenas um deles, e houver a negativa pura e simples do consentimento ou suprimento de idade ou permissão para o casamento, a competência será da Justiça Comum.

A simples confrontação entre o direito da criança e do adolescente e o direito de seus pais não determina ou autoriza a competência do juiz da infância e da juventude para conhecer e julgar o litígio. É necessário que os direitos infanto-juvenis sejam efetivamente *ameaçados* ou *violados*. Essa é a determinante da competência.

Será também competente o Juizado da Infância e da Juventude para designar curador especial nos casos em que a criança ou o adolescente, privados dos pais ou responsável, necessitarem apresentar queixa ou representação[9] ou outros procedimentos judiciais ou extrajudiciais de seu interesse (letra "f").

O art. 89, IV, do revogado Código de Menores previa que, estando o menor em situação irregular, o juiz de menores tinha competência para conhecer da ação de alimentos.

---

8. ECA, art. 21. O STJ decidiu que o juízo do domicílio da mãe é competente para julgar ações sobre guarda de filha que foi levada pelo pai, sem autorização judicial, para morar com ele em outro Estado. A decisão é da 2ª Seção e seguiu o voto da relatora do conflito de competência, Ministra Nancy Andrighi. Inicialmente, pai e mãe ajuizaram ações cautelares e de guarda da filha comum do casal, cada uma em Comarcas e Estados diferentes. A mãe detinha a guarda da criança, mas o pai, em 2011, à margem do sistema legal, levou-a para passar alguns dias com sua família e não mais a devolveu, sob o argumento de que ela estaria sendo "vítima de descaso" e se encontraria sob "risco social". A mãe refutou as acusações.

9. ECA, arts. 33 e 39.

Não fazendo mais aquela distinção de criança "abandonada", "carente", "delinquente" ou em "situação irregular", o Estatuto definiu claramente que o juiz da infância e da juventude só será competente para conhecer de ações de alimentos se a criança e o adolescente estiverem em situação de risco pessoal, determinada pela ameaça ou violação de seus direitos, quer pela família, pela sociedade ou pelo Estado.

Assim, cada caso deve ser apreciado com suas peculiaridades para se definir qual o juiz que conhecerá da ação e que a julgará.

Por último, competirá ao juiz da infância e da juventude determinar o cancelamento, a retificação e o suprimento dos registros de nascimento e óbito (letra "h").[10]

Convém lembrar que será prudente aguardar as disposições da lei de organização judiciária regional que, certamente, estabelecerá com precisão as competências dos juízes da infância e da juventude e da Vara de Família, nas hipóteses do parágrafo único do art. 148.

> **Art. 149.** Compete à autoridade judiciária disciplinar, através de portaria, ou autorizar, mediante alvará:
>
> I – a entrada e permanência de criança ou adolescente, desacompanhado dos pais ou responsável, em:
>
> a) estádio, ginásio e campo desportivo;
>
> b) bailes ou promoções dançantes;
>
> c) boates ou congêneres;
>
> d) casa que explore comercialmente diversões eletrônicas;
>
> e) estúdios cinematográficos, de teatro, rádio e televisão;
>
> II – a participação de criança e adolescente em:
>
> a) espetáculos públicos e seus ensaios;
>
> b) certames de beleza.
>
> § 1º. Para os fins do disposto neste artigo, a autoridade judiciária levará em conta, dentre outros fatores:
>
> a) os princípios desta Lei;
>
> b) as peculiaridades locais;
>
> c) a existência de instalações adequadas;
>
> d) o tipo de frequência habitual ao local;
>
> e) a adequação do ambiente a eventual participação ou frequência de crianças e adolescentes;
>
> f) a natureza do espetáculo.
>
> § 2º. As medidas adotadas na conformidade deste artigo deverão ser fundamentadas, caso a caso, vedadas as determinações de caráter geral.

---

10. ECA, art. 102.

5. Da competência administrativa

A competência administrativa da autoridade judiciária será exercida pela expedição de *portaria* ou *alvará* permissivos, relativos a: I – entrada e permanência de criança ou adolescente, desacompanhado dos pais ou responsável, em estádios, ginásios e campos desportivos, bailes ou promoções dançantes, boates, casas de diversões eletrônicas e em estúdios cinematográficos, de teatro, rádio e televisão; II – participação de criança e adolescente em espetáculos públicos e seus ensaios e concursos de beleza (art. 149).

Ao expedir a norma autorizativa, o juiz deverá levar em conta os seguintes fatores: os princípios do Estatuto, as peculiaridades locais, a existência de instalações adequadas, o tipo de frequência habitual ao local, a adequação do ambiente a eventual participação ou frequência de crianças e adolescentes e a natureza do espetáculo (art. 149, § 1º).

As medidas adotadas na conformidade do citado artigo deverão ser fundamentadas, caso a caso, vedadas as determinações de caráter geral (art. 149, § 2º).

Ao se referir aos atos administrativos praticados pelo juiz, com efeitos jurídicos, Seabra Fagundes explica que "os atos administrativos podem ser, ou não, atos jurídicos. Quando modificam situações jurídicas, como a nomeação de um funcionário, a expedição de um título de habilitação profissional, a imposição duma multa etc., são atos administrativos jurídicos ou atos administrativos com efeito jurídico. Quando, porém, o ato praticado no exercício da administração não cria, modifica ou extingue direitos, é destituído de efeito jurídico, no sentido preciso da expressão. Será um ato administrativo sem efeito jurídico" (Seabra Fagundes, M., p. 30).

Bandeira de Mello define *portaria* como a "fórmula pela qual autoridades de *nível inferior* ao de Chefe do Executivo, sejam de qualquer escalão de comandos que forem, dirigem-se a seus subordinados transmitindo decisões de efeito interno, quer com relação ao andamento das atividades que lhes são afetas quer com relação à vida funcional de servidores ou, até mesmo, por via delas, abrem-se inquéritos, sindicâncias, processos administrativos. Como se vê, trata-se de ato formal de conteúdo muito fluido e amplo" (Bandeira de Mello, C. A., p. 378).

Para Hely Lopes Meirelles as "*portarias* são atos administrativos internos, pelos quais os chefes de órgãos, repartições ou serviços expedem determinações gerais ou especiais a seus subordinados, ou designam servidores para funções e cargos secundários. Por portaria também se iniciam sindicâncias e processos administrativos" (Meirelles, H. L., p. 174).

O *alvará* é um documento passado em favor de alguém, por ordem da autoridade judiciária ou administrativa, que contém ordem ou autorização para a prática de determinado ato. Geralmente é fórmula utilizada para a expedição de autorizações e licenças de caráter temporário.

A portaria expedida pelo juiz da infância e da juventude não poderá regulamentar medidas de caráter geral não previstas em lei, como previa o art. 8º do Código de Menores revogado. Elas deverão ser claras e precisas, com determinação singular dos casos que pretendem regular, não autorizando o juiz a suprir eventuais lacunas existentes na lei. Tem--se, pois, que a relação apresentada pelo art. 149 é exaustiva, não sendo possível a interpretação ampliativa de outros casos.

Nota-se, pelo inciso I, que a autorização judicial só será exigida quando a criança ou o adolescente estiver desacompanhado de seus pais ou responsável. O mesmo não ocorre na hipótese do inciso II, em que, mesmo tendo sido autorizados pelos pais ou responsável, as crianças e adolescentes necessitarão da autorização do juiz.

Os atos administrativos com efeitos jurídicos expedidos pela autoridade judiciária deverão receber o parecer prévio do representante do Ministério Público, nos termos dos arts. 201, III, e 202, sob pena de serem considerados nulos.

Seção III – Dos serviços auxiliares

Art. 150. Cabe ao Poder Judiciário, na elaboração de sua proposta orçamentária, prever recursos para manutenção de equipe interprofissional, destinada a assessorar a Justiça da Infância e da Juventude.

Art. 151. Compete à equipe interprofissional, dentre outras atribuições que lhe forem reservadas pela legislação local, fornecer subsídios por escrito, mediante laudos, ou verbalmente, na audiência, e bem assim desenvolver trabalhos de aconselhamento, orientação, encaminhamento, prevenção e outros, tudo sob a imediata subordinação à autoridade judiciária, assegurada a livre manifestação do ponto de vista técnico.

6. *Dos serviços auxiliares e órgãos de colaboração*

Os serviços auxiliares da Justiça Especializada devem ser encarados no próprio contexto de proteção oferecida pelo Estatuto, para um trabalho direcionado à criança e ao adolescente.

Além do escrivão, do oficial de justiça e do escrevente, é necessária a existência de assistente social, de educador, de psicólogo, de psiquiatra, de médico e de agentes de proteção ou comissários.

O juiz, voltado para as tarefas forenses e à aplicação da lei, não tem condições de apurar o contexto socioeconômico-cultural em que se encontram as crianças e os jovens. Deverá valer-se de pessoas com capacidade técnica que possam realizar o estudo social do caso com critério objetivo e científico.

A equipe interprofissional, definida pelo Estatuto, é composta de assistentes sociais, de psicólogos, de educadores, de psiquiatras e outros especialistas. Há a necessidade de recursos, alocados pelo Poder Judiciário, destinados a prover os cargos desses técnicos, que são "o braço direito" da autoridade judiciária, oferecendo importantes subsídios para a solução dos casos.

São eles que levantarão a história da criança ou adolescente, sua vida com a família, o meio onde vive, a infração que cometeu, com a finalidade de detectar a causa social que originou a situação de risco pessoal e de apresentar ao juiz o correspondente laudo.

Essa é a vontade do art. 151, que confere atribuições à equipe interprofissional, além de outras baseadas na legislação local, de fornecer subsídios por escrito, mediante laudo, ou verbalmente, na audiência, e bem assim desenvolver trabalhos de aconselhamento, orientação, encaminhamento, prevenção e outros, tudo sob a imediata subordinação à autoridade judiciária, assegurando a livre manifestação do ponto de vista técnico.

Para ilustrar o procedimento do técnico social, Albergaria colocou a síntese das técnicas do *Case Work* aplicadas nas seguintes hipóteses: "1) no estudo social do menor, seu contexto familiar, profissional e social, como contribuição ao Conselho Tutelar e Justiça da Infância e da Juventude para individualização da medida de proteção e da medida socioeducativa; 2) na observação das condições de trabalho, frequência a curso, tratamento médico, para acompanhar, orientar e assistir o menor nos regimes de pré-liberdade, semiliberdade e assistência do egresso; 3) nos trabalhos das equipes interdisciplinares de observação científica do menor e tratamento tutelar na evolução do processo educativo ou reeducativo; 4) na manutenção dos laços sociais e afetivos do interno com sua família; 5) na assistência do menor no período de prova dos regimes de liberdade assistida e semiliberdade; 6) na orientação e assistência à família do menor e da vítima" (Albergaria, J., p. 151).

De qualquer maneira, provada a importância da colaboração da opinião técnica, na área social ou médica, deve o Poder Judiciário providenciar a contratação de técnicos sociais, em número suficiente de especialidades que atinjam as necessidades do serviço.

Com uma atuação um pouco diferenciada no auxílio à autoridade judiciária, surgem os *agentes de proteção*[11] ou comissários, que, apesar

---

11. Denominação dada pelo Des. Antônio Fernando do Amaral e Silva (Amaral e Silva, A. F. do, p. 96).

de não regulamentados no Estatuto, sempre trabalharam, às vezes de forma graciosa, em benefício da proteção de crianças e adolescentes.

Na vigência do Código de Menores, o Des. Adriano Marrey assim definiu o comissário de menores e suas funções: "O comissário de menores é representante do juiz de menores, especializado ou não, nas comarcas. É a pessoa de confiança, que irá fiscalizar o cumprimento das portarias e ordens de serviços relacionadas com as medidas de prevenção e proteção aos menores. A relevância das funções não equipara o comissário à autoridade, sob o ponto de vista de que possa ser arbitrário nas suas ações, muito menos lhe concede poderes para efetuar prisões, fechar estabelecimentos, encerrar espetáculos públicos, mesmo que estes não estejam funcionando nos moldes da legislação vigente, ou não tenham alvará fornecido pela Vara de Menores" (Marrey, A., p. 197).

Contudo, entendendo o magistrado ser necessário o trabalho desses auxiliares, deverá, através de portaria, regulamentar suas funções frente ao novo ordenamento jurídico, no sentido de satisfazer o sistema de proteção integral nele previsto.

Nesse aspecto, assiste razão a Nogueira, que entende que o "Juizado deve contar com um corpo efetivo de comissários devidamente remunerados para o exercício constante da fiscalização, pois, se esta não for feita com frequência, não haverá cumprimento das disposições estatutárias, bem como das portarias baixadas, o que tornará o serviço desacreditado" (Nogueira, P. L., p. 221).

De qualquer maneira, se existentes os agentes de proteção voluntários, no exercício de suas funções específicas, equiparam-se a funcionários públicos para fins penais (CP, art. 327).

Capítulo III
Dos procedimentos

Seção I – **Disposições gerais**

Art. 152. Aos procedimentos regulados nesta Lei aplicam-se subsidiariamente as normas gerais previstas na legislação processual pertinente.

Parágrafo único. É assegurada, sob pena de responsabilidade, prioridade absoluta na tramitação dos processos e procedimentos previstos nesta Lei, assim como na execução dos atos e diligências judiciais a eles referentes. (*Acrescentado pela Lei 12.010/2009*)

Art. 153. Se a medida judicial a ser adotada não corresponder a procedimento previsto nesta ou em outra Lei, a autoridade judiciária poderá investigar os fatos e ordenar de ofício as providências necessárias, ouvido o Ministério Público.

Parágrafo único. O disposto neste artigo não se aplica para o fim de afastamento da criança ou do adolescente de sua família de origem e em outros procedimentos necessariamente contenciosos. (*Acrescentado pela Lei 12.010/2009*)

Art. 154. Aplica-se às multas o disposto no art. 214.

1. Disposições gerais

Na lição de Cintra, Grinover e Dinamarco: "*Procedimento* é (...) o meio extrínseco pelo qual se instaura, desenvolve-se e termina o processo; é a manifestação extrínseca deste. A noção de processo é essencialmente teleológica, porque ele se caracteriza por sua finalidade de exercício do poder (no caso, jurisdicional). A noção de procedimento é puramente formal, não passando de coordenação de atos que se sucedem. Conclui-se, portanto, que o procedimento (aspecto formal do processo) é o meio pelo qual a lei estampa os atos e fórmulas da ordem legal do processo" (Cintra, Grinover e Dinamarco, p. 275).

Para De Plácido e Silva: "*Procedimento* é formado de proceder, do latim *procedere* (ir por diante, andar para a frente, prosseguir); quer o vocábulo exprimir, geralmente, o método para que se faça ou se execute alguma coisa, isto é, o modo de agir, a maneira de atuar, a ação de proceder. Neste sentido, procedimento significa a própria atuação ou a ação desenvolvida para que se consubstancie a coisa pretendida, pondo-se em movimento, segundo a sucessão ordenada, os meios de que se pode dispor...

"Desse modo, enquanto o procedimento nos revela ou nos mostra a ação de ir por diante, a ação de prosseguir, ou a atuação, o processo nos fornece a ordem de coisas, que se seguem umas às outras, dá-nos a direção dessa sucessão de coisas, para exato cumprimento do que se tem em mira" (De Plácido e Silva, v. 3/1.226).

Partindo desses ensinamentos, o art. 152 do ECA determina que "aos procedimentos regulados nesta Lei aplicam-se subsidiariamente as normas gerais previstas na legislação processual pertinente".

Determina, pois, a lei estatuária a aplicação subsidiária das legislações processuais civis ou penais, conforme o caso, como norma obrigatória, cuja inobservância acarreta nulidade.

Terão aplicação, também, as normas gerais processuais que na legislação civil correspondem às disposições gerais do procedimento ordinário, tratadas nos Livros I e II do Código de Processo Civil, bem como os procedimentos cautelares e os de jurisdição voluntária; na defesa penal essas orientações gerais estão contidas no Livro I do Código de Processo Penal.

A Lei 12.010/2009 em boa hora interpretou o sentido da expressão "absoluta prioridade" no atendimento aos direitos infanto-juvenis, determinando, sob pena de responsabilidade, que os órgãos públicos e particulares cumpram o comando legal em todos os processos e procedimentos onde figuram crianças e adolescentes bem como na execução dos atos e diligências judiciais a eles referentes.

Por conseguinte, se a medida judicial a ser adotada não corresponder a procedimento previsto no Estatuto ou em outra lei, a autoridade judiciária poderá investigar os fatos e ordenar, de ofício, as providências necessárias, devendo ouvir o Ministério Público (art. 153). O disposto no art. 153 não se aplica nos casos de afastamento de criança ou de adolescente de sua família de origem e em outros procedimentos necessariamente contenciosos.

Em virtude dessa diretriz, o Estatuto conferiu ao juiz ampla liberdade de ação, liberando-o de certos formalismos, dando-lhe poderes para livremente investigar os fatos e determinar, de ofício, providências que entenda necessárias, mas sempre atento às disposições do art. 6º da norma estatutária.

Entretanto, para reconhecer a liberdade processual de ação da autoridade judiciária, permitida pelo art. 153, é necessário lembrar alguns conceitos básicos sobre jurisdição, jurisdição voluntária e tutela jurisdicional.

Para Cintra, Grinover e Dinamarco, jurisdição "é uma das funções do Estado, mediante a qual este se substitui aos titulares dos interesses em conflito para, imparcialmente, buscar a pacificação do conflito que os envolve, com justiça. Essa pacificação é feita mediante a atuação da vontade do direito objetivo que rege o caso apresentado em concreto para ser solucionado" (Cintra, Grinover e Dinamarco, p. 129).

Na lição do Prof. Moacyr Amaral Santos, "*jurisdição* é a função do Estado de compor conflitos de interesses, de fazer justiça". Mais adiante, completa: "mas a jurisdição se exerce em face de um conflito de interesses e por provocação de um dos interessados. É função provocada... Vale dizer que o objetivo do Estado, no exercício da função jurisdicional, é assegurar a paz jurídica pela atuação da lei disciplinadora da relação jurídica em que se controvertem as partes. Em conclusão, a finalidade da jurisdição é resguardar a ordem jurídica, o império da lei e, como consequência, proteger aquele dos interesses em conflito que é tutelado pela lei, ou seja, amparar o direito objetivo" (Amaral Santos, M., p. 68).

Definindo a espécie *jurisdição voluntária*, Celso Agrícola Barbi ensina, já amparado em entendimento dominante, "que os casos de jurisdição voluntária não ensejam a utilização do processo, que é específico da jurisdição contenciosa, mas de simples procedimento ou expediente; na jurisdição voluntária não há partes, como na contenciosa, mas apenas interessados... Na jurisdição voluntária predomina o princípio inquisitório, enquanto na contenciosa prevalece o princípio dispositivo". Mais adiante, preleciona que "a atividade da jurisdição voluntária tem natureza constitutiva, porque serve para constituir relações jurídicas, ou para modificar ou desenvolver as já existentes" (Barbi, C. A., p. 19).

Para o Prof. Moacyr Amaral Santos, já citado, "a jurisdição *voluntária* versa sobre interesses não em conflito, diferenciada da contenciosa, que visa à composição de conflitos de interesses" (Amaral Santos, M., p. 80).

Existem, pois, distinções fundamentais entre a jurisdição contenciosa e a jurisdição voluntária: a primeira produz coisa julgada, a segunda, não; na contenciosa existe contrariedade; na voluntária, esta característica está ausente; na contenciosa está presente o caráter repressivo, que na voluntária é preventivo; a contenciosa pressupõe a existência de partes; a voluntária, de interessados.

Por sua vez, a *tutela jurisdicional* vem definida no art. 2º do CPC, *verbis*: "Nenhum juiz prestará a tutela jurisdicional senão quando a parte ou o interessado a requerer, nos casos e formas legais".

E, na lição do mestre José Frederico Marques: "O Estado exerce a jurisdição para tutelar relações intersubjetivas, mediante provocação ou pedido a que se dá o nome de *ação*". Continua, mais adiante: "à ação, como direito subjetivo processual do litigante, corresponde, para o Estado, a obrigação de prestar, nos casos e formas legais, a tutela jurisdicional. E essa prestação, que resulta do exercício do *jus actionis*, pode ser assim definida: é a tutela que o Estado exerce, processualmente, sobre relações intersubjetivas litigiosas, a fim de dar a cada um o que é seu mediante a aplicação do direito objetivo" (Marques, J. F., 1986, p. 156).

O Prof. Walter Moraes sintetizou, com propriedade, que "*tutela jurisdicional*, em geral, se exerce mediante composição de litígios, o que vale dizer mediante processo. E se exerce, ora para emitir juízo que dissolva conflitos conforme o Direito (*jus dicens*), ora para atuar coativamente pretensão insatisfeita (*suum cuique tribuere*), ora ainda para garantir o resultado de ulterior processo, já então em caráter provisório e instrumental. São estes diferentes objetivos da jurisdição que determinam os três tipos fundamentais de processo: o de conhecimento, o de execução e o cautelar. Mas a tutela jurisdicional se exerce às vezes para coordenar, tão somente, atos de particulares, cooptando com estes o Estado para lograr a constituição sólida de alguma situação jurídica. Trata-se da jurisdição voluntária, que à contenciosa se contrapõe, visto como não age sobre conflito de interesses nem compõe lide; e por isso mesmo tem a doutrina ensinado que não é processual a função de jurisdição voluntária, e nem verdadeiramente jurisdicional, senão mister administrativo desempenhado por órgãos de jurisdição. São estes, contudo, modos pelos quais a tutela jurisdicional opera, distinguindo-se quer quanto à espécie ou tipo processual por que se realiza, quer quanto à própria processualidade, ou não, da jurisdição" (Moraes, W., p. 30).

Desta forma, nota-se que a liberdade concedida ao juiz pelo art. 153 do ECA para investigar livremente os atos, podendo ordenar, de ofício, a realização das providências necessárias,[12] caracteriza, portanto, jurisdição voluntária que deve ser usada para a verificação da situação da criança e do adolescente e das medidas urgentes de caráter preventivo que visem à sua integral proteção.

O Código de Menores revogado trazia, no art. 87, disposição semelhante: "Se a medida judicial a ser adotada não corresponde a procedimento previsto nesta ou em outra lei, a autoridade judiciária poderá investigar livremente os fatos e ordenar, de ofício, as providências". O parágrafo único completava: "Aplicar-se-á na jurisdição de menores, subsidiariamente, a legislação processual pertinente".

À evidência, o juiz não poderá deixar de aplicar medida protetiva ou socioeducativa, a despeito de não existir legislação própria ou subsidiária que preencha as necessidades infanto-juvenis, protegendo seus direitos e orientando-os para o equilíbrio social e comunitário.

Deve-se verificar, no entanto, que, podendo o juiz, excepcionalmente, agir de ofício, na hipótese prevista no art. 153, o Ministério Público deverá manifestar-se após a determinação da providência.

Ao ser intimado da decisão judicial, o órgão do Ministério Público, não ficando satisfeito com a providência determinada, em vista da aplicação subsidiária, poderá utilizar os recursos previstos no Código de Processo Civil. Não se pode esquecer, pois, da obediência ao disposto nos parágrafos únicos dos arts. 152 e 153, que determinam o procedimento célere e adequado a cada caso concreto.

Seção II – **Da perda e da suspensão do poder familiar**

Art. 155. O procedimento para a perda ou a suspensão do poder familiar terá início por provocação do Ministério Público ou de quem tenha legítimo interesse.

Art. 156. A petição inicial indicará:

I – a autoridade judiciária a que for dirigida;

II – o nome, o estado civil, a profissão e a residência do requerente e do requerido, dispensada a qualificação em se tratando de pedido formulado por representante do Ministério Público;

III – a exposição sumária do fato e o pedido;

IV – as provas que serão produzidas, oferecendo, desde logo, o rol de testemunhas e documentos.

---

12. As decisões do juiz deverão ser sempre por escrito e fundamentadas.

Art. 157. Havendo motivo grave, poderá a autoridade judiciária, ouvido o Ministério Público, decretar a suspensão do poder familiar, liminar ou incidentalmente, até o julgamento definitivo da causa, ficando a criança ou adolescente confiado a pessoa idônea, mediante termo de responsabilidade.

Art. 158. O requerido será citado para, no prazo de dez dias, oferecer resposta escrita, indicando as provas a serem produzidas e oferecendo desde logo o rol de testemunhas e documentos.

§ 1º. A citação será pessoal, salvo se esgotados todos os meios para sua realização. (*§§ 1º e 2º acrescentados pela Lei 12.962/2014*)

§ 2º. O requerido privado de liberdade deverá ser citado pessoalmente.

Art. 159. Se o requerido não tiver possibilidade de constituir advogado, sem prejuízo do próprio sustento e de sua família, poderá requerer, em cartório, que lhe seja nomeado dativo, ao qual incumbirá a apresentação de resposta, contando-se o prazo a partir da intimação do despacho de nomeação.

Parágrafo único. Na hipótese de requerido privado de liberdade, o oficial de justiça deverá perguntar, no momento da citação pessoal, se deseja que lhe seja nomeado defensor. (*Acrescentado pela Lei 12.962/2014*)

Art. 160. Sendo necessário, a autoridade judiciária requisitará de qualquer repartição ou órgão público a apresentação de documento que interesse à causa, de ofício ou a requerimento das partes ou do Ministério Público.

Art. 161. Não sendo contestado o pedido, a autoridade judiciária dará vista dos autos ao Ministério Público, por cinco dias, salvo quando este for o requerente, decidindo em igual prazo.

§ 1º. A autoridade judiciária, de ofício ou a requerimento das partes ou do Ministério Público, determinará a realização de estudo social ou perícia por equipe interprofissional ou multidisciplinar, bem como a oitiva de testemunhas que comprovem a presença de uma das causas de suspensão ou destituição do poder familiar previstas nos arts. 1.637 e 1.638 da Lei n. 10.406, de 10 de janeiro de 2002 – Código Civil, ou no art. 24 desta Lei. (*Redação dada pela Lei 12.010/2009*)

§ 2º. Em sendo os pais oriundos de comunidades indígenas, é ainda obrigatória a intervenção, junto à equipe profissional ou multidisciplinar referida no § 1º deste artigo, de representantes do órgão federal responsável pela política indigenista, observado o disposto no § 6º do art. 28 desta Lei. (*Redação dada pela Lei 12.010/2009*)

§ 3º. Se o pedido importar em modificação de guarda, será obrigatória, desde que possível e razoável, a oitiva da criança ou adolescente, respeitado seu estágio de desenvolvimento e grau de compreensão sobre as implicações da medida. (*Acrescentado pela Lei 12.010/2009*)

§ 4º. É obrigatória a oitiva dos pais sempre que esses forem identificados e estiverem em local conhecido. (*Acrescentado pela Lei 12.010/2009*)

§ 5º. Se o pai ou a mãe estiverem privados de liberdade, a autoridade judicial requisitará sua apresentação para a oitiva. (*Acrescentado pela Lei 12.962/2014*)

Art. 162. Apresentada a resposta, a autoridade judiciária dará vista dos autos ao Ministério Público, por cinco dias, salvo quando este for o requerente, designando, desde logo, audiência de instrução e julgamento.

§ 1º. A requerimento de qualquer das partes, do Ministério Público, ou de ofício, a autoridade judiciária poderá determinar a realização de estudo social ou, se possível, de perícia por equipe interprofissional.

§ 2º. Na audiência, presentes as partes e o Ministério Público, serão ouvidas as testemunhas, colhendo-se oralmente o parecer técnico, salvo quando apresentado por escrito, manifestando-se sucessivamente o requerente, o requerido e o Ministério Público, pelo tempo de vinte minutos cada um, prorrogável por mais dez. A decisão será proferida na audiência, podendo a autoridade judiciária, excepcionalmente, designar data para sua leitura no prazo máximo de cinco dias.

Art. 163. O prazo máximo para conclusão do procedimento será de 120 (cento e vinte) dias. (*Redação dada pela Lei 12.010/2009*)

Parágrafo único. A sentença que decretar a perda ou a suspensão do poder familiar será averbada à margem do registro de nascimento da criança ou do adolescente. (*Acrescentado pela Lei 12.010/2009*).

2. Da suspensão e extinção do poder familiar
(de acordo com o Código Civil, Lei 10.406/2002)

A suspensão do poder familiar está prevista no art. 1.637 do CC, que dispõe: "Se o pai, ou a mãe, abusar de sua autoridade, faltando aos deveres a eles inerentes ou arruinando os bens dos filhos, cabe ao juiz, requerendo algum parente, ou o Ministério Público, adotar a medida que lhe pareça reclamada pela segurança do menor e seus haveres, até suspendendo o poder familiar, quando convenha". O parágrafo único do mesmo artigo completa: "Suspende-se igualmente o exercício do poder familiar ao pai ou à mãe condenados por sentença irrecorrível, em virtude de crime cuja pena exceda a 2 (dois) anos de prisão".

Pela presente norma, fica afastada a intangibilidade dos direitos dos pais, quanto ao exercício do poder familiar, em relação aos direitos dos filhos, por mais criminosa e prejudicial que fosse sua atitude.

O pai não tem o direito de vida ou de morte (*jus vitae necisque*) sobre o filho, como autorizava a lei antiga ao *pater familias*, que podia dispor como bem quisesse da vida do próprio filho. É em defesa deste, agora, que a lei vigora; se se fizer necessária a atitude corretiva e protetiva do pai, deve ser empregada com eficácia e moderação. Ao invés, quando abusa dessa prerrogativa, a lei não lhe reconhece direito algum. Também quando desvia ou descura do seu dever, confiado pela lei, de orientá-lo, educá-lo, administrar-lhe os bens, nega-lhe, a mesma lei, o direito paternal, eis que seu filho corre perigo de sofrer ameaça ou lesão de seus direitos ou qualquer prejuízo por inépcia, culpa ou procedimento criminoso ou imoral do pai.

Nesse aspecto, a lei é um fim de justiça social que pune, cerceia e restringe o pai ou a mãe, no exercício do poder familiar, sempre que o direito do filho for ameaçado ou violado.

A legislação civil não menciona a "intensidade do abuso" que deva justificar a intervenção judicial. Sempre que o direito da criança e do adolescente for ameaçado ou violado ou sempre que o seu interesse exigir, por menor que seja a interferência dos pais que sugira a ofensa aos bens e direitos infanto-juvenis, justifica-se a intervenção judicial, naturalmente com providências proporcionais ao caso verificado.

O art. 1.638 do mesmo Código prevê as hipóteses de destituição do poder familiar: "Perderá por ato judicial o poder familiar o pai ou a mãe que: I – castigar imoderadamente o filho; II – deixar o filho em abandono: III – praticar atos contrários à moral e aos bons costumes; IV – incidir, reiteradamente, nas faltas previstas no artigo antecedente".

Evidentemente, a lei civil não enumerou todas as possibilidades. O Estatuto, ao determinar o procedimento judicial da suspensão e extinção do poder familiar, orienta o intérprete a buscar, no capítulo sobre o "Direito à convivência familiar e comunitária" (arts. 19-24), os elementos necessários para avaliar a gravidade dos atos praticados pelos pais.

Dispõe o art. 155 do ECA que "o procedimento para a suspensão e extinção do poder familiar terá inicio por provocação do Ministério Público ou de quem tenha legítimo interesse".

É de observar que o ECA, ao estabelecer, no art. 24, que "a perda e a suspensão do poder familiar, serão decretadas judicialmente, em procedimento contraditório, nos casos previstos na legislação civil, bem como na hipótese de descumprimento injustificado dos deveres e obrigações a que alude o art. 22", vem ampliar as hipóteses de ingerência do Estado na relação familiar, intervindo quando necessário, com o objetivo de dar proteção integral às crianças e adolescentes.

Assim, sofrerão inibição do poder familiar os pais ou responsável que, injustificadamente, não cumprirem os seus deveres de sustento, guarda, educação ou descumprirem determinações judiciais que visem à proteção e segurança de seus filhos ou pupilos.

Walter Moraes, com propriedade, ressalta que "a inibição do pátrio poder [hoje poder familiar], privando os inibidos de um direito natural, fundamental para a instituição familiar, é a mais grave das medidas expletivas no plano do direito do menor. Justifica-se, não obstante, e como tal a admite a generalidade das legislações civis, como salvaguarda dos próprios direitos para a preservação dos quais o pátrio poder [hoje poder familiar] é instituído; de sorte que a inibição do pátrio poder [hoje poder familiar] deve limitar-se àqueles casos onde o abuso ou inobservância dos deveres paternos vão a ponto de atentar contra os valores e os direitos fundamentais dos filhos cuja integridade aos pais incumbia preservar e desenvolver" (Moraes, W., p. 158).

Samuel Alves de Melo Júnior arrola algumas particularidades da inibição do poder familiar: "1. O ato inibitório, destitutivo como é do direito fundamental e natural, só se autoriza como consequência das causas estabelecidas em lei, interpretada estritamente. 2. A sanção inibitória pode atingir quem quer que tenha ou exerça o pátrio poder [*hoje poder familiar*]. Portanto, refere-se aos pais consanguíneos, como aos adotivos e aos delegados do pátrio poder [*hoje poder familiar*] (delegação, evidentemente, feita à luz da legislação revogada). 3. A inibição do pátrio poder [*hoje poder familiar*] pode atingir a ambos os pais (ou delegados), ou a um só deles se a um só se puder atribuir a responsabilidade. 4. O ato judicial pode excluir do poder paterno um só filho, alguns ou todos. 5. A privação de uma ou de algumas das atribuições patriopotestativas (guarda, p. ex.) não importa inibição do pátrio poder [*hoje poder familiar*]".

Em virtude da nova lei, tornou-se exclusiva a competência da Justiça da Infância e da Juventude para apreciar e julgar as questões que digam respeito à inibição do poder familiar. A justificativa da exclusividade decorre do disposto no art. 98, II, quando o direito da criança e do adolescente for ameaçado ou violado "por falta, omissão ou abuso dos pais ou responsável".

Em virtude do disposto no art. 2º do CPC, a autoridade judiciária não poderá iniciar o procedimento *ex officio*. A iniciativa judicial ficará reservada às providências de caráter verificatório, de jurisdição voluntária, previstas no art. 153 do ECA.

A lei é clara e precisa ao indicar o Ministério Público,[13] ou quem tenha legítimo interesse, como titulares da ação inibitória. Evidentemente, deve-se acrescentar o "interesse jurídico" para dar capacitação ao autor da ação judicial.

A ação judicial tem por escopo a satisfação de um direito. Aquele que quer fazer valer um direito seu deve, antes de tudo, verificar se o seu interesse de agir é "legítimo", vale dizer, dentro dos limites protegidos pelo Direito. Caso contrário, decairá da ação.

Lembrando algumas lições de Pontes de Miranda, pode-se ressaltar que, "atribuindo ao adjetivo 'legítimo' o sentido de permitido por lei, seria traçar duas linhas divisórias: uma, entre interesses e não interesses; outra, entre interesses legítimos e ilegítimos, que seriam os interesses suscetíveis de proteção pelo Direito e os interesses não suscetíveis de tal proteção; os interesses do que tem razão e os interesses do que não tem razão, dos quais só aqueles seriam os legítimos. A única solução é lermos o adjetivo 'legítimo' como se estivesse em vez de 'jurídico', de

13. ECA, art. 201, III.

modo que dentro dessa forma contenham interesses econômicos, morais ou mistos. Ou não o ler" (Pontes de Miranda, F. C., 1983, p. 253).

Posto isso, conclui-se que tem legítimo interesse para promover a destituição do poder familiar tanto os parentes[14] da criança ou adolescente como terceiro a quem houver sido confiada sua guarda (*RT* 500/79 e 541/78), além do Ministério Público. Aquele que tiver legítimo interesse para propor a ação inibitória deverá constituir advogado, nos termos do art. 36 do CPC, ancorado no preceito constitucional previsto no art. 133, e na forma estatutária, o art. 206.

A petição inicial deverá conter os seguintes requisitos: "I – a autoridade a que for dirigida; II – o nome, o estado civil, a profissão e a residência do requerente e do requerido, dispensada a qualificação em se tratando de pedido formulado por representante do Ministério Público; III – a exposição sumária do fato e o pedido; IV – as provas que serão produzidas, oferecendo, desde logo, o rol de testemunhas e documentos" (art. 156).

A petição inicial é a forma pela qual o Ministério Público ou aquele que tem legítimo interesse de agir inicia o procedimento.

A autoridade judiciária será indicada pelo cargo que ocupa. Geralmente, será o juiz da infância e da juventude (art. 146).

O juiz verificará, ao exarar seu despacho inicial, se a petição preenche os requisitos previstos nos arts. 156 do ECA e 282 do CPC.

Caso constate irregularidade sanável, por ausência de algum requisito, o juiz deverá aplicar subsidiariamente o art. 284 do CPC, determinando que a mesma seja emendada (para sanar a irregularidade) no prazo de 10 dias, sob pena de indeferi-la (parágrafo único).

Os dados pessoais do requerente e do requerido são necessários para que se faça a identificação das partes e certificar que a ação judicial está sendo proposta contra a pessoa certa.

O pedido do autor é o objeto da ação. Aquilo que o autor pede deve ser apreciado pelo órgão jurisdicional, que determinará ou não a entrega da tutela jurisdicional.

Pelo art. 286 do CPC, "o pedido deve ser certo e determinado". Deve haver ambas as qualidades no pedido, que são imprescindíveis para a exata identificação do objeto da ação.

Na lição de J. J. Calmon de Passos, "pedido certo é o que deixa claro e fora de dúvida o que se pretende, quer no tocante à sua quantidade, quer no referente à sua extensão e qualidade. Pedido determinado é o que externa uma pretensão que visa a um bem jurídico perfeitamente

---

14. Entendem-se por "parentes" os ascendentes, colaterais ou afins da criança e do adolescente, até o quarto grau. Também o pretendente de tutela e adoção.

caracterizado. A certeza e determinação, portanto, são qualidades que não se excluem, mas se somam" (Calmon de Passos, J. J., p. 236).

À evidência, o pedido deverá, além de ser regido pela disposição do art. 24, inserir-se nas hipóteses do art. 22, ambos do ECA.

Como no procedimento sumário, os documentos e o rol de testemunhas deverão acompanhar a inicial (CPC, art. 276).

Em todos os procedimentos, deve-se ter sempre em vista sua finalidade: os interesses supremos da criança e do adolescente, que não poderão ser molestados pelo formalismo desmedido, devendo o juiz bater-se pela verificação da verdade real, e não a meramente processual ou formal.

Dispõe o art. 157: "Havendo motivo grave, poderá a autoridade judiciária, ouvido o Ministério Público, decretar a suspensão do poder familiar, liminar ou incidentalmente, até o julgamento definitivo da causa, ficando a criança ou adolescente confiado a pessoa idônea, mediante termo de responsabilidade".

O Código de Menores revogado tinha em seu art. 98 disposição semelhante: "Como medida cautelar, em qualquer dos procedimentos, demonstrada a gravidade do fato, poderá ser, liminar ou incidentalmente, decretada a suspensão provisória do pátrio poder, da função de tutor ou da de guardador, ficando o menor confiado à autoridade administrativa competente ou a pessoa idônea, mediante termo de responsabilidade, até decisão final".

À evidência, percebe-se que a medida é urgente e, ao mesmo tempo, provisória, com a finalidade de assegurar os efeitos de uma providência principal, que está sob risco de eventual demora.

Contudo, nota-se que havendo situação extrema, verificada a hipótese de maus-tratos, opressão ou abuso sexual impostos pelos pais ou responsável (art. 130), ou qualquer outro motivo grave, nova ação, de caráter cautelar, deverá ser proposta para inibir a violência e para que o agressor abandone a moradia.

No caso, será na ação cautelar que a autoridade judiciária decretará, *in limine*, a suspensão do poder familiar.

Verifica-se, pois, que duas situações são apresentadas pelos arts. 157 e 130: este último define a gravidade dos atos praticados pelos pais ou responsável e determina sua regularização através de medida cautelar que tem por escopo a retirada do agressor do lar; o primeiro, abordando a hipótese da ação principal, recomenda que, "havendo motivo grave, poderá a autoridade judiciária ... decretar a suspensão do poder familiar, liminar ou incidentalmente...".

Ora, quando houver motivo grave, a prestação jurisdicional deve ser imediata, na própria ação principal, como meio incidental, para cumprir a finalidade da lei com a rapidez requerida nos procedimentos referentes às crianças e aos adolescentes.

Conclui-se, portanto, que a ação cautelar somente será utilizada para obrigar o agressor a abandonar a moradia comum. Nos demais casos, a autoridade judiciária decretará, liminar ou incidentalmente, na ação principal, a suspensão do poder familiar.

Sobre o assunto, Antônio Luiz Ribeiro Machado escreveu: "Trata--se de uma iniciativa importantíssima, porquanto permite à autoridade judiciária tomar providências imediatas com relação ao menor que se encontre em situação de perigo, quer com relação à sua integridade física e mental, quer quanto à sua preservação moral, quando tais situações forem causadas pelos pais, pelo tutor ou pelo guardador" (Ribeiro Machado, A. L., p. 152).

Apresentado o pedido em juízo, o requerido será citado para, no prazo de dez dias, oferecer resposta escrita, indicando as provas a serem produzidas e oferecendo desde logo o rol de testemunhas e documentos. A Lei 12.962/2014 incluiu dois parágrafos no art. 158, que dispõem que a citação será pessoal, salvo se esgotados todos os meios para sua realização (§ 1º) e que o requerido privado de liberdade deverá ser citado pessoalmente (§ 2º).

Citação, diz o art. 213 do CPC, "É o ato pelo qual se chama a juízo o réu, a fim de se defender". É ato imprescindível para o início do processo, tanto que a lei processual assim dispõe: "Para a validade do processo de conhecimento, de execução ou cautelar, é indispensável a citação inicial do réu" (CPC, art. 214).

A lei não se contenta só com a concretização da citação; e necessário que ela tenha validade (CPC, art. 247).

Deverá, pois, a citação ser feita de acordo com as regras estabelecidas nos arts. 213 e ss. do CPC, observando-se, quanto ao prazo de defesa, a exceção contida no art. 191 da norma adjetiva civil.

A citação deverá ser efetuada em qualquer lugar em que se encontre o réu (CPC, art. 216). Se ele estiver ausente do foro da causa, a citação será feita na pessoa de seu mandatário, administrador ou gerente, quando a ação tiver sua origem em atos por ele praticados.

Vê-se que a regra geral é que o destinatário da citação sempre é o réu, porquanto será ele quem deverá defender-se no processo iniciado pelo autor. É por isso que a citação se fará pessoalmente ao réu (CPC, art. 215) e só excepcionalmente ao seu procurador legalmente autorizado.

Existem várias modalidades de citação: pelo correio, por oficial de justiça e por edital. A citação pelo correio pode ser feita para qualquer comarca do País, exceto nas ações de estado, quando o réu for pessoa incapaz ou pessoa de direito público, quando residir em local não atendido por entrega domiciliar de correspondência, nos processos de execução ou quando o autor requerer que a citação seja feita de outra forma (CPC, art. 222). A citação feita por oficial de justiça será aquela que, por "mandado",[15] cumprirá ato do juiz, que determina o chamamento do réu para contestar a ação contra ele movida "nos casos ressalvados no art. 222, ou quando frustrada a citação pelo correio" (CPC, art. 224). Por edital far-se-á a citação: 1) quando for desconhecido ou incerto o réu; 2) quando ignorado, incerto ou inacessível o lugar em que se encontrar; e 3) nos casos expressos em lei (CPC, art. 231).

A citação também poderá ser feita "com hora certa", nos casos de o oficial encontrar dificuldade para localizar ou encontrar-se com o réu, pelo fato de ele se ocultar. Esse tipo de citação constitui-se num incidente da citação feita por oficial de justiça, vez que é através do auxiliar da Justiça que ela será efetuada (CPC, arts. 227-229).

Trata-se de "citação *ficta*", pois se presume que o réu dela teve ciência, embora não tivesse sido feita pessoalmente. A citação com hora certa, por ser um chamamento presumido, deverá ser cumprida após esgotados todos os meios para a citação pessoal. Deverá ser, pois, um procedimento excepcional.

A citação válida, como ato fundamental do processo, gera alguns efeitos: a) realiza o *actum trium personarum*, ou seja, possibilita a existência do devido processo legal, com a presença do autor, do réu e do juiz; b) torna prevento o juízo; c) induz litispendência; d) faz litigiosa a coisa; e) constitui o devedor em mora; e f) interrompe a prescrição (CPC, art. 219).

Pela "prevenção" fica fixada a competência de um juiz em face do outro, ou outros, quando vários ou todos forem igualmente competentes; a "litispendência" caracteriza-se pelo movimento da causa em juízo, destacando-se a objeção gerada, que pode ser arguida pelo interessado e conhecida pela autoridade judiciária. A litispendência impede que a mesma causa seja objeto de nova ação judicial.

A citação válida torna a coisa litigiosa, ou seja, uma vez feita a citação, a "coisa", que é o objeto da pretensão, se tornará dependente de sentença judicial.

O devedor que não cumprir a obrigação no vencimento incidirá em mora.

Por fim, a citação válida interrompe a prescrição. "A prescrição interrompe-se pela citação pessoal feita ao devedor, ainda que ordenada por juiz incompetente" (CPC, art. 172, I).

---

15. "Mandado" é o instrumento de que se serve o oficial de justiça para cumprir uma ordem judicial.

Dispõe o art. 159 do ECA que, "se o requerido não tiver possibilidade de constituir advogado, sem prejuízo do próprio sustento e de sua família, poderá requerer, em cartório, que lhe seja nomeado dativo, ao qual incumbirá a apresentação de resposta, contando-se o prazo a partir da intimação do despacho de nomeação". A Lei 12.962/2014 incluiu parágrafo único no art. 159 que dispõe que na hipótese de requerido privado de liberdade, o oficial de justiça deverá perguntar, no momento da citação pessoal, se deseja que lhe seja nomeado defensor.

Nota-se que o requerido não ficará sem defensor, por força de preceito constitucional (CF, art. 5º, LV e LXXIV). Tampouco ficará prejudicado em sua defesa pela falta de recursos financeiros. Conforme estabelecido pela Lei 7.115, de 29.8.1983, o candidato à assistência judiciária gratuita deverá firmar, de próprio punho, declaração destinada a fazer prova de vida, residência, pobreza, dependência econômica, homonímia ou bons antecedentes, presumindo-se verdadeiros os fatos alegados.

Em brilhante lição, Samuel Alves de Melo Júnior ensina que, "para que haja interrupção do prazo de resposta previsto no art. 159, o pedido de assistência judiciária deverá ser apresentado em cartório no decêndio que se seguir à formalização da citação".

"A parte deve ser intimada pessoalmente da nomeação, ou, se for o caso do encaminhamento do processo à Defensoria Pública, para que possa manter contato com o profissional, a fim de fornecer-lhe os elementos necessários à elaboração da defesa."

Por conseguinte, "sendo necessário, a autoridade judiciária requisitará de qualquer repartição pública ou órgão público a apresentação de documento que interesse à causa, de ofício ou a requerimento das partes ou do Ministério Público" (art. 160).

Para que o juiz faça um correto julgamento da causa, deverá ter liberdade na iniciativa de escolher as provas que entender necessárias.

É bem verdade que a citada providência não é novidade trazida pelo Estatuto. O art. 130 do CPC dispõe que "caberá ao juiz, de ofício ou a requerimento da parte, determinar as provas necessárias à instrução do processo...". E, tratando-se de provas arroladas em processo de perda ou suspensão do poder familiar, a iniciativa do juiz de requisitar documentos e informações, ou qualquer outra prova admitida em Direito, deve ser soberana e cumprida com presteza.

Se, por acaso, o requerido não apresentar sua defesa, os autos serão remetidos ao Ministério Público, que terá cinco dias para oferecer seu parecer. Em seguida, o juiz julgará em igual prazo (art. 161).

Trata o *caput* do art. 161 do julgamento antecipado da lide, previsto no art. 330 do CPC, na hipótese prevista no inciso I, "quando a questão de mérito for unicamente de direito, ou, sendo de direito e de fato, não houver necessidade de produzir prova em audiência".

Como já salientou Samuel Alves de Melo Júnior, "a não apresentação de contestação, por versar as questões, sempre, sobre direitos indisponíveis, não implicará presunção de veracidade dos fatos articulados. Assim, se os documentos que instruíram a inicial não forem suficientes para comprovar as alegações, o juiz deverá determinar, de ofício, a dilação protelatória necessária".

A Lei 12.010/2009 alterou o § 1º do art. 161 dando-lhe nova redação, dispondo que a autoridade judiciária, de ofício ou a requerimento das partes ou do Ministério Público, determinará a realização de estudo social ou perícia por equipe interprofissional ou multidisciplinar, bem como a oitiva de testemunhas que comprovem a presença de uma das causas de suspensão ou destituição do poder familiar previstas nos arts. 1.637 e 1.638 do Código Civil, ou no art. 24 do ECA.

Sendo os pais oriundos de comunidades indígenas, é, ainda, obrigatória a intervenção junto à equipe profissional ou multidisciplinar referida no § 1º desse artigo, de representantes do órgão federal responsável pela política indigenista, observado o disposto no § 6º do art. 28 do ECA (art. 161, § 2º).

Se o pedido importar modificação de guarda, será obrigatória, desde que possível e razoável, a oitiva da criança ou adolescente, respeitado seu estágio de desenvolvimento e grau de compreensão sobre as implicações da medida (art. 161, § 3º).

A medida estabelecida é importante porque revela o direito da criança e do adolescente, enquanto permite-lhes manifestar sua vontade sobre seu futuro guardião.

Por outro lado, a norma utiliza a expressão "obrigatória" para determinar imperioso o pronunciamento da criança ou do adolescente quando o pedido importar modificação de guarda. Ao mesmo tempo, emprega a expressão "desde que possível e razoável", concedendo à autoridade judiciária a "possibilidade" de ouvir a criança ou o adolescente. Se ao juiz fica aberta a possibilidade de ouvir ou não a criança ou o adolescente, evidentemente que não se pode falar em obrigatoriedade da medida.

É obrigatória a oitiva dos pais sempre que forem identificados e estiverem em local conhecido (§ 4º do art. 161).

O § 5º do art. 161 foi incluído pela Lei 12.962/2014 dispondo que se o pai ou a mãe estiverem privados de liberdade, a autoridade judicial requisitará sua apresentação para a oitiva.

O art. 162 dispõe situação diversa do artigo anterior. Neste caso, "apresentada a resposta, a autoridade judiciária dará vista dos autos ao

Ministério Público, por cinco dias, salvo quando este for o requerente, designando, desde logo, audiência de instrução e julgamento".

É bem verdade que, se o Ministério Público estiver intervindo no processo, como *custos legis*, o juiz deverá determinar o mesmo procedimento após sua manifestação.

A autoridade judiciária, de ofício ou a requerimento das partes ou do Ministério Público, determinará a realização de estudo social ou perícia por equipe interprofissional ou multidisciplinar, bem como a oitiva de testemunhas que comprovem a presença de uma das causas de suspensão ou destituição do poder familiar previstas nos arts. 1.637 e 1.638 do CC ou no art. 24 do Estatuto.

No ensinamento de Eliézer Rosa, a audiência é "o ato processual público, solene, substancial do processo, presidido pelo juiz, onde se instrui, discute e decide a causa" (Rosa, E., verbete "Audiência de instrução").

É na audiência que se concentra a causa. E, sob a presidência do juiz, aberta ao público, serão produzidas as provas, principalmente as de natureza oral; as partes farão os debates dos fatos e do direito e, ao final, o juiz proferirá a sentença.

Moacyr Amaral Santos apresenta os princípios informadores da audiência: "a) *princípio da concentração da causa*, que determina que, na audiência, se concentram as provas de natureza oral e, oralmente, se completam outras provas; b) *princípio da imediatidade*, onde o juiz entra em contato direto com as partes e seus advogados, com as testemunhas, os peritos e assistentes técnicos, aos quais ouve pessoalmente; c) *princípio da oralidade*, pelo qual os depoimentos das partes e das testemunhas serão orais; orais as informações e os esclarecimentos dos peritos e assistentes técnicos; orais os debates das partes e, bem assim, como regra, o julgamento da causa; d) *princípio da identidade física do juiz*, onde o mesmo juiz que houver iniciado a instrução da causa em audiência deverá completá-la e proferir sentença, salvo se for transferido, promovido ou aposentado, casos em que passará os autos ao seu sucessor" (Amaral Santos, M., p. 367).

O art. 455 do CPC informa que a audiência é una e contínua. Mas, não sendo possível concluir, num só dia, a instrução, o debate e o julgamento, o juiz marcará o seu prosseguimento para o dia próximo.

Às vezes, pela dificuldade de comunicação entre as comarcas, pela ausência de testemunhas ou pela necessidade de expedir cartas precatórias, não será possível concluir a audiência numa só reunião, devendo o juiz desdobrar seu prosseguimento.

É bem verdade, também, que, em virtude da complexidade do caso, as razões finais poderão ser substituídas por memoriais, no prazo que o juiz fixar (CPC, art. 454, § 3º).

Não se pode esquecer, todavia, que o procedimento é relativo à perda ou à suspensão do poder familiar, em virtude da importância do fato para o reordenamento familiar, e, ancorado pela urgência da prioridade absoluta, o juiz deverá velar pela rapidez do procedimento até sua conclusão, com a sentença.

A decisão deverá ser proferida na mesma audiência, após os debates orais entre as partes, já que a leitura da sentença em data posterior é medida excepcional.

A Lei 12.010/2009 alterou o art. 163 fixando o prazo máximo de 120 dias para a conclusão do procedimento. A sentença que decretar a perda ou a suspensão do poder familiar será averbada à margem do registro de nascimento da criança ou do adolescente.

Tal procedimento foi instituído pelo ECA, que determinou, no art. 264, a inclusão do item 6º no art. 102 da Lei 6.015, de 31.12.1973 (Lei de Registros Públicos): "a perda e a suspensão do pátrio poder" (poder familiar).

Sobre o assunto se expressam Cury, Garrido e Marçura: "A averbação será desnecessária quando a destituição do pátrio poder [*hoje poder familiar*] for decretada em processo de adoção, prevalecendo, neste caso, o preceito contido no art. 47, § 2º, que determina o cancelamento do registro original. A certidão expedida subsequentemente à averbação consignará a circunstância de os pais estarem suspensos ou destituídos do pátrio poder [*hoje poder familiar*] (suspensos ou destituídos – *de acordo com o novo CC*), sem que isso, contudo, implique designação discriminatória relativa à filiação" (Cury, Garrido e Marçura, p. 85).

Posição contrária foi assumida pelo juiz Samuel Alves de Melo Júnior, à evidência do § 6º do art. 227 da CF, que "proíbe quaisquer designações discriminatórias relativas à filiação. Ora, a averbação que a lei determina seja feita, e que, à evidência, constará, já que não há nenhuma ressalva a respeito, das certidões a serem expedidas, é, sem dúvida alguma, discriminatória. A criança ou adolescente é que será o arauto, através de sua certidão, a proclamar, permanentemente, que não teve bons pais, levando terceiros, inclusive, a toda sorte de conjectura, como, p. ex., quando se tratar de menor do sexo feminino, de que houve 'abusos' por parte do genitor. Será um estigma na vida daquela criança ou adolescente".

Evidentemente, a autoridade judiciária que decretou a inibição do poder familiar deverá impedir o fornecimento de certidões que contenham averbação com designações discriminatórias.

Seção III – **Da destituição da tutela**

Art. 164. Na destituição da tutela, observar-se-á o procedimento para a remoção de tutor previsto na lei processual civil e, no que couber, o disposto na seção anterior.

3. Da destituição da tutela

O procedimento para a remoção de tutor será aquele previsto nos arts. 1.194 a 1.198 do CPC; no que couber, serão utilizadas as orientações dos arts. 155 a 163 do ECA.

Convém lembrar a lição de Pontes de Miranda ao definir a tutela: "é o poder conferido pela lei, ou segundo princípios seus, à pessoa capaz, para proteger a pessoa e reger os bens dos menores que estão fora do pátrio poder" [*hoje poder familiar*] (Pontes de Miranda, F. C., 1983, p. 253).

No art. 36 o ECA disciplina a tutela, que "será deferida, nos termos da lei civil, a pessoa de até 18 (dezoito) anos incompletos" e, evidentemente, pressupõe a prévia decretação da suspensão ou extinção do poder familiar.

É importante notar que o Estatuto fixou a competência do juiz da infância e da juventude para destituir ou suspender o tutor. Nada falou sobre a nomeação do tutor. À evidência, a Justiça da Infância e da Juventude também será competente para a nomeação de tutor que deverá ser processada na forma dos arts. 1.187 a 1.193 do CPC, com alterações trazidas pelo art. 37 do ECA, verificada a situação determinante do art. 98 c/c o art. 148.

O CC/2002 enumera, no art. 1.764, as condições em que cessam as funções do tutor: "I – ao expirar o termo, em que era obrigado a servir (CC, art. 1.765); II – ao sobrevir escusa legítima (CC, arts. 1.736 a 1.738); III – ao ser removido (CC, arts. 1.735 e 1.766)".

Além dessas hipóteses, o tutor será destituído "quando for negligente, prevaricador ou incurso em incapacidade" (art. 1.735); não cumprir o dever de sustento, guarda e educação do pupilo, ou determinações judiciais, em face do disposto nos arts. 22 e 38 do ECA; e não observar os deveres que a lei civil lhe impõe (CC, arts. 1.740, 1.751, 1.752, 1.756).

O art. 1.735 indica aqueles que são incapazes de exercer a tutela e, consequentemente, se nomeados, poderão ser exonerados pelos seguintes motivos: "I – aqueles que não tiverem a livre administração de seus bens; II – aqueles que, no momento de lhes ser deferida a tutela, se acharem constituídos em obrigação para com o menor, ou tiverem que fazer valer direitos contra este, e aqueles cujos pais, filhos ou cônjuges tiverem demanda contra o menor; III – os inimigos do menor, ou de seus pais, ou que tiverem sido por estes expressamente excluídos da tutela; IV – os condenados por crime de furto, roubo, estelionato, falsidade, contra a família ou os costumes, tenham ou não cumprido pena; V – as pessoas de mau procedimento, ou falhas em probidade, e as culpadas de abuso em tutorias anteriores; VI – aqueles que exercerem função pública incompatível com a boa administração da tutela".

O art. 1.748 do CC determina que o tutor poderá praticar determinados atos, sempre com autorização do juiz. São eles: "I – pagar as dívidas do menor; II – aceitar por ele heranças, legados ou doações, ainda que com encargos; III – transigir; IV – vender-lhe os bens móveis, cuja conservação não convier, e os imóveis nos casos em que for permitido; V – propor em juízo as ações, ou nelas assistir o menor, e promover todas as diligências a bens deste, assim como defendê-lo nos pleitos contra ele movidos. Parágrafo único: No caso de falta de autorização, a eficácia de ato do tutor depende da aprovação ulterior do juiz".

No procedimento especial de destituição, o juiz "não estará obrigado a observar o critério de legalidade estrita, podendo adotar em cada caso a solução que reputar mais conveniente ou oportuna" (CPC, art. 1.109).

O prazo de defesa será aquele previsto no Estatuto, de 10 dias, e não o contido no art. 1.195 da lei adjetiva civil.

Nos termos do art. 1.194 do CPC, "incumbe ao órgão do Ministério Público, ou a quem tenha legítimo interesse, requerer, nos casos previstos na lei civil, a remoção do tutor ou curador".

Vale lembrar que a decretação da suspensão e extinção do poder familiar não versa sobre direitos indisponíveis. Assim, se o pedido de remoção ou suspeição de tutor não for contestado, como de modo diverso ocorre na suspensão e extinção do poder familiar, os fatos alegados na inicial poderão ser admitidos como verdadeiros, decidindo o juiz, incontinenti, a questão, após a manifestação do Ministério Público.

É importante notar que, com fundamento no art. 1.198 do CPC, o tutor poderá requerer a exoneração de suas funções, após expirado o prazo de dois anos. Se não o fizer, será reconduzido, salvo se o juiz o dispensar.

Seção IV – **Da colocação em família substituta**

Art. 165. São requisitos para a concessão de pedidos de colocação em família substituta:

I – qualificação completa do requerente e de seu eventual cônjuge, ou companheiro, com expressa anuência deste;

II – indicação de eventual parentesco do requerente e de seu cônjuge, ou companheiro, com a criança ou adolescente, especificando se tem ou não parente vivo;

III – qualificação completa da criança ou adolescente e de seus pais, se conhecidos;

IV – indicação do cartório onde foi inscrito nascimento, anexando, se possível, uma cópia da respectiva certidão;

V – declaração sobre a existência de bens, direitos ou rendimentos relativos à criança ou ao adolescente.

Parágrafo único. Em se tratando de adoção, observar-se-ão também os requisitos específicos.

Art. 166. Se os pais forem falecidos, tiverem sido destituídos ou suspensos do poder familiar, ou houverem aderido expressamente ao pedido de colocação em família substituta, este poderá ser formulado diretamente em cartório, em petição assinada pelos próprios requerentes, dispensada a assistência de advogado. (*Redação dada pela Lei 12.010/2009*)

§ 1º. Na hipótese de concordância dos pais, esses serão ouvidos pela autoridade judiciária e pelo representante do Ministério Público, tomando-se por termo as declarações. (*§§ 1º a 7º acrescentados pela Lei 12.010/2009*)

§ 2º. O consentimento dos titulares do poder familiar será precedido de orientações e esclarecimentos prestados pela equipe interprofissional da Justiça da Infância e da Juventude, em especial, no caso de adoção, sobre a irrevogabilidade da medida.

§ 3º. O consentimento dos titulares do poder familiar será colhido pela autoridade judiciária competente em audiência, presente o Ministério Público, garantida a livre manifestação de vontade e esgotados os esforços para manutenção da criança ou do adolescente na família natural ou extensa.

§ 4º. O consentimento prestado por escrito não terá validade se não for ratificado na audiência a que se refere o § 3º deste artigo.

§ 5º. O consentimento é retratável até a data da publicação da sentença constitutiva da adoção.

§ 6º. O consentimento somente terá valor se for dado após o nascimento da criança.

§ 7º. A família substituta receberá a devida orientação por intermédio de equipe técnica interprofissional a serviço do Poder Judiciário, preferencialmente com apoio dos técnicos responsáveis pela execução da política municipal de garantia do direito à convivência familiar.

Art. 167. A autoridade judiciária, de ofício ou a requerimento das partes ou do Ministério Público, determinará a realização de estudo social ou, se possível, perícia por equipe interprofissional, decidindo sobre a concessão de guarda provisória, bem como, no caso de adoção, sobre o estágio de convivência.

Parágrafo único. Deferida a concessão da guarda provisória ou do estágio de convivência, a criança ou o adolescente será entregue ao interessado, mediante termo de responsabilidade. (*Acrescentado pela Lei 12.010/2009*)

Art. 168. Apresentado o relatório social ou o laudo pericial, e ouvida, sempre que possível, a criança ou o adolescente, dar-se-á vista dos autos ao Ministério Público, pelo prazo de cinco dias, decidindo a autoridade judiciária em igual prazo.

Art. 169. Nas hipóteses em que a destituição da tutela, a perda ou a suspensão do poder familiar constituir pressuposto lógico da medida principal de colocação em família substituta, será observado o procedimento contraditório previsto nas Seções II e III deste Capítulo.

Parágrafo único. A parte ou a modificação da guarda poderá ser decretada nos mesmos autos do procedimento, observado o disposto no art. 35.

Art. 170. Concedida a guarda ou a tutela, observar-se-á o disposto no art. 32, e, quanto à adoção, o contido no art. 47.

Parágrafo único. A colocação de criança ou adolescente sob a guarda de pessoa inscrita em programa de acolhimento familiar será comunicada pela autoridade judiciária à entidade por este responsável no prazo máximo de 5 (cinco) dias. (*Acrescentado pela Lei 12.010/2009*)

4. Da colocação em família substituta

A colocação em família substituta é medida específica de proteção à criança e ao adolescente (art. 101, IX). Suas formas são: a *guarda* (arts. 33-35), a *tutela* (arts. 36-38) e a *adoção* (arts. 39-52-D).

Com clareza meridiana, os incisos revelam procedimento simples e de orientação genérica dos pedidos de colocação de criança ou adolescente em família substituta.

Nota-se que a determinação feita no inciso I do art. 165 do ECA, referente à anuência do cônjuge, obrigatória somente quando viverem juntos, vem gravada de novidade pela lei estatutária, vez que seu paradigma, no Código de Menores revogado (art. 18), não fazia tal exigência.

No caso de comprovada separação de fato, não será necessária a anuência do cônjuge separado; se, apesar de separado, o cônjuge viver com concubino ou companheiro e desejar requerer a guarda, adoção ou tutela de criança ou jovem, aí, sim, deverá trazer o consentimento exigido (do companheiro).

À evidência, percebe-se que as providências exigidas nos incisos II e III do artigo destinam-se à regularização da cidadania da criança e do jovem. Não havendo certidão de nascimento, a autoridade judiciária deverá, de ofício, determinar a providência, fundada no art. 102 do ECA.

Se a criança ou adolescente já estiver registrado, mas o requerente não tiver a certidão, o juiz deverá requisitar segunda via do cartório competente.

O parágrafo único do art. 165 dispõe que, "em se tratando de adoção, observar-se-ão também os requisitos específicos".

Além dos requisitos gerais a todo pedido de colocação de criança ou adolescente em família substituta, a adoção exige requisitos específicos, a saber: a) o adotando deve contar com, no máximo, 18 anos à data do pedido, salvo se já estiver sob a guarda ou tutela dos adotantes (art. 40); b) o adotante deve ter 18 anos, independentemente do estado civil (art. 42); c) o adotante não pode ser ascendente ou irmão do adotando (art. 42, § 1º); d) quando os adotantes forem casados, ou em união estável, um deles deverá ter 18 anos de idade (art. 42, § 2º); e) o adotante deve ser 16 anos mais velho que o adotando (art. 42, § 3º); f) os adotantes, se forem divorciados ou separados judicialmente, deverão acordar sobre a guarda e o regime de visitas (art. 42, § 4º); g) o tutor ou curador deverá prestar contas de sua administração antes de adotar o pupilo ou curatelado (art. 44); h) a adoção depende do consentimento dos pais ou do representante legal do adotando e o consentimento deste (art. 45); e i) tratando-se de adoção requerida por estrangeiros, observar-se-á o disposto nos arts. 31, 52 e 52-A a 52-D.

Por outro lado, "se os pais forem falecidos, tiverem sido destituídos ou suspensos do poder familiar, ou houverem aderido expressamente ao pedido de colocação em família substituta, este poderá ser formulado diretamente em cartório, em petição assinada pelos próprios requerentes", dispensada a assistência de advogado (art. 166).

A Lei 12.010/2009 incluiu os §§ 1º a 7º ao art. 166, que tratam especificamente do consentimento na adoção. Na hipótese de concordância dos pais, esses serão ouvidos pela autoridade judiciária e pelo representante do Ministério Público, tomando-se por termo as declarações (§ 1º). O consentimento dos titulares do poder familiar será precedido de orientações e esclarecimentos prestados pela equipe interprofissional da Justiça da Infância e da Juventude, em especial, no caso de adoção, sobre a irrevogabilidade da medida (§ 2º). O consentimento dos pais ou responsáveis será colhido pelo juiz competente em audiência, com a presença do Ministério Público, garantindo-se a livre manifestação de vontade e esgotados todos os esforços para manter a criança ou o adolescente na família natural ou extensa (§ 3º). O consentimento prestado por escrito somente será válido se for ratificado na audiência designada para o fim específico de colher a manifestação da vontade dos titulares do poder familiar (§ 4º) Todavia, esse consentimento é retratável até a data da publicação da sentença constitutiva da adoção (§ 5º), e somente terá valor se for dado após o nascimento da criança (§ 6º). A família substituta receberá a devida orientação por intermédio da equipe técnica interprofissional do Juizado da Infância, preferencialmente com apoio dos técnicos responsáveis pela execução da política municipal de garantia do direito à convivência familiar (§ 7º).

À vista do disposto no *caput* do referido artigo, não será necessária a presença de advogado, vez que não existe lide. Mas, à vista do art. 165, a parte poderá outorgar procuração a advogado, que fará o requerimento.

Contudo, na adoção, se os pais ou responsáveis tiverem apenas suspensos os direitos do poder familiar sobre o adotado, o citado artigo não terá aplicação, tendo em vista que será necessária a destituição prévia daqueles direitos (art. 169).

Os requerentes poderão, em cartório ou na coordenadoria do Serviço Social do juízo, subscrever o pedido, que deverá conter os requisitos exigidos pelo art. 165.

A hipótese da concordância dos genitores ressalta a afirmação de que o poder familiar continua a ser irrenunciável e, não havendo mais a adoção contratual de crianças e adolescentes, não se fala mais em delegação do poder familiar.

A concordância dos genitores deverá ser na presença da autoridade judiciária e do promotor de justiça, ocasião em que será reduzida a termo e assinada por todos.

A medida tem a finalidade de proteger o adotante, e suas relações familiares com o adotado, de futuras investidas de pais arrependidos.

É por isso que os processos de suspensão e extinção do poder familiar devem tramitar separadamente, pois o pedido de adoção não terá as características do contraditório, enquanto no outro a pretensão do autor é resistida pelo réu.

Conclui-se, pois, que a suspensão e extinção do poder familiar constituem pressupostos da adoção e da tutela. Para a adoção é imprescindível a destituição; para a tutela, tanto pode ser a extinção quanto a suspensão (art. 169).

Contudo, a concordância dos pais não constitui pressuposto obrigatório para a concessão da adoção, visto que a própria norma estatutária utiliza o termo relativo "na hipótese de concordância dos pais (...)". Haverá, pois, ocasiões em que não será possível a expressa concordância dos genitores, mormente aqueles casos em que a mãe, ao dar à luz no hospital, abandona o filho no berçário e desaparece.

Neste e em qualquer outro caso que tenha como destino a colocação de criança ou adolescente em família substituta, deverá ser realizado o estudo social e, se possível, perícia técnica por equipe interprofissional, que fornecerá subsídios à autoridade judiciária sobre a convivência familiar dos adotantes com o adotado (art. 167). Após ser deferida a guarda provisória ou o estágio de convivência, a criança ou o adolescente será entregue ao interessado mediante termo de responsabilidade.

"Apresentado o relatório social ou laudo pericial, e ouvida, sempre que possível, a criança ou adolescente, dar-se-á vista dos autos ao Ministério Público, pelo prazo de cinco dias, decidindo a autoridade judiciária em igual prazo" (art. 168).

Como já foi dito, se a criança ou adolescente puder manifestar sua vontade e opinião sobre sua colocação em outra família, deverá ser apreciada e devidamente respeitada. Se o pedido for de adoção de adolescente, sua oitiva é essencial para a validade do ato.

O art. 169 do ECA dispõe que, "nas hipóteses em que a destituição da tutela constituir pressuposto lógico da medida principal de colocação em família substituta, será observado o procedimento contraditório previsto nas seções II e III deste capítulo". O parágrafo único completa: "A perda ou a modificação da guarda poderá ser decretada nos mesmos autos do procedimento, observado o disposto no art. 35".

Convém lembrar que os procedimentos de suspensão e extinção do poder familiar sempre serão contraditórios, conferindo às partes o direito de apresentarem suas provas através de advogado, como estabelece o art. 22.

Como mencionado, a extinção do poder familiar constitui pressuposto essencial para a concessão da adoção, e poderá ser proferida sentença de destituição nos próprios autos do pedido de adoção (ou tutela).

A guarda, como disciplina o art. 35, poderá ser revogada a qualquer tempo, mediante ato judicial fundamentado, ouvido o Ministério Público.

O guardião também poderá requerer a revogação da guarda, que será processada nos mesmos autos do procedimento originário.

Após concedida a guarda ou a tutela, os responsáveis prestarão compromisso de bem e fielmente desempenhar o encargo, ficando termo nos autos (arts. 32 e 170).

Na adoção verificar-se-á o surgimento do vínculo, que é irrevogável, nos termos do art. 48, e que dará a condição de filho à criança, com todos os direitos e deveres, inclusive sucessórios.

Será o vínculo constituído por sentença judicial, que será inscrita no Registro Civil mediante mandado. Um único mandado será expedido pelo juiz, que determinará a inscrição do novo registro e o cancelamento do anterior (arts. 47 e 170).

A Lei 12.010/2009 incluiu o parágrafo único no art. 170, advertindo que a colocação de criança ou adolescente sob a guarda de pessoa inscrita em programa de acolhimento familiar será comunicada pela autoridade judiciária à entidade por este responsável no prazo máximo de cinco dias.

5. Da apuração de ato infracional atribuído a adolescente

A CF de 1988 insculpiu no art. 227 a proteção especial à criança e ao adolescente, em razão de sua condição peculiar de pessoa em desenvolvimento.

A garantia ao direito especial, na área criminal, vem gravada no § 3º, IV, do citado artigo, dispondo que a criança e o adolescente terão "garantia de pleno e formal conhecimento da atribuição de ato infracional, igualdade na relação processual e defesa técnica por profissional habilitado, segundo dispuser a legislação tutelar específica".[16]

---

16. CF, art. 5º, LV.

Fica, pois, assegurada a ampla defesa, em procedimento contraditório, de adolescente autor de ato infracional, constituída pelo conhecimento da atribuição infracional, pela igualdade na relação processual e pela defesa técnica (art. 111).

Na vigência do Código de Menores, hoje revogado, várias definições davam-se ao "menor infrator". Para Grünspun, "infrator é o menor que comete delito previsto na lei penal" (Grünspun, H., p. 85); Queiroz entendia que "o infrator é o marginal, indivíduo cuja personalidade foi deformada por fatores genéticos ou psicossociais; merece, de qualquer forma, ser isolado e afastado do convívio social" (Queiroz, J. J., et al). Na linguagem popular, era conhecido por "trombadinha", "delinquente", "pivete".

Marques, contudo, sintetiza a situação definidora da marginalidade infanto-juvenil: "no Brasil, regra geral, esse menor pertence a uma família em vias de marginalização nas grandes cidades, por baixos níveis de renda, habitação subumana, subalimentação, analfabetismo e baixo nível de escolaridade, baixos níveis sanitários e de higiene, falta de qualificação profissional, insegurança social" (Marques, J. B. A.).

Considerando o mesmo quadro social descrito acima por Marques, onde vive o adolescente com os mesmos problemas, a lei estatutária define o ato infracional como a conduta descrita como crime ou contravenção penal (art. 103). Adjetivando o comportamento do adolescente a prática de crime ou contravenção penal, tem-se que o "infrator é o adolescente autor de ato infracional".

Em três momentos distintos esse adolescente verá o processamento de seu ato: o primeiro, realizado pela Polícia Judiciária, quando o apreende e o produto e os instrumentos da infração e determina diligências investigatórias (arts. 171-178); o segundo, ao ser apresentado ao Ministério Público, para a audiência informal, com os seus responsáveis, testemunhas e vítimas (arts. 179-182); o terceiro momento ocorre na fase judicial, quando o adolescente será ouvido pelo juiz, na presença de seus pais ou responsável e de seu advogado (arts. 183-190).

Seção V – **Da apuração de ato infracional atribuído a adolescente**

Art. 171. O adolescente apreendido por força de ordem judicial será, desde logo, encaminhado à autoridade judiciária.

Art. 172. O adolescente apreendido em flagrante de ato infracional será, desde logo, encaminhado à autoridade policial competente.

Parágrafo único. Havendo repartição policial especializada para atendimento de adolescente e em se tratando de ato infracional praticado em coautoria com maior, prevalecerá a atribuição da repartição especializada, que, após as providências necessárias e conforme o caso, encaminhará o adulto à repartição policial própria.

Art. 173. Em caso de flagrante de ato infracional cometido mediante violência ou grave ameaça a pessoa, a autoridade policial, sem prejuízo do disposto nos arts. 106, parágrafo único, e 107, deverá:

I – lavrar auto de apreensão, ouvidos as testemunhas e o adolescente;

II – apreender o produto e os instrumentos da infração;

III – requisitar os exames ou perícias necessários à comprovação da materialidade e autoria da infração.

Parágrafo único. Nas demais hipóteses de flagrante, a lavratura do auto poderá ser substituída por boletim de ocorrência circunstanciada.

Art. 174. Comparecendo qualquer dos pais ou responsável, o adolescente será prontamente liberado pela autoridade policial, sob termo de compromisso e responsabilidade de sua apresentação ao representante do Ministério Público, no mesmo dia ou, sendo impossível, no primeiro dia útil imediato, exceto quando, pela gravidade do ato infracional e sua repercussão social, deva o adolescente permanecer sob internação para garantia de sua segurança pessoal ou manutenção da ordem pública.

Art. 175. Em caso de não liberação, a autoridade policial encaminhará, desde logo, o adolescente ao representante do Ministério Público, juntamente com cópia do auto de apreensão ou boletim de ocorrência.

§ 1º. Sendo impossível a apresentação imediata, a autoridade policial encaminhará o adolescente à entidade de atendimento, que fará a apresentação ao representante do Ministério Público no prazo de vinte e quatro horas.

§ 2º. Nas localidades onde não houver entidade de atendimento, a apresentação far-se-á pela autoridade policial. À falta de repartição policial especializada, o adolescente aguardará a apresentação em dependência separada da destinada a maiores, não podendo, em qualquer hipótese, exceder o prazo referido no parágrafo anterior.

Art. 176. Sendo o adolescente liberado, a autoridade policial encaminhará imediatamente ao representante do Ministério Público cópia do auto de apreensão ou boletim de ocorrência.

Art. 177. Se, afastada a hipótese de flagrante, houver indícios de participação de adolescente na prática de ato infracional, a autoridade policial encaminhará ao representante do Ministério Público relatório das investigações e demais documentos.

Art. 178. O adolescente a quem se atribua autoria de ato infracional não poderá ser conduzido ou transportado em compartimento fechado de veículo policial, em condições atentatórias à sua dignidade, ou que impliquem risco à sua integridade física ou mental, sob pena de responsabilidade.

5.1 Procedimento na fase policial

Como já ficou esclarecido, nenhum adolescente será privado de sua liberdade senão em flagrante de ato infracional ou por ordem escrita e fundamentada da autoridade judiciária competente (art. 106).

Portanto, conclui-se que o adolescente só poderá ser apreendido, pela prática de ato infracional, em duas hipóteses: em flagrante de ato infracional ou por ordem escrita e fundamentada do juiz da infância e da juventude.

O art. 171 trata da apreensão do adolescente por determinação judicial (art. 106): "O adolescente apreendido por força de ordem judicial será, desde logo, encaminhado à autoridade judiciária".

Embora seja determinada pelo juiz, a apreensão de adolescente deverá também ser comunicada à sua família ou à pessoa por ele indicada (art. 107).

Neste sentido, os ns. 10.1 e 10.2 das Regras Mínimas da ONU para a Administração da Justiça de Menores (*Beijing Rules*) determinam: "10.1 Com a apreensão do menor, seus pais ou responsável devem ser imediatamente notificados de sua apreensão, e, onde isso não seja possível, os pais ou responsável devem em seguida ser notificados no prazo mais curto possível. 10.2 O juiz ou outro órgão ou funcionário competente deve, sem demora, examinar a questão de soltura". À evidência, a autoridade judiciária só expedirá o decreto segregatório se houver embasamento fático da medida, eis que deverá ser fundamentado com os elementos disponíveis no procedimento.

Nesta hipótese, presume-se que, ao analisar o procedimento de prática de ato infracional atribuída a adolescente, o juiz, de ofício ou a requerimento do Ministério Público, determinará a sua apreensão.

Corolário da norma estatutária vem gravado no art. 311 do CPP: "Em qualquer fase do inquérito policial ou da instrução criminal, caberá a prisão preventiva decretada pelo juiz, de ofício, a requerimento do Ministério Público, ou do querelante, ou mediante representação da autoridade policial".

O artigo seguinte dispõe dos motivos que autorizam a prisão preventiva: "A prisão preventiva poderá ser decretada como garantia da ordem pública, por conveniência da instrução criminal ou para assegurar a aplicação da lei penal, quando houver prova da existência do crime e indícios suficientes da autoria".

O art. 313 da norma adjetiva penal identifica quais os crimes dolosos que admitem a segregação preventiva: "I – punidos com reclusão; II – punidos com detenção, quando se apurar que o indiciado é vadio ou, havendo dúvida sobre a sua identidade, não fornecer ou não indicar elementos para esclarecê-la; III – se o réu tiver sido condenado por outro crime doloso, em sentença transitada em julgado, ressalvado o disposto no inciso I do art. 64 do CP".

Como os procedimentos regulados pelo Estatuto seguirão, subsidiariamente, os previstos na legislação processual, civil ou penal, nos termos do art. 152, as normas referentes à segregação preventiva, definidas nos arts. 311 e 313 do CPP, deverão ser observadas pelo juiz da infância e da juventude, nos casos em que couber sua aplicação.

O art. 172 dispõe sobre a outra forma de apreensão de adolescente autor de ato infracional: pelo flagrante. Neste caso, deverá o adolescente ser encaminhado, incontinenti, à autoridade policial competente.

Havendo repartição policial especializada para atendimento de adolescente, e tratando-se de ato infracional praticado em coautoria com maior, prevalecerá a atribuição da repartição especializada, que, após as providências necessárias e conforme o caso, encaminhará o adulto à repartição policial própria (parágrafo único).

Dispõe o art. 302 do CPP sobre as situações de flagrante: "Considera-se em flagrante delito quem: I – está cometendo a infração penal; II – acaba de cometê-la; III – é perseguido, logo após, pela autoridade, pelo ofendido ou por qualquer pessoa, em situação que faça presumir ser autor da infração; IV – é encontrado, logo depois, com instrumentos, armas, objetos ou papéis que façam presumir ser ele o autor da infração".

Para o processualista Magalhães Noronha, "flagrante vem do latim *flagrans, flagrantis*, isto é, ardente, brilhante e resplandecente. Flagrante delito vem a ser, pois, a ardência do crime. É a prova plena do delito; é a certeza de sua existência e da autoria... O flagrante é uma qualidade do delito: está ele em flagrância, ou seja, sendo cometido, praticado naquele momento, e, por isso mesmo, é patente e irrecusável... Capturado em flagrante é o que é detido *perpetrando* o crime (*in ipsa perpetratione facinoris*), assim se entendendo, geralmente, não apenas o que está *praticando* a ação, mas também o que *acaba de praticá-la*" (Magalhães Noronha, E., p. 162).

No mesmo sentido, João Mendes Júnior define o flagrante: "Nas palavras *encontrado cometendo algum delito* compreende-se tanto o *crime* enquanto está *sendo cometido*, como o crime *logo que acaba de ser cometido*" (Mendes Júnior, J., p. 335). Para Pimenta Bueno, "flagrante delito se chama aquele mesmo ato em que o réu acaba de cometer o crime" (Pimenta Bueno, J. A., p. 87). Conclui Galdino Siqueira: "Assim, o flagrante delito compreende principalmente o caso típico, aquele que propriamente o constitui, isto é, o caso *in faciendo*, em que o indivíduo *é encontrado cometendo o delito ou logo que acaba de cometê-lo*" (Siqueira G., p. 126). O n. 2.2, "a", das Regras Mínimas da ONU para a Administração da Justiça (*Beijing Rules*), define o "infrator" como "a criança ou adolescente a quem se atribui a prática de uma infração ou é encontrado ao cometê-la".

Definida a situação de flagrância, deve-se anotar que o agente policial ou policial militar que efetuou a apreensão deverá encaminhar, imediatamente, o adolescente infrator à presença da autoridade policial competente, observando o que preceitua o art. 178, que veda o transporte do adolescente em compartimento fechado de veículo policial (camburão).

No caso de haver coautoria de crime praticado por adolescente e por maior de 18 anos, os infratores deverão ser encaminhados à Delegacia de Polícia Especializada da Criança e do Adolescente, se houver. Lá, o delegado processará as diligências determinadas no art. 173. Quando terminar o procedimento referente ao adolescente, entregando-o aos seus responsáveis, remeterá o maior para a delegacia de polícia distrital, com as informações e documentos já obtidos nas primeiras diligências realizadas. No caso de flagrante, lavrar-se-á apenas um auto de prisão em flagrante e de apreensão.

Inexistindo a repartição especializada, os adolescentes serão encaminhados à autoridade policial, que deverá, com prioridade, observar o procedimento contido nesta seção V (arts. 171 a 178).

Convém lembrar que, na hipótese de ser apreendido um adolescente sem estar em flagrante de ato infracional, ou por determinação escrita do juiz, a autoridade policial deverá, incontinenti, entregá-lo aos seus responsáveis, podendo incorrer nas penas do art. 230 do ECA. Da mesma forma, se a autoridade policial deixar de comunicar à autoridade judiciária a apreensão de criança ou adolescente, estará sujeita às penalidades do art. 231 da lei estatutária.

A criança apreendida em flagrante de ato infracional deverá ser encaminhada imediatamente ao Conselho Tutelar (arts. 105 e 136, I). A ocorrência do fato deverá ser efetuada na Delegacia de Polícia Especializada, sem a presença da criança.

Dispõe o art. 173 que, "em caso de flagrante de ato infracional cometido mediante violência ou grave ameaça à pessoa, a autoridade policial, sem prejuízo do disposto nos arts. 106, parágrafo único, e 107, deverá: I – lavrar auto de apreensão, ouvidos as testemunhas e o adolescente; II – apreender o produto e os instrumentos da infração; III – requisitar os exames ou perícias necessários à comprovação da materialidade e autoria da infração". O parágrafo único continua: "Nas demais hipóteses de flagrante, a lavratura do auto poderá ser substituída por boletim de ocorrência circunstanciado".

Nota-se, pelo *caput* do citado artigo, que a autoridade policial somente lavrará o auto de apreensão de adolescente apreendido em flagrante quando o ato infracional for cometido mediante violência ou grave ameaça à pessoa. Se o ato infracional praticado pelo adolescente não estiver revestido com as características da violência e da grave ameaça à pessoa, mesmo tendo sido apreendido em flagrante, o parágrafo único do art. 173 autoriza o delegado de polícia especializado a substituir o auto pelo boletim de ocorrência circunstanciado. Essa substituição não dispensará as providências constantes dos incisos II e III, visto que a aplicação das medidas socioeducativas, previstas no art. 112, II a VI, exige provas suficientes da autoria e da materialidade.

Contudo, se o adolescente for surpreendido nas hipóteses do art. 302 da lei adjetiva penal, será encaminhado à presença da autoridade policial, que tomará as seguintes providências: 1) lavrará o auto de apreensão, ouvindo as testemunhas, vítima e o adolescente; 2) apreenderá a *res furtiva* e os instrumentos utilizados na infração; 3) requisitará os exames ou perícias necessários à comprovação da materialidade e autoria da infração (arts. 158-184 do CPP); 4) fará a identificação dos responsáveis pela apreensão; 5) informará o adolescente acerca de seus direitos estabelecidos na Constituição e no Estatuto; 6) comunicará à autoridade judiciária e à família do adolescente sua apreensão.

"Comparecendo qualquer dos pais ou responsável, o adolescente será prontamente liberado pela autoridade policial, sob termo de compromisso e responsabilidade de sua apresentação ao representante do Ministério Público, no mesmo dia ou, sendo impossível, no primeiro dia útil imediato, exceto quando, pela gravidade do ato infracional e sua repercussão social, deva o adolescente permanecer sob internação para garantia de sua segurança pessoal ou manutenção da ordem pública" (art. 174).

Após cumprir as providências previstas no art. 173, a autoridade policial, como regra, deverá liberar o adolescente, desde que compareça, na repartição policial, qualquer dos pais ou responsável. No ato, será firmado um termo de compromisso e responsabilidade para que o adolescente seja apresentado ao promotor de justiça, no mesmo dia ou o mais rápido possível.

Se o ato infracional tiver sido praticado mediante violência ou grave ameaça à pessoa, provocado repercussão na comunidade, necessite o adolescente de proteção e segurança pessoal ou deva-se manter a ordem pública, o adolescente não será liberado para os pais, mas encaminhado para entidade de atendimento que mantenha programa de internação, sendo entregue ao seu dirigente.

Também não se fará a liberação do adolescente quando os pais ou responsável não existirem, não residirem na cidade ou, simplesmente, não comparecerem à delegacia de polícia, ocasião em que a autoridade policial encaminhará o adolescente para a entidade de atendimento. O que não se pode admitir é que a autoridade policial colha o compromisso do próprio adolescente para que se apresente ao Ministério Público. Não teria sentido tal providência.

Se os pais ou responsável forem intimados a comparecer à repartição policial mas não manifestarem qualquer interesse pela conduta ou destino do adolescente, a medida de internação provisória é o caminho mais correto para a solução do impasse.

Ocorrido tal procedimento, o dirigente da entidade deverá, no prazo de 24 horas, apresentar o adolescente ao promotor de justiça (art. 175, § 1º) e comunicar à autoridade judiciária (art. 107).

O *caput* do art. 175 determina que, "em caso de não liberação, a autoridade policial encaminhará, desde logo, o adolescente ao representante do Ministério Público, juntamente com cópia do auto de apreensão ou boletim de ocorrência".

Se não for possível a apresentação ao promotor de justiça, ou não puder ocorrer no mesmo dia, o delegado de polícia deverá intimar todos os envolvidos na ocorrência, tais como vítimas, testemunhas, pais ou responsável, para comparecerem, em dia subsequente, perante o Ministério Público, ou no dia da apresentação do adolescente.

Na hipótese do § 2º do citado artigo, quando não houver entidade de atendimento que desenvolva programa de internação no Município, a apresentação do adolescente ao promotor de justiça far-se-á pela própria autoridade policial, no mesmo prazo assinado no § 1º.

Neste caso, a lei estatutária orienta que o adolescente aguardará sua apresentação na delegacia de polícia em dependência separada da destinada a maiores, isso à falta de repartição policial especializada. Também aqui o prazo de permanência do adolescente sob custódia será de 24 horas.[17]

Na hipótese de liberação do adolescente, a autoridade policial deverá encaminhar imediatamente ao representante do Ministério Público cópia do auto de apreensão ou boletim de ocorrência (art. 176).

Havendo a apreensão do produto da infração, será restituído ao seu proprietário, desde que faça prova nos autos.

O art. 177 traz a hipótese do adolescente autor de ato infracional mas não apreendido em flagrante: "Se, afastada a hipótese de flagrante, houver indícios de participação de adolescente na prática de ato infracional, a autoridade policial encaminhará ao representante do Ministério Público relatório das investigações e demais documentos".

A situação apresentada no citado artigo deverá ser aquela que tomará maior tempo da autoridade policial, vez que, recebida a *notitia criminis*, deverá providenciar a investigação para detectar a autoria e comprovar a materialidade do ato infracional. Não existe inquérito policial para apurar ato infracional atribuído a adolescente.

---

17. ECA, arts. 185, §§ 1º e 2º, e 235.

Após realizado o trabalho e colhidas as provas necessárias, a autoridade policial remeterá o relatório, exames periciais e demais documentos ao Ministério Público.

O Estatuto não fixa prazo para a autoridade policial remeter os documentos ao promotor de justiça. Embora o CPP, norma adjetiva de aplicação subsidiária ao Estatuto, contemple, no art. 10, os prazos para o delegado terminar o inquérito, percebe-se que essa não foi a vontade do legislador estatutário, nem a inteligência da lei. Os assuntos relacionados com a proteção integral da criança e do adolescente têm garantia de prioridade, que será exercida pela primazia na coleta das provas e no atendimento nos serviços públicos.

Desta forma, tão logo ultimadas as investigações, a remessa do relatório, exames periciais e demais documentos deverá ser efetuada o mais rápido possível, pois o prazo de 30 dias para terminar as investigações é incompatível com a urgência que deve orientar a matéria relacionada à criança e ao adolescente.

Nota-se, pela simples leitura do art. 177, que a autoridade policial entregará o adolescente aos pais ou responsável, em virtude de não ter sido apreendido em flagrante.

Nesta hipótese, o delegado limita-se a encaminhar as investigações realizadas, deixando para o Ministério Público a incumbência de trazer à sua presença o adolescente, seus pais ou responsável, vítima e testemunhas.

Assim, o promotor de justiça, ao receber os documentos investigatórios, deverá expedir as notificações convocando os envolvidos no ato infracional para audiência informal, que será realizada em dia, hora e sob sua presidência, previamente assinalados na notificação.

Em caso de não comparecimento do adolescente e demais pessoas notificadas, o Promotor de Justiça deverá requisitar o concurso da Polícia Civil ou Militar, a fim de viabilizar o exercício de suas funções, conduzindo-os, coercitivamente, à sua presença (art. 179, parágrafo único).

A norma estatutária traz em seu bojo o mesmo elenco de direitos fundamentais consagrados à criança e ao adolescente, pelas Nações Unidas, na Declaração Universal dos Direitos da Criança.

E, como condição peculiar de pessoa em desenvolvimento, "o adolescente, a quem se atribua a autoria de ato infracional, não poderá ser conduzido ou transportado em compartimento fechado de veículo policial, em condições atentatórias à sua dignidade, ou que impliquem risco à sua integridade física ou mental, sob pena de responsabilidade" (art. 178).

Sobre o assunto, clara é a posição de Cury, Garrido e Marçura: "A proibição atinge o transporte de adolescente nos chamados 'tintureiros' ou 'camburões', utilizados na remoção de presos; não veda, contudo, a condução do adolescente no banco traseiro de viatura policial, ainda que o acesso ao banco dianteiro esteja impedido por dispositivo de segurança" (Cury, Garrido e Marçura, p. 93).

Quanto ao uso de "algemas", que em qualquer caso é constrangedor, deve ser evitado. Será admitido, no entanto, em extrema necessidade, nas hipóteses em que se configure como meio necessário de contenção e segurança.

Art. 179. Apresentado o adolescente, o representante do Ministério Público, no mesmo dia e à vista do auto de apreensão, boletim de ocorrência ou relatório policial, devidamente autuados pelo cartório judicial e com informação sobre os antecedentes do adolescente, procederá imediata e informalmente à sua oitiva e, em sendo possível, de seus pais ou responsável, vítima e testemunhas.

Parágrafo único. Em caso de não apresentação, o representante do Ministério Público notificará os pais ou responsável para apresentação do adolescente, podendo requisitar o concurso das polícias civil e militar.

Art. 180. Adotadas as providências a que alude o artigo anterior, o representante do Ministério Público poderá:

I – promover o arquivamento dos autos;

II – conceder a remissão;

III – representar à autoridade judiciária para aplicação de medida socioeducativa.

Art. 181. Promovido o arquivamento dos autos ou concedida a remissão pelo representante do Ministério Público, mediante termo fundamentado, que conterá o resumo dos fatos, os autos serão conclusos à autoridade judiciária para homologação.

§ 1º. Homologado o arquivamento ou a remissão, a autoridade judiciária determinará, conforme o caso, o cumprimento da medida.

§ 2º. Discordando, a autoridade judiciária fará remessa dos autos ao Procurador-Geral de Justiça, mediante despacho fundamentado, e este oferecerá representação, designará outro membro do Ministério Público para apresentá-la, ou ratificará o arquivamento ou a remissão, que só então estará a autoridade judiciária obrigada a homologar.

Art. 182. Se, por qualquer razão, o representante do Ministério Público não promover o arquivamento ou conceder a remissão, oferecerá representação à autoridade judiciária, propondo a instauração de procedimento para aplicação da medida socioeducativa que se afigurar a mais adequada.

§ 1º. A representação será oferecida por petição, que conterá o breve resumo dos fatos e a classificação do ato infracional e, quando necessário, o rol de testemunhas, podendo ser deduzida oralmente, em sessão diária instalada pela autoridade judiciária.

§ 2º. A representação independe de prova pré-constituída da autoria e materialidade.

5.2 Procedimento no Ministério Público

Após realizadas as diligências investigatórias, necessárias a firmar a autoria e a materialidade da infração, o adolescente será apresentado ao representante do Ministério Público, no mesmo dia e à vista do auto de apreensão, boletim de ocorrência ou relatório policial, devidamente autuados pelo cartório judicial, com informação sobre os antecedentes do adolescente, que procederá imediata e informalmente à sua oitiva e, sendo possível, de seus pais ou responsável, vítima e testemunhas (art. 179).[18]

Não é necessário "vistas" ao Ministério Público, vez que o conjunto de documentos remetidos pela autoridade policial não se constitui, ainda, em "processo".

O promotor de justiça colherá as informações verbalmente, não havendo necessidade de reduzir a termo as declarações, pois se trata de oitiva informal. Se entender necessário, o representante do Ministério Público poderá reduzir a um único termo o resumo de todas as declarações.

Essa "audiência informal" é necessária por duas justificativas básicas: a) a busca de mais informações e elementos circunstanciais do fato, que possibilitaria o Promotor de Justiça promover o arquivamento ou conceder a remissão, como forma de extinguir o procedimento; e b) possibilita ao autor do ato infracional discutir seus atos e convencer o Promotor de Justiça a conceder-lhe a remissão ou, até mesmo, o arquivamento dos autos (TJSP, ACv 17.743-0, Rel. Lair Loureiro).

O promotor de justiça tomará as seguintes providências ao receber os documentos já autuados: a) verificará a legalidade da apreensão, se houver flagrante; b) verificará a existência dos requisitos da prisão em flagrante (CPP, art. 302); c) notará se a autoridade judiciária e a família do adolescente foram comunicadas da apreensão; d) ouvirá o adolescente e demais envolvidos no ato infracional; e) lavrará o auto de apresentação do adolescente; f) promoverá o arquivamento dos documentos; g) concederá a remissão; h) representará o adolescente, iniciando a ação socioeducativa pública.

Nas hipóteses previstas nas letras "f" e "g", o promotor de justiça fará a liberação do adolescente aos seus pais ou responsável, mediante termo de compromisso e responsabilidade.

A situação posta na letra "h" é diversa, pois, se o adolescente estiver apreendido em virtude de flagrante de ato infracional, o promotor de

---

18 . Está em tramitação, na Câmara dos Deputados, o Projeto de Lei 5.876/2013 que dispõe sobre a obrigatoriedade da presença de advogado ou defensor público durante a oitiva do adolescente (quando apreendido após alguma infração) por representante do Ministério Público.

justiça deverá oferecer a representação e requerer à autoridade judiciária acerca da possibilidade da liberação imediata do adolescente (art. 107, parágrafo único, c/c o art. 184). Enquanto o juiz não apreciar a representação, o adolescente permanecerá internado provisoriamente, em entidade especializada, pois não compete ao promotor de justiça, em regra, mandar liberar.

No entanto, existirão ocasiões em que o adolescente não estará acompanhado pelos pais ou responsável, pela simples razão de inexistirem. Aí, o representante do Ministério Público poderá apreciar o caso com a autoridade judiciária. Na falta desta, caberá ao promotor de justiça providenciar o encaminhamento do adolescente à entidade mantenedora de programa de abrigo ou semi-internação ou entregá-lo à equipe de orientação de liberdade assistida ou a responsáveis provisórios.

O STJ ao julgar o RHC 43.350, em 10.5.2005, não concedeu *habeas corpus* a homem preso em flagrante por furto qualificado, cujo auto de prisão converteu-se em prisão preventiva. O acusado queria ficar em liberdade, mas a prisão foi mantida sob justificativa de que a prática de atos infracionais anteriores evidenciava o elevado risco de reiteração delitiva, uma vez que demonstrava propensão ao cometimento de delitos. A maioria dos Ministros da 6ª Turma entendeu que, mesmo não sendo possível considerar a prática de atos infracionais pelo acusado, quando menor, para a caracterização de maus antecedentes, ela serve para mostrar a sua periculosidade e a inclinação a cometer delitos semelhantes. Segundo o voto da relatora, a Desembargadora convocada Marilza Maynard, a prisão cautelar está alicerçada em elementos concretos. Ela citou precedentes do STJ segundo os quais a análise de antecedentes é válida para medir o risco que o acusado pode representar à ordem pública.

O parágrafo único do art. 179 prevê a hipótese de o adolescente não ser apresentado ao Ministério Público. Neste caso, o promotor de justiça expedirá as notificações ao adolescente e aos seus pais ou responsável, convocando-os para a audiência de apresentação. Se, mesmo notificados, o adolescente ou seus pais não comparecerem, o promotor poderá requisitar o concurso da Polícia Civil ou Militar para trazê-los à sua presença.

Após a realização da audiência de apresentação, prevista no art. 179, o promotor de justiça poderá: I – promover o arquivamento dos autos; II – conceder a remissão; e III – representar à autoridade judiciária para aplicação de medida socioeducativa (art. 180).

O representante do Ministério Público promoverá o *arquivamento* dos autos quando inexistir o fato, não constituir ele ato infracional ou não for o adolescente seu autor.

Daí decorre que a Polícia Judiciária, como é sabido, não poderá emitir juízo de valor nos documentos e investigações apuratórios, nem determinar seu arquivamento, porque, como titular da ação penal, é o Ministério Público que deverá formar a *opinio delicti* e decidirá se inicia a ação, promove o arquivamento dos documentos ou concede a remissão.

O arquivamento deverá ser *homologado* pela autoridade judiciária. Discordando da medida, o juiz fará remessa dos autos ao Procurador-Geral de Justiça, mediante despacho fundamentado, e este tomará as seguintes providências: a) oferecerá representação; b) designará outro membro do Ministério Público para apresentá-la; ou c) ratificará o arquivamento (art. 181, § 2º).

No caso de o Procurador-Geral de Justiça ratificar o arquivamento, a autoridade judiciária estará obrigada a homologá-lo.

Convém lembrar que o promotor de justiça não "requer" o arquivamento e a remissão à autoridade judiciária; ele "promove" e "concede" o arquivamento e a remissão, respectivamente – ações, essas, de caráter definitivo e decisório.

O ato ministerial de promover o arquivamento ou de conceder a remissão é pleno e resolve-se em si mesmo, não podendo o juiz nem o Procurador-Geral alterar seu conteúdo.

Poderá também o promotor de justiça conceder a *remissão*, que será, sempre, na forma de exclusão do processo (art. 126).

Na forma de perdão puro e simples, a remissão não importará necessária comprovação ou reconhecimento da responsabilidade do ato, ou seja, de que existem provas suficientes da autoria e da materialidade (arts. 114 e 127).

Do mesmo modo que o arquivamento, a remissão deverá ser homologada pela autoridade judiciária, que, discordando, remeterá os autos ao Procurador-Geral de Justiça, na forma do § 2º do art. 181.

Se houver a concessão da remissão, esta não prevalecerá para efeito de antecedentes; se, porventura, o adolescente voltar a praticar atos infracionais, não será considerado reincidente (art. 127).

A promoção do arquivamento e a concessão da remissão serão proferidas mediante termo fundamentado que conterá o resumo dos fatos (art. 181).

Por outro lado, se o representante do Ministério Público não promover o arquivamento nem conceder a remissão, oferecerá *representação* à autoridade judiciária, propondo a instauração de procedimento para aplicação de medida socioeducativa que se afigurar mais adequada ao caso (art. 182).

A definição de representação foi dada pelo Promotor de Justiça Paulo Affonso Garrido de Paula, em palestra realizada no I Encontro Nacional de Promotores de Justiça Curadores de Menores, em agosto/1989, na cidade de São Paulo, que aproveitou a ocasião para diferenciá-la da denúncia: "Mais uma vez, ardilosamente, pretendem alguns relacionar a representação à denúncia do processo criminal, realçando o sentido leigo e desprezando o sentido técnico desta última locução. Utilizam-se da expressão 'denúncia' como se fosse um instrumento de violência do Estado, alegação secreta de um procedimento inquisitorial, olvidando que juridicamente representa, exclusivamente, a peça vestibular da ação penal, tendo por objetivo deduzir a pretensão da Justiça Pública e propiciar o conhecimento dos fatos imputados, constituindo-se em instrumento possibilitador de defesa. A representação como peça inaugural da ação socioeducativa pública tem as mesmas finalidades, maneira de efetivação do princípio constitucional do pleno e formal conhecimento da atribuição de ato infracional e instrumento de controle do respeito aos princípios da tipicidade e da anterioridade... A representação é garantia; não é acusação".

Ao estabelecer a propositura da ação socioeducativa pública, através de representação, o Estatuto determinou que o prazo fosse "imediatamente", no mesmo dia, valendo a assertiva para a promoção do arquivamento e para a concessão da remissão.

O promotor de justiça, ao efetuar a representação, não terá a obrigação de indicar a medida socioeducativa a ser aplicada, tendo em vista que no decorrer do procedimento, e sob análise das orientações técnicas da equipe interprofissional, concluir-se-á qual será a medida mais adequada para o adolescente.

A representação será oferecida por *petição*, que conterá: a) a qualificação completa do adolescente; b) breve resumo dos fatos; c) a classificação do ato infracional; d) o rol de testemunhas (art. 182, § 1º)[19] (TJSP, ACv 17.000-0/0, Rel. Nigro Conceição).

Poderá também a representação ser deduzida oralmente, em sessão diária instalada pela autoridade judiciária (art. 182, § 1º).

Disposição semelhante sobre a denúncia vem inscrita no art. 41 do CPP: "A denúncia ou queixa conterá a exposição do fato criminoso, com todas as suas circunstâncias, a qualificação do acusado ou esclarecimentos pelos quais se possa identificá-lo, a classificação do crime e, quando necessário, o rol das testemunhas".

Da mesma forma que na ação penal pública, iniciada a ação socioeducativa pública, o representante do Ministério Público dela não poderá desistir (CP, art. 42).

---

19. Quanto ao número de testemunhas, aplicam-se os arts. 498, 533 e 539 do CPP.

Para oferecer a representação, o promotor de justiça não precisará de documentos, relatórios policiais ou exames, pois a propositura da ação socioeducativa pública independe de prova pré-constituída da autoria e materialidade (art. 182, § 2º), pois a apuração do fato será feita em juízo.

O Estatuto não disciplinou o não recebimento da representação, fato que, perfeitamente, poderá ocorrer. Deve-se, pois, aplicar, subsidiariamente, a norma adjetiva penal prevista no art. 43, pois, se o juiz pode discordar do arquivamento e da remissão, com igual razão, poderá rejeitar a representação ministerial.

Cury, Garrido e Marçura elencam as possibilidades de rejeição da representação quando: "a) desatender aos requisitos formais do art. 182, § 1º; b) for oferecida em relação ao ato infracional praticado por criança (art. 105, c/c os arts. 171-190); c) o autor do ato infracional tiver 21 anos de idade completos (art. 2º, parágrafo único, c/c o art. 121, § 5º); d) a ação ou omissão manifestadamente não constituir ato infracional" (Cury, Garrido e Marçura, p. 96).

Evidentemente, se insatisfeito com a decisão da autoridade judiciária de rejeitar a representação, o promotor de justiça deverá utilizar os recursos cabíveis (CPC, art. 513).

Diversamente dos Códigos Penal e de Processo Penal, o ECA enfrenta a questão da condição de procedibilidade de maneira a permitir ao *dominus litis* maior velocidade no processamento da apuração do ato infracional. Assim acontece, por exemplo, com aqueles crimes cujo início da ação penal dependa da representação do ofendido.

Já está consagrado por nossos Tribunais que o representante do Ministério Público não necessita da *representação do ofendido* para iniciar a ação socioeducativa pública. Assim decidiu a Câmara Especial do TJSP, no dia 23.4.92, no HC n. 15.163, Rel. Des. Onei Raphael (*RT* de julho/1992, p. 328): "O Estatuto da Criança e do Adolescente, quando confere ao Ministério Público a iniciativa de representar à autoridade judiciária para a aplicação de medida socioeducativa, não a condiciona à representação do ofendido". E continua a justificativa do acórdão afirmando que, por serem inimputáveis, a criança ou o adolescente jamais cometem crimes ou contravenções, incorrendo tão só em ato infracional, caso adotem conduta de tipicidade objetivamente idêntica. O cotejo entre o comportamento do menor e aquele descrito como crime ou contravenção atua apenas como critério para identificar os fatos passíveis de relevância infracional, dentro do sistema do Estatuto da Criança e do Adolescente. Exatamente porque não se cogita de crime ou contravenção, ao menor infrator não se aplicam penas, porem medidas outras de cunho educativo e protetivo, sem critérios rígidos de duração, já que vinculadas exclusivamente à sua finalidade essencial. A decadência e a legitimação ativa estão vinculadas a crimes específicos e à respectiva persecução penal, nada tendo a ver com os atos infracionais que, por comparação, serviriam para identificar. A iniciativa destes últimos cabe ao representante do Ministério Público, e não à vítima ou seus representantes eventuais, conforme dispõe o art. 180 da Lei 8.069/1990. No caso, não há, pois, como se possa cogitar da ilegitimidade do Ministério Público, ou de decadência do direito de representação dos pais da vítima, ou, enfim, de constrangimento ilegal.

Art. 183. O prazo máximo e improrrogável para a conclusão do procedimento, estando o adolescente internado provisoriamente, será de quarenta e cinco dias.

Art. 184. Oferecida a representação, a autoridade judiciária designará audiência de apresentação do adolescente, decidindo, desde logo, sobre a decretação ou manutenção da internação, observado o disposto no art. 108 e parágrafo.

§ 1º. O adolescente e seus pais ou responsável serão cientificados do teor da representação, e notificados a comparecer à audiência, acompanhados de advogado.

§ 2º. Se os pais ou responsável não forem localizados, a autoridade judiciária dará curador especial ao adolescente.

§ 3º. Não sendo localizado o adolescente, a autoridade judiciária expedirá mandado de busca e apreensão, determinando o sobrestamento do feito, até a efetiva apresentação.

§ 4º. Estando o adolescente internado, será requisitada a sua apresentação, sem prejuízo da notificação dos pais ou responsável.

Art. 185. A internação, decretada ou mantida pela autoridade judiciária, não poderá ser cumprida em estabelecimento prisional.

§ 1º. Inexistindo na comarca entidade com as características definidas no art. 123, o adolescente deverá ser imediatamente transferido para a localidade mais próxima.

§ 2º. Sendo impossível a pronta transferência, o adolescente aguardará sua remoção em repartição policial, desde que em seção isolada dos adultos e com instalações apropriadas, não podendo ultrapassar o prazo máximo de cinco dias, sob pena de responsabilidade.

Art. 186. Comparecendo o adolescente, seus pais ou responsável, a autoridade judiciária procederá à oitiva dos mesmos, podendo solicitar opinião de profissional qualificado.

§ 1º. Se a autoridade judiciária entender adequada a remissão, ouvirá o representante do Ministério Público, proferindo decisão.

§ 2º. Sendo o fato grave, passível de aplicação de medida de internação ou colocação em regime de semiliberdade, a autoridade judiciária, verificando que o adolescente não possui advogado constituído, nomeará defensor, designando, desde logo, audiência em continuação, podendo determinar a realização de diligências e estudo do caso.

§ 3º. O advogado constituído ou o defensor nomeado, no prazo de três dias contado da audiência de apresentação, oferecerá defesa prévia e rol de testemunhas.

§ 4º. Na audiência em continuação, ouvidas as testemunhas arroladas na representação e na defesa prévia, cumpridas as diligências e juntado o relatório da equipe interprofissional, será dada a palavra ao representante do Ministério Público e ao defensor, sucessivamente, pelo tempo de vinte minutos para cada um, prorrogável por mais dez, a critério da autoridade judiciária, que em seguida proferirá decisão.

Art. 187. Se o adolescente, devidamente notificado, não comparecer, injustificadamente, à audiência de apresentação, a autoridade judiciária designará nova data, determinando sua condução coercitiva.

Art. 188. A remissão, como forma de extinção ou suspensão do processo, poderá ser aplicada em qualquer fase do procedimento, antes da sentença.

Art. 189. A autoridade judiciária não aplicará qualquer medida, desde que reconheça na sentença:

I – estar provada a inexistência do fato;

II – não haver prova da existência do fato;

III – não constituir o fato ato infracional;

IV – não existir prova de ter o adolescente concorrido para o ato infracional.

Parágrafo único. Na hipótese deste artigo, estando o adolescente internado, será imediatamente colocado em liberdade.

Art. 190. A intimação da sentença que aplicar medida de internação ou regime de semiliberdade será feita:

I – ao adolescente e ao seu defensor;

II – quando não for encontrado o adolescente, a seus pais ou responsável, sem prejuízo do defensor.

§ 1º. Sendo outra a medida aplicada, a intimação far-se-á unicamente na pessoa do defensor.

§ 2º. Recaindo a intimação na pessoa do adolescente, deverá este manifestar se deseja ou não recorrer da sentença.

5.3 Procedimento na fase judicial

A presença da autoridade judiciária no processo significa a garantia e proteção dos direitos da criança e do adolescente.[20]

Tendo o Direito finalidade social, deve o juiz interpretar as leis sem se apegar ao texto, às palavras, mas verificando as necessidades sociais que elas visam a disciplinar, assim como as exigências da justiça e da equidade de seu fim.

---

20. O Cadastro Nacional de Adolescentes em Conflito com a Lei (CNACL) foi instituído pela Resolução 77 do CNJ, de 26.5.2009, e reúne dados fornecidos pelas Varas da Infância e da Juventude de todo o País sobre os adolescentes em conflito com a lei. Informações sobre o histórico das infrações cometidas e as medidas socioeducativas que já foram aplicadas aos jovens integram o sistema. Cf., também, a Resolução CNJ 165, alterada apela Resolução CNJ 191, de 25.4.2014, que disciplina a expedição de guia de execução de medidas socioeducativas.

Referem-se os ns. 14.1 e 14.2 das Regras Mínimas da ONU para a Administração da Justiça de Menores às autoridades competentes para julgar o menor: "14.1 Onde o caso do menor infrator não for desjudicializado, será o menor julgado pela autoridade competente de acordo com os princípios de um julgamento imparcial e justo. 14.2 O processo deve ser adequado aos melhores interesses do menor e dirigido numa atmosfera de atendimento, permitindo ao menor dele participar e se expressar livremente".

Desse modo, após oferecida a representação, pelo representante do Ministério Público, a autoridade judiciária designará audiência de apresentação do adolescente, decidindo, desde logo, sobre a decretação ou manutenção da internação, observando que a internação, antes da sentença, pode ser determinada pelo prazo máximo de 45 dias, devendo a decisão ser fundamentada e basear-se em indícios suficientes de autoria e materialidade, demonstrada a necessidade imperiosa da medida (art. 184, c/c o art. 108 e parágrafo único).

Verificada a hipótese de o adolescente permanecer internado provisoriamente, o prazo máximo e improrrogável para a conclusão do procedimento será de 45 dias (art. 183).

O adolescente será citado (art. 111, I) ou cientificado (art. 184, § 1º) do teor da representação, bem como seus pais ou responsável serão cientificados e notificados a comparecer à audiência, acompanhados de advogado.

À evidência, a citação do adolescente deverá ser pessoal, tendo em vista que ele deverá tomar conhecimento, formalmente, dos motivos pelos quais pretende o Estado aplicar-lhe uma medida socioeducativa, quiçá de privação de liberdade. O adolescente tem o direito de saber por que está sendo processado e quais os motivos que levaram o Estado a essa intervenção.

Se os pais ou responsável não forem localizados ou, se notificados, não comparecerem à audiência, a autoridade judiciária nomeará curador especial para o adolescente (art. 184, § 2º). A audiência não deixará de ser realizada em virtude da ausência dos pais ou responsável.

A nomeação de curador especial deverá incidir em pessoa da família do adolescente. Não sendo possível, o juiz poderá nomear curador o próprio advogado que o defende no processo.

Situação diversa ocorre quando o adolescente, citado, não comparece à audiência: "Não sendo localizado o adolescente, a autoridade judiciária expedirá mandado de busca e apreensão, determinando o sobrestamento do feito, até a efetiva apresentação" (art. 184, § 3º).

Se o adolescente estiver internado em entidade de atendimento, será requisitada sua apresentação para que compareça à audiência de apresentação, sem prejuízo da notificação dos pais ou responsável (art. 184, § 4º).

Deve-se acentuar, novamente, que a medida socioeducativa de internação, decretada ou mantida pela autoridade judiciária, não poderá ser cumprida em estabelecimento prisional, a saber, aqueles estabelecimentos destinados a conter adultos criminosos (art. 185). Apesar de o citado artigo referir-se à hipótese de internação aplicada pelo juiz, através de sentença, não poderá ser cumprida em penitenciária, cadeia pública ou qualquer outro estabelecimento prisional para adultos (art. 123).

Contudo, o Estatuto estabelece: na hipótese de inexistir na comarca entidade que mantém programa de atendimento de internação exclusivo para adolescente, este será imediatamente transferido para a localidade mais próxima onde houver tal entidade (art. 185, § 1º).

Verificada a localização de entidade em outra comarca e sendo impossível a pronta transferência, o adolescente aguardará sua remoção em repartição policial, desde que em seção isolada dos adultos e com instalações apropriadas, não podendo ultrapassar o prazo máximo de cinco dias (art. 185, § 2º). Cumprido o referido prazo sem a remoção do adolescente, este deverá ser imediatamente colocado em liberdade. Caso contrário, a autoridade policial, detentora do adolescente, estará sujeita às penas do art. 235 do ECA.

A apresentação do adolescente à autoridade judiciária será feita em audiência, onde deverão comparecer, além dele, seus pais, seu advogado e o promotor de justiça. Há quem entenda que a presença do promotor de justiça na audiência de apresentação não é obrigatória (cfr. TJSP, HC 18.179-0/2, Rel. Lair Loureiro). Não é esse o nosso entendimento: o ato judicial a ser realizado – a audiência de apresentação – não é idêntico ao interrogatório do réu previsto no CPP. O juiz iniciará o ato instrutório ouvindo o adolescente e seus pais ou responsável, podendo solicitar opinião de profissional qualificado (art. 186).

A audiência de apresentação é de fundamental importância para que o juiz possa aferir as características da personalidade do adolescente, sua situação familiar e social, a extensão e gravidade do ato infracional praticado.

Após o prévio diálogo com o adolescente o juiz terá condições de formar sua convicção a respeito da medida a ser aplicada. Se entender adequada, poderá aplicar a remissão, como forma de suspensão ou extinção do processo, após colher o parecer do representante do Ministério Público (art. 186, § 1º).[21]

Como forma de suspensão do processo, ao conceder a remissão, o juiz deverá aplicar, necessariamente, uma das medidas socioeducativas

---

21. "A remissão, como forma de extinção ou suspensão do processo, poderá ser aplicada em qualquer fase do procedimento, antes da sentença" – ECA, art. 188.

previstas no art. 112, com exceção dos incisos V e VI. O processo ficará suspenso até que o adolescente cumpra a medida aplicada.

Neste caso, deve o juiz determinar o acompanhamento social, através da equipe interprofissional, que fiscalizará o cumprimento da medida, emitindo laudo circunstanciado.

Como extinção do processo, a remissão põe termo às atividades judiciais, não ficando o adolescente obrigado ao cumprimento de qualquer medida.

Se, ao contrário, o juiz não conceder a remissão em virtude da gravidade do fato, poderá, inclusive, impor medida de internação ou colocação em regime de semiliberdade. O juiz, verificando que o adolescente não possui advogado constituído, nomeará defensor, designando, desde logo, audiência em continuação, podendo determinar a realização de diligências e estudo do caso (art. 186, § 2º).

Em face do preceito constitucional (art. 227, § 3º, IV) e estatutário (art. 111, III), o adolescente a quem se atribui a autoria de ato infracional terá garantia de pleno e formal conhecimento da atribuição da infração, igualdade na relação processual e defesa técnica por advogado, "mesmo que o ato praticado não seja grave". Isso quer dizer que, não concedida a remissão, o juiz deverá verificar se o adolescente está representado por advogado; em caso negativo, nomeará defensor, nem que seja só para aquele ato processual, independentemente da gravidade do ato praticado.

Após ouvir o adolescente, o juiz poderá determinar a realização de diligência ou estudo do caso. Essas diligências têm caráter investigatório e servirão para conhecer a situação familiar e social do adolescente, seus hábitos e costumes, as circunstâncias do ato infracional praticado, bem como sua personalidade.

É interessante notar que o STJ firmou, pela Súmula 342, que: "No procedimento para aplicação de medida socioeducativa, é nula a desistência de outras provas em face da confissão do adolescente". Confira-se o HC 44.275-SP, 5ª Turma (2005/0084154-0), Rela. Min. Laurita Vaz, j. 9.8.2005, *DJU* 5.9.2005, p. 449: "*Habeas corpus – Estatuto da Criança e do Adolescente – Ato infracional análogo ao crime de roubo qualificado – Confissão – Homologação da desistência de produção de outras provas – Cerceamento do direito de defesa configurado – Direito indisponível – Precedentes do STF e do STJ*. 1. O STF assentou o entendimento de que o direito de defesa, consagrado no art. 5º, LV, da CF, é irrenunciável, ou seja, as partes litigantes não podem dele dispor. 2. O respeito aos princípios do *due process of law* e da ampla defesa interessa também ao Estado, representado na figura do Ministério Público, na busca do esclarecimento dos fatos e da verdade real. Assim, o juízo menorista, ao encerrar a instrução criminal sem a realização da audiência de continuação, mormente diante do pedido expresso da Defesa, feriu diametralmente o direito constitucional da ampla defesa assegurado ao paciente. 3. Precedentes do STF e do STJ. 4. Ordem concedida para determinar a anulação do decisum que julgou procedente em parte a representação ministerial oferecida contra o paciente, a fim de que seja procedida a prévia instrução probatória, devendo o adolescente aguardar em liberdade assistida o desfecho do processo, restando, pois, prejudicada a análise da ilegalidade na imposição de medida de internação aplicada em seu desfavor. Nos termos do art. 580 do CPP, a ordem deverá ser estendida aos adolescentes I. E. M. e W. S. V., por se encontrarem em idêntica situação processual" (no mesmo sentido: HC 43.657-SP, 2005/0068823-0, *DJU* 29.8.2005, p. 389; HC 43.087-SP, 2005/0057029-1, *DJU* 29.8.2005, p. 442; HC 39.829-RJ, 2004/0167252-6, *DJU* 27.6.2005, p. 454).

No prazo de três dias, contados da audiência de apresentação, o advogado constituído ou o defensor nomeado oferecerá defesa prévia e rol de testemunhas (art. 186, § 3º).

Tourinho Filho distingue defesa em *sentido amplo* e em *sentido estrito*; a primeira "é toda atividade das partes no sentido de fazer valer, no processo penal, seus direitos e interesses, não só quanto à atuação da pretensão punitiva, como também para impedi-la, conforme sua posição processual; em sentido estrito, a defesa é aquela atividade das partes acusadas, de oposição à atuação da pretensão punitiva. Daí se segue que defensor é o sujeito que realiza os atos em que consiste a defesa" (Tourinho Filho, F. da C., p. 375).

Instaurado, pois, o procedimento contraditório, a instrução do processo deverá trilhar o princípio *audiatur et altera pars*, onde o advogado, apresentando a defesa prévia, resistirá à pretensão do Estado.

Como diz Tornaghi, "o Estado procura fazer justiça e ele não poderá estar certo de tê-la feito e, portanto, não tranquilizará o homem de bem, se não der ao acusado a mais ampla defesa".

Ao abrir o prazo para o advogado apresentar a defesa prévia, não existirão provas suficientes nos autos; diante do princípio constitucional da ampla defesa, o defensor deverá guardar silêncio, manifestando-se somente após a produção das provas. Não é, pois, obrigatória a dedução dos motivos de defesa, por ocasião do tríduo. Mas, se o defensor apresentar a defesa prévia, deverá ser sucinto, breve e cauteloso.

As partes poderão apresentar até oito testemunhas cada uma (CPP, art. 398). Não se compreendem nesse número as testemunhas referidas e as que não prestaram compromisso (CPP, art. 208).

Na audiência em continuação, que será designada para ouvir as testemunhas arroladas na representação e na defesa prévia, depois de cumpridas as diligências e juntado o relatório da equipe interprofissional, será dada a palavra ao representante do Ministério Público e ao defensor, sucessivamente, pelo tempo de 20 minutos cada um, prorrogável por mais 10, a critério da autoridade judiciária, que em seguida proferirá decisão (art. 186, § 4º).

Se o adolescente devidamente notificado não comparecer injustificadamente à audiência de apresentação, a autoridade judiciária designará nova data, determinando sua condução coercitiva (art. 187).

O procedimento para apurar a autoria de ato infracional será o mesmo do § 2º do art. 162 e observará os princípios da oralidade e da brevidade, devendo os eventuais incidentes ser resolvidos, se possível, na própria audiência.

Antes de proferir a sentença o juiz verificará a possibilidade de conceder ou não a remissão, nos termos do art. 126, parágrafo único, c/c o art. 188.

A decisão da autoridade judiciária deverá conter os requisitos do art. 381 do CPP, não podendo aplicar qualquer medida socioeducativa desde que reconheça: I – estar provada a inexistência do fato; II – não haver prova da existência do fato; III – não constituir o fato ato infracional; IV – não existir prova de ter o adolescente concorrido para o ato infracional (art. 189).[22]

Com razão, Nogueira reclama da ausência de previsão estatutária da hipótese do inciso V do art. 386 do CPP: "Não contemplou o Estatuto a hipótese de existirem circunstâncias que excluam o ato infracional, como legítima defesa, estado de necessidade, obediência hierárquica, que podem muito bem ocorrer e podem também ser comprovadas 'antes' ou 'depois' de oferecida a representação, mas que devem ser levadas em conta caso venham a ocorrer" (Nogueira, P. L., p. 248).

Contudo, estando presente qualquer das situações previstas no art. 98, o juiz poderá aplicar as medidas de proteção (arts. 101 e 112, VII).

Verificada qualquer das hipóteses do art. 189, e estando o adolescente internado, a autoridade judiciária determinará que seja colocado em liberdade imediatamente (art. 189, parágrafo único).

Se, ao contrário, o juiz determinar, na sentença, a aplicação de internação ou de colocação em regime de semiliberdade, sua intimação deverá ser efetuada na pessoa do adolescente e de seu defensor. No caso de não ser encontrado o adolescente, a intimação da sentença será feita a seus pais ou responsável e, também, ao seu defensor (art. 190, I e II).

Se a medida aplicada for a advertência, a obrigação de reparar o dano, a prestação de serviços à comunidade, a liberdade assistida ou

---

22. CPP, art. 386.

qualquer medida de proteção, a intimação da sentença far-se-á, unicamente, na pessoa do defensor (art. 190, § 1º).

Recaindo a intimação na pessoa do adolescente, deverá este manifestar se deseja ou não recorrer da sentença. Em caso positivo, será aberta vista ao defensor para o oferecimento de razões (art. 190, § 2º).

Seção VI – Da apuração de irregularidades em entidade de atendimento

Art. 191. O procedimento de apuração de irregularidades em entidade governamental e não governamental terá início mediante portaria da autoridade judiciária ou representação do Ministério Público ou do Conselho Tutelar, onde conste, necessariamente, resumo dos fatos.

Parágrafo único. Havendo motivo grave, poderá a autoridade judiciária, ouvido o Ministério Público, decretar liminarmente o afastamento provisório do dirigente da entidade, mediante decisão fundamentada.

Art. 192. O dirigente da entidade será citado para, no prazo de dez dias, oferecer resposta escrita, podendo juntar documentos e indicar as provas a produzir.

Art. 193. Apresentada ou não a resposta, e sendo necessário, a autoridade judiciária designará audiência de instrução e julgamento, intimando as partes.

§ 1º. Salvo manifestação em audiência, as partes e o Ministério Público terão cinco dias para oferecer alegações finais, decidindo a autoridade judiciária em igual prazo.

§ 2º. Em se tratando de afastamento provisório ou definitivo de dirigente de entidade governamental, a autoridade judiciária oficiará à autoridade administrativa imediatamente superior ao afastado, marcando prazo para a substituição.

§ 3º. Antes de aplicar qualquer das medidas, a autoridade judiciária poderá fixar prazo para a remoção das irregularidades verificadas. Satisfeitas as exigências, o processo será extinto, sem julgamento de mérito.

§ 4º. A multa e a advertência serão impostas ao dirigente da entidade ou programa de atendimento.

6. Da apuração de irregularidades em entidade de atendimento

O procedimento para apurar as irregularidades em entidade de atendimento governamental e não governamental está previsto nos arts. 191 a 193. Essas entidades estão sujeitas ao controle judiciário e ao controle administrativo (art. 95).

Estarão sujeitas a verificação judicial quando o juiz, através de *portaria*, ou o promotor de justiça, através de *representação*, derem início ao procedimento verificatório de apuração das irregularidades (art. 191).

Tanto na portaria judicial quanto na representação ministerial deverão constar: a) a qualificação completa da entidade e de seus dirigentes; b) a descrição das irregularidades; c) a tipificação da infração cometida; d) as provas que se pretendem produzir, inclusive testemunhal.[23]

As entidades governamentais e não governamentais serão também fiscalizadas pelo Conselho Tutelar (art. 95), que poderá iniciar o procedimento através de representação ao Ministério Público ou diretamente à autoridade judiciária competente. O Conselho Tutelar, em nome da comunidade, exercerá o controle administrativo das entidades de atendimento no que diz respeito à aplicação dos programas sociais, prestação de contas e irregularidades administrativas.

A fiscalização (judicial e administrativa) deverá verificar se a entidade possui instalações adequadas, em condições de habitação, higiene, segurança e salubridade, bem como os serviços de assistência à saúde, além dos programas de atendimento, orientação e apoio sociofamiliar, apoio socioeducativo em meio aberto, colocação familiar, acolhimento institucional, prestação de serviços à comunidade, liberdade assistida, semiliberdade e internação (cf. art. 90).

Havendo motivo grave, poderá a autoridade judiciária, após ouvir o MP, decretar liminarmente o afastamento provisório do dirigente da entidade, mediante decisão fundamentada (art. 191, parágrafo único).

As medidas aplicáveis às entidades de atendimento que descumprem as obrigações constantes do art. 94 já foram objeto de análise no art. 97, lembrando que, além da responsabilidade civil e criminal, os dirigentes poderão ser afastados da direção da entidade não governamental.

Será o dirigente da entidade quem receberá a citação formal, dando-lhe notícia da ação contra ele proposta; a partir daí, terá o prazo de 10 dias para oferecer resposta escrita, podendo juntar documentos e indicar as provas que pretende produzir (art. 192).

Apresentada ou não sua defesa, se for necessário colher prova oral, o juiz designará audiência de instrução e julgamento, intimando as partes. Se a prova apresentada consistir somente de documentos, a autoridade judiciária, considerando o processo formalmente instruído, poderá julgá-lo antecipadamente, nos termos do art. 330 do CPC (art. 193). Nessa audiência devem prevalecer os princípios da oralidade e do contraditório.

Realizada a audiência sem os debates orais, as partes e o Ministério Público deverão apresentar alegações finais no prazo máximo de cinco dias, devendo o juiz, em igual prazo, proferir a sentença (art. 193, § 1º).

Sendo o dirigente de entidade governamental afastado provisória ou definitivamente, a autoridade judiciária determinará à autoridade admi-

---

23. ECA, art. 182, § 1º.

nistrativa imediatamente superior ao afastado prazo para a substituição, devendo ser considerado como crime de desobediência o descumprimento da ordem judicial (CP, art. 330).

Antes de aplicar qualquer das medidas, a autoridade judiciária poderá fixar prazo para a remoção das irregularidades verificadas. Satisfeitas as exigências, o processo será extinto, sem julgamento de mérito (art. 193, § 3º).

As medidas aplicáveis às entidades governamentais são: a) advertência; b) afastamento provisório de seus dirigentes; c) afastamento definitivo de seus dirigentes; d) fechamento de unidade ou interdição de programa.

As entidades não governamentais estarão sujeitas às seguintes medidas: a) advertência; b) suspensão total ou parcial do repasse de verbas públicas; c) interdição de unidades ou suspensão de programas; e d) cassação do registro.

Ao enumerar as penalidades aos dirigentes e às entidades de atendimento, o art. 97 não contemplou a pena de "multa" descrita no § 4º do art. 193. Evidentemente, trata-se de um erro legislativo não ter sido prevista essa modalidade de sanção.

Proferida a sentença, e insatisfeitos o dirigente e a entidade, poderão utilizar-se dos recursos previstos no Código de Processo Civil.

Seção VII – **Da apuração de infração administrativa às normas de proteção à criança e ao adolescente**

Art. 194. O procedimento para imposição de penalidade administrativa por infração às normas de proteção à criança e ao adolescente terá início por representação do Ministério Público, ou do Conselho Tutelar, ou auto de infração elaborado por servidor efetivo ou voluntário credenciado, e assinado por duas testemunhas, se possível.

§ 1º. No procedimento iniciado com o auto de infração, poderão ser usadas fórmulas impressas, especificando-se a natureza e as circunstâncias da infração.

§ 2º. Sempre que possível, à verificação da infração seguir-se-á a lavratura do auto, certificando-se, em caso contrário, dos motivos do retardamento.

Art. 195. O requerido terá prazo de dez dias para apresentação de defesa, contado da data da intimação, que será feita:

I – pelo autuante, no próprio auto, quando este for lavrado na presença do requerido;

II – por oficial de justiça ou funcionário legalmente habilitado, que entregará cópia do auto ou da representação ao requerido, ou a seu representante legal, lavrando certidão;

III – por via postal, com aviso de recebimento, se não for encontrado o requerido ou seu representante legal;

IV – por edital, com prazo de trinta dias, se incerto ou não sabido o paradeiro do requerido ou de seu representante legal.

Art. 196. Não sendo apresentada a defesa no prazo legal, a autoridade judiciária dará vista dos autos ao Ministério Público, por cinco dias, decidindo em igual prazo.

Art. 197. Apresentada a defesa, a autoridade judiciária procederá na conformidade do artigo anterior, ou, sendo necessário, designará audiência de instrução e julgamento.

Parágrafo único. Colhida a prova oral, manifestar-se-ão sucessivamente o Ministério Público e o procurador do requerido, pelo tempo de vinte minutos para cada um, prorrogável por mais dez, a critério da autoridade judiciária, que em seguida proferirá sentença.

7. Da apuração de infração administrativa às normas de proteção à criança e ao adolescente

O procedimento para imposição de penalidade administrativa por infração às normas de proteção à criança e ao adolescente, prevista nos arts. 245 a 258, terá início por representação do Ministério Público, ou do Conselho Tutelar, ou auto de infração elaborado por servidor efetivo ou voluntário credenciado, e assinado por duas testemunhas, se possível (art. 194).

O procedimento será iniciado pelo Ministério Público, através de representação; neste caso, o representante do MP atuará até o final do processo como *parte*. Se, porventura, o procedimento for iniciado por conselheiro tutelar ou por agente de proteção, o Ministério Público atuará como *substituto processual*, tendo em vista que aqueles agentes não terão condições de prosseguir no processo.

Como fiscal da lei e defensor dos interesses infanto-juvenis, atuará como *custos legis*.

O Estatuto não previu o início do procedimento por portaria do juiz, como fazia o art. 111 do Código de Menores revogado. Andou bem o Estatuto neste aspecto, protegendo o princípio da iniciativa das partes, impedindo o juiz de agir de ofício (CPC, art. 2º).

O "comissário" ou "agente de proteção", servidor efetivo ou voluntário, é, por deliberação exclusiva do juiz da infância e da juventude, credenciado para desempenhar tarefas que lhe são atribuídas através da portaria judicial. Nela serão estabelecidos os requisitos para o exercício do cargo, como a gratuidade, idoneidade, atribuição para exercer o serviço de fiscalização, além, é claro, da confiança do juiz.

Embora não esteja expresso no Estatuto, o Poder Judiciário poderá manter um quadro de voluntários que servirá de "suporte" para as funções administrativas do Juizado e as concernentes à fiscalização.

No procedimento iniciado com o auto de infração, poderão ser usadas fórmulas impressas, especificando-se a natureza e as circunstâncias da infração (art. 194, § 1º).

Verificada a infração, o servidor efetivo ou voluntário credenciado lavrará, imediatamente, o auto de infração, devendo declinar, circunstanciadamente, os motivos, se houver retardamento (art. 194, § 2º).

O auto de infração consiste na constatação da infração feita pelo servidor efetivo ou voluntário credenciado. Mesmo podendo usar fórmulas impressas, deverá o auto ser objetivo, descrever a natureza da infração e detalhar suas circunstâncias.

O requerido terá prazo de 10 dias para apresentar sua defesa, contados da data da intimação, que será feita: I – pelo autuante, no próprio auto, quando este for lavrado na presença do requerido; II – por oficial de justiça ou funcionário legalmente habilitado, que entregará cópia do auto ou da representação ao requerido, ou a seu representante legal, lavrando certidão; III – por via postal, com aviso de recebimento, se não for encontrado o requerido ou seu representante legal; IV – por edital, com prazo de 30 dias, se incerto ou não sabido o paradeiro do requerido ou de seu representante legal (art. 195).

Note-se que o procedimento é contraditório, devendo o requerido constituir advogado para apresentar sua defesa, podendo utilizar todos os meios de prova em Direito admitidos.

É importante salientar que a citação postal vem ganhando muito prestígio na Justiça brasileira, haja vista sua crescente utilização na esfera trabalhista (CLT, art. 841, § 1º), na Lei de Alimentos (Lei 5.478/1968, art. 5º, § 2º), no processo civil (CPC, arts. 222 e 223) e nos juizados especiais (Lei 9.099/1995, art. 18).

Não sendo apresentada a defesa no prazo legal (art. 195), a autoridade judiciária dará vista dos autos ao Ministério Público, pelo prazo de cinco dias, decidindo em igual prazo (art. 196). Neste caso, o Ministério Público intervém no processo como *substituto processual*.

Sendo contraditório o procedimento e sendo válida a citação para responder aos termos da ação, a ausência de resposta do requerido induzirá à presunção de veracidade de todos os fatos narrados na representação ou descritos no auto de infração, nos termos do art. 319 do CPC.

Entretanto, apresentada a defesa, a autoridade judiciária dará vista dos autos ao Ministério Público, por cinco dias. Sendo necessária a produção de provas, o juiz designará audiência de instrução e julgamento (art. 197).

Colhida a prova oral[24] e juntados os documentos apresentados pelas partes, manifestar-se-ão sucessivamente o Ministério Público e o procurador do requerido, pelo tempo de 20 minutos para cada um, prorrogável por mais 10, a critério da autoridade judiciária, que em seguida proferirá sentença (art. 197, parágrafo único).

---

24. O número de testemunhas segue o disposto no art. 407, parágrafo único, do CPC.

Seção VIII – **Da habilitação de pretendentes à adoção**
(Acrescentada pela Lei 12.010/2009)

Art. 197-A. Os postulantes à adoção, domiciliados no Brasil, apresentarão petição inicial na qual conste:
I – qualificação completa;
II – dados familiares;
III – cópias autenticadas de certidão de nascimento ou casamento, ou declaração relativa ao período de união estável;
IV – cópias da cédula de identidade e inscrição no Cadastro de Pessoas Físicas;
V – comprovante de renda e domicílio;
VI – atestados de sanidade física e mental;
VII – certidão de antecedentes criminais;
VIII – certidão negativa de distribuição cível.

Art. 197-B. A autoridade judiciária, no prazo de 48 (quarenta e oito) horas, dará vista dos autos ao Ministério Público, que no prazo de 5 (cinco) dias poderá:
I – apresentar quesitos a serem respondidos pela equipe interprofissional encarregada de elaborar o estudo técnico a que se refere o art. 197-C desta Lei;
II – requerer a designação de audiência para oitiva dos postulantes em juízo e testemunhas;
III – requerer a juntada de documentos complementares e a realização de outras diligências que entender necessárias.

Art. 197-C. Intervirá no feito, obrigatoriamente, equipe interprofissional a serviço da Justiça da Infância e da Juventude, que deverá elaborar estudo psicossocial, que conterá subsídios que permitam aferir a capacidade e o preparo dos postulantes para o exercício de uma paternidade ou maternidade responsável, à luz dos requisitos e princípios desta Lei.

§ 1º. É obrigatória a participação dos postulantes em programa oferecido pela Justiça da Infância e da Juventude preferencialmente com apoio dos técnicos responsáveis pela execução da política municipal de garantia do direito à convivência familiar, que inclua preparação psicológica, orientação e estímulo à adoção inter-racial, de crianças maiores ou de adolescentes, com necessidades específicas de saúde ou com deficiências e de grupos de irmãos.

§ 2º. Sempre que possível e recomendável, a etapa obrigatória da preparação referida no § 1º deste artigo incluirá o contato com crianças e adolescentes em regime de acolhimento familiar ou institucional em condições de serem adotados, a ser realizado sob a orientação, supervisão e avaliação da equipe técnica da Justiça da Infância e da Juventude, com o apoio dos técnicos responsáveis pelo programa de acolhimento familiar ou institucional e pela execução da política municipal de garantia do direito à convivência familiar.

Art. 197-D. Certificada nos autos a conclusão da participação no programa referido no art. 197-C desta Lei, a autoridade judiciária, no prazo de 48 (quarenta e oito) horas, decidirá acerca das diligências requeridas pelo Ministério Público e determinará a juntada do estudo psicossocial, designando, conforme o caso, audiência de instrução e julgamento.

Parágrafo único. Caso não sejam requeridas diligências, ou sendo essas indeferidas, a autoridade judiciária determinará a juntada do estudo psicossocial, abrindo a seguir vista dos autos ao Ministério Público, por 5 (cinco) dias, decidindo em igual prazo.

Art. 197-E. Deferida a habilitação, o postulante será inscrito nos cadastros referidos no art. 50 desta Lei, sendo a sua convocação para a adoção feita de acordo com ordem cronológica de habilitação e conforme a disponibilidade de crianças ou adolescentes adotáveis.

§ 1º. A ordem cronológica das habilitações somente poderá deixar de ser observada pela autoridade judiciária nas hipóteses previstas no § 13 do art. 50 desta Lei, quando comprovado ser essa a melhor solução no interesse do adotando.

§ 2º. A recusa sistemática na adoção das crianças ou adolescentes indicados importará na reavaliação da habilitação concedida.

8. Da habilitação de pretendentes à adoção

A Lei 12.010/2009 incluiu a Seção VIII, que trata do procedimento de habilitação dos pretendes à adoção residentes no Brasil (a adoção por estrangeiros observará o procedimento previsto nos arts. 165 a 170 do ECA, com as adaptações previstas nos arts. 52 a 52-D, com a redação dada pela Lei 12.010/2009).

Os interessados em pleitear a adoção – que são domiciliados no Brasil – deverão apresentar requerimento ao juiz da infância e da juventude que, além dos requisitos previstos no art. 282 do CPC, deverão complementar com as informações e documentos exigidos pelo art. 197-A.

Num prazo de 48 horas o juiz dará vista dos autos ao promotor de justiça, que terá 5 dias para apresentar quesitos a serem respondidos pela equipe interprofissional encarregada de elaborar estudo técnico, previsto no art. 197-C; requerer a designação de audiência para ouvir os postulantes e testemunhas; e requerer a juntada de documentos e outras diligências.

É obrigatória a intervenção da equipe interprofissional em todos os casos de adoção. A equipe deverá elaborar um estudo completo da situação psicossocial dos postulantes, que deverá conter as informações técnicas que permitam verificar a capacidade e o preparo dos postulantes para o exercício de uma paternidade ou maternidade responsável.

Os postulantes à adoção deverão obrigatoriamente participar de programas promovidos pela Justiça da Infância e da Juventude que incluam a preparação psicológica, orientação e estimulo à adoção inter-racial de crianças maiores ou de adolescente, com necessidades específicas de saúde ou com deficiências e de grupo de irmãos.

Nos programas acima citados é possível – e até recomendável – que os postulantes entrem em contato com crianças e adolescentes em regime de acolhimento familiar ou institucional em condições de serem adotados. Os possíveis encontros entre postulantes e crianças ou adolescentes devem ser realizados sob orientação, supervisão e avaliação da equipe interprofissional do Juizado da Infância, que pode buscar apoio e complementação técnica nos responsáveis por programas de acolhimento familiar ou institucional e pela execução da política municipal de garantia do direito à convivência familiar.

Depois da realização dos programas referidos no art. 197-C, o juiz, no prazo de 48 horas, decidirá sobre as diligências requeridas pelo promotor de justiça, determinando a juntada aos autos do estudo psicossocial, designando, se necessário, audiência de instrução e julgamento. Se o promotor de justiça não fizer qualquer requerimento, o juiz determinará a juntada do estudo técnico, abrirá vista ao promotor de justiça, por cinco dias, para suas alegações finais, e em seguida proferirá a sentença, em igual prazo.

Se o juiz deferir a habilitação do postulante, este será incluído no cadastro nacional de adotantes, conforme previsto no art. 50 do ECA. Sua convocação para a adoção será feita de acordo com a ordem cronológica de habilitação e conforme a disponibilidade de crianças ou adolescentes adotáveis.

A ordem cronológica da inclusão dos postulantes no cadastro de adoção sempre será a regra. Todavia, o juiz poderá deixar de observar esta regra nas hipóteses previstas no § 13 do art. 50 quando apresentar-se esta como a melhor solução no interesse do adotando.

Se o postulante à adoção se recusar, sistematicamente, a aceitar crianças ou adolescentes indicados pelo juízo, tal recusa será reavaliada pela equipe técnica do Juizado, que fará laudo circunstanciado relatando os motivos da recusa.

Capítulo IV
Dos recursos

Art. 198. Nos procedimentos afetos à Justiça da Infância e da Juventude, inclusive os relativos à execução das medidas socioeducativas, adotar-se-á o sistema recursal da Lei n. 5.869, de 11 de janeiro de 1973 (Código de Processo Civil), com as seguintes adaptações: (*Redação dada pela Lei 12.594, de 2012*)

I – os recursos serão interpostos independentemente de preparo;

II – em todos os recursos, salvo nos embargos de declaração, o prazo para o Ministério Público e para a defesa será sempre de 10 (dez) dias;

III – os recursos terão preferência de julgamento e dispensarão revisor;

IV – (*Revogado pela Lei 12.010/2009*)

V – (*Revogado pela Lei 12.010/2009*)

VI – (*Revogado pela Lei 12.010/2009*)

VII – antes de determinar a remessa dos autos à superior instância, no caso de apelação, ou do instrumento, no caso de agravo, a autoridade judiciária proferirá despacho fundamentado, mantendo ou reformando a decisão, no prazo de cinco dias;

VIII – mantida a decisão apelada ou agravada, o escrivão remeterá os autos ou o instrumento à superior instância dentro de vinte e quatro horas, independentemente de novo pedido do recorrente; se a reformar, a remessa dos autos dependerá de pedido expresso da parte interessada ou do Ministério Público, no prazo de cinco dias, contados da intimação.

Art. 199. Contra as decisões proferidas com base no art. 149 caberá recurso de apelação.

Art. 199-A. A sentença que deferir a adoção produz efeito desde logo, embora sujeita a apelação, que será recebida exclusivamente no efeito devolutivo, salvo se se tratar de adoção internacional ou se houver perigo de dano irreparável ou de difícil reparação ao adotando. (*Arts. 199-A a 199-E acrescentados pela Lei 12.010/2009*)

Art. 199-B. A sentença que destituir ambos ou qualquer dos genitores do poder familiar fica sujeita a apelação, que deverá ser recebida apenas no efeito devolutivo.

Art. 199-C. Os recursos nos procedimentos de adoção e de destituição de poder familiar, em face da relevância das questões, serão processados com prioridade absoluta, devendo ser imediatamente distribuídos, ficando vedado que aguardem, em qualquer situação, oportuna distribuição, e serão colocados em mesa para julgamento sem revisão e com parecer urgente do Ministério Público.

Art. 199-D. O relator deverá colocar o processo em mesa para julgamento no prazo máximo de 60 (sessenta) dias, contado da sua conclusão.

Parágrafo único. O Ministério Público será intimado da data do julgamento e poderá na sessão, se entender necessário, apresentar oralmente seu parecer.

Art. 199-E. O Ministério Público poderá requerer a instauração de procedimento para apuração de responsabilidades se constatar o descumprimento das providências e do prazo previstos nos artigos anteriores.

9. Dos recursos

A sentença que deferir a adoção produzirá efeito imediato, embora sujeita a apelação, que será recebida exclusivamente no efeito devolutivo, salvo se se tratar de adoção internacional ou houver perigo de dano irreparável ou de difícil reparação ao adotando (nesses casos, a apelação será recebida nos efeitos suspensivo e devolutivo). Nos casos em que a sentença destituir ambos ou qualquer dos genitores do poder familiar, a apelação será recebida apenas no efeito devolutivo.

A Lei 12.010/2009 traz um procedimento célere nos recursos em sentenças de adoção e de destituição do poder familiar. Os recursos serão processados com prioridade absoluta, ou seja, devem ser imediatamente distribuídos, sendo vedada, em qualquer situação, a distribuição tardia, sendo colocados em mesa para julgamento sem revisão e com parecer urgente do Ministério Público. No prazo máximo de 60 dias de sua conclusão o relator deverá colocar o processo em mesa para julgamento. O Ministério Público será intimado da data do julgamento e poderá, na sessão, apresentar oralmente seu parecer. Se o Ministério Público constatar o descumprimento das providências e dos prazos previstos no Estatuto, poderá requerer a instauração de procedimento para apurar as responsabilidades.

José Frederico Marques conceitua recurso como "um procedimento que se forma, para que seja revisto pronunciamento jurisdicional contido em sentença, decisão interlocutória ou acórdão" (Marques, J. F., 1986, v. III/113). O insigne Barbosa Moreira complementa o conceito: "*recurso*, no Direito Processual Civil brasileiro, é como o remédio voluntário idôneo a ensejar, dentro do mesmo processo, a reforma, a invalidação, o esclarecimento ou a integração de decisão judicial que se impugna. O caso mais comum é aquele em que a interposição do recurso visa à reforma da decisão recorrida" (Barbosa Moreira, J. C., p. 265).

O requisito fundamental de todo recurso é a lesividade, para o recorrente, da sentença ou decisão proferida no juízo *a quo*. A parte, colocada em situação de derrota no litígio, sofre a sucumbência, ou seja, a situação originada pelo julgamento que proferiu decisão contrária à sua pretensão. Somente a parte vencida poderá obter a reforma da decisão que lhe foi desfavorável, já que só ela tem legítimo interesse em recorrer.

Portanto, recurso é o procedimento que se destina ao reexame da sentença proferida pelo mesmo juiz ou pela instância superior, consagrado pelo princípio do "duplo grau de jurisdição", possibilitando a revisão das decisões judiciais por órgãos superiores.

O Código de Menores revogado estabelecia dois tipos de recursos: o administrativo e o de instrumento.

O recurso administrativo poderia ser proposto pelo interessado e pelo Ministério Público. Daí suas diferentes modalidades: sem efeito suspensivo e com efeito suspensivo. Tal recurso era interposto contra atos expedidos com base no art. 8º do Código e contra as penalidades aplicadas às infrações previstas nos arts. 63 a 74 da mesma lei.

O recurso de instrumento era cabível contra todas as decisões proferidas em procedimento de verificação de situação irregular (arts. 94, §§ 1º e 2º, 96, I-IV, 95, 96 e 98). Tal recurso não era recebido com efeito suspensivo, situação em que a sentença deveria ser imediatamente executada.

O ECA, no art. 198, proporcionou aos interessados a utilização do sistema recursal disposto no Código de Processo Civil, nos procedimentos afetos à Justiça da Infância e da Juventude, inclusive os relativos à execução das medidas socioeducativas. Entretanto, tendo em vista sua especialidade, determinou a inclusão de algumas adaptações no sistema recursal, definido pelo CPC, principalmente em relação aos prazos e modo de ingresso. A adaptação foi necessária para garantir o atendimento prioritário e com rapidez na tramitação de ações referentes ao direito da criança e do adolescente. Assim, continuam em vigor os dispositivos do ECA sobre os recursos, com as adaptações anunciadas nos arts. 198 e 199, embora várias alterações tivessem sido feitas após sua entrada em vigor, especialmente pelas Leis 8.950/1994, 9.139/1995, 9.307/1996, 9.756/1998 e 10.353/2001.

São, pois, admissíveis os seguintes recursos: a) *apelação* (CPC, arts. 513-521); b) *agravo de instrumento* e *agravo retido* (CPC, arts. 522-529, com a redação da Lei 10.352/2001); c) *embargos infringentes* (CPC, arts. 530-534, na redação dada pela Lei 10.352/2001); d) *embargos de declaração* (CPC, arts. 535-538); e) *recurso ordinário* (CPC, art. 539); f) *recurso extraordinário* e *recurso especial* (CPC, arts. 541-546, com a redação dada pela Lei 10.352/2001); g) *recurso adesivo* (CPC, art. 500).

A *apelação* é recurso próprio contra sentença proferida por órgão de primeira instância que ponha termo ao processo, decidindo ou não o mérito da causa. Será recebida pelo juízo *ad quem* em seu efeito devolutivo, devolvendo ao tribunal o conhecimento da matéria impugnada. Será, no entanto, recebida, obrigatoriamente, com o efeito suspensivo: a) quando for interposta contra decisão que deferir a adoção por estrangeiro; b) a juízo da autoridade judiciária, sempre que houver perigo de dano irreparável ou de difícil reparação (art. 199-A).

O efeito suspensivo impede a execução imediata da sentença e de seus efeitos.

O recurso de apelação será recebido pelo juiz; o de agravo de instrumento será dirigido diretamente ao tribunal competente, através de petição, nos termos do art. 524 do CPC. O ECA ainda prevê a interposição do agravo perante o juiz *a quo*. Entretanto, não existe prejuízo ao direito da criança e do adolescente se forem seguidas as regras do CPC, pois, o agravante, no prazo de três dias, requererá juntada, aos autos do processo de cópia da petição do agravo de instrumento e do comprovante de sua interposição, assim como a relação dos documentos que instruíram o recurso. Neste momento, pelo CPC, o juiz do processo reexaminará a decisão.

Nos recursos de apelação e de agravo de instrumento, o juiz proferirá despacho fundamentado, no sentido de manter ou reformar a decisão

(ECA, art. 198, VII, e CPC, art. 523, § 2º). O ECA, com exclusividade, inseriu o juízo de retratação na apelação, em virtude da proteção prioritária e com absoluta precedência dos direitos da criança e do adolescente. O prazo para o reexame judicial, proposto pelo ECA é de cinco dias; o CPC, com as alterações processadas pela Lei 10.353/2001, firmou, no § 2º do art. 523, o prazo de 10 dias. Esse *juízo de retratação* possibilitará que o juiz *a quo* reexamine sua decisão, agilizando a solução da lide.

Se o juiz mantiver a decisão apelada ou agravada, o escrivão remeterá os autos ou o instrumento à superior instância dentro de 24 horas. Se a reformar, a remessa dos autos dependerá de pedido expresso da parte interessada ou do Ministério Público, no prazo de cinco dias, contados da intimação (art. 198, VIII). O CPC não disciplinou o agravo de instrumento desta forma. Ordenou que o recurso fosse interposto perante o tribunal e que o agravante confirmasse, em três dias, perante o juiz principal, a interposição anexada aos documentos necessários. De modo que, pela nova regra, não haverá remessa de autos do juiz *a quo* para o tribunal, no prazo de 24 h.

Das decisões da autoridade judiciária, proferidas através de portaria ou alvará, previstas no art. 149, caberá o recurso de apelação (art. 199), tendo em vista que, ao expedir a regulamentação ou a autorização, a decisão estará consubstanciada no próprio ato, onde, geralmente, estão expostos os fundamentos da medida.

O *agravo de instrumento* com efeito devolutivo é o recurso destinado a impugnar as decisões interlocutórias, ou seja, as decisões incidentes ou pontos controvertidos ou duvidosos de cuja solução depende o prosseguimento do processo.

Este recurso, de efeito simplesmente devolutivo, tem uma peculiaridade, como na apelação: o próprio juiz *a quo* poderá reformar ou manter a decisão agravada, reexaminando a questão já decidida. É o chamado juízo de retratação, previsto no art. 523, § 2º, do CPC.

Diz-se que é de "instrumento" porque, diversamente dos outros recursos, não se processa nos próprios autos em que foi proferida a decisão, mas em autos apartados, constituindo um "instrumento" apartado daqueles autos.

De modo diverso, o *agravo retido* se processa e se decide nos autos em que foi proferida a decisão interlocutória recorrida, a fim de que dele conheça o tribunal, preliminarmente, por ocasião do julgamento da apelação (CPC, art. 523 e parágrafos).

Cabem *embargos infringentes* quando o acórdão não unânime houver reformado, em grau de apelação, a sentença de mérito, ou houver julgado procedente ação rescisória. Se o desacordo for parcial, os embargos serão restritos à matéria, objeto da divergência, conforme dispõe o art. 530 do CPC, com a redação dada pela Lei 10.352/2001.

Dá-se o nome de *embargos de declaração* ao recurso destinado a requerer aos juízes prolatores da sentença ou do acórdão que esclareçam obscuridade, ou contradição ou supram omissão existente no julgado (CPC, art. 535).

O *recurso extraordinário*, de caráter excepcional, confere ao STF a tutela da aplicação da Constituição Federal em todas as jurisdições do País (CF, art. 102, III, e CPC, art. 541).

O *recurso especial* tem seu cabimento nas hipóteses previstas no art. 105, III, "a", "b" e "c", da CF.

Pelo art. 541 do CPC, o recurso extraordinário e o recurso especial, nos casos previstos na Constituição Federal, serão interpostos perante o presidente ou o vice-presidente do tribunal recorrido, em petições distintas, que conterão: I – a exposição do fato e do direito; II – a demonstração do cabimento do recurso interposto; III – as razões do pedido de reforma da decisão recorrida. O parágrafo único desse artigo dispõe que: "Quando o recurso fundar-se em dissídio jurisprudencial, o recorrente fará a prova da divergência mediante certidão, cópia autenticada, ou pela citação do repositório de jurisprudência, oficial ou credenciado, em que tiver sido publicada a decisão divergente, mencionando as circunstâncias que identifiquem ou assemelhem os casos confrontados".

O *recurso adesivo*, que tramita paralelamente e subordinado ao recurso principal, é cabível naquelas hipóteses em que ocorre a sucumbência parcial de ambas as partes; os litigantes, na condição de parcialmente vencidos e vencedores, podem ambos impugnar o julgamento na parte em que se sentiram prejudicados; ao recurso interposto por qualquer deles poderá aderir a outra parte (CPC, art. 500).

Dispõe o art. 198, I, que os recursos serão interpostos independentemente de preparo.

Preparo do recurso significa, propriamente, o pagamento antecipado das despesas com o seu processamento.

A dispensa de preparo é consequência da isenção de custas e emolumentos das ações judiciais de competência da Justiça da Infância e da Juventude (art. 141, § 2º).

O prazo para interpor os recursos de agravo de instrumento e agravo retido é de 10 dias (CPC, art. 522); o prazo para os embargos de declaração sofreu uma ampliação para 5 dias (CPC, art. 536), pela Lei 8.950/1994. Os demais recursos terão 10 dias para ser processados com o pedido e a resposta (art. 198, II).

O art. 198, II, do Estatuto da Criança e do Adolescente, estabelece as alterações específicas do sistema recursal do Código de Processo Civil, adotado para processamento dos recursos. Dentre as modificações, se encontra o prazo de dez dias para os recursos, com exceção dos embargos de declaração. As regras constantes do Capítulo dos Recursos, do Estatuto da Criança e do Adolescente, são aplicáveis a todos os feitos em trâmite, perante a Vara da Infância e da Juventude, e não só aos procedimentos previstos no Capítulo III. Aliás, seria compreensível tal entendimento se os recursos constituíssem apenas uma seção do Capítulo III. Mas, não. Da interpretação sistemática se verifica que o Capítulo sobre os recursos se encontra à parte, desvinculado dos procedimentos, ainda que lhe seja posterior. No conflito entre disposições legais divergentes – no caso, a Lei 7.347/1985 (Lei da Ação Civil Pública), que pode tramitar perante a Vara da Infância e da Juventude e indica os prazos recursais previstos no Código de Processo Civil –, aplica-se o princípio da especialidade" (*JTJSP* 197/175), o que vale dizer que serão observados os prazos especiais previstos no Estatuto.

O Estatuto estabelece a preferência de julgamento e a dispensa de revisor quanto aos recursos interpostos contra decisões do juiz da infância e da juventude, com o objetivo de garantir sempre o atendimento prioritário em benefício do interesse da criança e do adolescente (arts. 4º, parágrafo único, "b", e 198, III).

Segundo o Código de Menores revogado, no art. 84, os recursos eram interpostos, em segundo grau, para o Conselho da Magistratura ou órgão judiciário equivalente, conforme disposição da lei de organização judiciária regional.

Sobre a competência para a apreciação das decisões do juiz singular, em grau de recurso, o Estatuto foi omisso, devendo a lei de organização judiciária determinar o órgão ou Câmara Especial para o julgamento.[25]

Capítulo V
Do Ministério Público

Art. 200. As funções do Ministério Público previstas nesta Lei serão exercidas nos termos da respectiva lei orgânica.

1. Disposições gerais

"O Ministério Público é instituição permanente, essencial à função jurisdicional do Estado, incumbindo-lhe a defesa da ordem jurídica, do

---
25. *RT* 634/46.

regime democrático e dos interesses sociais e individuais indisponíveis" (CF, art. 127).

Com a inovação trazida pela Carta Magna de 1988, o Ministério Público teve assegurada a autonomia funcional e administrativa, além da vitaliciedade, inamovibilidade e irredutibilidade de vencimentos (CF, arts. 127, § 2º, e 128 § 5º, I).

Essas garantias constitucionais eram necessárias para que o *Parquet* pudesse desenvolver, com independência, suas funções sociais na defesa do interesse público.

O Ministério Público há muito deixou de ser um simples órgão de acusação; hoje desempenha funções na defesa dos direitos individuais, difusos ou coletivos, na proteção do meio ambiente e do consumidor, na defesa do patrimônio histórico, artístico e cultural, pugna pela defesa da ordem jurídica e dos interesses indisponíveis da sociedade e na defesa dos interesses individuais de cada criança ou adolescente em conflito com a sociedade.

Além dessas funções, o Ministério Público vela pela defesa da ordem jurídica, do regime democrático e dos interesses sociais e individuais indisponíveis, incumbindo-lhe promover o inquérito e a ação civil pública, na forma da lei (arts. 1º e 25, IV, da Lei 8.625, de 12.2.1993).

Outra não poderia ser a posição do legislador infraconstitucional ao atribuir ao Ministério Público funções colocadas nas áreas cíveis, criminais e administrativas.

Na *área cível*, o Ministério Público poderá exercer suas funções como parte, agindo em nome próprio na defesa de alguma pessoa, seja como autor ou como réu, sujeito no processo ao mesmo tratamento que as partes;[26] como substituto processual, exercerá as funções de curador especial, delimitadas no art. 9º, II, do CPC; como fiscal, deve intervir para assegurar o cumprimento das leis, no interesse público (CPC, art. 83).

Na *área criminal* a função do Ministério Público, como *dominus litis*, é iniciar a ação penal pública incondicionada, para satisfazer o *jus puniendi* do Estado, de forma que reprima o crime e restabeleça a ordem e a tranquilidade na comunidade. Como *custos legis*, o Ministério Público atuará na fiscalização das ações exclusivamente privadas.

No campo *administrativo*, o Ministério Público exercerá sua função como um verdadeiro *ombudsman* ou defensor do povo, na fiscalização do funcionamento das entidades de atendimento tutelar, na verificação da proteção dos direitos da criança e do adolescente assegurados pelo Estado, na fiscalização das relações de trabalho dos menores de 16 anos etc.

---

26. O Estatuto não confere ao Ministério Público prazo em dobro para recorrer, sendo aplicável à espécie o art. 188 do CPC.

Para proteger os direitos assegurados às crianças e aos adolescentes, a Constituição Federal inaugurou uma nova ordem jurídica, consagrando à família, à sociedade e ao Estado a tutela protetiva.

E o Ministério Público, órgão que exerce parcela da soberania estatal, pela sua autonomia e independência na defesa da ordem jurídica, do regime democrático e dos interesses sociais e individuais, foi convocado a tutelar os direitos da criança e do adolescente.

Na jurisdição da infância e da juventude, o Ministério Público destaca-se na defesa dos direitos sociais da criança e do adolescente, principalmente na área específica dos interesses difusos e coletivos.

Como parte, iniciará ação socioeducativa pública visando à aplicação de medida de ressocialização e reeducação do adolescente autor de ato infracional. Dará início a ação civil pública e inquérito civil para a apuração de responsabilidade administrativa no descuido da proteção dos interesses individuais, difusos ou coletivos afetos à criança e ao adolescente.

No desempenho da função de *dominus litis*, o Ministério Público oferecerá representação para apuração de ato infracional praticado pelo adolescente e, ao mesmo tempo, fiscalizará a prestação jurisdicional, no sentido de assegurar o efetivo respeito aos seus direitos constitucionais.

Sob esse aspecto, Paulo Afonso Garrido de Paula assentou sua posição, em palestra no I Encontro Nacional de Promotores de Justiça Curadores de Menores, realizado em São Paulo, em agosto de 1989, de que "a posição do promotor de justiça curador de menores no procedimento de apuração de ato infracional é de parte impessoal, atuando com absoluta impessoalidade, de modo a materializar as garantias constitucionais e defender os interesses sociais e individuais indisponíveis, notadamente dando vida à proteção especial devida a crianças e adolescentes ante a condição peculiar de pessoas em desenvolvimento".

Exercerá a função de fiscal da lei (*custos legis*) em todos os processos, onde deverá ser intimado, pessoalmente, de qualquer despacho ou decisão proferida pela autoridade judiciária (art. 203).

Como atividade meramente fiscalizatória terá atribuições em todos os limites de prestação da tutela jurisdicional ou oriundas do Conselho Tutelar, quer na fiscalização de entidades de atendimento, quer na regularidade processual, quer na fiscalização sobre o Estado na gerência de política de atendimento e defesa dos direitos da criança e do adolescente.

Na condição de substituto processual, atuará o Ministério Público nos procedimentos relativos ao pedido de emancipação, na falta dos pais (art. 148, parágrafo único, "e"), nas ações de alimentos (art. 148, parágrafo único, "g", art. 201, III, e Lei 5.478/1968), nas ações de suspensão ou destituição do poder familiar (art. 201, III).

Enfim, a atuação ministerial concretiza-se na proteção dos interesses e direitos da sociedade com a preservação do bem comum e da observância das leis; mas a Instituição se engrandece como defensora dos direitos sociais de crianças e adolescentes, principalmente no campo dos interesses difusos e coletivos.

Art. 201. Compete ao Ministério Público:

I – conceder a remissão como forma de exclusão do processo;

II – promover e acompanhar os procedimentos relativos às infrações atribuídas a adolescentes;

III – promover e acompanhar as ações de alimentos e os procedimentos de suspensão e destituição do poder familiar, nomeação e remoção de tutores, curadores e guardiães, bem como oficiar em todos os demais procedimentos da competência da Justiça da Infância e da Juventude;

IV – promover, de ofício ou por solicitação dos interessados, a especialização e a inscrição de hipoteca legal e a prestação de contas dos tutores, curadores e quaisquer administradores de bens de crianças e adolescentes nas hipóteses do art. 98;

V – promover o inquérito civil e a ação civil pública para a proteção dos interesses individuais, difusos ou coletivos relativos à infância e à adolescência, inclusive os definidos no art. 220, § 3º, inciso II, da Constituição Federal;

VI – instaurar procedimentos administrativos e, para instruí-los:

a) expedir notificações para colher depoimentos ou esclarecimentos e, em caso de não comparecimento injustificado, requisitar condução coercitiva, inclusive pela polícia civil ou militar;

b) requisitar informações, exames, perícias e documentos de autoridades municipais, estaduais e federais, da administração direta ou indireta, bem como promover inspeções e diligências investigatórias;

c) requisitar informações e documentos a particulares e instituições privadas;

VII – instaurar sindicância, requisitar diligências investigatórias e determinar a instauração de inquérito policial, para apuração de ilícitos ou infrações às normas de proteção à infância e à juventude;

VIII – zelar pelo efetivo respeito aos direitos e garantias legais assegurados às crianças e adolescentes, promovendo as medidas judiciais e extrajudiciais cabíveis;

IX – impetrar mandado de segurança, de injunção e *habeas corpus*, em qualquer juízo, instância ou tribunal, na defesa dos interesses sociais e individuais indisponíveis afetos à criança e ao adolescente;

X – representar ao juízo visando à aplicação de penalidade por infrações cometidas contra as normas de proteção à infância e à juventude, sem prejuízo da promoção da responsabilidade civil e penal do infrator, quando cabível;

XI – inspecionar as entidades públicas e particulares de atendimento e os programas de que trata esta Lei, adotando de pronto as medidas administrativas ou judiciais necessárias à remoção de irregularidades porventura verificadas;

XII – requisitar força policial, bem como a colaboração dos serviços médicos, hospitalares, educacionais e de assistência social, públicos ou privados, para o desempenho de suas atribuições.

§ 1º. A legitimação do Ministério Público para as ações cíveis previstas neste artigo não impede a de terceiros, nas mesmas hipóteses, segundo dispuserem a Constituição e esta Lei.

§ 2º. As atribuições constantes deste artigo não excluem outras, desde que compatíveis com a finalidade do Ministério Público.

§ 3º. O representante do Ministério Público, no exercício de suas funções, terá livre acesso a todo local onde se encontre criança ou adolescente.

§ 4º. O representante do Ministério Público será responsável pelo uso indevido das informações e documentos que requisitar, nas hipóteses legais de sigilo.

§ 5º. Para o exercício da atribuição de que trata o inciso VIII deste artigo, poderá o representante do Ministério Público:

a) reduzir a termo as declarações do reclamante, instaurando o competente procedimento, sob sua presidência;

b) entender-se diretamente com a pessoa ou autoridade reclamada, em dia, local e horário previamente notificados ou acertados;

c) efetuar recomendações visando à melhoria dos serviços públicos e de relevância pública afetos à criança e ao adolescente, fixando prazo razoável para sua perfeita adequação.

Art. 202. Nos processos e procedimentos em que não for parte, atuará obrigatoriamente o Ministério Público na defesa dos direitos e interesses de que cuida esta Lei, hipótese em que terá vista dos autos depois das partes, podendo juntar documentos e requerer diligências, usando os recursos cabíveis.

Art. 203. A intimação do Ministério Público, em qualquer caso, será feita pessoalmente.

Art. 204. A falta de intervenção do Ministério Público acarreta a nulidade do feito, que será declarada de ofício pelo juiz ou a requerimento de qualquer interessado.

Art. 205. As manifestações processuais do representante do Ministério Público deverão ser fundamentadas.

2. Das atribuições do Ministério Público

A intervenção obrigatória do promotor de justiça em todos os procedimentos relativos à criança e ao adolescente, sob pena de nulidade (art. 204).

No primeiro contato com o adolescente, em entrevista informal (art. 179), o promotor de justiça fará avaliação do comportamento e da personalidade do adolescente, investigará as causas propulsoras da ação infracional, o contexto social onde vive o adolescente, sua maior ou menor participação no ato infracional, e, então, concederá a remissão como forma de exclusão do processo.[27]

---

27. ECA, arts. 126-128 e 180, II.

O inciso I do art. 201 trata da remissão. Ela surgiu no contexto jurídico brasileiro, expresso nos arts. 126 a 128 do ECA, como prática transacional, universalmente proposta pela Resolução 40/33, de 19.11.1985, da ONU. Além disso, este instituto propôs-se a agilizar a tramitação dos procedimentos referentes à apuração do ato infracional, proporcionando ao adolescente infrator a oportunidade de transacionar com o promotor de justiça e auferir maiores chances de restabelecer sua relação com a sociedade agredida com seus atos.

A Regra 11.2 da ONU para a Administração da Justiça de Menores (*Beijing Rules*) estabelece que "... o Ministério Público e outros órgãos afetos à Justiça de Menores podem ser dotados de poder para resolver as questões que lhe forem submetidas, sem recorrer a audiências formais...".

Ao membro do Ministério Público a remissão somente é possível como *forma de exclusão do processo*.

Nesse caso, o promotor de justiça deixará de propor a ação socioeducativa pública para realizar, com o adolescente e seus responsáveis, um acordo.

Não há qualquer sintoma de inconstitucionalidade na atitude do promotor que deixa de iniciar a ação socioeducativa para conceder a remissão. O Ministério Público, é sabido, detém parcela da soberania outorgada pelo Estado através da lei. Portanto, a decisão do impulso inicial é exclusiva do promotor de justiça.

Já se consolidou na jurisprudência que o promotor de justiça não pode cumular a remissão com aquelas medidas socioeducativas elencadas no art. 112 do ECA. O Superior Tribunal de Justiça, após apreciar vários casos idênticos, editou a Súmula 108, que diz: "A aplicação de medidas socioeducativas ao adolescente, pela prática de ato infracional, é de competência exclusiva do juiz".

No entanto, a mesma construção jurisprudencial não incluiu as medidas protetivas (art. 101) como proibidas, de modo que estas não são defesas ao Ministério Público.

É interessante notar que o Estatuto da Criança e do Adolescente não especifica, com nitidez, o parâmetro que deva ser utilizado pelo Promotor de Justiça para a concessão da remissão. Quais seriam, então, os atos infracionais passíveis de concessão da remissão pelo Promotor de Justiça?

O art. 126 diz que o Ministério Público poderá conceder a remissão, como forma de exclusão do processo, "atendendo às circunstâncias e consequências do fato, ao contexto social, bem como à personalidade do adolescente e sua maior ou menor participação no ato infracional".

Na sequência, o art. 127 explica que a "remissão não implica necessariamente o reconhecimento ou comprovação da responsabilidade". Mas, sem dúvida, pressupõe a certeza da autoria e da materialidade. Ou seja, a remissão somente poderá ser concedida se houver indícios da autoria e da materialidade. Se inexistir um ou outro (ou os dois), o caminho processual será a promoção do arquivamento. Não poderá haver perdão se não houver ato (infracional) para ser perdoado

Há, também, um outro balizamento para a aplicação da remissão: a natureza, gravidade e importância do ato infracional. Esses dados estão gravados no art. 173, que, por analogia, transporta-se para a atividade ministerial.

Se a autoridade policial pode deixar de lavrar o Auto de Apreensão em Flagrante quando o ato infracional não vier revestido das características da "violência" e da "grave ameaça a pessoa" e, por conseguinte, pode liberar o adolescente para seus responsáveis, com maior propriedade pode o Promotor de Justiça conceder a remissão e liberar o infrator.

O entendimento é sereno e condiz com o espírito do Estatuto. Se o ato infracional praticado pelo adolescente não for cometido mediante violência ou grave ameaça a pessoa, o Ministério Público deve conceder a remissão. Se, por outro lado, o agente ministerial entender que o adolescente necessita (por outros motivos) de um acompanhamento especializado, merecedor de uma medida socioeducativa (não privativa de liberdade), poderá, certamente, iniciar a ação pertinente para aquela finalidade.

Nessa condição acima é possível, também, que o adolescente tenha sido apreendido em flagrante. Ou seja, o adolescente foi apreendido em virtude da prática de um ato infracional despido daquelas características já mencionadas.

Se, pela remissão, opera-se a exclusão do infrator do processo e, cumulativamente, perdão de seus atos, por que, então, mantê-lo apreendido? Seu ato já não foi perdoado? Não teria fundamento o Ministério Público devolver o adolescente para a autoridade policial sob o pretexto de esperar a homologação da remissão concedida. No mesmo instante da concessão da remissão, o adolescente vê-se em liberdade, isto pela própria natureza do instituto. De outra forma, o promotor, ou aquele que tivesse conhecimento da apreensão ilegal e nada fizesse, estaria incorrendo no crime previsto no art. 234 do ECA.

Assim, em sede de remissão, o Promotor de Justiça não só pode como deve liberar o adolescente infrator apreendido em flagrante de ato infracional sem as características da *violência* e da *grave ameaça a pessoa*.

Se, por acaso, a autoridade judiciária não homologar a remissão e determinar sua remessa ao Procurador-Geral de Justiça (art. 181, § 2º), que, por sua vez, pode oferecer representação ou designar outro membro do Ministério Público para apresentá-la, somente poderá determinar a apreensão daquele adolescente se o fizer fundamentadamente, nos termos do art. 171. Não poderá o juiz manter aquela apreensão, que foi desconstituída pela remissão.

Essa discussão não teria sentido se a apresentação do adolescente infrator fosse realizada num centro integrado, como idealiza a Lei (art. 88, V). Na apresentação do infrator naquele recinto, o adolescente seria recebido pela autoridade policial, encaminhado ao Ministério Público e apresentado ao Juiz num único momento, quando, então, seria ou não liberado após a prolação da sentença.

Outro assunto interessante, que pode gerar dúvidas, refere-se à possibilidade da cumulação de medidas socioeducativas em sede da remissão. Ao Ministério Público é defeso, como já ficou esclarecido acima. Pergunta-se, então, se ao juiz é lícito aplicar as medidas elencadas nos incisos I a V do art. 112 do ECA, no momento de homologar a remissão concedida pelo Promotor?

Ora, o art. 127 recomenda a possibilidade de "incluir eventualmente a aplicação de qualquer das medidas previstas em lei, exceto a colocação em regime de semiliberdade e a internação", quando o adolescente recebe a remissão como perdão ou exclusão do processo, atribuição específica do promotor. Mas se a Jurisprudência não aceita a aplicação de medida socioeducativa pelo Ministério Público, por entender que estaria ele usurpando função jurisdicional, não poderia o magistrado, ao receber a remissão concedida, aplicar uma daquelas medidas?

Nosso primeiro entendimento, embora discordante da corrente jurisprudencial dominante, reside na possibilidade de inclusão de medida socioeducativa no momento em que o Ministério Público concede a remissão. Como a prática tem sido outra, ou seja, o *Parquet* não tem concedido a remissão cumulada com medida socioeducativa, recomenda-se, portanto, que o magistrado, ao receber a remissão para homologá-la, possa aplicar alguma das medidas previstas no art. 112, com as exceções já anunciadas.

Pensar de outra maneira seria dizer que a lei contém ditame inócuo e inaplicável (ou, até mesmo, inconstitucional).

O inciso II do art. 201 incita o membro do Ministério Público a promover e acompanhar os procedimentos relativos às infrações atribuídas a adolescentes.

O Ministério Público acompanha a apuração do ato infracional e inicia a ação socioeducativa pública. O Ministério Público é *parte* e não *custos legis*; além de estar comprometido com a busca da verdade e com os interesses do bem comum, não deve, por outro lado, esquecer de zelar pelos superiores interesses do adolescente, mesmo sendo ele autor de ato infracional.

O acompanhamento da apuração do ato infracional pode ser feito através do primeiro contato do adolescente com a autoridade policial, naquela fase onde o infrator relata o fato ao delegado e apresenta as pistas do ato infracional.

A promoção do procedimento se dá com o início da ação, através da representação e os demais e ulteriores procedimentos que levarão a termo a ação. Não está o promotor obrigado a pugnar, sempre e necessariamente, pela procedência da ação; deve ele pugnar, sempre, para a realização da Justiça.

Pelo inciso III do art. 201 o Ministério Público pode promover e acompanhar as ações de alimentos e os procedimentos de suspensão e extinção do poder familiar, nomeação e remoção de tutores, curadores e guardiães, bem como oficiar em todos os demais procedimentos da competência da Justiça da Infância e da Juventude.

O Ministério Público é parte legítima para ajuizar ação de alimentos, e pode fazê-lo independentemente do exercício do poder familiar pelos pais, da existência de risco prevista no ECA ou da capacidade da Defensoria Pública de atuar em favor de crianças e adolescentes. A decisão é da 2a Seção do STJ, ao julgar recurso repetitivo em que se discutia a possibilidade de o Ministério Público ajuizar ações que envolvem pensão alimentícia.

Em todos os procedimentos afetos à Justiça da Infância e da Juventude o Ministério Público deverá ser chamado a deles participar, como *parte*, como *substituto processual* ou como *fiscal da lei*.

Como *parte*, o *Parquet* funciona iniciando a ação socioeducativa pública e a ação civil pública; como *substituto processual*, atua no lugar do titular do direito que se pretende proteger, como nos casos de suspensão e extinção do poder familiar, de guarda, de curatela e de nomeação de tutor (pela evidência de que a criança e/ou o adolescente não podem – por vários motivos – por si sós, iniciar a ação). Como *custos legis*, atuará sempre quando tiver o dever de verificar a regularidade e legalidade da aplicação da lei.

No caso específico da *adoção*, entendemos que o Ministério Público não pode agir como *parte* porque o conflito ali gerado supõe sua participação apenas como *fiscal da lei*. Sempre existirá uma pessoa interessada em uma criança para adotar. Se esse interessado for pobre utilizará os recursos da Defensoria Pública. Neste caso, o Promotor verificará se os requisitos essenciais e próprios da adoção estão presentes e, em primeiro lugar, resguardará os superiores interesses da criança.

Ratificando esse entendimento, percebe-se que o Ministério Público tem legitimidade para agir como *parte* em todos os casos referidos no parágrafo único do art. 148, com fundamento nas hipóteses verificadas no art. 98 do ECA.

Nota-se, portanto, que a *adoção* não se encontra neste rol, situando-se nas hipóteses de competência genérica capituladas no art. 148, mais precisamente no inciso III, do ECA.

E, tratando-se de pretensão resistida na adoção, o procedimento será contraditório, exceto com a incidência da anuência dos genitores, para satisfazer as exigências do art. 166 e seus parágrafos.

Nos casos referentes ao art. 149, que trata da competência judicial de emitir alvarás e portarias, o Ministério Público deve pronunciar-se, sob pena de esses atos tornarem-se inválidos pela inobservância do art. 202 do ECA.

No inciso IV do art. 201, o Ministério Público é chamado a promover, de ofício ou por solicitação dos interessados, a especialização e a inscrição de hipoteca legal e a prestação de contas dos tutores, curadores e quaisquer administradores de bens de crianças e adolescentes nos processos onde haja interesses daqueles incapazes (no caso específico de situação de risco) relacionados no art. 98 do ECA.

O CC/1916 dispunha, em seu art. 840, I, que cabia ao *Parquet* propor a especialização de hipoteca legal em favor de incapaz, ou a especialização de hipoteca legal se os interessados solicitassem sua manifestação. O Código Civil/2002 não trouxe disposição semelhante. Nos arts. 1.637 do CC/2002 e 914, I, do CPC, o Ministério Público é chamado a promover a prestação de contas dos tutores, curadores e administradores dos bens dos incapazes.

É bom sempre lembrar que os pais são os administradores dos bens dos filhos; podem administrar mas não podem deles dispor. Contudo, é bom lembrar que quando fala em incapazes o ECA está se referindo àqueles incluídos nas situações descritas no art. 98 e não àqueles jovens com fortunas para serem administradas.

O inciso V do art. 201 confere ao *Parquet* a competência para "promover o inquérito civil e a ação civil pública para a proteção dos interesses individuais, difusos ou coletivos relativos à infância e à adolescência...".

A promoção de inquérito civil e ação civil pública, como competência de atuação do Ministério Público, originou-se na Lei 7.347, de 24.7.1985, dispondo no art. 8º, § 1º, que "o Ministério Público poderá instaurar, sob sua presidência, inquérito civil, ou requisitar, de qualquer organismo público ou particular, certidões, informações, exames ou perícias, no prazo que assinalar, o qual não poderá ser inferior a 10 dias".[28]

Determinação idêntica foi reproduzida no art. 223 do ECA, sendo de aplicação subsidiária, a referida lei, nos dispositivos pertinentes à proteção dos interesses individuais, difusos ou coletivos relativos à criança e ao adolescente (art. 224).

Também o art. 5º da citada lei dispõe que "a ação principal e a cautelar poderão ser propostas pelo Ministério Público, pela União, pelos Estados e Municípios...".

O art. 210, I, do ECA convoca, em primeiro lugar, o Ministério Público para propor as ações civis fundadas em interesses coletivos ou difusos.

Tratando-se, pois, de inquérito civil e de ação civil pública, compete ao Ministério Público, primeiramente, a promoção e defesa dos direitos e interesses individuais, difusos ou coletivos relativos à criança e ao adolescente (arts. 208-224).

Segundo Hugo Nigro Mazzili, "é extremamente rico o campo que se descortina ao intérprete na área dos interesses coletivos ou difusos ligados à proteção à criança e ao adolescente. A título de mero exemplo, veja-se que o Ministério Público pode ser chamado a agir inclusive para cobrar do Estado uma atuação mais eficiente no fornecimento de condições de educação, saúde, profissionalização e lazer às crianças e aos adolescentes".

A expressão *ação civil pública* originou-se com Calamandrei, para diferenciar e contrapor à *ação penal pública*. Com a ação civil pública se quis referir àquela ação com o objeto não penal.

Com o advento da citada lei, o Ministério Público também recebeu legitimação *ad causam* para propor a ação civil pública. Para tanto, era necessária a preparação e instrução dessa ação, surgindo, assim, o inquérito civil. Tanto o inquérito quanto a ação têm viabilizado inúmeras iniciativas do Ministério Público na área da defesa dos chamados interesses difusos e coletivos, além dos sociais.

Tão marcante foi a ação do *Parquet* que o constituinte de 1988 outorgou-lhe a legitimidade concorrente para iniciar a ação. Essa legitimação pluralista é própria da ação civil pública. Isso significa que a iniciativa do Ministério Público não é exclusiva. Essa atividade encontra sua exceção na ação penal pública incondicionada, onde o Ministério Público detém a primazia e exclusividade de sua iniciativa.

---

28. CF, art. 129, III.

Ao permitir a inclusão de outros agentes na propositura de ações que resgatam a cidadania, a Lei 7.347/1985 e o Estatuto da Criança e do Adolescente inovam a sistemática procedimental e ampliam o leque de possibilidades de colegitimados.

O que importa para nós, neste momento, é identificar os interesses individuais (indisponíveis), difusos e coletivos de crianças e adolescentes que estão sendo expropriados ou negados e que o Ministério Público, como parte, interponha a ação civil para impedir o perecimento do direito.

A relação, apenas exemplificativa, começa no art. 208 do ECA. Ali temos uma pequena amostra de como o Promotor de Justiça pode agir em benefício da proteção dos direitos e interesses infanto-juvenis. No art. 227 da CF outra relação (talvez, possamos dizer que é a mesma do art. 208) aponta-nos para a indisponibilidade dos direitos de crianças e adolescentes, legitimando o Promotor de Justiça para sua necessária proteção e defesa.

Por outro lado, quando a Constituição Federal e o ECA tratam dos direitos fundamentais, como a vida, a saúde, a liberdade, a educação, o respeito e a dignidade humana, a convivência familiar e comunitária, o esporte e o lazer, a profissionalização e a proteção ao trabalho, fica muito claro qual é o caminho que deve ser trilhado pelo Ministério Público.

A título de exemplo citamos algumas possibilidades de o Ministério Público propor a ação civil pública: a) representações interventivas ou ações diretas de inconstitucionalidade de norma federal, estadual ou municipal (inclusive pela omissão ou inexistência) ou mandados de injunção, quando a falta da norma regulamentadora torne inviável o exercício de direitos e liberdades constitucionais; b) ações para a verificação dos gastos públicos com campanhas, subsídios e investimentos de verbas públicas na área da infância e da juventude; c) as hipóteses elencadas no art. 208 do ECA, tais como as ações de responsabilidade, por ofensa aos direitos assegurados à criança e ao adolescente referentes ao não oferecimento ou oferta irregular do ensino fundamental obrigatório; de atendimento educacional especializado aos portadores de deficiência; de atendimento em creche e pré-escola; de ensino escolar noturno; de programas suplementares de oferta de material didático-escolar, transporte, assistência à saúde; de serviço de assistência social; de acesso às ações e aos serviços de saúde, de escolarização e profissionalização dos adolescentes em processo de cumprimento de medidas socioeducativas de semiliberdade e internação; d) contra a Fazenda Pública e os empregadores em geral para assegurar condições de aleitamento materno; contra a Fazenda Pública para assegurar as condições de saúde e de educação; contra hospitais; contra empresas de comunicação; contra editoras; contra entidades de atendimento; contra os próprios pais ou responsáveis; de execução de multas; e) para a aprovação, no Município, no Estado e na

União, de lei criadora dos Conselhos de Direitos, Conselhos Tutelares e Fundos dos Direitos da Criança e do Adolescente; para a constituição desses Conselhos e para assegurar recursos para o Fundo; para o funcionamento perfeito dos Conselhos; f) para apurar a responsabilidade de Prefeitos, Governadores e Presidente da República em face da omissão na implantação das Políticas necessárias à operacionalização do ECA.

O inquérito civil é um instrumento poderoso nas mãos do Promotor de Justiça que dele se utiliza para embasar a futura ação civil pública. Não havendo provas para suportar a inicial da ação, deve o Promotor seguir as regras firmadas na Lei Orgânica (Lei 8.625, de 12.2.1993), com a remessa dessas peças investigatórias para a Administração Superior do Ministério Público.

Fica claro, também, que o Ministério Público não está obrigado a instaurar o inquérito civil ou a propor uma ação civil a não ser que reúna as provas necessárias para sua intervenção.

No inquérito civil, como nos procedimentos administrativos, o Promotor de Justiça pode expedir *notificações* e *requisições*, que são instrumentos necessários ao atingimento dos propósitos ministeriais, conforme demonstra o inciso VI do art. 201.

É possível, no entanto, que o destinatário da requisição ministerial seja um particular.

Tratando-se de proteção de interesses individuais, difusos ou coletivos de crianças e adolescentes, o não atendimento da requisição pode configurar o crime previsto no art. 10 da Lei 7.347/1985, ou, conforme o delito, no art. 236 do ECA; se a requisição foi recusada por funcionário público, o crime é de prevaricação (o delito de desobediência é residual, neste caso).

Pelo inciso VII do art. 201, o Ministério Público pode instaurar sindicâncias, requisitar diligências investigatórias e determinar a instauração de inquérito policial, para apuração de ilícitos ou infrações às normas de proteção à infância e à juventude.

O inciso VIII do art. 201 é mais abrangente: confere ao membro do *Parquet* a obrigação de zelar pelo efetivo respeito aos direitos assegurados na Constituição Federal e nas leis, promovendo as medidas judiciais e extrajudiciais cabíveis.

Aqui, o Ministério Público investe-se no papel de *ombudsman*. Nessa qualidade, deverá atender ao povo, receber petições, reclamações e representações de pessoas e entidades para investigar denúncias, visitar estabelecimentos de atenção à criança e ao adolescente, verificar as propagandas nocivas ao desenvolvimento físico, intelectual e moral de crianças e adolescentes, exigir de autoridades públicas o correto desenvolvimento das ações educacionais, a fiscalização de gastos públicos etc., enfim, agir com prestativo zelo pela proteção dos direitos de crianças e adolescentes.

Para esse fim, o § 5º do art. 201 confere ao Ministério Público a possibilidade de efetuar *recomendações* com a finalidade de sugerir ao órgão público ou particular de atenção à criança e ao adolescente a manutenção e melhoria dos serviços essenciais ao desenvolvimento da cidadania infanto-juvenil, podendo o Promotor de Justiça fixar prazo para a sua realização.

A tarefa ministerial será tão grande quanto o espaço que for oferecido pelo Promotor encarregado de capitanear a Promotoria de Justiça da Infância e da Juventude. Deve o seu gabinete estar sempre aberto para receber pais, mães, avós, crianças e adolescentes, mesmo que estejam mal vestidos.

Nesse mister de verdadeiro *ombudsman*, o Ministério Público angaria respeitabilidade, além de ser um porto seguro para a aflição daqueles marginalizados socialmente, que não têm a quem recorrer. Quando muito, percorrem caminhos longos e aflitos nas repartições públicas no afã de proteger seus interesses e são, muitas vezes, logrados com informações falsas e incorretas, acarretando-lhes mais dor e decepção.

Aqueles que procurarem o Promotor de Justiça não podem voltar para suas casas sem uma satisfação ou conforto para o seu problema. O Ministério Público tornou-se forte porque atende ao povo, ouve seus problemas, encaminha-o para uma solução.

O inciso IX do art. 201 assegura ao Ministério Público o direito--dever de impetrar mandado de segurança, de injunção e *habeas corpus*, em qualquer juízo ou tribunal, na defesa dos interesses sociais e indisponíveis afetos à criança e ao adolescente.[29]

O Estatuto da Criança e do Adolescente trouxe uma grande novidade em relação à propositura da ação mandamental, em benefício da proteção de direitos: o Promotor de Justiça pode propor *mandado de segurança* para proteger direito individual indisponível de criança e adolescente!

Mais. Sob essa égide, a ação ministerial ajusta-se perfeitamente pelos seguintes fundamentos: a) para a defesa de direito individual indisponível de criança e adolescente; b) defesa dos direitos individuais homogêneos ligados a crianças e adolescentes; c) defesa de direitos ou interesses coletivos assegurados à população infanto-juvenil; e d) defesa de uma prerrogativa do próprio Ministério Público.

O *mandado de injunção* perdeu seu poder intimidativo ao receber do STF um posicionamento natimorto: a Corte Suprema se contentou em

---

29. CF, art. 5º, LXIX, LXXI e LXVI.

afirmar que apenas poderia cientificar o Poder Legislativo de sua omissão, sugerindo as providências necessárias para o caso (*Rev. Jurídica* 160/98).

O Ministério Público recebeu legitimação para propor diretamente *habeas corpus* todas as vezes que o remédio for necessário. O próprio Promotor de Justiça pode propor o *habeas corpus* perante os Tribunais Superiores (*RT* 508/319). Isso não quer dizer, no entanto, que o Promotor de Justiça pode acompanhá-lo, tomar ciência do acórdão, ou exercer, diretamente, função afeta aos Procuradores de Justiça, ensina Hugo Nigro Mazzilli.

Além de impetrante, o órgão do Ministério Público pode ser *autoridade coatora* (no caso de requisitar e insistir na instauração de inquérito policial de fato que não seja crime e a autoridade policial utilizar do *habeas corpus*).

Não sendo impetrante ou autoridade coatora, o órgão do Ministério Público será, apenas, interveniente nos demais casos de *habeas corpus*.

O inciso X do art. 201 confere ao *Parquet* a tarefa de representar ao Juízo visando à aplicação de penalidade por infrações cometidas contra as normas de proteção à infância e à juventude, sem prejuízo da promoção da responsabilidade civil e penal do infrator, quando cabível.

O Ministério Público tem legitimidade para iniciar a ação socioeducativa pública, através de Representação, e, também, para iniciar a ação civil administrativa para apurar as irregularidades em entidades de atendimento (art. 191 do ECA) e de apuração das infrações administrativas (art. 194 do ECA) às normas de proteção à criança e ao adolescente.

Todos esses procedimentos são revestidos do caráter de contraditório e tramitam perante a Justiça Especializada da Infância e da Juventude (art. 148, V e VI, do ECA).

O inciso XI do art. 201 impõe ao Ministério Público a realização de visitas e inspeções em entidades públicas e particulares de atendimento, e seus programas, adotando, de pronto, as medidas administrativas ou judiciais necessárias à remoção de irregularidades porventura verificadas.

As visitas e inspeções em estabelecimentos que abrigam ou recebem adolescentes para o cumprimento da medida socioeducativa de semi-liberdade ou internação são atividades típicas do Ministério Público. Essa atividade pode, se necessário, ser realizada com o auxílio de força policial, quando houver resistência à sua presença.

Além da fiscalização e da inspeção física, o Ministério Público tem as atribuições de fiscalizar o cumprimento dos programas relacionados com o cumprimento de medidas protetivas e socioeducativas, vislumbrando a possibilidade de adotar as medidas administrativas ou judiciais que julgar necessárias para o saneamento do problema.

O inciso XII do art. 201 permite ao membro do Ministério Público requisitar força policial, bem como a colaboração dos serviços médicos, hospitalares, educacionais e de assistência social, públicos ou privados, para o desempenho de suas atribuições.

Pode o Ministério Público requisitar força policial para desempenhar suas funções; essa atitude, às vezes, é necessária para efetivar uma condução coercitiva ou para assegurar seu livre acesso a determinados locais, ou para, rotineiramente, realizar suas visitas aos estabelecimentos que abrigam crianças e adolescentes.

O impedimento de atuação da atividade ministerial constitui crime tipificado no art. 236 do ECA.

Poderá, também, o órgão ministerial, no uso de suas atribuições legais, requisitar a atenção profissional de serviços essenciais, tais como serviços médicos, hospitalares, educacionais e de assistência social pública ou particular e outros relevantes. Pode o Ministério Público determinar o cumprimento de providências, de acordo com as previsões legais, para que as autoridades titulares daqueles serviços executem-nos em benefício dos interesses superiores da criança e do adolescente. Por exemplo, as prescrições elencadas nos arts. 10, 53 e 54, 63, 228 e 229 do ECA. Pode, assim, o promotor de justiça determinar a matrícula de uma criança num estabelecimento de ensino ou determinar a sua internação em hospital.

Como lembra Hugo Nigro Mazzilli, nessas ocasiões o Ministério Público age na qualidade de "órgão do Estado", investido no múnus específico. Nesse caso, todas as despesas decorrentes dessa atividade ministerial serão suportadas pelo Estado.

O § 1º do art. 201, dispõe sobre a legitimação concorrente com outras entidades para a propositura das ações previstas na Constituição Federal, no Estatuto e em outras leis.

O enunciado do § 2º do art. 201 do ECA conclui que as atribuições do Ministério Público não se restringem àquelas ali enumeradas, desde, é claro, que compatíveis com a finalidade ministerial.

Não se pode entender, com isso, que a atividade do Ministério Público seja ilimitada. Seus limites estão circunscritos e bem delineados no campo estrito de suas finalidades. Fora disso, o órgão ministerial poderá responder pelos excessos e abusos praticados.

O § 3º do art. 201 confere ao representante do Ministério Público, no exercício de suas funções, o livre acesso a todo local onde se encontre criança ou adolescente. No exercício de seu mister, o órgão do Ministério Público terá livre acesso aos locais onde se encontram crianças e adolescentes, para fiscalizar e inspecionar suas dependências e programas de atendimento.

Tal legitimidade não assegura ao *Parquet* o ingresso em residências particulares sem o consentimento do proprietário, com exceção dos casos de flagrante delito ou, durante o dia, por determinação judicial, como preceitua o art. 5º, XI, da CF.

O § 4º do art. 201 responsabiliza o membro do *Parquet* pelo uso indevido de documentos e informações sigilosas.

Não há qualquer sombra de dúvidas de que o Estatuto permitiu que o Ministério Público, na esfera de suas atribuições legais, tivesse acesso a todo e qualquer tipo de documento ou informação, mesmo que estejam garantidos por sigilo legal. Pelo uso indevido das informações ou dos documentos sigilosos, o órgão do Ministério Público poderá ser responsabilizado.

Há manifestação doutrinária importante que orienta no sentido de que mesmo as informações de caráter médico, eleitoral e bancário, desde que úteis e necessárias à proteção dos direitos da criança e do adolescente, não podem ser negadas ao órgão do Ministério Público quando requisitadas.

O Ministério Público dispõe, ainda, de vários instrumentos de atuação, relacionados no § 5º do art. 201: a) reduzir a termo as declarações do reclamante, instaurando o competente procedimento, sob sua presidência; b) entender-se diretamente com a pessoa ou autoridade reclamada, em dia, local e horário previamente notificados ou acertados; c) efetuar recomendações visando à melhoria dos serviços públicos e de relevância pública afetos à criança e ao adolescente, fixando prazo razoável para sua perfeita adequação.

As duas primeiras maneiras de atuar do órgão do Ministério Público são singelas e demonstram, mais uma vez, sua função de *ombudsman* com o intuito de revelar a verdade dos fatos.

No entanto, a terceira forma de atuação – aquela representada pela possibilidade de o órgão ministerial efetuar recomendações às entidades de atendimento, aos órgãos governamentais, conselhos de direitos, conselhos tutelares, autoridades administrativas dos três Poderes, enfim, a todos que de alguma forma conduzem os serviços e ações públicas – merece mais atenção do Promotor de Justiça.

O motivo dessa preocupação é simples, mas não sem importância: as recomendações efetuadas, com demarcação de prazo para sua concretização, podem ou não ser realizadas. Daí, o agente ministerial deverá procurar a via judicial, se os meios administrativos não surtirem efeito. Se isso não acontecer, pode haver uma desmoralização do serviço ministerial e, consequentemente, decorrer prejuízo para a proteção dos direitos de crianças e adolescentes.

Além das atribuições elencadas no art. 201, o ECA traz, em seu art. 202, uma norma genérica, regulamentando e ampliando as tarefas ministeriais, propugnando que, "nos processos e procedimentos em que não for parte, atuará obrigatoriamente o Ministério Público na defesa dos direitos e interesses de que cuida esta Lei (ECA), hipótese em que terá vista dos autos depois das partes, podendo juntar documentos e requerer diligências, usando os recursos cabíveis".

Em outras palavras, não existirá nenhum procedimento ou processo, de competência da Justiça da Infância e da Juventude, que prescinda da manifestação do membro do Ministério Público. Entender diversamente resultaria em sua nulidade, nos termos do art. 204 do ECA.

Tal posicionamento reafirma, mais uma vez, a necessidade de participação do Ministério Público como órgão essencial à administração e distribuição da Justiça.

O promotor de justiça disporá de todas as espécies de ações para promover a defesa dos direitos e interesses da criança e do adolescente, protegidos pelas leis (art. 212).

Para tanto, deverá ser intimado pessoalmente em todos os casos (art. 203), suas manifestações deverão ser fundamentadas (art. 209) e, na falta de sua intervenção, o processo estará nulo (art. 204).

Conclui-se, portanto, que o disposto no art. 201 do ECA revela uma verdadeira inovação jurídica, ao outorgar ao Ministério Público competência para proteger e defender o direito e os interesses individuais, difusos ou coletivos relacionados à criança e ao adolescente.

Capítulo VI
Do advogado

Art. 206. A criança ou o adolescente, seus pais ou responsável, e qualquer pessoa que tenha legítimo interesse na solução da lide poderão intervir nos procedimentos de que trata esta Lei, através de advogado, o qual será intimado para todos os atos, pessoalmente ou por publicação oficial, respeitado o segredo de justiça.

Parágrafo único. Será prestada assistência judiciária integral e gratuita àqueles que dela necessitarem.

Art. 207. Nenhum adolescente a quem se atribua a prática de ato infracional, ainda que ausente ou foragido, será processado sem defensor.

§ 1º. Se o adolescente não tiver defensor, ser-lhe-á nomeado pelo juiz, ressalvado o direito de, a todo tempo, constituir outro de sua preferência.

§ 2º. A ausência do defensor não determinará o adiamento de nenhum ato do processo, devendo o juiz nomear substituto, ainda que provisoriamente, ou para o só efeito do ato.

§ 3º. Será dispensada a outorga de mandato, quando se tratar de defensor nomeado ou, sido constituído, tiver sido indicado por ocasião de ato formal com a presença da autoridade judiciária.

A CF, ao dispor, no art. 133, que "o advogado é indispensável à administração da justiça, sendo inviolável por seus atos e manifestações no exercício da profissão, nos limites da lei", veio reforçar ainda mais a obrigatoriedade de instalação do princípio do contraditório nas atividades processuais, assegurando a integral e ampla defesa dos acusados.

A defesa é, pois, necessária. O advogado-defensor realizará, em plenitude, o ato de defender, pouco importando se o infrator estiver ausente (art. 207) ou revel. Além da norma estatutária, o art. 261 do CPP, cumprindo o preceito constitucional, dispõe que "nenhum acusado, ainda que ausente ou foragido, será processado ou julgado sem defensor".

É o advogado-defensor o titular do *jus postulandi*, que, na definição de Calamandrei, "é o poder de tratar diretamente com o juiz, de expor-lhe diretamente os pedidos e as deduções das partes".

Para o Prof. Moacyr Amaral Santos, o *jus postulandi* "compreende o poder de praticar, em nome e no interesse da parte, todos os atos processuais necessários ou úteis ao início e ao desenvolvimento da relação processual, dirigindo-se diretamente ao juiz, expondo-lhe os pedidos e as deduções da parte representada" (Amaral Santos, M., p. 368).

O advogado deverá exercitar também a função de apresentar ao órgão jurisdicional competente tudo quanto, legitimamente, possa melhorar a condição processual do infrator e que possa, honestamente, contribuir para diminuir a sua responsabilidade.

Atuando em seu mister, não deverá ser imparcial; sendo representante do infrator, deverá prestar-lhe assistência técnico-jurídica, resistindo à pretensão sofrida por seu cliente, devendo, tecnicamente, comprovar sua inocência ou minorar a situação do infrator.

Contudo, sendo parcial e intransigente na defesa do infrator, não poderá impedir a justa atuação dos demais órgãos na busca da verdade real.

Erigida a dogma constitucional a presença do advogado no processo tutelar, como disposto no art. 227, § 3º, IV, determinando a "garantia de pleno e formal conhecimento da atribuição de ato infracional, igualdade na relação processual e defesa técnica por profissional habilitado...", o adolescente autor de ato infracional terá a segurança e a certeza de que será defendido por um profissional habilitado, com todos os recursos da ampla defesa.

O n. 7.1 das Regras Mínimas para a Administração da Justiça da ONU (*Beijing Rules*) determina às nações que "as garantias processuais básicas, como a presunção da inocência, o direito de ser notificada a acusação, o direito a permanecer em silêncio, o direito a advogado, o direito à presença do pai ou responsável, o direito a recurso à instância superior, devem ser asseguradas em todas as fases do processo".

Também, o n. 15.1 das Regras Mínimas, acima citadas, estabelece a necessidade da presença do advogado: "Durante todo o processo, o menor deve ter o direito de ser representado por advogado e requerer assistência jurídica gratuita, quando necessário e previsto em lei".

Se antes, na vigência do Código de Menores, o menor infrator só tinha direito a ser defendido por advogado se este fosse contratado por seus pais ou responsável para intervir no processo, ou para interpor recurso,[30] o Estatuto consagra a obrigatoriedade da presença do advogado quando for atribuída ao adolescente a prática de ato infracional.

Dispõe o art. 207: "Nenhum adolescente a quem se atribua a prática de ato infracional, ainda que ausente ou foragido, será processado sem defensor".

Pelo art. 206, no entanto, ao dispor que "a criança ou o adolescente, seus pais ou responsável, e qualquer pessoa que tenha legítimo interesse na solução da lide poderão intervir nos procedimentos de que trata esta lei, através de advogado...", nota-se que é facultativa a intervenção de advogado quando não existir litígio.

Entretanto, será prestada assistência judiciária integral e gratuita àqueles que dela necessitarem (art. 206, parágrafo único).[31]

O advogado é indispensável na área criminal, pois, se o adolescente não tiver defensor, ser-lhe-á nomeado pelo juiz, ressalvado o direito de, a todo o tempo, ser substituído por outro de sua preferência (art. 207, § 1º).

No caso de ausência do defensor, nenhum ato será adiado ou cancelado, devendo o juiz nomear substituto, ainda que provisoriamente, ou só para o ato processual (art. 207, § 2º), sob pena de nulidade do processo.

O instrumento procuratório será dispensado quando se tratar de defensor nomeado ou, sendo constituído, tiver sido indicado por ocasião de ato formal com a presença do juiz (art. 207, § 3º).

Com efeito, não há como se negar que o advogado-defensor constitui-se numa das pilastras do sistema tutelar, atuando como parte no processo, assegurando a defesa dos direitos e interesses da criança e do adolescente.

Por fim, segundo o eminente Des. Amaral e Silva, "o advogado não atuará da mesma forma que na Justiça Comum, daí a necessidade

---

30. Código de Menores, Lei 6.697/1979, art. 93.
31. CF, art. 5º, LXXIV.

de especialização. O processo tem peculiaridades como a investigação social prévia, a remissão, a informalidade, a celeridade, a participação comunitária, a intervenção dos pais ou responsáveis, a mudança em qualquer tempo da medida para outra mais branda".

Realmente, a formação especializada dos advogados e membros da Defensoria Pública que trabalham com crianças e adolescentes não se deve restringir à área jurídica; são necessários conhecimentos outros, como nas áreas de Ciências Humanas, de Psicologia, Assistência Social etc., para a perfeita adequação da Ciência Jurídica à proteção tutelar prevista no Estatuto.

Capítulo VII
Da proteção judicial dos interesses individuais, difusos e coletivos

1. Disposições gerais. Interesses difusos e coletivos

Em conferência proferida em 24.11.1982, no "Seminário sobre Tutela dos Interesses Coletivos", na Faculdade de Direito da USP, a Profa. Ada Pellegrini Grinover apresentou as noções de *interesses coletivos* e *interesses difusos*: "Por interesses coletivos entendem-se os interesses comuns a uma coletividade de pessoas e apenas a elas, mas ainda repousando sobre um vínculo jurídico definido que as congrega. A sociedade comercial, o condomínio, a família, dão margem ao surgimento de interesses comuns, nascidos em função da relação-base que congrega seus componentes, mas não se confundindo com os interesses individuais... O outro grupo de interesses meta-individuais, o dos interesses difusos propriamente ditos, compreende interesses que não encontram apoio em uma relação-base bem definida, reduzindo-se o vínculo entre as pessoas a fatores conjunturais ou extremamente genéricos, a dados de fato frequentemente acidentais e mutáveis: habitar a mesma região, consumir o mesmo produto, viver sob determinadas condições socioeconômicas, sujeitar-se a determinados empreendimentos etc. Trata-se de interesses espalhados e informais à tutela de necessidades, também coletivas, sinteticamente referidas à qualidade de vida... Os interesses ditos difusos pertencem a uma série indeterminada de sujeitos e seu objeto é sempre um bem coletivo" (Grinover, A. P., p. 30).

Sobre o mesmo assunto escreveu o Promotor de Justiça Paulo Affonso Leme Machado: "Os direitos, bens e interesses protegidos pela Lei 7.347/1985, dizem respeito, geralmente, a uma pluralidade de pessoas, mas podem beneficiar somente uma pessoa. Os interesses que são dispersos podem ser coletivos, mas num dado momento podem concentrar-se em uma só pessoa, sem deixar de ser coletivos" (Machado, P. A. L., p. 12).

Pierangelli impõe a diferença entre os citados interesses: "entendemos que a diferença está em que o interesse difuso é muito mais abrangente do que o interesse coletivo, e, portanto, contém este. A distinção, assim, não passa de uma questão de grau" (Pierangelli, J. H., p. 377).

O ECA trata, nos arts. 208 a 224, da proteção judicial dos interesses individuais, difusos e coletivos, assegurados à criança e ao adolescente pela Constituição Federal e pela Lei 7.347/1985, que dispõe sobre a ação civil pública.

Art. 208. Regem-se pelas disposições desta Lei as ações de responsabilidade por ofensa aos direitos assegurados à criança e ao adolescente, referentes ao não oferecimento ou oferta irregular:

I – do ensino obrigatório;

II – de atendimento educacional especializado aos portadores de deficiência;

III – de atendimento em creche e pré-escola às crianças de zero a seis anos de idade;

IV – de ensino noturno regular, adequado às condições do educando;

V – de programas suplementares de oferta de material didático--escolar, transporte e assistência à saúde do educando do ensino fundamental;

VI – de serviço de assistência social visando à proteção à família, à maternidade, à infância e à adolescência, bem como ao amparo às crianças e adolescentes que dele necessitem;

VII – de acesso às ações e serviços de saúde;

VIII – de escolarização e profissionalização dos adolescentes privados de liberdade;

IX – de ações, serviços e programas de orientação, apoio e promoção social de famílias e destinados ao pleno exercício do direito à convivência familiar por crianças e adolescentes. (*Acrescentado pela Lei 12.010/2009*)

X – de programas de atendimento para a execução das medidas socioeducativas e aplicação de medidas de proteção. (*Acrescentado pela Lei 12.594/2012*)

§ 1º. As hipóteses previstas neste artigo não excluem da proteção judicial outros interesses individuais, difusos ou coletivos, próprios da infância e da adolescência, protegidos pela Constituição e pela lei. (*Renumerado do parágrafo único pela Lei 11.259/2005*)

§ 2º. A investigação do desaparecimento de crianças ou adolescentes será realizada imediatamente após notificação aos órgãos competentes, que deverão comunicar o fato aos portos, aeroportos, Polícia Rodoviária e companhias de transporte interestaduais e internacionais, fornecendo-lhes todos os dados necessários à identificação do desaparecido. (*Incluído pela Lei 11.259/2005*)

2. O objeto da proteção judicial. Prioridade absoluta

As ações de responsabilidade civil por ofensa aos direitos assegurados à criança e ao adolescente serão regidas e disciplinadas pelas disposições estatutárias e seu objeto está elencado, de forma exemplificativa, no art. 208.

Foi definido na Constituição Federal que "a educação, direito de todos e dever do Estado e da família, será promovida e incentivada com a colaboração da sociedade, visando ao pleno desenvolvimento da pessoa, seu preparo para o exercício da cidadania e sua qualificação para o trabalho" (CF, art. 205).

Também é assegurado pela Constituição o "acesso ao ensino obrigatório e gratuito", que é considerado direito público subjetivo (CF, art. 208, § 1º), sendo que o não oferecimento do ensino obrigatório pelo Poder Público, ou sua oferta irregular, importa responsabilidade da autoridade competente (CF, art. 208, § 2º).

O dever do Estado com a educação será efetivado mediante garantia de: I – ensino fundamental, obrigatório e gratuito, inclusive para os que a ele não tiveram acesso na idade própria; II – progressiva extensão da obrigatoriedade e gratuidade ao ensino médio; III – atendimento educacional especializado aos portadores de deficiência, preferencialmente na rede regular de ensino; IV – atendimento em creche e pré-escola às crianças de zero a seis anos de idade; V – acesso aos níveis mais elevados do ensino, da pesquisa e da criação artística, segundo a capacidade de cada um; VI – oferta de ensino noturno regular, adequado às condições do educando; VII – atendimento ao educando, no ensino fundamental, através de programas suplementares de material didático-escolar, transporte, alimentação e assistência à saúde (CF, art. 208).

Como a educação, a saúde é direito de todos e dever do Estado, garantido mediante políticas sociais e econômicas que visem à redução do risco de doença e de outros agravos e ao acesso universal e igualitário às ações e serviços para sua promoção, proteção e recuperação (CF, art. 196).

As ações e serviços de saúde são de relevância pública, cabendo ao Poder Público dispor, nos termos da lei, sobre sua regulamentação, fiscalização e controle, devendo sua execução ser feita diretamente ou através de terceiros, e também por pessoa física ou jurídica de Direito Privado (CF, art. 197).

É verdade que o sistema educacional e os serviços de saúde executados pelo Poder Público não funcionam, quer pela falta de recursos materiais, quer pela ausência de professores, que não veem nesse mister uma condição digna de sustento de sua própria família. Os médicos, a cada dia que passa, desvinculam-se do serviço público por causa da baixa remuneração de seus serviços.

Com razão, o Juiz Nogueira aponta que "os governantes, nas três esferas, federal, estadual e municipal, não têm considerado a 'educação' ou a 'saúde' como prioridades sociais básicas, preocupando-se mais em executar obras faraônicas dispensáveis, como sambódromos, autódromos, memoriais etc., onde são gastas somas fabulosas, enquanto não destinam verbas aos setores necessitados. Isso sem falar nas verbas públicas gastas em propagandas pessoais, que o próprio Judiciário não se empenha em coibir, através de ações populares propostas, o que deixa o próprio povo frustrado" (Nogueira, P. L., p. 280).

Na verdade, o Estatuto, como lei singular e cidadã, exige uma mudança radical das práticas sociais e governamentais.

Como um instrumento de proteção judicial dos interesses individuais, difusos e coletivos da criança e do adolescente, o Estatuto convocou o Ministério Público (art. 210, I) para impedir que situações semelhantes, exemplificadas acima, venham a acontecer.

Onde o Estado não oferecer, ou oferecer de forma irregular, os serviços de educação, saúde, profissionalização e outros serviços para crianças e adolescentes, o Ministério Público, a Defensoria Pública, a União, os Estados, o Distrito Federal e os Municípios, as autarquias, as empresas públicas, as fundações ou sociedades de economia mista, as associações que, concomitantemente estejam constituídas há pelo menos um ano nos termos da lei civil e incluam, entre as suas finalidades institucionais, dentre outras, a proteção dos direitos da criança e do adolescente, deverão propor ação civil pública e a ação cautelar, para impedir o gasto do dinheiro público em obras não prioritárias para a comunidade e apurar a responsabilidade civil e criminal do ordenador de despesas, nos termos do art. 5º da Lei 7.347, de 24.7.1985 (Lei da Ação Civil Pública).

E aqui busca-se, novamente, a viga-mestra do Estatuto: a priorização absoluta do cumprimento e proteção dos direitos da criança e do adolescente, não só por força do art. 227 da CF, mas por um dever de humanidade, cidadania, respeito e solidariedade com aquele ser em situação peculiar de pessoa em desenvolvimento.

Em primeiro lugar, o Estado deverá satisfazer todos os interesses e direitos afetos à criança e ao adolescente, que nada mais farão que promover a família.

Depois de sanadas as irregularidades e oferecidos os serviços (saúde, educação, lazer, profissionalização etc.) a que têm direito, aí, sim, poderá o governante preocupar-se com projetos paisagísticos, monumentos e praças. Antes, não!

O direito da criança e do adolescente é sagrado! A ele devemos culto e respeito. Primeiro ele, em tudo. Depois, a todos, com igualdade. E foi para isso que o Estatuto foi criado. Para servir de "alavanca" da comunidade e dos órgãos públicos na fiscalização da distribuição de verbas públicas e cumprimento de diretrizes prioritárias que envolvem crianças e adolescentes.

Se o presidente da República, o governador do Estado ou o prefeito estiverem "aplicando" o dinheiro público em obras faraônicas e desnecessárias à promoção e utilização da população, especialmente da criança e do adolescente, o remédio jurídico será a ação civil pública, que impedirá a ação governamental, punindo os responsáveis.

Há, ainda, dois comentários a serem feitos sobre as disposições constantes no art. 208. O primeiro, diz respeito à possibilidade de ingresso de qualquer ação judicial em favor da proteção dos direitos infanto-juvenis. Assim, a ação civil pública pode ser utilizada toda vez que uma criança ou um adolescente necessitar do instrumento judicial. Isso mesmo! Os legitimados citados no art. 210 do ECA podem ingressar com a ação civil pública quando o interesse de uma só criança ou adolescente for alvo de desrespeito.

O interesse juridicamente protegido sempre será fundado em regra constitucional. Adão Bonfim Bezerra especifica que o interesse individual é aquele que "se refere a um só indivíduo e, por isso, sujeito, quase sempre, à manifestação do próprio interessado diretamente em juízo. Os interesse individuais relativos à infância e à adolescência são indisponíveis, por isso compreendidos na esfera de atribuição do Ministério Público, à luz do art. 201, V, do ECA, e – veja-se – com exclusividade, porquanto o ECA, em seu art. 210, ao elencar os legitimados para a ação civil, concorrentemente com o Ministério Público, limitou-se às ações fundadas em interesses coletivos e difusos, coerentemente com a linha adotada pela Lei 7.347, de 24.7.1985. Isto faz concluir que a única legitimação para a ação civil fundada em direito individual relativo à infância e à juventude é estabelecida com exclusividade para o Ministério Público, ao cotejo da regra de legitimação do art. 210 c/c art. 201, V, do ECA, consonantemente com o art. 127, *caput*, da CF, mesmo que a indisponibilidade seja por inferência legal, isto é, se algum interesse relativo à infância e à juventude não for indisponível conceitualmente, sê-lo-á por ficção legal".[32]

---

32. Adão Bonfim Bezerra, in Munir Cury (Coord.), *Comentários ao Estatuto da Criança e do Adolescente – Comentários jurídicos e sociais*, 7ª ed., Malheiros Editores, 2005, pp. 646. Sobre o mesmo assunto, cf. Guaraci Vianna, *Direito Infanto-Juvenil – Teoria, prática e aspectos multidisciplinares*, Freitas Bastos, 2004, p. 455.

Em certos casos, o mandado de segurança (também com legitimidade do Ministério Público) pode ser o instrumento adequado, produzindo resposta jurisdicional mais rápida. Se houver, no entanto, a necessidade de produção de provas, o mandado de segurança não servirá para atender, com urgência, os direitos individuais de crianças e adolescentes, ao passo que a ação civil pública é instrumento mais dinâmico e permite extenso rol de possibilidades, tais como produzir provas, a concessão de medida cautelar, antecipação de tutela etc.

O assunto já foi mais polêmico. Hoje a tendência é aceitar que a proteção de interesses individuais seja efetivada por meio de ação civil pública, se os protagonistas forem crianças ou adolescentes, como autoriza o § 1º do art. 208 do ECA.

No decorrer da ação civil pública o autor legitimado poderá fazer um acordo com a parte contrária que resultará no Termo de Ajustamento de Conduta, que, depois de homologado, terá valor de título judicial.[33]

O segundo comentário refere-se ao acréscimo do § 2º no art. 208, incluído pela Lei 11.259/2005 que determina urgência (prioridade) no atendimento de crianças e adolescentes desaparecidos. O dispositivo legal completa as regras dos arts. 85 e 239, ambos do Estatuto, com o objetivo de impedir a saída de crianças e adolescentes do país. Além disso, obriga, incontinenti, a atuação policial, em todos os níveis, para iniciar investigação para apurar o desaparecimento. A omissão das autoridades nomeadas no citado parágrafo é objeto de crime de prevaricação.

Art. 209. As ações previstas neste Capítulo serão propostas no foro do local onde ocorreu ou deva ocorrer a ação ou omissão, cujo juízo terá competência absoluta para processar a causa, ressalvadas a competência da Justiça Federal e a competência originária dos tribunais superiores.

Art. 210. Para as ações cíveis fundadas em interesses coletivos ou difusos, consideram-se legitimados concorrentemente:

I – o Ministério Público;

II – a União, os Estados, os Municípios, o Distrito Federal e os Territórios;

III – associações legalmente constituídas há pelo menos um ano e que incluam entre seus fins institucionais a defesa dos interesses e direitos protegidos por esta Lei, dispensada a autorização da assembleia, se houver prévia autorização estatutária.

§ 1º. Admitir-se-á litisconsórcio facultativo entre os Ministérios Públicos da União e dos Estados na defesa dos interesses e direitos de que cuida esta Lei.

---

33. O Termo de Ajustamento de Conduta, em sede de *inquérito civil*, terá *status* de título executivo extrajudicial e não será passível de homologação pela autoridade judiciária para ser executado, em caso de descumprimento.

§ 2º. Em caso de desistência ou abandono da ação por associação legitimada, o Ministério Público ou outro legitimado poderá assumir a titularidade ativa.

Art. 211. Os órgãos públicos legitimados poderão tomar dos interessados compromisso de ajustamento de sua conduta às exigências legais, o qual terá eficácia de título executivo extrajudicial.

Art. 212. Para defesa dos direitos e interesses protegidos por esta Lei, são admissíveis todas as espécies de ações pertinentes.

§ 1º. Aplicam-se às ações previstas neste Capítulo as normas do Código de Processo Civil.

§ 2º. Contra atos ilegais ou abusivos de autoridade pública ou agente de pessoa jurídica no exercício de atribuições do Poder Público, que lesem direito líquido e certo previsto nesta Lei, caberá ação mandamental, que se regerá pelas normas da lei do mandado de segurança.

3. Foro competente para a ação e órgãos legitimados

As ações judiciais que visam à proteção dos interesses individuais, difusos e coletivos da criança e do adolescente serão propostas no foro do local onde ocorreu ou deva ocorrer a ação ou omissão governamental, sendo o juiz da infância e da juventude o competente absoluto para processar a causa, ressalvadas a competência da Justiça Federal e a competência originária dos Tribunais Superiores (art. 209).[34]

Dirime-se, portanto, a dúvida sobre a competência para conhecer e processar as ações civis públicas fundadas em interesses individuais, difusos e coletivos afetos à criança e ao adolescente: é do Juízo da Infância e da Juventude (art. 148, IV).

O art. 210 do Estatuto contempla os legitimados, concorrentemente, para propor as ações civis públicas. São eles: I – o Ministério Público; II – a União, os Estados, os Municípios, o Distrito Federal e os Territórios; III – as associações legalmente constituídas há pelo menos um ano e que incluam entre seus fins institucionais a defesa dos interesses e direitos protegidos pelo Estatuto, dispensada a autorização da assembleia, se houver prévia autorização estatutária. A Lei 7.347/1985, no art. 5º, também enumera os legitimados, com a adição dos defensores públicos no inciso II, incluído pela Lei 11.448/2007.

Será admitido o litisconsórcio facultativo entre os Ministérios Públicos da União e dos Estados na defesa dos interesses e direitos de que cuida o Estatuto (art. 210, § 1º).[35]

José Frederico Marques esclarece que "o litisconsórcio é o resultado da cumulação subjetiva de litígios, por atuarem vários autores contra o

---

34. Trata-se de competência em razão do local do fato (*ratione loci* ou *forum rei sitae*).
35. CPC, arts. 46-49.

réu (litisconsórcio ativo) ou um autor contra vários réus (litisconsórcio passivo), ou vários autores contra vários réus (litisconsórcio misto). O litisconsórcio será, de regra, facultativo ou voluntário" (Marques, J. F., 1986, v. I/258, n. 231).

Se houver abandono ou desistência da ação proposta por associação legitimada, o Ministério Público, ou outro órgão legitimado, poderá assumir a titularidade ativa (art. 210, § 2º, e Lei 7.347/1985, art. 5º, § 3º). Impõe-se diferenciar abandono da causa de sua desistência. Quem o faz é o mestre Pontes de Miranda: "Se o processo fica parado durante mais de um ano (basta que se tenha estacionado um ano e um dia), a partir do dia seguinte a um ano tem o juiz o dever de ordenar que se intimem as partes para que se supra a falta em 24 horas. No art. 267, II, fala-se de 'negligência das partes', mas pode ser só de uma ou de todas. O réu que não toma providências para que o autor prossiga na ação, ou o autor que não o faz no tocante ao réu, negligente é. Todos os negligentes devem ser citados, ou o único que o for; mas, se o réu, ou o autor que não tomou providências, negligente se tornou, e sofre a extinção do processo, com o arquivamento dos autos. Daí têm as partes de pagar, proporcionalmente, as custas".

Mais adiante, dispõe sobre a desistência da ação: "o processo extingue-se sem julgamento do mérito se o autor desiste da 'ação' (no sentido do direito processual). Até a resposta do réu, pode o autor desistir da ação, a seu arbítrio. Depois de decorrido o prazo, não: precisa do consentimento do réu (art. 267, § 4º). Diferente é o que se passa com a renúncia do autor, no tocante ao direito, à pretensão e à ação, ou só à ação (no sentido do direito material), porque, aí, há extinção do processo com julgamento do mérito: a ação, ou o direito, a pretensão e a ação deixaram de existir" (Pontes de Miranda, F. C., 1976, t. III/430 e 437, ns. 7 e13).

Antes da propositura da ação, os órgãos públicos legitimados poderão tomar dos interessados compromisso de ajustamento de sua conduta às exigências legais, o qual terá eficácia de título executivo extrajudicial, nos termos do art. 585, VII, do CPC (art. 211).

Para a defesa dos direitos e interesses protegidos pelo Estatuto, são admissíveis todas as espécies de ações pertinentes, que serão processadas pelas normas previstas no Código de Processo Civil (art. 212).

Art. 213. Na ação que tenha por objeto o cumprimento de obrigação de fazer ou não fazer, o juiz concederá a tutela específica da obrigação ou determinará providências que assegurem o resultado prático equivalente ao do adimplemento.

§ 1º. Sendo relevante o fundamento da demanda e havendo justificado receio de ineficácia do provimento final, é lícito ao juiz conceder a tutela liminarmente ou após justificação prévia, citando o réu.

§ 2º. O juiz poderá, na hipótese do parágrafo anterior ou na sentença, impor multa diária ao réu, independentemente de pedido do autor, se for suficiente ou compatível com a obrigação, fixando prazo razoável para o cumprimento do preceito.

§ 3º. A multa só será exigível do réu após o trânsito em julgado da sentença favorável ao autor, mas será devida desde o dia em que se houver configurado o descumprimento.

4. Obrigação de fazer e de não fazer

As ações, quanto ao processo, classificam-se em: I – de conhecimento, que podem ser declaratórias, condenatórias ou constitutivas; II – executivas, com a finalidade de executar a sentença proferida no processo de conhecimento ou o título extrajudicial obtido na conformidade do art. 211 do ECA; e III – cautelares.

Contra atos ilegais ou abusivos de autoridade pública ou agente de pessoa jurídica no exercício de atribuições do Poder Público que lesem direito líquido e certo previsto no Estatuto caberá ação mandamental, que se regerá pelas normas da Lei do Mandado de Segurança (art. 212, § 2º).

O Estatuto inova ao instituir ação mandamental diversa daquela prevista na Lei do Mandado de Segurança. Esta ação visa a obter um mandado, pelo qual a autoridade judiciária determina que se pratique ou não determinado ato.

Na ação que tenha por objeto o cumprimento de obrigação de fazer ou não fazer, o juiz concederá a tutela específica da obrigação ou determinará providências que assegurem o resultado prático equivalente ao do adimplemento (art. 213).

Como observa Washington de Barros Monteiro, "nas obrigações *in faciendo*, o objeto consiste num ato ou serviço do devedor" (Barros Monteiro, W., p. 95). Clóvis Beviláqua salienta que "objeto da obrigação é sempre um ato humano, a prestação, seja a realização de um fato, seja a doação de uma coisa" (Beviláqua, C., *Direito das Obrigações*, p. 28, § 7º).

O art. 878 do CC de 1916 determinava, em regra, que nas obrigações de fazer, o credor poderia exigir que a prestação fosse realizada exclusivamente pelo devedor. O Código Civil/2002, ao tratar das obrigações de fazer, não contemplou essa possibilidade.

Por outro lado, as ações civis públicas podem ter por objeto obrigação de não fazer ou abster-se de alguma coisa. A obrigação de não fazer é uma ação omissiva a que o devedor se obriga, cuja prestação consiste numa abstenção.

Para Carvalho Santos, "a obrigação de não fazer é uma obrigação negativa, que consiste: a) em abster-se alguém de atos que, se não fora obrigação assumida, teria o direito de praticar; b) em tolerar atos do credor aos quais, se não fora obrigação assumida, teria o direito de se opor; c) evitar que seja o ato praticado por pessoa pela qual o devedor é responsável" (Carvalho Santos, J. M. de, p. 97).

5. Medida liminar e ação cautelar

Considerado o objeto da ação, procuram-se seus fundamentos.

O Estatuto não previu, especificamente, a possibilidade de propositura de ação cautelar em ação civil pública protetiva dos interesses individuais, difusos e coletivos da criança e do adolescente. Mas, ao disciplinar, no art. 224, que seriam aplicadas, subsidiariamente, as disposições contidas na Lei 7.347/1985, admite-a, nos termos do *caput* do art. 5º da citada lei.

O Promotor de Justiça Paulo Affonso Leme Machado identifica e diferencia a *medida liminar* e a *ação cautelar*: "A medida liminar pode ser solicitada e deferida dentro da própria ação civil pública ou, explicitamente, não é necessário que seja conhecida e concedida com processamento em autos em separado. Já na ação cautelar, na pendência da ação principal ou antes dela, seu processamento deve ocorrer em autos em apartado" (Machado, P. A. L., p. 35).

A medida "liminar" significa "logo de entrada", providência anterior que se opõe a uma medida que vem depois. No ensinamento de Adhemar Ferreira Maciel, "o juiz, quando concede a liminar, apenas se preocupa com a relevância do pedido e com o fato de que o direito do impetrante, quando reconhecido, possa cair no vazio" (Maciel, A. F., p. 22).

Assim, as causas fundamentais que autorizam a concessão da medida liminar, na ação civil pública, estão baseadas no perigo de dano irreparável que a procrastinação da medida possa causar.

Como ensina Pontes de Miranda, "a probabilidade é um elemento necessário; não se pode recear o que não é possível, nem mesmo o que dificilmente aconteceria. O grau do provável é examinado pelo juiz, mas, se ele mesmo tem dúvida, deve deferir o pedido de medida cautelar" (Pontes de Miranda, F. C., 1976, t. XII).

Art. 214. Os valores das multas reverterão ao fundo gerido pelo Conselho dos Direitos da Criança e do Adolescente do respectivo Município.

§ 1º. As multas não recolhidas até trinta dias após o trânsito em julgado da decisão serão exigidas através de execução promovida pelo Ministério Público, nos mesmos autos, facultada igual iniciativa aos demais legitimados.

§ 2º. Enquanto o fundo não for regulamentado, o dinheiro ficará depositado em estabelecimento oficial de crédito, em conta com correção monetária.

6. Imposição de multa diária

O juiz poderá, na concessão da medida liminar ou na sentença, "impor multa diária ao réu, independentemente de pedido do autor, se for suficiente ou compatível com a obrigação, fixando prazo razoável para o cumprimento do preceito" (art. 213, § 2º, e Lei 7.347/1985, art. 11).

Na sentença proferida pelo juiz da infância e da juventude existem dois instrumentos de coercibilidade: a) a determinação da execução específica de fazer ou não fazer, e b) ou a imposição de multa.

A cominação de multa diária deverá ser "suficiente" ou "compatível" com o fim desejado, ou seja, levar o devedor da obrigação a fazer ou abster-se do ato, e não dependerá de pedido do autor.

A multa não tem caráter indenizatório e deverá ser fixada, de forma adequada, levando-se em conta o balanço da empresa-ré ou o volume de recursos a ser despendido no cumprimento da obrigação.

"A multa só será exigível do réu após o trânsito em julgado da sentença favorável ao autor, mas será devida desde o dia em que se houver configurado o descumprimento" (art. 213, § 3º, e Lei 7.347/1985, art. 12, § 2º).

A multa, embora cominada antes de prolatada a sentença, só poderá ser exigida após seu trânsito em julgado. Mas, tornando-se imutável a decisão, pela consagração do princípio *res judicata pro veritate habetur*, a multa deverá ser exigida não da data do trânsito em julgado, mas desde o dia em que ficou constatado o descumprimento da obrigação.

"Os valores das multas reverterão ao fundo gerido pelo Conselho dos Direitos da Criança e do Adolescente do respectivo Município" (art. 214). "As multas não recolhidas até 30 dias após o trânsito em julgado da decisão serão exigidas através de execução promovida pelo Ministério Público, nos mesmos autos, facultada igual iniciativa aos demais legitimados" (art. 214, § 1º, e Lei 4.717/1965, art. 16).

Ao direcionar o valor das multas para o Fundo Municipal dos Direitos da Criança e do Adolescente, o Estatuto estabelece nova modalidade de captação de recursos para fazer frente às despesas com os programas de atendimento, diversamente do que ocorria quando as multas eram depositadas em contas judiciais.

Se a multa não for recolhida no prazo estipulado no § 1º do artigo, terá o Ministério Público, salvo melhor juízo, o direito-dever de promover a execução da sentença, e não o direito-poder.

Enquanto o Fundo dos Direitos da Criança e do Adolescente não for regulamentado pelo Conselho Municipal ou Estadual dos Direitos da Criança e do Adolescente, "o dinheiro das multas ficará depositado em estabelecimento oficial de crédito, em conta com correção monetária" (art. 214, § 2º).

> **Art. 215.** O juiz poderá conferir efeito suspensivo aos recursos, para evitar dano irreparável à parte.

7. Efeito suspensivo dos recursos

Disposição idêntica à do art. 215 do ECA contém o art. 14 da Lei 7.347/1985, que dispõe sobre a ação civil pública.

O efeito suspensivo conferido aos recursos é aquele que priva a sentença de sua eficácia.

A apelação, os embargos infringentes ao acórdão e os embargos de declaração têm efeito suspensivo. Contudo, o agravo de instrumento e o recurso extraordinário não produzem o referido efeito, mas, como os outros, apenas o devolutivo.

> **Art. 216.** Transitada em julgado a sentença que impuser condenação ao Poder Público, o juiz determinará a remessa de peças à autoridade competente, para apuração da responsabilidade civil e administrativa do agente a que se atribua a ação ou omissão.
>
> **Art. 217.** Decorridos sessenta dias do trânsito em julgado da sentença condenatória sem que a associação autora lhe promova a execução, deverá fazê-lo o Ministério Público, facultada igual iniciativa aos demais legitimados.

8. Responsabilidade civil e execução da sentença

Quanto ao art. 216, ver ECA, art. 54, § 2º, e CF, art. 208, § 2º.

O Ministério Público será competente para promover a responsabilidade civil e penal do infrator, quando cabível (art. 201, X). Mas a apuração da responsabilidade administrativa caberá à autoridade hierarquicamente superior ao infrator.

Relativamente ao art. 217, ver Lei 7.347/1985, art. 15.

Havendo omissão por parte da associação autora da ação na execução, e transcorrido o prazo de 60 dias após o trânsito em julgado da sentença condenatória, em primeira ou em segunda instância, o Ministério Público deverá fazê-lo. Como já foi dito, o Ministério Público terá o direito-dever de executar a sentença, e não apenas o direito-poder.

Art. 218. O juiz condenará a associação autora a pagar ao réu os honorários advocatícios arbitrados na conformidade do § 4º do art. 20 da Lei 5.869, de 11 de janeiro de 1973 (Código de Processo Civil), quando reconhecer que a pretensão é manifestamente infundada.

9. Ação manifestamente infundada. Honorários advocatícios

O § 4º do art. 20 do CPC dispõe que, "nas causas de pequeno valor e nas de valor inestimável, bem como naquelas em que não houver condenação ou for vencida a Fazenda Pública, os honorários serão fixados consoante apreciação equitativa do juiz, atendidas as normas das letras 'a' a 'c' do parágrafo anterior": "a) o grau de zelo do profissional; b) o lugar de prestação do serviço; c) a natureza e importância da causa, o trabalho realizado pelo advogado e o tempo exigido para o seu serviço".

O pagamento de honorários, como condenação, tem por base a sucumbência: o vencido paga-os porque o resultado do processo não lhe foi favorável.

Paulo Affonso Leme Machado ensina que "manifestamente infundada significa a ausência de suporte fático e jurídico para a ação, desde o seu nascedouro e de forma clara, induvidosa, inconteste" (Machado, P. A. L., p. 30).

> Parágrafo único. Em caso de litigância de má-fé, a associação autora e os diretores responsáveis pela propositura da ação serão solidariamente condenados ao décuplo das custas, sem prejuízo de responsabilidade por perdas e danos.
> **Art. 219.** Nas ações de que trata este Capítulo, não haverá adiantamento de custas, emolumentos, honorários periciais e quaisquer outras despesas.

10. Litigância de má-fé

Para o art. 17 do CPC, "reputa-se litigante de má-fé aquele que: I – deduzir pretensão ou defesa contra texto expresso de lei ou fato incontroverso; II – alterar a verdade dos fatos; III – usar do processo para conseguir objetivo ilegal; IV – opuser resistência injustificada ao andamento do processo; V – proceder de modo temerário em qualquer incidente ou ato do processo; VI – provocar incidentes manifestamente infundados".

Ao estipular que o *improbus litigator* deve pagar o "décuplo das custas", o legislador estatutário regulamenta a exceção contida no § 2º do art. 141, devendo o juiz condenar a associação e seu diretor, cada um na proporção do seu respectivo interesse, conforme o disposto no § 1º do art. 18 do CPC.

No caso de serem condenados, também, por "perdas e danos", a associação e seus diretores serão solidários pela responsabilidade.

O art. 402 do CC/2002 dispõe que, "salvo as exceções expressamente previstas em lei, as perdas e danos devidas ao credor abrangem, além do que efetivamente perdeu, o que razoavelmente deixou de lucrar.

Nas ações civis públicas não haverá adiantamento de custas, emolumentos, honorários periciais e quaisquer outras despesas (art. 219 e Lei 7.347/1985, art. 18).

As custas e emolumentos, quando forem devidos, os honorários de peritos e demais despesas deverão ser pagas após o trânsito em julgado da sentença.

> **Art. 220.** Qualquer pessoa poderá e o servidor público deverá provocar a iniciativa do Ministério Público, prestando-lhe informações sobre fatos que constituam objeto de ação civil, e indicando-lhe os elementos de convicção.
> **Art. 221.** Se, no exercício de suas funções, os juízos e tribunais tiverem conhecimento de fatos que possam ensejar a propositura de ação civil, remeterão peças ao Ministério Público para as providências cabíveis.
> **Art. 222.** Para instruir a petição inicial, o interessado poderá requerer às autoridades competentes as certidões e informações que julgar necessárias, que serão fornecidas no prazo de quinze dias.

11. Provocação da iniciativa do Ministério Público

O art. 220 dispõe sobre a provocação da iniciativa do Ministério Público para a propositura da ação civil pública (Lei 7.347/1985, art. 6º, e CPP, art. 27).

Todas as pessoas terão, de forma direta, a possibilidade de provocar o Ministério Público para que este promova a ação civil pública. Será necessário, pois, que as informações sobre os fatos sejam suficientes para constituírem objeto da ação ou que indiquem os elementos para a convicção do promotor de justiça.

O Ministério Público receberá das pessoas os elementos substanciais para que a ação seja proposta. Na verdade, não será suficiente a simples notícia do fato que esteja ameaçando ou violando direito individual, difuso ou coletivo de criança ou adolescente. É preciso que lhe sejam indicados, também, os elementos que possibilitarão a formação de sua convicção.

O servidor público tem obrigação de provocar a iniciativa do Ministério Público todas as vezes que tomar conhecimento de ameaça ou lesão ao direito infanto-juvenil. Tal regra possibilita o zelo e o engajamento do servidor público no atendimento dos direitos infanto-juvenis, de forma a proporcionar a cobrança judicial da responsabilidade dos governantes para com as crianças e adolescentes.

De outro modo, o Ministério será provocado para iniciar a ação civil pública se, no exercício de suas funções, os juízes e tribunais tiverem conhecimento de fatos que possam ensejar a propositura da ação (art. 22, Lei 7.347/1985, art. 7º, e CPP, art. 40).

Se o interessado, para instruir a petição inicial, necessitar de informações e certidões de órgãos públicos, poderá requerê-las às autoridades competentes, dos respectivos órgãos, que terão o prazo de 15 dias para fornecê-las (art. 222, CF, art. 5º, XXXIII e XXXIV, e Lei 7.347/1985, art. 8º).

Trata-se, com efeito, de direito assegurado pela Constituição, que permite a obtenção de informações dos órgãos públicos, de seu interesse particular, ou de interesse coletivo ou geral, para a defesa de direitos e esclarecimento de situações.

Sahid Maluf ensina que "as certidões requeridas podem destinar-se a instruir ação popular, ou qualquer outra ação ou representação, judicial ou administrativa, contra agentes do Poder Público. Podem ser destinadas a fins políticos, ao esclarecimento da opinião pública nas campanhas eleitorais. Não se exige do requerente que especifique os fins a que as certidões se destinam, pois o direito de obtê-las é de natureza política e tem por pressuposto o exercício do poder de soberania" (Maluf, S., p. 476).

À evidência da norma constitucional, será negada a entrega de certidões cujo sigilo seja imprescindível à segurança da sociedade e do Estado.

A negativa da entrega de certidões e informações somente poderá derivar da vontade da lei, e nunca pela vontade arbitrária do funcionário público.

Art. 223. O Ministério Público poderá instaurar, sob sua presidência, inquérito civil, ou requisitar, de qualquer pessoa, organismo público ou particular, certidões, informações, exames ou perícias, no prazo que assinalar, o qual não poderá ser inferior a dez dias úteis.

§ 1º. Se o órgão do Ministério Público, esgotadas todas as diligências, se convencer da inexistência de fundamento para a propositura da ação cível, promoverá o arquivamento dos autos do inquérito civil ou das peças informativas, fazendo-o fundamentadamente.

§ 2º. Os autos do inquérito civil ou as peças de informação arquivados serão remetidos, sob pena de se incorrer em falta grave, no prazo de três dias, ao Conselho Superior do Ministério Público.

§ 3º. Até que seja homologada ou rejeitada a promoção de arquivamento, em sessão do Conselho Superior do Ministério Público, poderão as associações legitimadas apresentar razões escritas ou documentos, que serão juntados aos autos do inquérito ou anexados às peças de informação.

§ 4º. A promoção de arquivamento será submetida a exame e deliberação do Conselho Superior do Ministério Público, conforme dispuser o seu regimento.

§ 5º. Deixando o Conselho Superior de homologar a promoção de arquivamento, designará, desde logo, outro órgão do Ministério Público para o ajuizamento da ação.

Art. 224. Aplicam-se subsidiariamente, no que couber, as disposições da Lei 7.347, de 24 de julho de 1985.

12. Inquérito civil

O art. 223 do Estatuto dispõe sobre o *inquérito civil*.

O inquérito civil, que é semelhante ao inquérito policial, é procedimento relativamente novo, que foi criado pela Lei 7.347/1985.

Como no procedimento policial, o inquérito civil constitui-se em preliminar ou ato preparatório para a propositura da ação civil pública. Nele se colherão os elementos que serão impossíveis ou difíceis de ser obtidos na instrução judiciária, tais como o auto de flagrante, os exames periciais, depoimento de testemunhas etc.

Trata-se, pois, de procedimento administrativo destinado a fornecer ao órgão da acusação a base e os fundamentos necessários para a propositura da ação civil.

Será o Ministério Público o único órgão encarregado de presidir o inquérito civil (CF, art. 129 III), e terá, como uma das suas atribuições, a de "expedir notificações"[36] para a parte comparecer a fim de prestar depoimento pessoal, esclarecer dúvidas, declarar fatos etc.

Como na intimação, a notificação expedida pelo promotor de justiça não dá somente a ciência de um ato, mas seu conteúdo indica uma obrigação de fazer ou não fazer.

Na comarca onde houver curadoria especializada, deverá ser designado o membro do Ministério Público que nela atuar. Mas, nos casos de verificação de conflito ou dúvida para a abertura de inquérito civil, a competência será fixada pela prevenção ou por regulamentação do Procurador-Geral.

O Estatuto inova a legislação paradigma civilista (Lei 7.347/1985) quando permite ao Ministério Público requisitar informações e docu-

---

36. Lei 8.625, de 12.2.93, art. 26, I, "a", e CF, art. 129, VI.

mentos de qualquer pessoa. Na citada lei, a requisição de certidões e informações só é possível aos órgãos públicos ou privados, entendendo-os como pessoas jurídicas.

Se, contudo, o órgão do Ministério Público, depois de esgotadas as diligências, se convencer da inexistência de fundamento para a propositura da ação civil, promoverá o arquivamento dos autos do inquérito civil ou das peças informativas, em parecer fundamentado (art. 223, § 1º). Os autos do inquérito civil ou as peças de informação arquivados serão remetidos ao Conselho Superior do Ministério Público, no prazo de três dias, sob pena de incorrer em falta grave (art. 223, § 2º).

O Promotor Paulo Affonso Leme Machado explica que "o arquivamento poderá ser feito ou pelo membro do Ministério Público de primeira instância ou pelo Conselho Superior do Ministério Público. O promotor de justiça ou o procurador da República, diferentemente do que ocorre no inquérito policial, no inquérito civil não pede o arquivamento, mas o promove" (Machado, P. A. L., p. 35).

Depois de promovido o arquivamento do inquérito civil ou das peças informativas, o promotor ou procurador as remeterá ao Conselho Superior do Ministério Público, em três dias, sob pena de falta grave.

Até que seja homologada ou rejeitada a promoção de arquivamento, em sessão do Conselho Superior do Ministério Público, as associações legitimadas (para a propositura da ação civil pública – art. 210, III) poderão apresentar razões escritas ou documentos, que serão juntados aos autos do inquérito ou anexados às peças de informação (art. 223, § 3º). A promoção de arquivamento será submetida a exame e deliberação do Conselho Superior do Ministério Público, conforme dispuser o seu Regimento (art. 223, § 4º). Deixando o referido Conselho de homologar a promoção de arquivamento, designará, desde logo, outro órgão do Ministério Público para o ajuizamento da ação (art. 223, § 5º).[37]

O § 3º do art. 223 dá oportunidade às associações legitimadas à propositura da ação civil para apresentarem perante o Conselho Superior do Ministério Público, em forma de memoriais, suas razões impeditivas quanto ao arquivamento do inquérito civil ou das peças informativas, promovido pelo membro do *Parquet*.

Aqui, o cidadão comum, prestigiado no *caput* do referido artigo, foi desprezado, sendo impedido de manifestar-se perante o Conselho Superior do Ministério Público. Tal fato seria uma discriminação, pois não se pode negar ao cidadão esse direito, que na inércia da associação provocará o Conselho, como integrante da comunidade, preocupado com a proteção e defesa dos direitos da criança e do adolescente.

---

37. ECA, art. 201, V.

Se, no entanto, o citado Conselho não homologar a promoção de arquivamento do inquérito civil ou de peças informativas, deverá designar outro membro da Instituição para o ajuizamento da ação civil pública.[38]

Entende-se, pois, pacificamente, que o outro membro do *Parquet* que foi designado para o ajuizamento da ação não poderá tomar outro caminho a não ser a propositura da ação civil pública, não podendo concordar com o arquivamento já promovido, nem discutir o seu mérito.

---

38. ECA, art. 181, § 2º, e CPP, art. 28.

TÍTULO VII

DOS CRIMES E DAS INFRAÇÕES ADMINISTRATIVAS

Capítulo I
Dos crimes

Seção I – **Disposições gerais**

Art. 225. Este Capítulo dispõe sobre crimes praticados contra a criança e o adolescente, por ação ou omissão, sem prejuízo do disposto na legislação penal.
Art. 226. Aplicam-se aos crimes definidos nesta Lei as normas da Parte Geral do Código Penal e, quanto ao processo, as pertinentes ao Código de Processo Penal.
Art. 227. Os crimes definidos nesta Lei são de ação pública incondicionada.

1. Disposições gerais

Nossa legislação penal prevê vários crimes onde as vítimas são, especificamente, crianças e adolescentes. Em alguns casos, a lei determina que a pena cominada ao crime seja agravada (CP, art. 61, II, "h") (art. 225).

Assim, verificam-se os crimes de "infanticídio" (CP, art. 123), "abandono de incapaz" (CP, art. 133), "exposição ou abandono de recém-nascido" (CP, art. 134), "omissão de socorro" (CP, art. 135), "maus-tratos" (CP, art. 136), "abuso de incapazes" (CP, art. 173), "sedução" (CP, art. 216), "corrupção de menores" (CP, art. 218), "estupro" com presunção de violência (CP, art. 213, c/c o art. 224, "a"),[1] "atentado

---

1. *RT* 580/25, 590/333, 605/374, 594/306, 591/428, 589/361. Praticado por pais, tutores ou padastros: *RT* 604/353, 586/426.

violento ao pudor" com presunção de violência (CP, art. 214, c/c art. 224, "a"), "posse sexual mediante fraude" (CP, art. 215, parágrafo único), "atentado ao pudor mediante fraude" (CP, art. 216, parágrafo único), "mediação para servir a lascívia de outrem" (CP, art. 227, § 1º), "tráfico de mulheres" (CP, art. 231, § 1º), "sonegação de estado de filiação" (CP, art. 243), "abandono material" (CP, art. 244), "entrega de filho menor a pessoa inidônea" (CP, art. 245), "abandono intelectual" (CP, art. 247), "induzimento a fuga, entrega arbitrária ou sonegação de incapazes" (CP, art. 248), "subtração de incapazes" (CP, art. 249).

Os parágrafos únicos dos arts. 213 e 214 do CP, introduzidos pelo Estatuto da Criança e do Adolescente, e com penas exasperadas pela Lei 8.072/1990 (Crimes Hediondos), foram, definitivamente, revogados pela Lei 9.281, de 4.6.1996.

Tanto as infrações administrativas quanto os crimes cometidos contra criança e adolescente, previstos no Estatuto, serão processados na Vara da Infância e da Juventude ou na Vara Criminal, conforme disposição da Lei de Organização Judiciária regional, considerando as normas da Parte Geral do Código Penal e, quanto ao processo, as pertinentes ao Código de Processo Penal (art. 226).

Dispõe o art. 227 do ECA que "os crimes definidos nesta Lei são de ação pública incondicionada", ou seja, o Ministério Público, como *dominus litis*, a propõe, sem que haja a interferência ou manifestação de vontade de quem quer que seja. Estando detectadas a autoria e a materialidade do crime, ainda que por indícios, o Ministério Público promoverá a ação penal, através de "denúncia", não importando manifestação contrária, mesmo que seja da vítima (CPP, art. 41).

Assim, os que violam os direitos das crianças e adolescentes deverão responder por seus atos, sendo-lhes impostas as penas de multa (para as infrações administrativas), de reclusão e de detenção (para os crimes).

Seção II – **Dos crimes em espécie**

Art. 228. Deixar o encarregado de serviço ou dirigente de estabelecimento de atenção à saúde de gestante de manter registro das atividades desenvolvidas, na forma e prazo referidos no art. 10 desta Lei, bem como de fornecer à parturiente ou a seu responsável, por ocasião da alta médica, declaração de nascimento, onde constem as intercorrências do parto e do desenvolvimento do neonato:

Pena: detenção de seis meses a dois anos.

Parágrafo único. Se o crime é culposo:

Pena: detenção de dois a seis meses, ou multa.

2. Dos crimes em espécie

Dispõe o art. 10 do ECA: "Os hospitais e demais estabelecimentos de atenção à saúde de gestantes, públicos e particulares, são obrigados a: I – manter registro das atividades desenvolvidas através de prontuários individuais, pelo prazo de 18 anos; II – identificar o recém-nascido mediante o registro de sua impressão plantar e digital e da impressão digital da mãe, sem prejuízo de outras formas normatizadas pela autoridade administrativa competente; III – proceder a exames visando ao diagnóstico e terapêutica de anormalidades no metabolismo do recém--nascido, bem como prestar orientação aos pais; IV – fornecer declaração de nascimento onde constem necessariamente as intercorrências do parto e do desenvolvimento do neonato; V – manter alojamento conjunto, possibilitando ao neonato a permanência junto à mãe".

Objetividade jurídica: o objeto jurídico do crime é o bem ou interesse que a norma penal tutela. A lei protege, com esse dispositivo, a segurança do recém-nascido e da gestante, determinando a obrigação de constar em registros próprios do hospital as intercorrências do parto e a detecção de doenças no recém-nascido e na gestante.

Sujeito ativo: o sujeito ativo do crime é quem pratica o fato descrito na norma penal incriminadora: é o encarregado do serviço (enfermeiro, auxiliar de enfermagem, paramédico) ou dirigente do estabelecimento (diretor do hospital ou maternidade ou gerente).

Sujeito passivo: o sujeito passivo do delito é o titular do interesse ou bem cuja ofensa constitui a essência do crime. É o recém-nascido e a gestante que sofrem a ação omissiva do sujeito ativo do crime.

Hungria afirma que "o limite de tempo da noção de recém-nascido é o momento em que a *délivrance* se torna conhecida de outrem, fora do círculo da família" (Hungria, N., e Fragoso, H. C., p. 438). Noronha opina pelo prazo de poucos dias (Magalhães Noronha, E., p. 103). Flamínio Fávero o fixa em sete (Fávero, F., p. 307). Fragoso, em 30 dias (Fragoso, H. C., 1976, p. 176) e Mirabete, Damásio, Marques e outros consideram a criança como recém-nascida até a queda do cordão umbilical (in Mirabete, J. F., 1987, v. II/114).

Tipo objetivo: o tipo penal é o conjunto dos elementos descritivos do crime contidos na lei incriminadora.

Damásio define os elementos objetivos do tipo como aqueles que "se referem à materialidade da infração penal, no que concerne à forma de execução, tempo, lugar etc. A fórmula do tipo é composta de um verbo que expressa a conduta. Trata-se, em geral, de um verbo transitivo com o seu objeto (...) O verbo constitui o núcleo do tipo, a sua parte mais significativa (...)" (Jesus, D. E. de, 1985-A, p. 237).

Portanto, o tipo objetivo do crime previsto no art. 228 do ECA é deixar... de manter registro e deixar... de fornecer declaração de nascimento, caracterizando uma conduta que se traduz em omissão.

Trata-se de crime omissivo puro. A primeira conduta omissiva é "deixar de manter os registros das atividades desenvolvidas", ou seja, de prontuários individuais do recém-nascido e da gestante. A segunda conduta omissiva é "deixar de fornecer declaração de nascimento".

Evidentemente, a lei não exige que o sujeito pratique ato privativo de profissão que não possui (*RT* 330/511).

Tipo subjetivo: o tipo penal possui um elemento subjetivo referente à situação "anímica" do sujeito que condiciona a tipicidade do fato. É o dolo que se caracteriza pela consciência e pela vontade de praticar o crime. Compreende o conhecimento do fato e a vontade de realizar a ação ou a omissão. Aqui, o dolo é caracterizado pela vontade de não fazer os registros e exames necessários e deixar de fornecer a declaração de nascimento.

É prevista, também, a forma culposa, no parágrafo único, que é identificada pela culpa, determinada pela inobservância do dever de diligência.

Consumação e tentativa: o crime omissivo consuma-se quando o sujeito deixou de agir, ou seja, no instante em que, presentes os seus pressupostos, o sujeito omite a prestação do serviço que deveria realizar.

Tratando-se de crime omissivo puro, não se pode falar em tentativa (*JTACrimSP* 35/152). Ou o sujeito pratica o ato necessário no momento adequado, e não responde pelo crime, ou deixa de o fazer, e está consumado o delito.

> **Art. 229.** Deixar o médico, enfermeiro ou dirigente de estabelecimento de atenção à saúde de gestante de identificar corretamente o neonato e a parturiente, por ocasião do parto, bem como deixar de proceder aos exames referidos no art. 10 desta Lei:
> *Pena*: detenção de seis meses a dois anos.
> Parágrafo único. Se o crime é culposo:
> *Pena*: detenção de dois a seis meses, ou multa.

Objetividade jurídica: aqui, também, a norma tutela a segurança na identificação do recém-nascido e de sua mãe e protege o direito de serem examinados, com o intuito de detectar doenças.

Sujeito ativo: é o médico, o enfermeiro ou o dirigente do estabelecimento de atenção à saúde da gestante (hospital ou maternidade) que pratica uma das ações delituosas previstas no tipo.

Sujeito passivo: é a gestante e o recém-nascido que sofrem a ação omissiva do agente do delito.

Tipo objetivo: o núcleo do tipo penal é formado pelos verbos "deixar ... de identificar" e "deixar de proceder aos exames...", caracterizando duas condutas omissivas. A primeira conduta refere-se à ausência de identificação do recém-nascido mediante o registro de sua impressão plantar e digital e da impressão digital da mãe. A segunda conduta omissiva verifica-se quando o médico, o enfermeiro ou o dirigente de estabelecimento de atenção à saúde de gestante deixa de proceder aos exames visando ao diagnóstico e terapêutica de anormalidades no metabolismo do recém-nascido. Só há omissão relevante quando o sujeito, tendo o dever jurídico de agir, se abstém do comportamento.

Tipo subjetivo: trata o art. 229 de crime que admite o dolo e a culpa. Poderá o sujeito ativo, conscientemente, não efetuar a identificação do recém-nascido e de sua mãe, como também não proceder aos exames médicos necessários. Mas poderá, também, deixar de agir em virtude da inobservância do dever de diligência; o sujeito ativo que não tem habilidade para realizar a conduta deve abster-se de agir, pois tal comportamento é típico no crime culposo.

Consumação e tentativa: como no artigo anterior, trata-se de crime omissivo puro, que não admite tentativa. Ao deixar de agir, o sujeito ativo realiza o tipo, consumando o delito.

Art. 230. Privar a criança ou o adolescente de sua liberdade, procedendo à sua apreensão sem estar em flagrante de ato infracional ou inexistindo ordem escrita da autoridade judiciária competente:
Pena: detenção de seis meses a dois anos.
Parágrafo único. Incide na mesma pena aquele que procede à apreensão sem observância das formalidades legais.

Objetividade jurídica: tutelam o Estatuto e a norma penal vigente a liberdade física da criança e do adolescente, notadamente a liberdade de locomoção e movimento.

A liberdade constitui um dos direitos fundamentais da pessoa humana e, especificamente, da criança e do adolescente (CF, art. 5º).

A infração viola o disposto no art. 106, onde "nenhum adolescente será privado de sua liberdade senão em flagrante de ato infracional ou por ordem escrita e fundamentada da autoridade judiciária competente".

Sujeito ativo: qualquer pessoa poderá ser o sujeito ativo do crime de privação ilegal de liberdade. Mas, por força da atividade desenvolvida, com mais razão, serão sujeitos ativos do crime o delegado de polícia e o funcionário policial.

O crime de abuso de autoridade, previsto na Lei 4.898, de 9.12.1965, relaciona como autoridade aquele que exerce emprego ou função pública, de natureza civil ou militar (art. 5º).

Para a referida lei, constitui também abuso de autoridade: a) ordenar ou executar medida privativa de liberdade individual, sem as formalidades legais ou com abuso de poder; b) submeter pessoa sob sua guarda ou custódia a vexame ou a constrangimento, não autorizado em lei; c) deixar de comunicar, imediatamente, ao juiz competente a prisão ou detenção de qualquer pessoa; d) deixar o juiz de ordenar o relaxamento de prisão ou detenção ilegal que lhe seja comunicada; e) levar à prisão e nela deter quem quer que se proponha a prestar fiança, permitida em lei; f) cobrar o carcereiro ou agente de autoridade policial carceragem, custas, emolumentos ou qualquer outra despesa, desde que a cobrança não tenha apoio em lei, quer quanto à espécie, quer quanto ao seu valor; g) recusar o carcereiro ou agente de autoridade policial recibo de importância recebida a título de carceragem, custas, emolumentos ou de qualquer outra despesa; h) o ato lesivo da honra ou do patrimônio de pessoa natural ou jurídica, quando praticado com abuso ou desvio de poder ou sem competência legal (Lei 4.898/1965, art. 4º).

Cury, Garrido e Marçura anotam que "os arts. 230, 231, 232 e 234 do Estatuto revogam, no que concerne à criança e ao adolescente, as disposições penais relativas ao art. 4º, 'a', 'b', 'c' e 'd', da Lei 4.898, de 9.12.1965, que regula o direito de representação e o processo de responsabilidade administrativa, civil e penal, nos casos de abuso de autoridade" (Cury, Garrido e Marçura, p. 121).

Os abusos praticados por autoridades contra crianças e adolescentes, por serem crimes especiais, serão processados e julgados perante a Justiça da Infância e da Juventude.

Sujeito passivo: são as crianças e os adolescentes que sofrem a privação ilegal de liberdade. Contudo, o Estatuto impede que a criança seja apreendida em flagrante de ato infracional. A criança não será submetida a processo e, sim, receberá, do Conselho Tutelar, a imposição de medida de proteção (art. 101).

Somente o adolescente que for surpreendido em flagrante de ato infracional, ou por ordem escrita e fundamentada da autoridade judiciária competente, poderá ser apreendido legalmente (art. 106). Nunca a criança.

Tipo objetivo: a conduta típica do delito é "privar a criança ou o adolescente de sua liberdade". A apreensão ilegal consiste em "segurar", "agarrar", "prender", a criança e o adolescente sem que estejam em flagrante de ato infracional, ou determinada, por escrito e fundamentadamente, pelo juiz competente.

Mesmo que a apreensão seja legal, incorrerá em ação criminosa aquele que não observar as formalidades legais exigidas para a validade da apreensão.

Tipo subjetivo: este crime só é punido a título de dolo, que consiste na vontade consciente de privar a vítima, ou o sujeito passivo, de sua liberdade. Não se admite a forma culposa: ou existe a determinação escrita e fundamentada da autoridade judiciária competente para a apreensão, ou está o adolescente em flagrante de ato infracional.

Consumação e tentativa: consuma-se o crime no mesmo instante em que o sujeito passivo se vê privado de sua liberdade, com a apreensão. A tentativa é admissível, p. ex., quando o adolescente está sendo apreendido de forma ilegal e a apreensão é impedida por terceiros.

Art. 231. Deixar a autoridade policial responsável pela apreensão de criança ou adolescente de fazer imediata comunicação à autoridade judiciária competente e à família do apreendido ou à pessoa por ele indicada:
Pena: detenção de seis meses a dois anos.

Objetividade jurídica: ainda aqui, o bem jurídico tutelado é a liberdade física e individual da criança e do adolescente (arts. 15 a 18, e CF, art. 5º, *caput* e inciso XV).

A presente norma penal incriminadora protege, também, o preceito constitucional, que determina que "a prisão de qualquer pessoa e o local onde se encontre serão comunicados imediatamente ao juiz competente e à família do preso ou à pessoa por ele indicada" (CF, art. 5º, LXII, e art. 107 do ECA).

Sujeito ativo: o sujeito ativo do crime é o delegado de polícia, responsável pela apreensão da criança e do adolescente.

Com razão, Nogueira sugere que "o legislador poderia perfeitamente ter excluído, sem qualquer prejuízo, 'a autoridade policial', para dispor 'deixar o responsável pela apreensão de criança ou adolescente...' etc., o que daria maior abrangência ao sujeito ativo, já que a apreensão pode ser efetuada por várias pessoas, além da autoridade policial" (Nogueira, P. L., p. 300).

Sujeito passivo: quem sofre a ação ilegal da autoridade policial é a criança e o adolescente que veem desrespeitados seus direitos de comunicarem à sua família ou a outra pessoa e ao juiz competente a sua apreensão.

Para que a apreensão seja regular e legal, deve a autoridade policial responsável comunicar, imediatamente, à autoridade judiciária competente (juiz da infância e da juventude) e à família do adolescente apreendido ou a outra pessoa por ele indicada.

Tipo objetivo: a conduta típica do crime é "deixar a autoridade policial responsável... de fazer imediata comunicação...". Trata-se de crime omissivo próprio, onde o sujeito ativo "amolda a sua conduta à descrição legal por ter deixado de observar o mandamento proibitivo determinado pela norma" (Jesus, D. E. de, 1985-A, v. 1/207; v. explicações in "Tipo objetivo" do art. 230).

Tipo subjetivo: a falta de comunicação da apreensão é conduta punível só a título de dolo, ou seja, pela vontade consciente da autoridade policial em não fazer a comunicação obrigatória da apreensão do adolescente.

Consumação e tentativa: como crime omissivo, sua consumação se realiza com a simples conduta negativa do sujeito ativo, independentemente da produção de qualquer resultado. Ao deixar de proceder à comunicação da apreensão, a autoridade policial realiza o tipo, consumando o delito, não admitindo a forma tentada.

> **Art. 232.** Submeter criança ou adolescente sob sua autoridade, guarda ou vigilância a vexame ou a constrangimento:
> *Pena*: detenção de seis meses a dois anos.

Objetividade jurídica: o estatuto é, mais uma vez, sancionador do direito constitucional quando protege o direito à liberdade, ao respeito e à dignidade da criança e do adolescente (arts. 15 a 18-B do ECA e art. 5º da CF).

A ação infracional tipificada no art. 232 do ECA exige que entre os agentes passivos e ativos exista relação de subordinação, vez que a criança e o adolescente deverão estar sob a autoridade, guarda ou vigilância do sujeito ativo do crime.

A conduta penal descrita pode ser praticada sob as formas de "vexame" e de "constrangimento". Será constrangedora a identificação de adolescente, nos termos do art. 109; será vexatória a condução de adolescente em "camburão", na forma do art. 178.

Mesmo sendo legal a apreensão do adolescente, não poderá ultrapassar os limites da lei, tornando-se vexatória e constrangedora, no que implicará responsabilização da autoridade.

Sujeito ativo: é sujeito ativo do crime previsto no art. 232 todo aquele que detém criança ou adolescente: a) em razão de ser a autoridade policial responsável por sua apreensão; b) quer seja o guardião legal ou de fato (dirigente de entidade, art. 92, parágrafo único; arts. 33 e 34; CC, art. 1.643, I, II, VI e VII); e c) aquele que tiver o múnus da vigilância sobre a criança e o adolescente (tutor – art. 36, parágrafo único; CC, arts. 1.728 e ss.; e curador – CC, arts. 1.767 e ss.).

Sujeito passivo: como os demais crimes previstos neste capítulo, são crianças e adolescentes os que sofrem a ação vexatória e constrangedora do sujeito ativo.

Tipo objetivo: o núcleo do tipo é "submeter" criança ou adolescente a "vexame" ou a "constrangimento". "Vexame" significa "vergonha", "afronta", "ultraje". Por constrangimento entende-se "compelir", "coagir", "violentar" (v. explicações in "Tipo objetivo" do art. 230).

O sujeito, para praticar o crime, pode empregar violência, grave ameaça ou qualquer outro meio capaz de reduzir a resistência da vítima.

É um crime material que exige o resultado: vexame ou constrangimento.

Tipo subjetivo: o delito descrito no art. 232 do ECA guarda estreita relação com aquele tipificado no art. 146 do CP (constrangimento ilegal): só é punível a título de dolo, ou seja, praticado com vontade de causar o constrangimento ou o vexame.

Consumação e tentativa: consuma-se o crime quando se verifica o vexame ou constrangimento. Pode ocorrer a forma, eventualmente, permanente: quando o adolescente, constrangido pelo sujeito ativo, "permanece" durante período justificável realizando o comportamento por ele imposto.

Sendo possível o fracionamento das fases de realização do crime, admite-se a tentativa, se a vítima não realizar o comportamento desejado pelo sujeito ativo por circunstâncias alheias à sua vontade.

Art. 233. Submeter criança ou adolescente sob sua autoridade, guarda ou vigilância a tortura: (*Artigo e §§ revogados pela Lei 9.455, 7.4.1997, que dispõe sobre o crime de tortura*)
Pena: reclusão de um a cinco anos.
§ 1º. Se resultar lesão corporal grave:
Pena: reclusão de dois a oito anos.
§ 2º. Se resultar lesão corporal gravíssima:
Pena: reclusão de quatro a doze anos.
§ 3º. Se resultar morte:
Pena: reclusão de quinze a trinta anos.

Objetividade jurídica: Embora revogado pelo art. 4º da Lei 9.455/1997, o art. 233 do Estatuto determinou, no contexto jurídico, a iniciativa de regulamentação do crime de tortura, evidenciado pela qualidade da vítima: criança ou adolescente.

A Constituição Federal (art. 5º, *caput* e inciso III) e o Código Penal (arts. 121-129) protegem a vida e a integridade física da pessoa humana e, especialmente, da criança e do adolescente.

Sob nova modalidade, a Constituição trata da "tortura" como crime hediondo: "A lei considerará crimes inafiançáveis e insuscetíveis de graça ou anistia a prática da tortura, o tráfico ilícito de entorpecentes e drogas afins, o terrorismo e os definidos como crimes hediondos, por eles respondendo os mandantes, os executores e os que, podendo evitá-los, se omitirem" (CF, art. 5º, XLIII).

É a Lei 8.072, de 25.7.1990, que dispõe sobre os crimes hediondos. Entre eles, destacam-se o "latrocínio" (CP, art. 157, § 3º), a "extorsão qualificada pela morte" (CP, art. 158, § 2º), a "extorsão mediante sequestro e na forma qualificada" (CP, art. 159, *caput* e §§ 1º, 2º e 3º), o "estupro" (CP, art. 213, c/c o art. 223, *caput* e parágrafo único), "o atentado violento ao pudor" (CP, art. 214, c/c art. 223, *caput* e parágrafo único), "o envenenamento de água potável ou de substância alimentícia ou medicinal" (CP, art. 270, c/c o art. 285) e o "genocídio" (Lei 2.889, de 1.10.1956, arts. 1º, 2º e 3º).

O Estatuto da Criança e do Adolescente considerava a tortura como crime próprio, realizado nas formas de lesão corporal de natureza grave, gravíssima e morte, embora não a definisse. A nova lei enumera no § 4º do art. 1º apenas uma majoração de pena quando a vítima é criança ou adolescente, *verbis*:

> "Art. 1º. (...)
> "§ 4º. Aumenta-se a pena de um sexto até um terço:
> "I – (...)
> "II – se o crime é cometido contra criança ou adolescente."

O legislador atual foi apressado, e não comparou as duas hipóteses de definição e punição do crime de tortura: no Estatuto, a pena mínima para o crime, com resultado de lesão leve, era de um a cinco anos de reclusão; por lesões consideradas graves, pena de reclusão de dois a oito anos; se a lesão fosse gravíssima, a pena seria de reclusão de quatro a doze anos; se resultasse morte, a pena seria de quinze a trinta anos de reclusão.

Pela recente lei, o crime de tortura, com resultado morte, sofreu uma redução de pena, quando a vítima é criança ou adolescente. Agora, se verificada essa hipótese, o autor estará sujeito a uma pena de 21 anos e 4 meses. Se for agente público (um policial, por exemplo), a pena sobe para 26 anos e 8 meses.

No aspecto que envolve criança e adolescente, a nova lei foi malfeita e de afogadilho levando os torturadores a festejar com a "gafe" legislativa.

A recente Lei 9.455, de 7.4.1997, inovou quando definiu o crime de tortura, *verbis*:

"**Art. 1º.** Constitui crime de tortura:
"I – constranger alguém com emprego de violência ou grave ameaça, causando-lhe sofrimento físico ou mental:
"a) com o fim de obter informação, declaração ou confissão da vítima ou de terceira pessoa;
"b) para provocar ação ou omissão de natureza criminosa;
"c) em razão de discriminação racial ou religiosa;
"II – submeter alguém, sob sua guarda, poder ou autoridade, com emprego de violência ou grave ameaça, a intenso sofrimento físico ou mental, como forma de aplicar castigo pessoal ou medida de caráter preventivo.
"§ 1º. Na mesma pena incorre quem submete pessoa presa ou sujeita a medida de segurança a sofrimento físico ou mental, por intermédio da prática de ato não previsto em lei ou não resultante de medida legal.
"§ 2º. Aquele que se omite em face dessas condutas, quando tinha o dever de evitá--las ou apurá-las, incorre na pena de detenção de um a quatro anos.
"§ 3º. Se resulta lesão corporal de natureza grave ou gravíssima, a pena é de reclusão de quatro a dez anos; se resulta morte é de oito a dezesseis anos."

O texto continua abordando, no § 4º, os aumentos de pena, considerando a qualidade da vítima ou do agente.

Sujeito ativo: o sujeito ativo do crime de tortura contra criança ou adolescente pode ser qualquer pessoa, tanto particular como funcionário público. Se praticado por agente público, a pena será agravada de um sexto a um terço.

Sujeito passivo: são as crianças e adolescentes que sofrem aquelas ações tipificadas no art. 1º da Lei 9.455/1997.

Tipo objetivo: a conduta criminosa é descrita por diversas ações representadas pelos verbos "constranger", "causar sofrimento físico ou mental", "provocar ação ou omissão de natureza criminosa", "submeter", deixar de agir quando é seu dever ou de evitar o resultado. Consiste, pois, o crime de tortura, em atingir, por ação ou por omissão, a integridade física ou mental da criança ou do adolescente.

Tipo subjetivo: o crime é punível somente a título de dolo. Pela própria natureza do delito, que pressupõe que a vítima esteja à mercê – ou, quiçá, imobilizada – do torturador, não se pode falar em inobservância de vigilância necessária ou culpa.

Quando o sujeito ativo pratica esse crime, está determinado por sua consciência a praticá-lo, e a, efetivamente, lesar o objeto jurídico tutelado, ou seja, a integridade física e a mental.

Consumação e tentativa: consuma-se o crime de tortura quando o sujeito ativo ofende a integridade física da criança ou do adolescente, não necessitando, para sua consumação, do resultado morte.

Tratando-se de crime material, que exige resultado, a tortura admite a forma tentada. Isso ocorrerá quando o sujeito, embora empregando meio de execução capaz de alcançar seu objetivo, não consegue atingir seu fim, por circunstâncias alheias à sua vontade.

> **Art. 234.** Deixar a autoridade competente, sem justa causa, de ordenar a imediata liberação de criança ou adolescente, tão logo tenha conhecimento da ilegalidade da apreensão:
> *Pena*: detenção de seis meses a dois anos.

Objetividade jurídica: com essa proteção legal, o dispositivo estatutário tutela a liberdade física e a de locomoção da criança e do adolescente (arts. 15-18, e CF, art. 5º, *caput* e inciso XV).

Sujeito ativo: a "autoridade competente" para ordenar a imediata liberação da criança ou adolescente, apreendidos ilegalmente, é representada pela "autoridade judiciária", pelo "promotor de justiça" e pelo "delegado de polícia", dependendo das situações apresentadas.

Sujeito passivo: é a criança e o adolescente.

Tipo objetivo: é representado pelo núcleo do tipo "deixar" de ordenar a imediata liberação da criança ou adolescente apreendidos ilegalmente, caracterizando uma conduta omissiva.

O tipo, na expressão de Welzel, é "a descrição concreta da conduta proibida, ou seja, do conteúdo ou da matéria da norma". Além dos elementos descritos (objetivos), o tipo poderá conter os elementos subjetivos ou normativos que determinam a antijuridicidade da conduta. É o caso do tipo do art. 234, quando, ao definir a conduta criminosa, impõe-lhe a condição de agir "sem justa causa". Ao contrário, se a autoridade competente se encontrar numa situação que a impeça, efetivamente, de ordenar a imediata liberação de criança ou adolescente, tão logo tenha conhecimento da ilegalidade da apreensão, não haverá crime.

Tipo subjetivo: o dolo do delito é a vontade de não liberar imediatamente a criança ou adolescente apreendidos ilegalmente.

O tipo não prevê a forma culposa, vez que a ausência de comportamento deverá ser sempre sem motivo ou justificativa para caracterizar o crime.

Consumação e tentativa: o crime consuma-se no momento em que a autoridade competente, conhecedora da ilegalidade da apreensão, deixa de liberar a criança ou o adolescente.

O crime não admite tentativa, por tratar-se de conduta omissiva, que se perfaz com a simples conduta negativa do sujeito ativo.

> **Art. 235.** Descumprir, injustificadamente, prazo fixado nesta lei em benefício de adolescente privado de liberdade:
> *Pena*: detenção de seis meses a dois anos.

Objetividade jurídica: a lei estatutária, mais uma vez, tutela a liberdade física e de locomoção de adolescente privado de liberdade. Protege, também, os direitos individuais e processuais do adolescente apreendido em flagrante de ato infracional ou por ordem escrita e fundamentada da autoridade judiciária competente (arts. 106 a 109, e CF, art. 5º, LXI e LXV).

O *prazo* é o espaço de tempo durante o qual deve realizar-se alguma coisa, e, na lição de Damásio, "é o espaço de tempo, fixo e determinado, entre dois momentos: o inicial e o final. Termo é o instante determinado no tempo: fixa o momento da prática de um ato designando, também, a ocasião de início do prazo. O 'prazo' se desenvolve entre dois 'termos': o termo inicial (termo *a quo, dies a quo*) e o termo final (termo *ad quem, dies ad quem*). Um prazo tem início em certo dia porque nesta data ele tem o seu termo *a quo*; termina em determinado dia porque aí está situado o seu termo *ad quem*" (Jesus, D. E. de, 1985-A, p. 125).

Como já mencionado por Cury, Garrido e Marçura, os prazos previstos no Estatuto são de: "a) internação provisória (45 dias, arts. 108 e 183); b) reavaliação da internação (seis meses, art. 121, § 2º); c) período máximo de internação (três anos, art. 121, § 3º); d) liberação compulsória (21 anos, art. 121, § 5º); e) internação por descumprimento injustificável de medida anteriormente imposta (três meses, art. 121, § 1º); f) apresentação do adolescente apreendido pela autoridade policial ao Ministério Público (24 horas, art. 175, §§ 1º e 2º); g) transferência de adolescente internado provisoriamente em repartição policial para entidade de atendimento (cinco dias, art. 185, § 2º)" (Cury, Garrido e Marçura, p. 122).

Sujeito ativo: o sujeito ativo do crime de descumprimento de prazo, de forma imotivada e injustificada, é todo aquele que não pratica os atos que deveria praticar, nos prazos fixados pela lei. Não se exige especialização do sujeito ativo do crime.

Sujeito passivo: quem sofre a ação omissiva é o adolescente, que está privado de sua liberdade, quer num estabelecimento de internação (art. 90, VII), quer numa repartição policial (art. 185, § 2º).

Tipo objetivo: definido pelo verbo "descumprir", o tipo é composto pelo elemento subjetivo ou normativo determinante do ato antijurídico (descumprir "injustificadamente" ou sem motivo) (v. explicações in "Tipo objetivo" do art. 234).

Tipo subjetivo: o crime é punível somente a título de dolo, vez que, apresentadas as razões (motivadas e justificadas) do retardamento, não haverá crime.

Nogueira adverte que, "apesar das sanções existentes para o descumprimento de prazos, mormente na esfera processual penal para os 'escrivães' (CPP, art. 799), os processos se procrastinam sem que ninguém seja devidamente responsabilizado, o que aumenta o descrédito na Justiça, pela sua morosidade" (Nogueira, P. L., p. 306).

Consumação e tentativa: o crime consuma-se quando o prazo é descumprido injustificadamente. Verifica-se a ocorrência pela certidão aposta no processo, sendo para o juiz o termo de "conclusão" e, para as partes, o termo de "vista" ou o recebimento da "intimação".

Não se admite a forma tentada pelo fato de constituir a conduta modo negativo de ação.

Art. 236. Impedir ou embaraçar a ação de autoridade judiciária, membro do Conselho Tutelar ou representante do Ministério Público no exercício de função prevista nesta Lei:
Pena: detenção de seis meses a dois anos.

Objetividade jurídica: protege, a norma penal estatutária, a garantia de funcionamento regular de Justiça da Infância e da Juventude, sem impedimentos ou embaraços de quem quer que seja.

Sujeito ativo: é qualquer pessoa que impeça, dificulte ou embarace a ação da autoridade judiciária, do membro do Ministério Público e do membro do Conselho Tutelar, no exercício de suas funções.

Sujeito passivo: é a administração da Justiça da Infância e da Juventude e, indiretamente, a criança e o adolescente.

Tipo objetivo: o núcleo do tipo é representado pelos verbos "impedir" e ''embaraçar''. "Impedir" significa "impossibilitar a execução ou o prosseguimento de algum ato", "interromper" e "obstruir". Por "embaraçar" entende-se "impedir", "estorvar", "tolher" e "complicar" a ação de alguém.

Trata-se de conduta com comportamento positivo, ou seja, o sujeito ativo pratica uma ação com a finalidade de impedir ou impossibilitar a execução de atos das autoridades citadas no artigo.

Tipo subjetivo: o crime previsto no art. 236 é punido somente a título de dolo, onde o agente demonstra vontade firme e consciente direcionada para impedir que a Justiça da Infância e da Juventude realize ou execute seus atos (processuais ou administrativos).

Consumação e tentativa: o crime consuma-se no instante em que se verifica o impedimento ou a obstrução da atividade judicial ou do Conselho Tutelar.

Por ser crime material, que exige a produção de resultado, admite-se a forma tentada. Ocorrerá a tentativa quando o agente, utilizando todos os meios necessários para impedir ou embaraçar a atividade judicial ou do

Conselho Tutelar, não consegue atingir sua finalidade, por circunstâncias alheias à sua vontade.

> **Art. 237.** Subtrair criança ou adolescente ao poder de quem o tem sob sua guarda em virtude de lei ou ordem judicial, com o fim de colocação em lar substituto:
> *Pena*: reclusão de dois a seis anos, e multa.

Objetividade jurídica: protege-se, pela norma penal estatutária, a organização da família e, mais especificamente, os direitos quanto ao exercício do poder familiar, da tutela e da curatela, como direito de vigilância e custódia sobre o filho, pupilo ou curatelado (CP, art. 249).

Sujeito ativo: qualquer pessoa pode praticar o delito. Na lição de Mirabete, "exercendo o pai o pátrio poder [*hoje poder familiar*] juntamente com a mãe, só pessoa diversa dessas duas pode ser o sujeito ativo de tal crime. Entretanto, se um deles, ou ambos, estiverem privados, definitiva ou temporariamente, do pátrio poder [*hoje poder familiar*], poderão ser responsabilizados. O fato de ser o agente pai, mãe, tutor do menor ou curador do interdito não o exime de pena, destituído ou temporariamente privado do pátrio poder [*hoje poder familiar*], tutela ou curatela, como faz claro o art. 249, § 1º" (Mirabete, J. F., 1987, v. III/68).

Sujeito passivo: são sujeitos passivos do crime os pais, os tutores, os curadores e os guardiães (a guarda deve ser legal, autorizada pelo juiz, e não simplesmente de fato: *RT* 488/332).

Tipo objetivo: a conduta típica é "subtrair". A retirada de criança ou adolescente da proteção e vigilância ou custódia de quem é responsável por ele configura o ilícito penal. A remoção de criança ou adolescente, de um lugar para outro, distante da vigilância de seus responsáveis, poderá ser efetuada com violência física ou moral.

Tipo subjetivo: para a realização do crime exige-se a vontade do agente de subtrair ou retirar a criança ou adolescente da guarda de seu responsável com o fim de colocá-lo em família substituta. Exige-se, portanto, o elemento subjetivo do tipo, ou seja, o dolo específico. Não havendo o dolo específico, caracteriza-se o crime previsto no art. 249 do CP.

Consumação e tentativa: a subtração ou retirada da criança ou adolescente é crime permanente, que se consuma contra a vontade do seu responsável, quando a criança ou adolescente é retirado da esfera de vigilância e proteção do responsável legal.

Admite-se a tentativa, por ser crime que exige resultado, que pode não ocorrer, por circunstância alheia à vontade do sujeito ativo.

> **Art. 238.** Prometer ou efetivar a entrega de filho ou pupilo a terceiro, mediante paga ou recompensa:

Pena: reclusão de um a quatro anos, e multa.
Parágrafo único. Incide nas mesmas penas quem oferece ou efetiva a paga ou recompensa.

Objetividade jurídica: ainda aqui, a norma penal estatutária protege a família e a regularidade do exercício do poder familiar pelo tutor ou curador.

Sujeito ativo: somente os pais ou tutores da criança ou adolescente podem ser agentes ativos do crime, tendo em vista que o tipo refere-se, exclusivamente, a "filho" ou "pupilo", expressões relacionadas e subordinadas a "pais" e "tutor", respectivamente.

O parágrafo único inclui qualquer pessoa que oferece ou efetiva o pagamento ou recompensa como coparticipante do crime.

Sujeito passivo: os sujeitos passivos da ação criminosa são os filhos e os pupilos.

Tipo objetivo: o crime prevê dois núcleos distintos: "prometer" a entrega de filho ou pupilo ou "efetivar" a entrega. "Prometer" é obrigar-se a fazer alguma coisa, que pode ser por "escrito" ou "verbalmente". O outro núcleo, "efetivar", significa "tornar efetivo", "realizar", "efetuar".

As ações "prometer" e "efetivar" vêm acompanhadas do elemento determinante do injusto: "mediante paga ou recompensa".

O parágrafo único do art. 238 traz outros núcleos, "oferecer" e "efetivar" o pagamento ou recompensa. O tipo penal quer atingir outra pessoa que não os pais biológicos. Alcança terceira pessoa interessada em obter a criança, que, geralmente, é aquele que quer ter a criança para si. Aquele que intermedia essa ação, incorre nas mesmas penas.

Tipo subjetivo: trata o art. 238 de crime doloso, em que o elemento subjetivo é a vontade livre e consciente de praticar qualquer das condutas típicas: prometer ou efetivar a entrega de criança ou adolescente e oferecer ou efetivar o pagamento ou recompensa. Exige-se o dolo específico, ou seja, obter vantagem pecuniária com a promessa de efetiva entrega de criança ou adolescente a terceiro.

Consumação e tentativa: de acordo com os núcleos do tipo determina-se o momento de realização do crime. Assim, na forma de "prometer", o crime é "formal" e consuma-se com a simples promessa, independentemente da recompensa recebida.

A promessa pode ser por "escrito" ou "verbal"; por escrito, consuma-se no momento da realização do documento que consubstancia a promessa de entrega de filho ou pupilo. Aqui, admite-se a tentativa, pois, após efetivado o documento, este pode não chegar ao conhecimento de terceiro, por circunstâncias alheias à sua vontade, como, p. ex., a interceptação do documento.

Na forma "verbal" de promessa de entrega de filho ou pupilo, consuma-se o delito após o proferimento da promessa. Sendo crime formal, que não exige a produção do resultado ou lesão do bem, apesar de ser a vontade do sujeito ativo, não se admite a tentativa nessa forma.

A consumação do crime, tendo terceiro como intermediário de pai ou tutor, que "oferece" ou "efetiva" o pagamento ou recompensa, verifica-se da seguinte forma: se a "oferta" de pagamento for escrita, consuma-se com a realização do documento. E, por ser crime que exige o resultado e pode ser fracionado, admite-se a tentativa. Na forma de oferta verbal, consuma-se o delito após pronunciado o oferecimento. Não se admite a tentativa, por ser crime formal.

Quando há a "efetiva" entrega do pagamento ou recompensa consuma-se o delito. Admite-se a tentativa quando o agente, após utilizar os meios executórios necessários para realizar o tipo, não atinge seu fim, por circunstâncias alheias à sua vontade.

Art. 239. Promover ou auxiliar a efetivação de ato destinado ao envio de criança ou adolescente para o exterior com inobservância das formalidades legais ou com o fito de obter lucro:
Pena: reclusão de quatro a seis anos, e multa.
Parágrafo único. Se há emprego de violência, grave ameaça ou fraude:
Pena: reclusão, de seis a oito anos, além da pena correspondente à violência. (*Acrescentado pela Lei 10.764/2003*)

Objetividade jurídica: o objetivo jurídico da norma é, justamente, evitar que crianças ou adolescentes sejam enviados ao exterior em desrespeito às normas brasileiras.

Sujeito ativo: é todo aquele que promove ou auxilia a efetivação de ato destinado ao envio da criança ou adolescente para o exterior sem atenção às normas vigentes no País, com a finalidade de obter lucro.

Sujeito passivo: a vítima desse crime e toda criança ou adolescente que é enviado para o exterior.

Tipo objetivo: é representado pelos verbos "promover" ou "auxiliar". "Promover", aqui, está colocado no sentido de "fazer", de "realizar" algum ato, sem observância das normas específicas, com a finalidade de enviar para o exterior criança ou adolescente, visando a lucro pecuniário.

A Lei 10.764/2003 acrescentou o parágrafo único ao art. 239, qualificando a infração penal quando praticada por meio de violência, grave ameaça ou fraude. O significado de violência aqui empregado tanto pode ser aquele correspondente à violação da integridade física, como à psíquica ou à moral, devendo esta circunstância ser comprovada, por meio de laudo, efetivado por técnico especializado ou exame de corpo de delito. A grave ameaça é considerada como forma de conduta para a obtenção de um resultado (delito). Neste caso, a grave ameaça é circunstância qualificadora do delito. O ilícito praticado por meio de grave ameaça é aquele que torna eficaz a ameaça produzida. A fraude também qualifica a infração penal; ela é praticada com abuso de confiança ou com má-fé. Também, na forma de "auxiliar", significando "ajudar" ou "prestar auxílio" na realização do ato irregular.

Tipo subjetivo: é caracterizado pela vontade de, irregularmente, enviar criança ou adolescente para o exterior com ou sem a obtenção de lucro pecuniário. Quando o crime se consumar mediante recebimento de dinheiro, configura-se o dolo específico.

Consumação e tentativa: tanto na ação de promover quanto na de auxiliar, o crime consuma-se com a verificação do resultado, ou seja, com o efetivo envio de criança ou adolescente para o exterior. Admite-se a tentativa, tendo em vista que a conduta reclama um resultado, que só não se verifica por circunstâncias alheias à vontade do agente.

> **Art. 240.** Produzir, reproduzir, dirigir, fotografar, filmar ou registrar, por qualquer meio, cena de sexo explícito ou pornográfica, envolvendo criança ou adolescente: (*Redação dada pela Lei 11.829/2008*)
> *Pena*: reclusão, de 4 (quatro) a 8 (oito) anos, e multa.
> § 1º. Incorre nas mesmas penas quem agencia, facilita, recruta, coage, ou de qualquer modo intermedeia a participação de criança ou adolescente nas cenas referidas no *caput* deste artigo, ou ainda quem com esses contracena.
> § 2º. Aumenta-se a pena de 1/3 (um terço) se o agente comete o crime:
> I – no exercício de cargo ou função pública ou a pretexto de exercê-la;
> II – prevalecendo-se de relações domésticas, de coabitação ou de hospitalidade; ou
> III – prevalecendo-se de relações de parentesco consanguíneo ou afim até o terceiro grau, ou por adoção, de tutor, curador, preceptor, empregador da vítima ou de quem, a qualquer outro título, tenha autoridade sobre ela, ou com seu consentimento.

Objetividade jurídica: a norma tutela o direito à liberdade, ao respeito e à dignidade da criança e do adolescente.

O direito ao respeito consiste na inviolabilidade da integridade física, psíquica e moral da criança e do adolescente (art. 17). O direito à dignidade da criança ou adolescente refere-se à proteção contra qualquer tratamento desumano, violento, aterrorizante, castigo físico ou de tratamento cruel ou degradante, vexatório ou constrangedor, mesmo a pretexto de "educá-los" (arts. 18 a 18-B).

A norma penal estatutária protege, também, a liberdade sexual ou a inviolabilidade carnal da criança ou adolescente.

Sujeito ativo: o sujeito ativo do crime é aquele que realiza as ações indicadas no dispositivo legal: o produtor, o diretor de peça teatral ou cinematográfica; o fotógrafo; o responsável pela filmagem; quem agencia, recruta, coage ou de qualquer maneira intermedeia a participação da criança e do adolescente; quem com esses contracena; ou qualquer pessoa que se utilize de outros meios de divulgação de fotos, imagens virtuais ou páginas na *internet* sobre pedofilia, que exiba cenas de sexo explícito ou pornográficas com crianças e adolescentes.

Também é sujeito ativo do crime aquela pessoa que "contracena" com criança ou adolescente em peças teatrais ou cinematográficas de sexo explícito ou pornográficas.

Como informa Paulo Lúcio Nogueira: "Contracenar com criança ou adolescente praticando cena de sexo explícito ou pornográfica é o mesmo que praticar conjunção carnal ou ato libidinoso previstos na lei penal, pois existe a presunção de violência, quando for menor de 14 anos de idade, crimes punidos com mais severidade" (P. L. Nogueira, p. 310).

A Lei 11.829/2008 acrescenta três formas de qualificação do crime, com pena majorada em 1/3 da prevista no *caput* (de 4 a 8 anos de reclusão), além de multa: a) se o agente comete o crime no exercício de cargo ou função pública, ou a pretexto de exercê-la; b) prevalecendo-se das relações domésticas de coabitação e hospitalidade; e c) prevalecendo-se das relações de parentesco consanguíneo ou afim até o terceiro grau, ou por adoção, de tutor, curador, preceptor, empregador da vítima ou de quem, a qualquer outro título, tenha autoridade sobre ela, ou com o consentimento de algum deles.

Sujeito passivo: é a criança ou o adolescente, que é utilizado pelo sujeito ativo, em cenas ou fotos de sexo explícito ou pornográficas.

Tipo objetivo: o núcleo do tipo é caracterizado pelos verbos "produzir", que significa "elaborar" e "fazer"; reproduzir; por "dirigir", significando "comandar" ou "administrar"; fotografar, filmar ou registrar, agenciar, facilitar, recrutar, coagir, ou de qualquer modo intermediar a participação de criança ou adolescente nas cenas de sexo explícito ou pornográficas, e por "contracenar", no sentido de "representar" e "interpretar".

As condutas, representadas pelos verbos citados, são positivas e exigem a produção de resultado.

Tipo subjetivo: o crime é punível somente a título de dolo, caracterizado pela vontade consciente do sujeito ativo de realizar as cenas de sexo explícito ou pornográficas.

Consumação e tentativa: como crime material que é, consuma-se com a produção e a realização das cenas de sexo explícito ou pornográficas. Admite-se a tentativa, vez que a ação criminosa do sujeito ativo poderá ser interrompida por circunstâncias alheias à sua vontade (cf. Lei 11.577/2007, que dispõe sobre a obrigatoriedade de divulgação de mensagem relativa à exploração sexual e tráfico de crianças e adolescentes, indicando como proceder à denúncia).

> **Art. 241.** Vender ou expor à venda fotografia, vídeo ou outro registro que contenha cena de sexo explícito ou pornográfica envolvendo criança ou adolescente: (*Redação dada apela Lei 11.829/2008*)
>
> *Pena*: reclusão, de 4 (quatro) a 8 (oito) anos, e multa.

Objetividade jurídica: o direito à dignidade e ao respeito ao corpo da criança e do adolescente.

Sujeito ativo: a conduta criminosa contempla aquele que vende ou expõe à venda fotografia, vídeo ou outro registro que contenha cena de sexo explícito ou pornográfica contendo crianças ou adolescentes. Aqui, a conduta penal é daquele sujeito que explora comercialmente fotografias, vídeos ou outras formas de registro de imagens de cenas de sexo explícito ou pornográficas que contenha crianças ou adolescentes. Os incisos I a III incluem novas condutas criminais, tais como: agenciar, autorizar, facilitar ou, de qualquer modo, intermediar a participação de criança ou adolescente em produção fotográfica, de vídeo, ou de qualquer outro meio que registre imagens contendo cenas de sexo explícito ou pornográficas envolvendo crianças ou adolescentes; assegurar os meios ou serviços para o armazenamento das fotografias, cenas ou imagens produzidas na forma descrita no *caput* do artigo em análise; assegurar, por qualquer meio, o acesso, na rede mundial de computadores ou internet, das fotografias, cenas ou imagens produzidas na forma do *caput* do artigo em análise. O § 2º agrava a conduta criminosa toda vez que o sujeito pratica a ação prevalecendo-se do exercício de cargo ou função ou quando o agente comete o crime com o fim de obter para si ou para outrem vantagem patrimonial.

O STF, julgando o HC 76.689-PB (*DJU* 6.11.1998), com voto do Min. Sepúlveda Pertence, assim se manifestou: "Crime de Computador – Publicação de cena de sexo infanto-juvenil (ECA, art. 241), mediante inserção em rede BBS/Internet de computadores, atribuída a menores – Tipicidade: prova pericial necessária à demonstração da autoria – HC deferido em parte. 1. O tipo cogitado – na modalidade de 'publicar cena de sexo explícito ou pornográfica envolvendo criança ou adolescente' – ao contrário do que sucede por exemplo aos da Lei de Imprensa, no tocante ao processo da publicação incriminada é uma norma aberta:

basta-lhe à realização do núcleo da ação punível, a idoneidade técnica do veículo utilizado à difusão da imagem para número indeterminado de pessoas, que parece indiscutível na inserção de fotos obscenas em rede BBS/Internet de computador. 2. Não se trata no caso, pois, de colmatar lacuna da lei incriminadora por analogia: uma vez que se compreenda na decisão típica da conduta criminada, o meio técnico empregado para realizá-la pode até ser invenção posterior à edição da lei penal: a invenção da pólvora não reclamou redefinição do homicídio para tornar explícito que nela se compreendia a morte dada a outrem mediante arma de fogo. 3. Se a solução da controvérsia de fato sobre a autoria da inserção incriminada pende de informações técnicas de telemática que ainda pairam acima de conhecimento do homem comum, impõe-se a realização de prova pericial".

Sujeito passivo: são as crianças e os adolescentes, em primeiro lugar, as vítimas da exploração publicitária e comercial. De modo geral, toda a coletividade interessada na preservação da moralidade sexual pode ser considerada vítima do crime.

Tipo objetivo: consiste em realizar as condutas descritas no tipo penal, como: vender ou expor à venda fotografia, vídeo ou outro registro que contenha cena de sexo explícito ou pornográfica contendo criança ou adolescente (criminaliza a conduta do comerciante, que, certamente, aufere ganho patrimonial). Outras condutas criminais estão descritas nos incisos I a III, tais como: a) agenciar, autorizar, facilitar ou, de qualquer modo, intermediar a participação de criança ou adolescente em produção fotográfica, de vídeo, ou de qualquer outro meio que registre imagens contendo cenas de sexo explícito ou pornográficas contendo crianças ou adolescentes; b) assegurar os meios ou serviços para o armazenamento das fotografias, cenas ou imagens; c) assegurar, por qualquer meio, o acesso, na rede mundial de computadores ou internet, das fotografias, cenas ou imagens produzidas na forma do *caput* do artigo em análise. As condutas descritas no tipo penal são positivas e exigem a produção de resultado.

Tipo subjetivo: é o dolo, ou seja, a vontade livre e consciente de realizar os comandos do tipo penal. No inciso II exige-se o dolo específico, caracterizado pelo lucro pecuniário.

Consumação e tentativa: a consumação do delito ocorre com a realização de qualquer das condutas descritas no tipo (*caput* e incisos). A forma de consumação deste delito, pela *internet*, opera-se por meio da constatação real nos *sites* em que são divulgadas as fotos, vídeos, imagens ou qualquer forma de registro de cenas de sexo explícito ou pornográfica envolvendo criança ou adolescente. Admite-se a tentativa.

O STJ julgou conflito de competência a respeito da consumação do delito tipificado no art. 241 do ECA: *"Conflito Negativo de Competên-*

cia. Processual Penal. Publicação de pornografia envolvendo criança ou adolescente através da rede mundial de computadores. Art. 241 do Estatuto da Criança e do Adolescente. Competência Territorial. Consumação do ilícito. Local de onde emanaram as imagens pedófilo-pornográficas. 1 – A consumação do ilícito previsto no art. 241 do Estatuto da Criança e do Adolescente ocorre no ato de publicação das imagens pedófilo-pornográficas, sendo indiferente a localização do provedor de acesso à rede mundial de computadores onde tais imagens encontram-se armazenadas, ou a sua efetiva visualização pelos usuários. 2 – Conflito conhecido para declarar competente o Juízo da Vara Federal Criminal da Seção Judiciária de Santa Catarina".[2]

> **Art. 241-A.** Oferecer, trocar, disponibilizar, transmitir, distribuir, publicar ou divulgar por qualquer meio, inclusive por meio de sistema de informática ou telemático, fotografia, vídeo ou outro registro que contenha cena de sexo explícito ou pornográfica envolvendo criança ou adolescente: (*Incluído pela Lei 11.829/2008*)
>
> *Pena*: reclusão, de 3 (três) a 6 (seis) anos, e multa.
>
> § 1º. Nas mesmas penas incorre quem:
>
> I – assegura os meios ou serviços para o armazenamento das fotografias, cenas ou imagens de que trata o *caput* deste artigo;
>
> II – assegura, por qualquer meio, o acesso por rede de computadores às fotografias, cenas ou imagens de que trata o *caput* deste artigo.
>
> § 2º. As condutas tipificadas nos incisos I e II do § 1º deste artigo são puníveis quando o responsável legal pela prestação do serviço, oficialmente notificado, deixa de desabilitar o acesso ao conteúdo ilícito de que trata o *caput* deste artigo.

Objetividade jurídica: o direito à dignidade, ao respeito, à imagem e à intimidade da criança e do adolescente.

Sujeito ativo: qualquer pessoa que realize as condutas descritas no tipo penal (*caput* e incisos).

Sujeito passivo: primeiramente as crianças e adolescentes que são vítimas da exploração publicitária e comercial; em seguida, toda a coletividade interessada na preservação da moralidade, dignidade e intimidade sexual de crianças e adolescentes.

Tipo objetivo: consiste em oferecer, trocar, disponibilizar, transmitir, distribuir, publicar ou divulgar por qualquer meio, inclusive por meio de sistema de informática ou telemático, fotografia, vídeo ou outro registro que contenha cena de sexo explícito ou pornográfica envolvendo criança ou adolescente. Os incisos I e II acrescentam aqueles que asseguram

---

2. STJ, CC 29.886-SP, 2000/0057047-8, rela. Min. Maria Thereza de Assis Moura, 3ª Seção, j. 12.12.2007, *DJU* 1.2.2008, p. 427, *RT* 871/517

os meios ou serviços para o armazenamento das fotografias, cenas ou imagens de sexo explícito ou pornográficas, e asseguram, por qualquer meio, o acesso por rede de computadores às fotografias, cenas ou imagens de sexo explícito ou pornográficas. Nesse caso o responsável legal pela prestação do serviço somente será punido quando, oficialmente notificado, deixar de desabilitar o acesso ao conteúdo ilícito.

Tipo subjetivo: é o dolo, ou seja, a vontade livre e consciente de praticar os comandos descritos no tipo penal.

Consumação e tentativa: a consumação do delito ocorre com a realização de qualquer das condutas descritas no tipo. Pela *internet*, a consumação se dá por meio da constatação real dos *sites* em que são armazenadas, oferecidas, trocadas, divulgadas, enfim, constatando-se todas as formas de condutas descritas no tipo penal. Admite-se a tentativa.

O processamento desses crimes atrai a competência da Justiça Federal, inclusive quando a publicação ocorre fora do país. Exemplo de julgado sobre a matéria: *"Penal. Recurso Criminal. Art. 241 da Lei n. 8.069/90. Delito previsto em Convenção Internacional. Competência da Justiça Federal.* 1. Procedimento de quebra de sigilo telemático instaurado para apurar delito de veiculação de imagens de cunho pornográfico, com menores e adolescentes pela internet. 2. Convenção sobre os direitos da criança incorporados ao direito pátrio pelo Decreto Legislativo n. 28, de 24.9.90 e Decreto n. 99.710, de 21.11.90. 3. Divulgação de fotos pornográficas de menores pela rede mundial de computadores (*internet*). Delito que produz efeitos além do território nacional. 4. Configurado o crime previsto em tratado internacional (art. 241 do Estatuto da Criança e do Adolescente), aplica-se o disposto no artigo 109, V, da Constituição Federal. 5. Recurso a que se dá provimento, para reconhecer a competência da justiça federal e determinar o processamento do feito perante a 8ª Vara Federal criminal de São Paulo".[3]

> **Art. 241-B.** Adquirir, possuir ou armazenar, por qualquer meio, fotografia, vídeo ou outra forma de registro que contenha cena de sexo explícito ou pornográfica envolvendo criança ou adolescente: (*Incluído pela Lei 11.829/2008*)
>
> *Pena*: reclusão, de 1 (um) a 4 (quatro) anos, e multa.
>
> § 1º. A pena é diminuída de 1 (um) a 2/3 (dois terços) se de pequena quantidade o material a que se refere o *caput* deste artigo.
>
> § 2º. Não há crime se a posse ou o armazenamento tem a finalidade de comunicar às autoridades competentes a ocorrência das condutas descritas nos arts. 240, 241, 241-A e 241-C desta Lei, quando a comunicação for feita por:

---

3. TRF 3ª R., RCCR 3.450-SP, 200361810009276, 1ª Turma, rel. Juíza Vesna Kolmar, j. 30.11.2004, *DJU* 10.2.2005, p. 81.

I – agente público no exercício de suas funções;

II – membro de entidade, legalmente constituída, que inclua, entre suas finalidades institucionais, o recebimento, o processamento e o encaminhamento de notícia dos crimes referidos neste parágrafo;

III – representante legal e funcionários responsáveis de provedor de acesso ou serviço prestado por meio de rede de computadores, até o recebimento do material relativo à notícia feita à autoridade policial, ao Ministério Público ou ao Poder Judiciário.

§ 3º. As pessoas referidas no § 2º deste artigo deverão manter sob sigilo o material ilícito referido.

Objetividade jurídica: o direito à dignidade, ao respeito, à imagem e à intimidade da criança e do adolescente.

Sujeito ativo: qualquer pessoa que realize as condutas descritas no tipo penal (*caput* e incisos).

Sujeito passivo: primeiramente as crianças e adolescentes que são vítimas da exploração publicitária e comercial; em seguida, toda a coletividade interessada na preservação da moralidade, dignidade e intimidade sexual de crianças e adolescentes.

Tipo objetivo: consiste em adquirir, possuir ou armazenar, por qualquer meio, fotografia, vídeo ou outra forma de registro que contenha cena de sexo explícito ou pornográfica envolvendo criança ou adolescente. Entretanto, não haverá crime se ocorrer as hipóteses previstas no § 2º, incisos I, II e III do artigo. Todavia, haverá crime se as pessoas enunciadas nos citados incisos revelarem, por qualquer meio, cenas de sexo explícito ou pornográfica contendo crianças e adolescentes. Haverá, também, diminuição da pena, de um a dois terços se de pequena quantidade o material a que se refere o *caput* deste artigo.

Tipo subjetivo: é o dolo, ou seja, a vontade livre e consciente de praticar os comandos descritos no tipo penal.

Consumação e tentativa: a consumação do delito ocorre com a realização de qualquer das condutas descritas no tipo. Admite-se a tentativa.

Art. 241-C. Simular a participação de criança ou adolescente em cena de sexo explícito ou pornográfica por meio de adulteração, montagem ou modificação de fotografia, vídeo ou qualquer outra forma de representação visual: (*Acrescentado pela Lei 11.829/2008*)

Pena: reclusão, de 1 (um) a 3 (três) anos, e multa.

Parágrafo único. Incorre nas mesmas penas quem vende, expõe à venda, disponibiliza, distribui, publica ou divulga por qualquer meio, adquire, possui ou armazena o material produzido na forma do *caput* deste artigo.

Objetividade jurídica: o direito à dignidade, ao respeito, à imagem e à intimidade da criança e do adolescente.

Sujeito ativo: qualquer pessoa que realize as condutas descritas no tipo penal (*caput* e parágrafo único).

Sujeito passivo: primeiramente as crianças e adolescentes que são vítimas da exploração sexual publicitária e comercial; em seguida, toda a coletividade interessada na preservação da moralidade, dignidade e intimidade sexual de crianças e adolescentes.

Tipo objetivo: consiste em simular a participação de criança ou adolescente em cena de sexo explícito ou pornográfica por meio de adulteração, montagem ou modificação de fotografia, vídeo ou qualquer outra forma de representação visual. O parágrafo único do artigo acrescenta que incorre nas mesmas penas quem vende, expõe à venda, disponibiliza, distribui, publica ou divulga por qualquer meio, adquire, possui ou armazena o material produzido na forma do *caput* do artigo.

Tipo subjetivo: é o dolo, ou seja, a vontade livre e consciente de praticar os comandos descritos no tipo penal.

Consumação e tentativa: a consumação do delito ocorre com a realização de qualquer das condutas descritas no tipo. Admite-se a tentativa.

> **Art. 241-D.** Aliciar, assediar, instigar ou constranger, por qualquer meio de comunicação, criança, com o fim de com ela praticar ato libidinoso: (*Acrescentado pela Lei 11.829/2008*)
>
> *Pena*: reclusão, de 1 (um) a 3 (três) anos, e multa.
>
> Parágrafo único. Nas mesmas penas incorre quem:
>
> I – facilita ou induz o acesso à criança de material contendo cena de sexo explícito ou pornográfica com o fim de com ela praticar ato libidinoso;
>
> II – pratica as condutas descritas no *caput* deste artigo com o fim de induzir criança a se exibir de forma pornográfica ou sexualmente explícita.

Objetividade jurídica: o direito à dignidade, ao respeito, à imagem e à intimidade da criança e do adolescente.

Sujeito ativo: qualquer pessoa que realize as condutas descritas no tipo penal (*caput* e incisos).

Sujeito passivo: primeiramente as crianças e adolescentes que são vítimas da exploração sexual; em seguida, toda a coletividade interessada na preservação da moralidade, dignidade, intimidade sexual de crianças e adolescentes.

Tipo objetivo: consiste em aliciar, assediar, instigar ou constranger, por qualquer meio de comunicação, criança, com o fim de com ela praticar ato libidinoso. Os incisos I e II acrescentam: a) quem facilita ou induz o acesso à criança de material contendo cena de sexo explícito ou pornográfica com o fim de com ela praticar ato libidinoso; b) quem pratica as condutas descritas no *caput* deste artigo com o fim de induzir criança a se exibir de forma pornográfica ou sexualmente explícita.

Tipo subjetivo: é o dolo, ou seja, a vontade livre e consciente de praticar os comandos descritos no tipo penal.

Consumação e tentativa: a consumação do delito ocorre com a realização de qualquer das condutas descritas no tipo. Admite-se a tentativa.

> **Art. 241-E.** Para efeito dos crimes previstos nesta Lei, a expressão "cena de sexo explícito ou pornográfica" compreende qualquer situação que envolva criança ou adolescente em atividades sexuais explícitas, reais ou simuladas, ou exibição dos órgãos genitais de uma criança ou adolescente para fins primordialmente sexuais. (*Acrescentado pela Lei 11.829/2008*)

O art. 241-E define a expressão "cena de sexo explícito ou pornográfica", que será determinante para a realização dos tipos penais dos artigos acima descritos. Em geral, costuma-se entender por "cena de sexo explícito" aquelas que revelam a prática do ato sexual, como a cópula vaginal (conjunção carnal), o coito oral ou anal, com sua divulgação. Entende-se por "cena pornográfica" a representação, por quaisquer meios, de cenas ou objetos obscenos destinados a serem apresentados a um público e também expor práticas sexuais diversas, com o fim de instigar a libido do observador. Quase sempre a pornografia assume caráter de atividade comercial.

> **Art. 242.** Vender, fornecer ainda que gratuitamente ou entregar, de qualquer forma, a criança ou adolescente arma, munição ou explosivo:
> *Pena*: reclusão, de três a seis anos. (*Redação dada pela Lei 10.764/2003*)

O art. 242 encontra-se parcialmente revogado pelo art. 10 da Lei 9.437/1997 acima transcrito, no que diz respeito às várias formas de posse de uma arma de fogo. Entretanto, o núcleo do tipo penal contempla, ainda, as formas de utilização ilícita da *munição* e do *explosivo*, que continuam objeto de penalização.

A Lei 10.764/2003, de certa forma, efetua nova modificação no art. 10 da Lei 9.437/1997, no gravame da pena. A modificação trazida por essa lei transforma a pena de detenção de um a dois anos, e multa em "reclusão, de três a seis anos".

Objetividade jurídica: o legislador estatutário visa a proteger, com a norma penal, a incolumidade física da criança e do adolescente contra os diversos perigos causados à saúde ou à vida através de armas, munições ou explosivos.

Sujeito ativo: o sujeito ativo do crime pode ser qualquer pessoa imputável que "venda", "forneça", ainda que gratuitamente, ou "entregue", de qualquer forma, arma, munição ou explosivo à criança ou ao adolescente. Não se exige qualidade especial do sujeito ativo.

Sujeito passivo: é a criança e o adolescente, titulares da proteção integral.

Tipo objetivo: o tipo constante do art. 242 é misto alternativo, contendo várias modalidades de conduta: "vender", "fornecer" e "entregar". A prática de qualquer das condutas caracteriza a ação criminosa.

Por "vender" entende-se a troca do objeto por dinheiro ou negociar; "fornecer" significa "prover de", "abastecer"; "entregar", no sentido de "passar às mãos ou à posse de alguém".

O objeto material do crime constitui-se de "armas", "munição" ou "explosivo". Por "arma" entende-se o instrumento de ataque ou de defesa ou qualquer objeto que sirva para esses fins. A arma, a que se refere o citado artigo, deve ser entendida como a "arma de fogo", que tenha poder de ofensa. A arma de brinquedo, de coleção ou em desuso, que não oferece perigo, não se inclui na tipificação ilícita.

A "munição", segundo José Duarte, "será o cartucho, a bala, a pólvora, o chumbo, a bomba, a cápsula e toda matéria que se destine a carga e disparo da arma" (Duarte, J., p. 17).

Por "explosivo" entende-se toda substância inflamável capaz de produzir explosão, mediante sua própria desintegração, a saber, a pólvora, a dinamite, a bomba.[4]

Tipo subjetivo: constitui-se o dolo pela vontade de concretizar uma ou mais condutas típicas.

Consumação e tentativa: consuma-se o crime no momento em que o agente pratica uma das condutas: vender, fornecer ou entregar. É considerado crime de perigo abstrato, que não necessita de comprovação do risco, visto que a lei o presume.

É possível a tentativa, uma vez que ali fraciona a conduta o agente, que pode ser interrompida por circunstâncias alheias à sua vontade.

A Lei 9.437/1997, que criminalizou o porte de arma, dispõe:

"**Art. 10.** Possuir, deter, portar, fabricar, adquirir, vender, alugar, expor à venda ou fornecer, receber, ter em depósito, transportar, ceder, ainda que gratuitamente, emprestar,

---

4. CP, art. 253. O Estatuto transformou em crime a contravenção ao art. 18 da Lei das Contravenções Penais.

remeter, empregar, manter sob guarda e ocultar arma de fogo, de uso permitido, sem a autorização e em desacordo com determinação legal ou regulamentar.

"*Pena*: detenção de um a dois anos e multa.

"§ 1º. Nas mesmas penas incorre quem:

"I – omitir as cautelas necessárias para impedir que menor de dezoito anos ou deficiente mental se apodere de arma de fogo que esteja sob sua posse ou que seja sua propriedade, exceto para a prática do desporto quando o menor estiver acompanhado do responsável ou instrutor;

"II – utilizar arma de brinquedo, simulacro de arma capaz de atemorizar outrem, para o fim de cometer crimes;

"III – disparar arma de fogo ou acionar munição em lugar habitado ou em suas adjacências, em via pública ou em direção a ela, desde que o fato não constitua crime mais grave;

"§ 2º. A pena é de reclusão de dois anos a quatro anos e multa, na hipótese deste artigo, sem prejuízo da pena por eventual crime de contrabando ou descaminho, se a arma de fogo ou acessórios forem de uso proibido ou restrito.

"§ 3º. Nas mesmas penas do parágrafo anterior incorre quem:

"I – suprimir ou alterar marca, numeração ou qualquer sinal de identificação de arma de fogo ou artefato;

"II – modificar as características da arma de fogo, de forma a torná-la equivalente a arma de fogo de uso proibido ou restrito;

"III – possuir, deter, fabricar ou empregar artefato explosivo e/ou incendiário sem autorização;

"IV – possuir condenação anterior por crime contra a pessoa, contra o patrimônio e por tráfico ilícito de entorpecentes e drogas afins.

"§ 4º. A pena é aumentada da metade se o crime é praticado por servidor público."

Art. 243. Vender, fornecer ainda que gratuitamente, ministrar ou entregar, de qualquer forma, a criança ou adolescente, sem justa causa, produtos cujos componentes possam causar dependência física ou psíquica, ainda que por utilização indevida:
Pena: detenção de (2) dois a (4) quatro anos, e multa, se o fato não constitui crime mais grave. (*Redação dada pela Lei 10.764/2003*)

Objetividade jurídica: ainda aqui, o legislador estatutário pretende tutelar a saúde e a incolumidade física ou psíquica da criança e do adolescente dos prejuízos a eles causados pelas substâncias entorpecentes.

Sujeito ativo: o sujeito ativo do crime pode ser qualquer pessoa imputável que "venda", "forneça", "ministre" ou "entregue" à criança ou ao adolescente produtos cujos componentes possam causar dependência física ou psíquica.

Sujeito passivo: é a criança e o adolescente, sujeitos de especial proteção legal, expostos a perigo pela prática de uma das condutas típicas.

Tipo objetivo: como no artigo anterior, são várias as modalidades da conduta criminosa, representada pelos verbos "vender", "fornecer", "ministrar" ou "entregar".

"Vender" é alienar mediante contraprestação, geralmente dinheiro. Mas troca por utilidades, roupas e objetos, sendo dupla venda, está incluída no "vender".

"Fornecer", no sentido de ofertar, apresentar para ser aceito como dádiva ou empréstimo ou como apresentação para suscitar interesse na compra.

"Ministrar" é aplicar, inocular, gratuitamente ou mediante pagamento.

"Entregar", no sentido genérico de "passar às mãos de outrem", de qualquer forma, utilizando a norma expressão genérica de modo a abranger todas as condutas não enquadráveis nos verbos já citados.

Trata-se de tipo anormal, pois contém elemento normativo do injusto, "sem justa causa", que, na definição de Aníbal Bruno, são aqueles "para os quais não basta o simples emprego da capacidade cognoscitiva, mas cujo sentido tem de ser apreendido através de particular apreciação por parte do juiz" (Bruno, A., v. I/332).

Será, também, crime subsidiário quando der lugar a outro de natureza mais grave, como o tráfico de entorpecentes (Lei 6.368/1976, art. 12).

Tipo subjetivo: é o dolo genérico, em qualquer das modalidades típicas. É a vontade livre e consciente de praticar uma das ações previstas no tipo, sendo o agente conhecedor de que a substância entorpecente causa dependência física ou psíquica e o faz em desacordo com a determinação legal.

Consumação e tentativa: consuma-se o delito com a prática de uma das ações previstas no tipo: vender, fornecer, ministrar ou entregar.

A tentativa do crime é admitida, vez que se trata de crime material, dependente de resultado, que só não será verificado por circunstâncias alheias à vontade do agente.

Art. 244. Vender, fornecer ainda que gratuitamente ou entregar, de qualquer forma, a criança ou adolescente fogos de estampido ou de artifício, exceto aqueles que, pelo seu reduzido potencial, sejam incapazes de provocar qualquer dano físico em caso de utilização indevida:
Pena: detenção de seis meses a dois anos, e multa.

Objetividade jurídica: a norma penal estatutária protege a saúde e a incolumidade física da criança e do adolescente que se veem expostos a perigo pelas consequências causadas pelos fogos de estampido ou de artifício.

Sujeito ativo: é qualquer pessoa imputável que pratique uma das condutas previstas no tipo: vender, fornecer ou entregar. Não é um crime próprio, cuja ação é privativa de pessoa com qualificação especial, mas crime que "qualquer pessoa" pode praticar.

Sujeito passivo: o sujeito passivo do crime é a criança ou adolescente que sofre a ação ilícita do agente.

Tipo objetivo: trata-se de crime de perigo, que se concretiza com a simples ação de vender, fornecer ou entregar fogos de estampido ou de artifício, independentemente de possível dano que venha a ocorrer (v. comentários dos arts. 242 e 243).

Tipo subjetivo: é o dolo genérico, caracterizado pela vontade livre e consciente do agente de praticar qualquer das condutas enunciadas no tipo. É indispensável, pois, que o sujeito ativo tenha consciência do perigo que pode ser causado pelos fogos de estampido ou de artifício.

Consumação e tentativa: o delito consuma-se com a prática de uma das condutas previstas no tipo. Por ser crime de perigo, não é necessário que ocorra resultado, bastando a ocorrência da possibilidade de perigo.

A tentativa do crime é possível, vez que a conduta do agente pode ser fracionada, podendo ser interrompida por circunstâncias alheias à sua vontade.

> **Art. 244-A.** Submeter criança ou adolescente, como tais definidos no *caput* do art. 2º desta Lei, à prostituição ou à exploração sexual.
>
> *Pena*: reclusão de quatro a dez anos, e multa.
>
> § 1º. Incorrem nas mesmas penas o proprietário, o gerente ou o responsável pelo local em que se verifique a submissão de criança ou adolescente às práticas referidas no *caput* deste artigo.
>
> § 2º. Constitui efeito da condenação a cassação da licença de localização e do funcionamento do estabelecimento. (*Artigo acrescentado pela Lei 9.975, de 23.6.2000*)[5]

Objetividade jurídica: o bem jurídico protegido pelo presente tipo penal é a moralidade sexual e a formação da personalidade da criança e do adolescente. Pode-se afirmar, entretanto, que o bem jurídico protegido *latu sensu*, ou mais extensivo, é o direito à liberdade, ao respeito e à dignidade da criança e do adolescente, considerados numa situação peculiar de desenvolvimento. Como lembra Luiz Regis Prado (*Curso de Direito Penal Brasileiro*, v. 3, *Parte Especial*, São Paulo, Ed. RT, 2001, p. 276): "Reprime-se, assim, a conduta de o agente que não só leva a vítima a submeter-se ao grau da corrupção moral sexual que é a prostituição, como também a praticar outros atos que, apesar de não serem típicos da prostituição, fomentam o desejo lúbrico de terceiro,

---

5. Lei 8.072, de 25 de julho de 1990, com a redação dada pela Lei 12.978/2014: "Art. 1º. São considerados hediondos os seguintes crimes, todos tipificados no Decreto-lei 2.848, de 7 de dezembro de 1940 – Código Penal, consumados ou tentados: (...) VIII – favorecimento da prostituição ou de outra forma de exploração sexual de criança ou adolescente ou de vulnerável (art. 218-B, *caput*, e §§ 1º e 2º)".

como o despir-se sob a forma de *strip tease*, servir bebidas usando trajes provocantes, etc. Em ambos os casos, o proxeneta obtém proveito material ou imaterial, já que o tipo de injusto traz como pressuposto a exploração sexual da criança e do adolescente. É certo que o legislador estabelece duas condutas que se consubstanciam na submissão de tais pessoas à prostituição ou à exploração. Contudo, não se pode olvidar que a *mens legis* visa justamente reprimir a prostituição infanto-juvenil que atingiu índice alarmante no Brasil, o que tem gerado, inclusive, o denominado turismo sexual".

Sujeito ativo: O sujeito ativo do crime em tela, descrito no *caput*, pode ser qualquer pessoa que submeta a criança ou adolescente à prostituição ou à exploração sexual. Em relação ao § 1º, o agente infrator será o proprietário, o gerente ou o responsável do estabelecimento. Neste caso, o crime é próprio. Sobre a participação delituosa, leciona Luiz Regis Prado, na obra acima citada, à página 281, que: "Figuram como coautores do delito aqueles que concorrem para a submissão da criança ou do adolescente à prostituição ou à exploração sexual – a saber, o proprietário, o gerente ou o responsável pelo local onde foram praticadas tais condutas delituosas. Todavia, em se tratando de imóvel alugado, o seu proprietário somente responderá penalmente caso tenha agido pelo menos com dolo eventual".

Sujeito passivo: O sujeito passivo do crime sob análise é a criança ou o adolescente, dentro dos parâmetros prescritos pelo art. 2º do Estatuto, que sofre a ação ilícita do agente.

Tipo objetivo: O núcleo do tipo é expresso pelo verbo *submeter*, que significa subjugar, sujeitar ou obrigar a criança ou adolescente a praticar a prostituição ou atos outros que estimulem a concupiscência de outrem, com o fim de obter vantagem, ainda que não necessariamente de cunho econômico. Além de *submeter*, o tipo penal tem como núcleo a atividade de *explorar* sexualmente a criança ou o adolescente. O tipo penal em foco sugere, no *caput*, que qualquer forma de submissão à prostituição ou de exploração sexual será criminalizada, independente do fim pretendido; no § 1º, a ação do autor sugere uma relação de domínio (psicológico, financeiro ou físico) sobre a vítima, que almeja vantagem econômica (são exemplos, o proxeneta, a cafetina, o rufião, o proprietário, gerente ou responsáveis por motéis ou casas de prostituição). O § 2º é um efeito extrapenal automático da sentença condenatória, em relação ao disposto no § 1º.

Tipo subjetivo: O fato delituoso descrito no *caput* reclama o dolo genérico, caracterizado pela vontade consciente do agente de praticar a conduta ilícita descrita no tipo penal. Entretanto, o § 1º enumera alguns dos agentes e exige o elemento subjetivo do injusto de forma específica, que se identifica pelo fim especial de auferir algum proveito (econômico ou não) no intuito de satisfazer a lascívia de alguém.

Consumação e tentativa: O delito se consuma com a prática de uma das condutas previstas no tipo penal (*submeter* à prostituição e *explorar* sexualmente a criança ou o adolescente). Admite-se a tentativa nas duas formas de conduta, pois a conduta do agente pode ser fracionada ou interrompida independente de sua vontade.

> **Art. 244-B.** Corromper ou facilitar a corrupção de menor de 18 (dezoito) anos, com ele praticando infração penal ou induzindo-o a praticá-la: (*Acrescentado pela Lei 12.015/2009*)
>
> *Pena:* reclusão, de 1 (um) a 4 (quatro) anos.
>
> § 1º. Incorre nas penas previstas no *caput* deste artigo quem pratica as condutas ali tipificadas utilizando-se de quaisquer meios eletrônicos, inclusive salas de bate-papo da internet.
>
> § 2º. As penas previstas no *caput* deste artigo são aumentadas de 1/3 (um terço) no caso de a infração cometida ou induzida estar incluída no rol do art. 1º da Lei n. 8.072, de 25 de julho de 1990.

Objetividade jurídica: proteção da integridade física, psíquica e moral de crianças e adolescentes. É crime formal que tem como objeto jurídico a ser protegido a moralidade de crianças e adolescentes.

Sujeito ativo: qualquer pessoa imputável que execute o tipo descrito no *caput*. O § 1º inclui como sujeito ativo aquele que, para praticar o crime, utiliza-se de quaisquer meios eletrônicos, inclusive de salas de bate-papo na internet.

Sujeito passivo: criança e adolescente (ECA, art. 2º, *caput*).

Tipo objetivo: consiste em corromper ou facilitar a corrupção de criança ou adolescente, para a prática de infração penal.

Tipo subjetivo: dolo, que consiste na vontade livre e consciente de corromper ou facilitar a corrupção de criança ou adolescente para praticar (com o corruptor) infração penal.

Consumação e tentativa: é crime de perigo, sendo despicienda, portanto, a demonstração de efetiva e posterior corrupção penal de criança c adolescente (cf. STJ, REsp 140.899-PR, *DJU* 27.4.1998; REsp 852.716-PR, *DJU* 19.3.2007; REsp 853.350-PR, *DJU* 18.12.2006; REsp 1.043.849-PR, rei. Min. Félix Fischer, j. 26.6.2008).

Capítulo II
Das infrações administrativas

> **Art. 245.** Deixar o médico, professor ou responsável por estabelecimento de atenção à saúde e de ensino fundamental, pré-escola ou

creche, de comunicar à autoridade competente os casos de que tenha conhecimento, envolvendo suspeita ou confirmação de maus-tratos contra criança ou adolescente:
   Pena: multa de três a vinte salários de referência, aplicando-se o dobro em caso de reincidência.

3. Das infrações administrativas

O ECA define, nos arts. 245 a 258-B, as infrações administrativas cometidas contra normas de proteção dos direitos da criança e do adolescente.

Como os crimes, as infrações administrativas serão processadas e julgadas na Justiça da Infância e da Juventude e, se apuradas, punidas (art. 148, VI).

As infrações são de natureza administrativa e a pena estabelecida é de *multa*, com base no salário de referência.

Conforme informa Theotonio Negrão: "A partir de 4.7.1989, data da publicação da Lei 7.789, de 3.7.1989, (...) art. 5º, deixou de existir o salário mínimo de referência, que retornou à antiga denominação de salário mínimo" (*CPC e legislação processual em vigor*, 1994, p. 1.344). Além da pena de multa, são estabelecidas penas acessórias para algumas infrações, todas de caráter administrativo, como a apreensão de publicação feita pela imprensa, a suspensão da programação da emissora de rádio ou televisão, a suspensão de jornal (arts. 247, § 2º, e 254), o pagamento do transporte de adolescente trazido de outra comarca (art. 248), o fechamento de hotel ou congênere (art. 250), a suspensão de espetáculos ou fechamento de cinema ou congênere (art. 255), o fechamento de locadora de fitas de videocassete (art. 256), a apreensão de revista (art. 257) e o fechamento de casas de diversão (art. 258).

O procedimento apuratório de infração administrativa está previsto nos arts. 194 a 197 do ECA, lembrando que se trata de procedimento contraditório, com ampla defesa para o infrator, que poderá usar de todos os meios de prova em Direito permitidos, inclusive a testemunhal.

Objetividade jurídica: a infração consiste no desatendimento ao disposto no art. 13 do ECA, que diz: "Os casos de suspeita ou confirmação de maus-tratos contra criança ou adolescente serão obrigatoriamente comunicados ao Conselho Tutelar da respectiva localidade, sem prejuízo de outras providências legais".

O bem jurídico tutelado pela norma é a vida, a integridade física e a incolumidade à saúde (CF, art. 5º).

Albergaria lembra que "no conceito de maus-tratos incluem-se os atos que ofendem a integridade física do menor, como também a sua integridade moral. Entre os maus-tratos físicos se inscrevem os golpes leves, a alimentação má ou escassa, ocupação prejudicial à saúde, a falta de cuidados no tratamento médico ou hospitalar. Os maus-tratos compreendem atos de vilipêndio, a imposição de atos degradantes, a proposta de atos contra a natureza. O conceito pressupõe uma multiplicidade de atos, de natureza vexatória para o menor" (Albergaria, J., p. 233).

Sujeito ativo: a infração é própria e exige especialidade do sujeito ativo. Assim, só poderão ser considerados sujeitos ativos dessa infração o médico, o enfermeiro, o professor, o responsável por estabelecimento de saúde, escola, pré-escola ou creche.

Sujeito passivo: o sujeito passivo da infração administrativa é a criança ou o adolescente.

Tipo objetivo: a conduta infracional típica é "deixar... de comunicar...". Trata-se de conduta omissiva, que se concretiza pelo simples comportamento negativo. O agente não obedece ao comando legal, realizando de imediato a infração administrativa.

Tipo subjetivo: o elemento subjetivo da ação infratora está relacionado com o conhecimento da suspeita ou confirmação dos maus-tratos. Tendo o agente ativo tomado conhecimento de que criança ou adolescente esteja sendo vítima de maus-tratos não comunica à autoridade competente.

Consumação: consuma-se a infração quando o sujeito ativo, com sua conduta negativa ou omissiva, não comunica à autoridade competente a ocorrência de maus-tratos.

> **Art. 246.** Impedir o responsável ou funcionário de entidade de atendimento o exercício dos direitos constantes nos incisos II, III, VII, VIII e XI do art. 124 desta Lei:
> *Pena*: multa de três a vinte salários de referência, aplicando-se o dobro em caso de reincidência.

Objetividade jurídica: é a proteção dos direitos do adolescente privado de liberdade, prevista no art. 124: "II – peticionar diretamente a qualquer autoridade"; "III – avistar-se reservadamente com seu defensor"; "VII – receber visitas, ao menos semanalmente"; "VIII – corresponder-se com seus familiares e amigos"; "XI – receber escolarização e profissionalização".

Sujeito ativo: é o dirigente ou funcionário da entidade de atendimento que mantém programa socioeducativo de internação.

Sujeito passivo: somente será o adolescente que estiver cumprindo medida socioeducativa de internação.

Tipo objetivo: o núcleo do tipo da infração é "impedir" o exercício dos direitos do adolescente internado, significando "impossibilitar" a execução ou o prosseguimento de algum ato. O comportamento é positivo: o agente pratica algum ato que impossibilita o exercício dos direitos do adolescente internado.

Tipo subjetivo: o elemento subjetivo do comportamento do agente é demonstrado pela vontade consciente de impedir o exercício dos direitos enunciados no art. 124.

Consumação: a infração consuma-se no instante em que se verificar o impedimento ou a obstrução do exercício dos direitos do adolescente internado.

> **Art. 247.** Divulgar, total ou parcialmente, sem autorização devida, por qualquer meio de comunicação, nome, ato ou documento de procedimento policial, administrativo ou judicial relativo a criança ou adolescente a que se atribua ato infracional:
> *Pena*: multa de três a vinte salários de referência, aplicando-se o dobro em caso de reincidência.
> § 1º. Incorre na mesma pena quem exibe, total ou parcialmente, fotografia de criança ou adolescente envolvido em ato infracional, ou qualquer ilustração que lhe diga respeito ou se refira a atos que lhe sejam atribuídos, de forma a permitir sua identificação, direta ou indiretamente.
> § 2º. Se o fato for praticado por órgão de imprensa ou emissora de rádio ou televisão, além da pena prevista neste artigo, a autoridade judiciária poderá determinar a apreensão da publicação [*ou a suspensão da programação da emissora até por dois dias, bem como da publicação do periódico até por dois números.*][6]

Objetividade jurídica: a norma estatutária tutela o direito à privacidade da criança e do adolescente, previsto no art. 143, que estabelece o sigilo dos atos administrativos, policiais e judiciais que digam respeito a comportamento infracional por eles praticados (TJSP, RA 12.211-0, Rel. Odyr Porto; TJSP, ACv 14.1155-0, Rel. Aniceto Aliende; *RJTJSP* 128/429).

Sujeito ativo: o sujeito ativo da infração citada no *caput* do art. 247 pode ser qualquer pessoa que venha a divulgar, total ou parcialmente, sem autorização devida, por qualquer meio de comunicação, nome, ato ou documento de procedimento policial, administrativo ou judicial relativo a criança ou adolescente a que se atribua a autoria de ato infracional.

O sujeito ativo da infração mencionada no § 1º é todo aquele que exibe, total ou parcialmente, fotografia ou qualquer ilustração, ou se refira a atos de criança ou adolescente envolvido com ato infracional.

---

6. Expressão declarada inconstitucional pelo STF, na ADI 869-2.

Sujeito passivo: é a criança e o adolescente lesados em sua privacidade.

Tipo objetivo: a infração pode ser cometida de várias maneiras: pela divulgação de atos, pela exibição de fotografia ou ilustração ou qualquer referência a atos infracionais atribuídos à criança ou ao adolescente. Trata-se de infração positiva, dependente da ação do sujeito ativo, que reclama resultado.

Se, no entanto, o juiz autorizar a divulgação dos atos, a exibição de fotografia ou ilustrações relativas à criança ou ao adolescente autores de ato infracional, não ocorrerá a infração.

Tipo subjetivo: é a infração praticada com a vontade livre e consciente de realizar a divulgação de atos, a exibição de fotografia ou ilustração ou fazer qualquer referência a ato infracional praticado por criança ou adolescente.

Consumação: consuma-se a infração quando o sujeito ativo realizar quaisquer das condutas mencionadas no tipo, ou seja: a) divulgar, total ou parcialmente, nome, ato ou documento relativo a procedimento policial, administrativo ou judicial referente à criança ou ao adolescente autor de ato infracional; b) exibir, total ou parcialmente, fotografia ou qualquer ilustração sobre ato infracional praticado por criança ou adolescente; c) qualquer referência a atos infracionais que identifique criança ou adolescente como seus autores.

> **Art. 248.** Deixar de apresentar à autoridade judiciária de seu domicílio, no prazo de cinco dias, com o fim de regularizar a guarda, adolescente trazido de outra comarca para a prestação de serviço doméstico, mesmo que autorizado pelos pais ou responsável:
> *Pena*: multa de três a vinte salários de referência, aplicando-se o dobro em caso de reincidência, independentemente das despesas de retorno do adolescente, se for o caso.[7]

Objetividade jurídica: com essa norma, o Estatuto pretende proteger a regularidade da representação legal do adolescente que sai da residência de seus pais para fazer serviços domésticos em outra cidade. (TJSP, ACv 17.909-0, Rel. Lair Loureiro; TJSP, ACv 18.551-0/0, Rel. Yussef Cahali).

Sujeito ativo: os agentes dessa infração são aqueles que contrataram os serviços domésticos do adolescente. Se for o casal o contratante, ambos os cônjuges deverão ser autuados.

Sujeito passivo: é o adolescente que se vê privado de representação legal.

7. Código de Menores, art. 71.

Tipo objetivo: a infração é caracterizada por uma conduta omissiva, representada pelo núcleo "deixar de apresentar..." o adolescente à autoridade judiciária.

Tipo subjetivo: é distinguido pela conduta consciente de não apresentar o adolescente ao juiz da infância e da juventude, no prazo de cinco dias.

Consumação: tratando-se de infração administrativa de conduta omissiva, ela se consuma no momento em que os responsáveis de fato não apresentam à autoridade judiciária o adolescente vindo de outra comarca.

> **Art. 249.** Descumprir, dolosa ou culposamente, os deveres inerentes ao poder familiar ou decorrentes de tutela ou guarda, bem assim determinação da autoridade judiciária ou Conselho Tutelar:
> *Pena*: multa de três a vinte salários de referência, aplicando-se o dobro em caso de reincidência.[8]

Objetividade jurídica: a lei tutela, por intermédio da norma administrativa, o exercício do poder familiar decorrente da filiação, da tutela, da guarda ou de determinação da autoridade judiciária ou Conselho Tutelar (arts. 22, 24, 129 e 136, II).

Sujeito ativo: são agentes da infração administrativa os pais, os tutores e os guardiães que estejam exercendo, definitiva ou temporariamente, o múnus do poder familiar.

Serão também considerados infratores aqueles que, dolosa ou culposamente, descumprirem determinação do juiz ou do Conselho Tutelar, referente ao exercício do poder familiar.

Sujeito passivo: são as crianças e os adolescentes, notadamente aqueles que se encontram em situação vulnerável.

Tipo objetivo: a norma estatutária administrativa tipifica como infração a conduta omissiva representada pelo núcleo "descumprir", entendido como "inadimplir", "não fazer".

A conduta negativa não reclama qualquer fim especial: basta não exercer a contento as obrigações oriundas do poder familiar ou não respeitar disposição da autoridade judiciária ou do Conselho Tutelar.

Tipo subjetivo: a infração administrativa poderá ser imputada a título de dolo e de culpa. Será dolosa a conduta infracional quando o sujeito ativo descumprir os deveres inerentes ao poder familiar ou não observar determinação do juiz ou do Conselho Tutelar, de forma livre e consciente.

8. Código de Menores, art. 72.

Ao contrário, será culposa a conduta quando o infrator praticar o ato sem a atenção ou cuidado devidos, dando causa a um resultado não pretendido.

Consumação: como conduta negativa, a infração consuma-se no mesmo momento em que o agente não pratica ato que devia praticar, compatível com o exercício do poder familiar, ou deixa de observar determinação da autoridade judiciária ou do Conselho Tutelar.

Art. 250. Hospedar criança ou adolescente desacompanhado dos pais ou responsável, ou sem autorização escrita desses, ou da autoridade judiciária, em hotel, pensão, motel ou congênere: (*Redação dada pela Lei 12.038/2009*).

Pena: multa.

§ 1º. Em caso de reincidência, sem prejuízo da pena de multa, a autoridade judiciária poderá determinar o fechamento do estabelecimento por até 15 (quinze) dias.

§ 2º. Se comprovada a reincidência em período inferior a 30 (trinta) dias, o estabelecimento será definitivamente fechado e terá sua licença cassada.

Objetividade jurídica: essa infração viola o art. 82 do ECA, que estabelece a proibição de hospedagem de criança ou adolescente em hotel, motel, pensão ou estabelecimento congênere sem autorização dos pais ou da autoridade judiciária A infração a esse artigo desprestigia e opera em desrespeito ao poder familiar (TJSP, ACv 18.828-0/5, Rel. Lair Loureiro; TJSP, ACv 15.315-0/2, Rel. Sabino Neto; TJSP, ACv 12.956-0, Rel. Odyr Porto).

Esclarecedor o seguinte acórdão, proferido pela Min. Eliana Calmon: "*Administrativo – Estatuto da Criança e do Adolescente – Infração administrativa – Pessoa jurídica de direito privado como sujeito passivo – Possibilidade*. 1. Infração tipificada no art. 250 do ECA, com lavratura de auto contra a pessoa jurídica (hotel que recebeu uma adolescente desacompanhada dos pais e sem autorização). 2. A responsabilização das pessoas jurídicas, tanto na esfera penal, como administrativa, é perfeitamente compatível com o ordenamento jurídico vigente. 3. A redação dada ao art. 250 do ECA demonstra ter o legislador colocado pessoa jurídica no polo passivo da infração administrativa, ao prever como pena acessória à multa, no caso de reincidência na prática de infração, o 'fechamento do estabelecimento'. 4. É fundamental que os estabelecimentos negligentes que fazem pouco caso das leis que amparam o menor também sejam responsabilizados, sem prejuízo da responsabilização direta das pessoas físicas envolvidas em cada caso, com o intuito de dar efetividade à norma de proteção integral à criança e ao adolescente. 5. Recurso especial provido" (STJ, 2ª Turma, REsp 622.707-SC, 2004/0012317-6, rel. Min Eliana Calmon, j. 2.2.2010, *DJ-e* 10.2.2010).

Sujeito ativo: são sujeitos ativos dessa infração os proprietários ou dirigentes dos hotéis, motéis, pensões ou estabelecimentos que se destinam a hospedagem.

Sujeito passivo: são as crianças e adolescentes, que são vítimas da ganância dos infratores, que inobservam o direito de proteção especial às pessoas em condição peculiar de desenvolvimento.

Tipo objetivo: a conduta típica da infração administrativa é representada pelo verbo "hospedar", significando "abrigar", "aceitar como hóspede". Não é necessário que a hospedagem seja onerosa para caracterizá-la; ocorrerá também a infração quando a hospedagem for a título gratuito.

Tipo subjetivo: a conduta de admitir ou de permitir criança ou adolescente como hóspede, desacompanhado ou sem autorização dos pais ou do juiz, sempre será praticada livre e conscientemente, de maneira dolosa.

Consumação: a infração administrativa descrita no art. 250 é praticada por conduta positiva e material, que exige e depende de resultado para ser verificada. Assim, consuma-se a infração no instante em que a criança ou adolescente é admitido como hóspede no estabelecimento.

A Lei 12.038/2009 incluiu dois parágrafos no art. 250 que resultaram no agravamento da pena. A reincidência, além de multa, pode incidir em fechamento do estabelecimento por até 15 dias. Se a reincidência for constatada em período inferior a 30 dias o estabelecimento será definitivamente fechado e terá sua licença cassada.

> **Art. 251.** Transportar criança ou adolescente, por qualquer meio, com inobservância do disposto nos arts. 83, 84 e 85 desta Lei:
> *Pena*: multa de três a vinte salários de referência, aplicando-se o dobro em caso de reincidência.[9]

Objetividade jurídica: como expresso no dispositivo, a infração refere-se à inobservância aos preceitos contidos nos arts. 83 a 85 do ECA.

O art. 83 dispõe que "nenhuma criança poderá viajar para fora da comarca onde reside, desacompanhada dos pais ou responsável, sem expressa autorização judicial". O § 1º do referido artigo dispensa a autorização quando se tratar de comarca contígua à da residência da criança ou quando a criança estiver acompanhada de ascendente ou colateral maior, até o terceiro grau, ou, ainda, de pessoa maior, com expressa autorização dos pais ou responsável.

O art. 84 disciplina a viagem de criança ou adolescente para o exterior. Nesse caso, a autorização será dispensável quando estiverem

9. Código de Menores, arts. 62 e 70.

acompanhados de ambos os pais ou responsável, ou viajarem na companhia de um dos pais, com expressa autorização do outro.

O art. 85 impede que o estrangeiro transporte criança ou adolescente para o exterior sem expressa autorização judicial.

Sujeito ativo: qualquer pessoa imputável e responsável pelo transporte poderá ser agente ativo dessa infração.

Sujeito passivo: é a criança ou adolescente que estiver em viagem.

Tipo objetivo: o núcleo de infração é representado pelo verbo "transportar", no sentido de "conduzir", "levar de um lado para outro", sem as recomendações previstas nos arts. 83 a 85.

Tipo subjetivo: é determinado pela conduta livre e consciente do agente de realizar o transporte de criança ou adolescente em desalinho com a norma estatutária.

Consumação: consuma-se a infração com o efetivo transporte de criança ou adolescente. A ação do agente é positiva, depende do resultado material.

> **Art. 252.** Deixar o responsável por diversão ou espetáculo público de afixar, em lugar visível e de fácil acesso, à entrada do local de exibição, informação destacada sobre a natureza da diversão ou espetáculo e a faixa etária especificada no certificado de classificação:
> *Pena*: multa de três a vinte salários de referência, aplicando-se o dobro em caso de reincidência.[10]

Objetividade jurídica: a infração administrativa descrita no art. 252 viola a norma de prevenção especial enumerada no art. 74, parágrafo único, referente à informação sobre a natureza do espetáculo e faixa etária especificada no certificado de classificação (*RT* 693/344; *RJTJSP* 132/314; TJSP, ACv 13.817-0, Rel. César de Moraes).

Sujeito ativo: o sujeito ativo da norma infracional pode ser tanto o responsável pelo estabelecimento de diversão quanto o empresário do espetáculo.

Sujeito passivo: é a criança ou adolescente, que necessita de proteção especial.

Tipo objetivo: a conduta típica da infração é representada pelo núcleo "deixar ... de fixar ...", caracterizando uma ação omissiva.

O elemento objetivo do tipo é, pois, a omissão do agente de tomar as providências necessárias e descritas na lei para que a criança e o

---

10. Código de Menores, arts. 50, 51, 55, 58 e 67.

adolescente tenham conhecimento da natureza do espetáculo e a faixa etária de classificação.

Tipo subjetivo: a infração é punida a título de dolo, que consiste na vontade de deixar de afixar as informações sobre a natureza da diversão ou espetáculo e a faixa etária de classificação.

Consumação: tratando-se de infração omissiva, verifica-se sua consumação com a ausência da informação da natureza do espetáculo e classificação da faixa etária em lugar visível e de fácil acesso, à entrada do local de exibição.

> **Art. 253.** Anunciar peças teatrais, filmes e quaisquer representações ou espetáculos, sem indicar os limites de idade a que não se recomendem:
> *Pena*: multa de três a vinte salários de referência, duplicada em caso de reincidência, aplicável, separadamente, à casa de espetáculo e aos órgãos de divulgação ou publicidade.[11]

Objetividade jurídica: a norma administrativa estatutária protege o direito da criança e do adolescente de terem proteção especial referente à sua formação moral (art. 76, parágrafo único).

Sujeito ativo: será considerado sujeito ativo da infração de anúncio de espetáculos sem indicativos de limite de idade todo aquele que anunciar peças teatrais, filmes, representação ou espetáculos. Em geral, será o responsável pela casa de diversão.

Sujeito passivo: é a criança e o adolescente que têm acesso às diversões e espetáculos públicos inadequados à sua faixa etária.

Tipo objetivo: a conduta típica da infração do art. 253 consiste em "anunciar" peças teatrais, filmes ou quaisquer representações ou espetáculos sem indicar os limites de idade a que não se recomendem.

O núcleo "anunciar" significa "promover" e "custear a divulgação de anúncios", "fazer conhecer por anúncio", "dar a conhecer" demonstrando uma ação positiva e material.

Tipo subjetivo: a conduta infracional é punida a título de dolo, caracterizado pela vontade livre e consciente de anunciar o espetáculo sem indicar os limites de idade a que não se recomendem.

Consumação: a infração administrativa é de conteúdo material e consuma-se quando o agente efetuar o anúncio do espetáculo sem fazer constar os limites de idade a que se destinam.

> **Art. 254.** Transmitir, através de rádio ou televisão, espetáculo em horário diverso do autorizado ou sem aviso de sua classificação:
> *Pena*: multa de vinte a cem salários de referência; duplicada em

---

11. Código de Menores, arts. 54 e 64.

caso de reincidência, a autoridade judiciária poderá determinar a suspensão da programação da emissora até por dois dias.[12]

Objetividade jurídica: o objeto da norma estatutária é o interesse do Estado em tutelar o direito da criança e do adolescente de assistirem a espetáculos, *shows*, filmes etc. que não influenciem negativamente em sua formação psíquica, moral e intelectual.

É por isso que o art. 76 do ECA dispõe que "as emissoras de rádio e televisão somente exibirão, no horário recomendado para o público infanto-juvenil, programas com finalidades educativas, artísticas, culturais e informativas".

Sujeito ativo: o sujeito ativo da infração administrativa de transmissão de espetáculos sem aviso de classificação será o responsável pela emissora de rádio ou de televisão.

Sujeito passivo: é a criança e o adolescente que assistem aos programas a eles não recomendados.

Tipo objetivo: a conduta descrita no tipo é "transmitir", que significa "noticiar", "narrar", "comunicar", através de rádio ou televisão, espetáculo em horário diverso do autorizado, ou sem aviso de classificação.

A infração ocorre em dois momentos diferentes: 1º) quando o espetáculo é veiculado em horário diverso do autorizado ou 2º) quando não menciona o aviso de sua classificação.

Tipo subjetivo: a conduta infratora é punida a título de dolo. O agente, conscientemente, transmite (pelo rádio ou televisão) espetáculo não previsto para aquele horário, ou o transmite sem aviso de sua classificação.

Consumação: a infração administrativa é cometida mediante ação positiva e material, que reclama um resultado. Assim, no momento exato da transmissão, através do rádio ou televisão, de espetáculo diverso do autorizado para aquele horário, ou da transmissão de espetáculo sem a classificação de idade, consuma-se a infração.

Art. 255. Exibir filme, *trailer*, peça, amostra ou congênere, classificado pelo órgão competente como inadequado às crianças ou adolescentes admitidos ao espetáculo:
Pena: multa de vinte a cem salários de referência; na reincidência a autoridade judiciária poderá determinar a suspensão do espetáculo ou o fechamento do estabelecimento por até quinze dias.[13]

---

12. Código de Menores, arts. 53, 54 e 65.
13. Código de Menores, arts. 50 e 66.

Objetividade jurídica: a norma administrativa estatutária protege, mais uma vez, a sensibilidade da criança e do adolescente no que diz respeito à sua formação moral, psíquica e intelectual.

Sujeito ativo: considera-se sujeito ativo da infração administrativa descrita no art. 255 o diretor do espetáculo e o dirigente do estabelecimento que exibem filmes, *trailers*, peças teatrais etc. e permitem a admissão de crianças ou adolescentes nesses recintos.

Sujeito passivo: é a criança e o adolescente que assistem às exibições inadequadas à sua idade.

Tipo objetivo: a conduta típica descrita no art. 255 é "exibir", "mostrar", "expor", "apresentar" espetáculos impróprios a crianças e adolescentes.

A exibição poderá ser veiculada através da televisão, teatro, circo etc., devendo caracterizar-se como inadequada para o público infanto--juvenil para tipificar a infração.

Tipo subjetivo: a conduta é punível pelo dolo, pela vontade livre e consciente de exibir espetáculo inadequado para crianças e adolescentes.

Consumação: consuma-se a infração com a exibição inadequada. Sendo material a infração, com o resultado realiza-se o tipo infracional.

Art. 256. Vender ou locar a criança ou adolescente fita de programação em vídeo, em desacordo com a classificação atribuída pelo órgão competente:
Pena: multa de três a vinte salários de referência; em caso de reincidência, a autoridade judiciária poderá determinar o fechamento do estabelecimento por até quinze dias.

Objetividade jurídica: a inovação trazida pelo Estatuto, de inibir as locadoras de fita de videocassete, vem reforçar o intuito de proteger a criança e o adolescente da violência, do abuso de cenas de sexo e de outros comportamentos que prejudicam o seu desenvolvimento moral e psíquico (art. 77).

Sujeito ativo: o sujeito ativo pode ser o comerciante que vende a fita ou o proprietário da locadora de fitas que a aluga para o público infanto-juvenil.

Sujeito passivo: é a criança e o adolescente vítimas da exploração comercial do agente.

Tipo objetivo: o elemento objetivo do tipo infracional é de ação múltipla, representado pelas condutas "vender" ou "locar", no sentido de "alugar".

Tipo subjetivo: o elemento subjetivo do tipo é punível a título de dolo, caracterizado pelo comportamento voluntário e consciente de vender ou alugar fitas de programação em vídeo em desacordo com a classificação atribuída pelo órgão competente (art. 74).

Não restam dúvidas de que, apesar de não exigir o dolo específico, a ação de comercializar tem seu objetivo na captação de lucros pecuniários.

Consumação: a infração administrativa consuma-se com a realização das condutas de "vender" ou "locar" fita de programação de vídeo.

Como se trata de infração material, que depende de resultado, verificado este, realiza-se o tipo do art. 256 do ECA.

> **Art. 257.** Descumprir obrigação constante dos arts. 78 e 79 desta Lei:
>
> *Pena*: multa de três a vinte salários de referência, duplicando-se a pena em caso de reincidência, sem prejuízo de apreensão da revista ou publicação.

Objetividade jurídica: a norma administrativa estatutária coíbe a ameaça ou a violação do direito da criança e do adolescente de informação, de cultura, de lazer e, especialmente, de ter publicações que não prejudiquem sua formação moral, psíquica e intelectual.

Especificamente, a norma administrativa determina que "as revistas e publicações contendo material impróprio ou inadequado a crianças e adolescentes deverão ser comercializadas em embalagem lacrada, com a advertência de seu conteúdo" (art. 78). Se a capa das revistas ou publicações contiver mensagens pornográficas ou obscenas, deverão ser protegidas com embalagens opacas (art. 78, parágrafo único).

"As revistas e publicações destinadas ao público infanto-juvenil não poderão conter ilustrações, fotografias, legendas, crônicas ou anúncios de bebidas alcoólicas, tabaco, armas e munições, e deverão respeitar os valores éticos e sociais da pessoa e da família" (art. 79).

Sujeito ativo: o sujeito ativo da referida infração administrativa poderá ser tanto o editor da revista ou publicação quanto o comerciante que as vende.

Sujeito passivo: é a criança e o adolescente vítimas da exploração comercial do agente.

Tipo objetivo: a conduta típica da infração descrita no art. 257 é caracterizada pelo verbo "descumprir", no sentido de não observar preceito legal obrigatório.

Tipo subjetivo: o tipo infracional exige apenas o dolo genérico, ou seja, a vontade livre e consciente de não observar a legislação, que determina providências especiais na comercialização de revistas ou publicações destinadas ao público infanto-juvenil.

Consumação: o descumprimento das obrigações contidas nos arts. 78 e 79 do ECA acarreta a produção de resultado material determinante da consumação da infração. Ao se editarem revistas ou publicações com material impróprio ou inadequado para crianças e adolescentes, por conterem mensagens pornográficas ou eróticas, ou fotografias, legendas, crônicas ou anúncios de bebidas alcoólicas, cigarro, armas e munições, não devidamente embaladas, como determina o art. 78, realiza-se o tipo infracional.

Do mesmo modo, ao se vender a revista ou publicação com as características acima citadas, consuma-se a infração.

> **Art. 258.** Deixar o responsável pelo estabelecimento ou o empresário de observar o que dispõe esta lei sobre acesso de criança ou adolescente aos locais de diversão, ou sobre sua participação no espetáculo:
> *Pena*: multa de três a vinte salários de referência; em caso de reincidência, a autoridade judiciária poderá determinar o fechamento do estabelecimento por até quinze dias.[14]

Objetividade jurídica: o objetivo da norma administrativa estatutária é proteger a formação moral, psíquica e intelectual da criança e do adolescente no que diz respeito ao seu acesso ou participação em espetáculos impróprios ou inadequados à sua faixa etária.

Sujeito ativo: o sujeito ativo da infração administrativa tanto pode ser o responsável pelo estabelecimento como o empresário do espetáculo, que responderão solidariamente pela infração.

Sujeito passivo: é a criança e o adolescente que veem ameaçado ou violado seu direito de ter uma diversão sadia, que contribua para sua integral formação intelectual e moral.

Tipo objetivo: a conduta típica infracional é determinada pelo núcleo "deixar de ... observar" as obrigações constantes do art. 75, que dispõe que "toda criança ou adolescente terá acesso às diversões e espetáculos públicos classificados como adequados a sua faixa etária".

Tipo subjetivo: elemento subjetivo do tipo é o dolo, que consiste na vontade do agente de não respeitar as determinações legais referentes à entrada ou participação de crianças e adolescentes em espetáculos inadequados à sua faixa etária.

Consumação: verifica-se a infração pelo resultado obtido pela ação do agente em permitir a entrada de criança ou adolescente em local de diversão inadequado ou impróprio à sua idade.

---

14. Código de Menores, arts. 50, 51, 55, 58 e 67.

Art. 258-A. Deixar a autoridade competente de providenciar a instalação e operacionalização dos cadastros previstos no art. 50 e no § 11 do art. 101 desta Lei: (*acrescentado pela Lei 12.010/2009*)
  Pena: multa de R$ 1.000,00 (mil reais) a R$ 3.000,00 (três mil reais).
  Parágrafo único. Incorre nas mesmas penas a autoridade que deixa de efetuar o cadastramento de crianças e de adolescentes em condições de serem adotadas, de pessoas ou casais habilitados à adoção e de crianças e adolescentes em regime de acolhimento institucional ou familiar.

Objetividade jurídica: o direito da criança e do adolescente à convivência familiar e comunitária, ou seja, o direito de ter uma família.

Sujeito ativo: é a autoridade competente para instalar e gerenciar os cadastros de adotandos e adotantes previstos no art. 50 e no art. 101, § 11, do ECA, bem como as autoridades que têm a obrigação de efetuar o cadastramento de crianças e adolescentes, de pessoas ou casais habilitados e de crianças e adolescentes em regime de acolhimento institucional ou familiar.

Sujeito passivo: a criança e o adolescente.

Tipo objetivo: consiste na conduta omissiva da autoridade encarregada dos cadastros.

Tipo subjetivo: a conduta omissiva é punida a título de dolo. O infrator, conscientemente, deixa de providenciar a instalação e operacionalização dos cadastros.

Consumação: é conduta omissiva que se consuma com a verificação da ausência dos cadastros.

Art.258-B. Deixar o médico, enfermeiro ou dirigente de estabelecimento de atenção à saúde de gestante de efetuar imediato encaminhamento à autoridade judiciária de caso de que tenha conhecimento de mãe ou gestante interessada em entregar seu filho para adoção: (*acrescentado pela Lei 12.010/2009*)
  Pena: multa de R$ 1.000,00 (mil reais) a R$ 3.000,00 (três mil reais).
  Parágrafo único. Incorre na mesma pena o funcionário de programa oficial ou comunitário destinado à garantia do direito à convivência familiar que deixa de efetuar a comunicação referida no *caput* deste artigo. (*Redação dada pela Lei 12.010/2009*)

Objetividade jurídica: o bem jurídico tutelado é o direito à família; crianças e adolescentes têm o direito constitucional, exarado no art. 227, à convivência familiar e comunitária.

Sujeito ativo: o médico, enfermeiro ou dirigente de estabelecimento de atenção à saúde de gestante e funcionário de programa oficial ou comunitário destinado à garantia do direito à convivência familiar que não fazem a comunicação ao juiz sobre mães ou gestantes que querem entregar seu filho para adoção.

Sujeito passivo: criança ou adolescente.

Tipo objetivo: por ser crime omissivo, consiste na ausência da comunicação prevista no tipo penal.

Tipo subjetivo: o elemento subjetivo do tipo é punível a título de dolo.

Consumação: sendo de conduta omissiva, o crime consuma-se com a ausência de comunicação, ao juiz, de casos de mães ou gestantes interessadas em entregar seu filho para adoção.

DISPOSIÇÕES FINAIS E TRANSITÓRIAS

Art. 259. A União, no prazo de noventa dias contados da publicação deste Estatuto, elaborará projeto de lei dispondo sobre a criação ou adaptação de seus órgãos às diretrizes da política de atendimento fixadas no art. 88 e ao que estabelece o Título V do Livro II.

Parágrafo único. Compete aos Estados e Municípios promoverem a adaptação de seus órgãos e programas às diretrizes e princípios estabelecidos nesta Lei.

Art. 260. Os contribuintes poderão efetuar doações aos Fundos dos Direitos da Criança e do Adolescente nacional, distrital, estaduais ou municipais, devidamente comprovadas, sendo essas integralmente deduzidas do imposto de renda, obedecidos os seguintes limites: (*Redação dada pela Lei 12.594/2012*)

I – 1% (um por cento) do imposto sobre a renda devido apurado pelas pessoas jurídicas tributadas com base no lucro real; e

II – 6% (seis por cento) do imposto sobre a renda apurado pelas pessoas físicas na Declaração de Ajuste Anual, observado o disposto no art. 22 da Lei n. 9.532, de 10 de dezembro de 1997.

§ 1º-A. Na definição das prioridades a serem atendidas com os recursos captados pelos Fundos Nacional, Estaduais e Municipais dos Direitos da Criança e do Adolescente, serão consideradas as disposições do Plano Nacional de Promoção, Proteção e Defesa dos Direitos de Crianças e Adolescentes à Convivência Familiar, bem como as regras e princípios relativos à garantia do direito à convivência familiar previstos nesta Lei. (*Acrescentado pela Lei 12.010/2009*)

§ 2º. Os Conselhos Municipais, Estaduais e Nacional dos Direitos da Criança e do Adolescente fixarão critérios de utilização, através de planos de aplicação das doações subsidiadas e demais receitas, aplicando necessariamente percentual para incentivo ao acolhimento, sob a forma de guarda, de criança ou adolescente, órfão ou abandonado, na forma do disposto no art. 227, § 3º, VI, da Constituição Federal.

§ 3º. O Departamento da Receita Federal, do Ministério da Economia, Fazenda e Planejamento, regulamentará a comprovação das doações feitas aos Fundos, nos termos deste artigo. (*Incluído pela Lei 8.242/1991*)

§ 4º. O Ministério Público determinará em cada comarca a forma de fiscalização da aplicação, pelo Fundo Municipal dos Direitos da Criança e do Adolescente, dos incentivos fiscais referidos neste artigo. (*Incluído pela Lei 8.242/1991*)

§ 5º. Observado o disposto no § 4º do art. 3º da Lei n. 9.249, de 26 de dezembro de 1995, a dedução de que trata o inciso I do *caput*: (*Redação dada pela Lei 12.594/2012*)

I – será considerada isoladamente, não se submetendo a limite em conjunto com outras deduções do imposto; e

II – não poderá ser computada como despesa operacional na apuração do lucro real.

Os procedimentos a serem adotados para fruição dos benefícios fiscais relativos ao Imposto sobre a Renda das Pessoas Físicas nas doações aos Fundos dos Direitos da Criança e do Adolescente serão efetuados de acordo com as disposições da Instrução Normativa RFB 1.311, de 28.11.2012:

Art. 2º. A pessoa física pode deduzir do imposto apurado na Declaração de Ajuste Anual a que se refere o art. 54 as doações feitas em espécie ou em bens, no ano-calendário anterior à referida declaração, aos Fundos Nacional, estaduais, Distrital e municipais dos Direitos da Criança e do Adolescente.

Parágrafo único. As importâncias deduzidas a título de doações sujeitam-se à comprovação, por meio de documentos emitidos pelos conselhos gestores dos respectivos fundos.

Art. 260-A. A partir do exercício de 2010, ano-calendário de 2009, a pessoa física poderá optar pela doação de que trata o inciso II do *caput* do art. 260 diretamente em sua Declaração de Ajuste Anual. (*Acrescentado pela Lei 12.594/2012*)

§ 1º. A doação de que trata o *caput* poderá ser deduzida até os seguintes percentuais aplicados sobre o imposto apurado na declaração:

I – (*Vetado*);

II – (*Vetado*);

III – 3% (três por cento) a partir do exercício de 2012.

§ 2º. A dedução de que trata o *caput*:

I – está sujeita ao limite de 6% (seis por cento) do imposto sobre a renda apurado na declaração de que trata o inciso II do *caput* do art. 260;

II – não se aplica à pessoa física que:

a) utilizar o desconto simplificado;

b) apresentar declaração em formulário; ou

c) entregar a declaração fora do prazo;

III – só se aplica às doações em espécie; e

IV – não exclui ou reduz outros benefícios ou deduções em vigor.

§ 3º. O pagamento da doação deve ser efetuado até a data de vencimento da primeira quota ou quota única do imposto, observadas instruções específicas da Secretaria da Receita Federal do Brasil.

§ 4º. O não pagamento da doação no prazo estabelecido no § 3º implica a glosa definitiva desta parcela de dedução, ficando a pessoa física obrigada ao recolhimento da diferença de imposto devido apurado na Declaração de Ajuste Anual com os acréscimos legais previstos na legislação.

§ 5º. A pessoa física poderá deduzir do imposto apurado na Declaração de Ajuste Anual as doações feitas, no respectivo ano-calendário, aos fundos controlados pelos Conselhos dos Direitos da Criança e do Adolescente municipais, distrital, estaduais e nacional concomitantemente com a opção de que trata o *caput*, respeitado o limite previsto no inciso II do art. 260.

A Instrução Normativa RFB 1.311/2012 dispõe que:
Art. 8º-A. A pessoa física pode deduzir do imposto apurado na Declaração de Ajuste Anual, a que se refere o art. 54, as doações efetuadas no próprio exercício até a data de vencimento da 1ª (primeira) quota ou da quota única do imposto aos Fundos dos Direitos da Criança e do Adolescente Nacional, estaduais, Distrital ou municipais.

Art. 8º-B. A doação de que trata o art. 8º-A poderá ser deduzida até o percentual de 3% (três por cento) aplicados sobre o imposto apurado na declaração, observado o limite global estabelecido no art. 55.

Art. 8º-C. A dedução de que trata o art. 8º-A:
I – não se aplica à pessoa física que apresentar a declaração fora do prazo, conforme dispõe o art. 54;
II – só se aplica às doações em espécie; e
III – não exclui ou reduz outros benefícios ou deduções em vigor.

Art. 260-B. A doação de que trata o inciso I do art. 260 poderá ser deduzida: (*Acrescentado pela Lei 12.594/2012*)

I – do imposto devido no trimestre, para as pessoas jurídicas que apuram o imposto trimestralmente; e

II – do imposto devido mensalmente e no ajuste anual, para as pessoas jurídicas que apuram o imposto anualmente.

Parágrafo único. A doação deverá ser efetuada dentro do período a que se refere a apuração do imposto.

Art. 260-C. As doações de que trata o art. 260 desta Lei podem ser efetuadas em espécie ou em bens. (*Acrescentado pela Lei 12.594/2012*)

Parágrafo único. As doações efetuadas em espécie devem ser depositadas em conta específica, em instituição financeira pública, vinculadas aos respectivos fundos de que trata o art. 260.

A Instrução Normativa RFB 1.311/2012 dispõe que:
Art. 8º-H. As doações efetuadas em moeda devem ser depositadas em conta específica, aberta em instituição financeira pública, vinculada ao respectivo fundo.

Art. 260-D. Os órgãos responsáveis pela administração das contas dos Fundos dos Direitos da Criança e do Adolescente nacional, estaduais, Distrital e municipais devem emitir recibo em favor do doador, assinado por pessoa competente e pelo presidente do Conselho correspondente, especificando: (*Acrescentado pela Lei 12.594/2012*)

I – número de ordem;

II – nome, Cadastro Nacional da Pessoa Jurídica (CNPJ) e endereço do emitente;

III – nome, CNPJ ou Cadastro de Pessoas Físicas (CPF) do doador;

IV – data da doação e valor efetivamente recebido; e

V – ano-calendário a que se refere a doação.

§ 1º. O comprovante de que trata o *caput* deste artigo pode ser emitido anualmente, desde que discrimine os valores doados mês a mês.

§ 2º. No caso de doação em bens, o comprovante deve conter a identificação dos bens, mediante descrição em campo próprio ou em relação anexa ao comprovante, informando também se houve avaliação, o nome, CPF ou CNPJ e endereço dos avaliadores.

A Instrução Normativa RFB 1.311/2012 dispõe que:

Art. 4º. Os órgãos responsáveis pela administração das contas dos Fundos dos Direitos da Criança e do Adolescente Nacional, estaduais, Distrital e municipais, beneficiados pelas doações, devem emitir recibo em favor do doador, assinado por pessoa competente e pelo presidente do Conselho correspondente, especificando:

I – o número de ordem;

II – o nome, número de inscrição no Cadastro Nacional da Pessoa Jurídica (CNPJ) e o endereço do emitente;

III – o nome, número de inscrição no Cadastro de Pessoas Físicas (CPF) do doador;

IV – a data da doação e valor recebido; e

V – o ano-calendário a que se refere a doação.

§ 1º. O comprovante de que trata o *caput* pode ser emitido anualmente, desde que sejam discriminados os valores doados mês a mês.

§ 2º. No caso de doação em bens, o comprovante deve conter a identificação dos bens, mediante descrição em campo próprio ou em relação anexa ao comprovante, informando também, se houve avaliação, o nome, número de inscrição no CPF ou no CNPJ e endereço dos avaliadores.

Art. 260-E. Na hipótese da doação em bens, o doador deverá: (*Acrescentado pela Lei 12.594/2012*)

I – comprovar a propriedade dos bens, mediante documentação hábil;

II – baixar os bens doados na declaração de bens e direitos, quando se tratar de pessoa física, e na escrituração, no caso de pessoa jurídica; e

III – considerar como valor dos bens doados:

a) para as pessoas físicas, o valor constante da última declaração do imposto de renda, desde que não exceda o valor de mercado;

b) para as pessoas jurídicas, o valor contábil dos bens.

Parágrafo único. O preço obtido em caso de leilão não será considerado na determinação do valor dos bens doados, exceto se o leilão for determinado por autoridade judiciária.

A Instrução Normativa RFB 1.311/2012 dispõe que:
Art. 5º. Na hipótese de doação em bens, o doador deverá:
I – comprovar a propriedade dos bens mediante documentação hábil;
II – baixar os bens doados na Declaração de Bens e Direitos da Declaração de Ajuste Anual; e
III – considerar como valor dos bens doados o valor constante da última Declaração de Bens e Direitos da Declaração de Ajuste Anual, desde que não exceda o valor de mercado, ou o pago, no caso de bens adquiridos no mesmo ano da doação.
Parágrafo único. O preço obtido em caso de leilão não será considerado na determinação do valor dos bens doados, exceto se o leilão for determinado por autoridade judiciária.

Art. 260-F. Os documentos a que se referem os arts. 260-D e 260-E devem ser mantidos pelo contribuinte por um prazo de 5 (cinco) anos para fins de comprovação da dedução perante a Receita Federal do Brasil. (*Acrescentado pela Lei 12.594/2012*)

Art. 260-G. Os órgãos responsáveis pela administração das contas dos Fundos dos Direitos da Criança e do Adolescente nacional, estaduais, distrital e municipais devem: (*Acrescentado pela Lei 12.594/2012*)
I – manter conta bancária específica destinada exclusivamente a gerir os recursos do Fundo;
II – manter controle das doações recebidas; e
III – informar anualmente à Secretaria da Receita Federal do Brasil as doações recebidas mês a mês, identificando os seguintes dados por doador:
a) nome, CNPJ ou CPF;
b) valor doado, especificando se a doação foi em espécie ou em bens.

A Instrução Normativa RFB 1.311/2012 dispõe que:
Art. 6º. A Secretaria da Receita Federal do Brasil (RFB) fiscalizará, no âmbito de suas atribuições, a captação dos recursos efetuada na forma do art. 2º.
§ 1º. Para efeito do disposto no *caput*, os órgãos responsáveis pela administração das contas dos Fundos dos Direitos da Criança e do Adolescente deverão informar anualmente à RFB os dados relativos ao valor das doações recebidas identificando número de inscrição no CPF, valor doado e especificando se a doação foi em espécie ou em bens, nos termos do art. 57.
§ 2º. Em caso de descumprimento das obrigações previstas no § 1º, a RFB dará conhecimento do fato ao Ministério Público.
Art. 8º-K. Os órgãos responsáveis pela administração das contas dos Fundos dos Direitos da Criança e do Adolescente Nacional, estaduais, Distrital e municipais devem manter:
I – conta bancária específica destinada exclusivamente a gerir os recursos do Fundo; e

II – controle das doações recebidas.

Parágrafo único. Em caso de descumprimento das obrigações previstas no *caput*, a RFB dará conhecimento do fato ao Ministério Público.

Art. 260-H. Em caso de descumprimento das obrigações previstas no art. 260-G, a Secretaria da Receita Federal do Brasil dará conhecimento do fato ao Ministério Público. (*Acrescentado pela Lei 12.594/2012*)

Art. 260-I. Os Conselhos dos Direitos da Criança e do Adolescente nacional, estaduais, distrital e municipais divulgarão amplamente à comunidade: (*Acrescentado pela Lei 12.594/2012*)

I – o calendário de suas reuniões;

II – as ações prioritárias para aplicação das políticas de atendimento à criança e ao adolescente;

III – os requisitos para a apresentação de projetos a serem beneficiados com recursos dos Fundos dos Direitos da Criança e do Adolescente nacional, estaduais, distrital ou municipais;

IV – a relação dos projetos aprovados em cada ano-calendário e o valor dos recursos previstos para implementação das ações, por projeto;

V – o total dos recursos recebidos e a respectiva destinação, por projeto atendido, inclusive com cadastramento na base de dados do Sistema de Informações sobre a Infância e a Adolescência; e

VI – a avaliação dos resultados dos projetos beneficiados com recursos dos Fundos dos Direitos da Criança e do Adolescente nacional, estaduais, distrital e municipais.

A Instrução Normativa RFB 1.311/2012 dispõe que:

Art. 8º-M. Os Conselhos dos Direitos da Criança e do Adolescente Nacional, estaduais, Distrital e municipais divulgarão amplamente à comunidade:

I – o calendário de suas reuniões;

II – as ações prioritárias para aplicação das políticas de atendimento à criança e ao adolescente;

III – os requisitos para a apresentação de projetos a serem beneficiados com recursos dos Fundos dos Direitos da Criança e do Adolescente Nacional, estaduais, Distrital ou municipais;

IV – a relação dos projetos aprovados em cada ano-calendário e o valor dos recursos previstos para implementação das ações, por projeto;

V – o total dos recursos recebidos e a respectiva destinação, por projeto atendido, inclusive com cadastramento na base de dados do Sistema de Informações sobre a Infância e a Adolescência; e

VI – a avaliação dos resultados dos projetos beneficiados com recursos dos Fundos dos Direitos da Criança e do Adolescente Nacional, estaduais, Distrital e municipais.

Art. 260-J. O Ministério Público determinará, em cada Comarca, a forma de fiscalização da aplicação dos incentivos fiscais referidos no art. 260 desta Lei. (*Acrescentado pela Lei 12.594/2012*)

Parágrafo único. O descumprimento do disposto nos arts. 260-G e 260-I sujeitará os infratores a responder por ação judicial proposta pelo Ministério Público, que poderá atuar de ofício, a requerimento ou representação de qualquer cidadão.

> A Instrução Normativa RFB 1.311/2012 dispõe que:
>
> **Art. 8º-N.** O Ministério Público determinará em cada Comarca a forma de fiscalização da aplicação dos incentivos fiscais de que trata este Capítulo.
>
> Parágrafo único. O descumprimento do disposto no § 1º do art. 6º e nos arts. 8º-K e 8º-M sujeitará os infratores a responder por ação judicial proposta pelo Ministério Público, que poderá atuar de ofício, a requerimento ou representação de qualquer cidadão.

Art. 260-K. A Secretaria de Direitos Humanos da Presidência da República (SDH/PR) encaminhará à Secretaria da Receita Federal do Brasil, até 31 de outubro de cada ano, arquivo eletrônico contendo a relação atualizada dos Fundos dos Direitos da Criança e do Adolescente nacional, distrital, estaduais e municipais, com a indicação dos respectivos números de inscrição no CNPJ e das contas bancárias específicas mantidas em instituições financeiras públicas, destinadas exclusivamente a gerir os recursos dos Fundos. (*Acrescentado pela Lei 12.594/2012*)

> A Instrução Normativa RFB 1.311/2012 dispõe que:
>
> **Art. 8º-F.** A Secretaria de Direitos Humanos da Presidência da República (SDH/PR) encaminhará à RFB, até 31 de outubro de cada ano, arquivo eletrônico contendo a relação atualizada dos Fundos dos Direitos da Criança e do Adolescente Nacional, estaduais, Distrital e municipais, com a indicação dos respectivos números de inscrição no CNPJ e das contas bancárias específicas mantidas em instituições financeiras públicas, destinadas exclusivamente a gerir os recursos dos Fundos.
>
> Parágrafo único. Excepcionalmente em relação ao ano de 2012, a SDH/PR encaminhará o arquivo eletrônico de que trata o *caput* até o dia 20 de janeiro de 2013.

Art. 260-L. A Secretaria da Receita Federal do Brasil expedirá as instruções necessárias à aplicação do disposto nos arts. 260 a 260-K. (*Acrescentado pela Lei 12.594/2012*)

Art. 261. À falta dos Conselhos Municipais dos Direitos da Criança e do Adolescente, os registros, inscrições e alterações a que se referem os arts. 90, parágrafo único, e 91 desta Lei serão efetuados perante a autoridade judiciária da comarca a que pertencer a entidade.

Parágrafo único. A União fica autorizada a repassar aos Estados e Municípios os recursos referentes aos programas e atividades previstos nesta Lei, tão logo estejam criados os Conselhos dos Direitos da Criança e do Adolescente nos seus respectivos níveis.

Art. 262. Enquanto não instalados os Conselhos Tutelares, as atribuições a eles conferidas serão exercidas pela autoridade judiciária.

Art. 263. O Decreto-lei n. 2.848, de 7 de dezembro de 1940 (Código Penal), passa a vigorar com as seguintes alterações:

1) "Art. 121. (...).

"(...).

"§ 4º. No homicídio culposo, a pena é aumentada de um terço, se o crime resulta de inobservância de regra técnica de profissão, arte ou ofício, ou se o agente deixa de prestar imediato socorro à vítima, não procura diminuir as consequências do seu ato, ou foge para evitar prisão em flagrante. Sendo doloso o homicídio, a pena é aumentada de um terço, se o crime é praticado contra pessoa menor de catorze anos."[1]

2) "Art. 129. (...).

"(...).

"§ 7º. Aumenta-se a pena de um terço, se ocorrer qualquer das hipóteses do art. 121, § 4º.

"§ 8º. Aplica-se à lesão culposa o disposto no § 5º do art. 121."

3) "Art. 136. (...).

"(...).

"§ 3º. Aumenta-se a pena de um terço, se o crime é praticado contra pessoa menor de catorze anos."

4) "Art. 213. (...).

"Parágrafo único. Se a ofendida é menor de catorze anos:

Pena: reclusão de quatro a dez anos."[2]

5) "Art. 214. (...).

"Parágrafo único. Se o ofendido é menor de catorze anos:

"*Pena*: reclusão de três a nove anos."[3]

Art. 264. O art. 102 da Lei n. 6.015, de 31 de dezembro de 1973, fica acrescido do seguinte item:

"Art. 102. (...).

"(...).

"6) a perda e a suspensão do pátrio poder."

Art. 265. A Imprensa Nacional e demais gráficas da União, da Administração direta ou indireta, inclusive fundações instituídas e mantidas pelo Poder Público Federal, promoverão edição popular do texto integral deste Estatuto, que será posto à disposição das escolas e das entidades de atendimento e de defesa dos direitos da criança e do adolescente.

Art. 266. Esta Lei entra em vigor noventa dias após sua publicação.

Parágrafo único. Durante o período de vacância deverão ser promovidas atividades e campanhas de divulgação e esclarecimentos acerca do disposto nesta Lei.

Art. 267. Revogam-se as Leis ns. 4.513, de 1964, e 6.697, de 10 de outubro de 1979 (Código de Menores), e as demais disposições em contrário.

---

1. A Lei 10.741/2003 incluiu no final deste parágrafo: "ou maior de 60 anos".
2. Artigo revogado pela Lei 12.015, de 7.8.2009; v. arts. 217 e ss. do Código Penal.
3. Artigo revogado pela Lei 12.015, de 7.8.2009; v. arts. 217 e ss. do Código Penal.

Brasília, 13 de julho de 1990, 169º da Independência e 102º da República. FERNANDO COLLOR – *Bernardo Cabral* – *Carlos Chiarelli* – *Antônio Magri* – *Margarida Procópio*.

1º. O período de *vacatio legis* do Estatuto, compreendido entre a publicação da Lei (*DOU* de 16.7.1990) e sua efetiva vigência (14.10.1990), foi destinado para que a União criasse ou adaptasse seus órgãos às novas diretrizes da política de atendimento contemplada no art. 88 (art. 259).

A Lei 4.513/1964, que criou a FUNABEM e traçou as diretrizes da política do bem-estar do menor, foi revogada juntamente com a Lei 6.697/1997, que instituiu o Código de Menores.

Os Estados e os Municípios também deverão promover a adaptação de seus órgãos e programas às novas diretrizes estabelecidas pelo Estatuto (art. 259, parágrafo único).

A municipalização do atendimento foi a grande novidade trazida pelo Estatuto, com a criação dos Conselhos Municipais, Estaduais e Nacional dos Direitos da Criança e do Adolescente. Mas foi com a criação do Conselho Tutelar que a lei estatutária materializou a política de atendimento direcionada à criança e ao adolescente.

2º. Com a possibilidade do abatimento no imposto de renda das doações feitas aos fundos controlados pelos Conselhos Municipais, Distrital, Estaduais ou Nacional dos Direitos da Criança e do Adolescente, mais recursos estarão disponíveis para a implementação de programas ou entidades de atendimento (art. 260).

Os referidos Conselhos fixarão os critérios de utilização, através de planos de aplicação, das doações subsidiadas e de demais receitas, aplicando necessariamente percentual para incentivo ao acolhimento, sob forma de guarda, de criança ou adolescente de difícil colocação em famílias substitutas (art. 260, § 2º, e CF, art. 227, § 3º, VI).

Não se pode esquecer que, ao fazer a doação, a pessoa física ou jurídica deverá receber o respectivo recibo da importância doada, a ser expedido pelo Conselho Municipal, Distrital, Estadual ou Nacional dos Direitos da Criança e do Adolescente.

3º. À falta dos Conselhos Municipais dos Direitos da Criança e do Adolescente, os registros e alterações a que se referem os arts. 90, parágrafo único, e 91 do ECA serão efetuados perante a autoridade judiciária da comarca a que pertencer a entidade (art. 261). As entidades governamentais e não governamentais deverão proceder à inscrição de seus programas, especificando os regimes de atendimento, junto ao Conselho

Municipal dos Direitos da Criança e do Adolescente, o qual manterá registro das inscrições e de suas alterações, e, na sua falta, deverão ser registradas na Justiça da Infância e da Juventude.

A União não poderá repassar verbas federais e recursos referentes aos programas e atividades previstos no Estatuto enquanto não forem criados e instalados os Conselhos Municipais e Estaduais (art. 261, parágrafo único).

Enquanto não forem instalados os Conselhos Tutelares, as atribuições a eles conferidas serão exercidas pela autoridade judiciária (art. 262).

4º. O art. 263 do ECA alterou o Código Penal (Dec.-lei 2.848, de 7.12.1940), na cominação das penas referentes aos crimes de homicídio (CP, art. 121, § 4º), lesões corporais (CP, art. 129, §§ 7º e 8º), maus-tratos (CP, art. 136, § 3º), estupro (CP, art. 213, parágrafo único) e atentado violento ao pudor (CP, art. 214, parágrafo único).[4]

A intenção do Estatuto de aumentar as penas dos citados artigos vem ao encontro da seriedade com que devem ser tratadas as crianças e adolescentes, punindo com mais rigor aqueles que praticarem crimes contra eles.

O art. 263, na parte que cominava aumento de pena para os crimes de estupro e atentado violento ao pudor (parágrafos únicos dos arts. 213 e 214 do CP), já fora revogado pela Lei n. 9.281, de 4.6.1996. Com a Lei 12.015, de 7.8.2009, o título referente aos "Crimes contra os Costumes" (Título VI da Parte Especial, arts. 213 a 234) foi substancialmente modificado, passando a chamar-se "Dos Crimes contra a Dignidade Sexual" (arts. 213 a 234-C).

5º. Enfim, de nada adiantaria se fazer uma lei deste porte se não fosse possível sua divulgação. Cabe à Imprensa Nacional a tarefa de promover edições populares do Estatuto e colocá-lo à disposição das escolas e das entidades de atendimento e de defesa dos direitos da criança e do adolescente (art. 265).

A partir dessa lei, a situação da criança e do adolescente deverá tomar novos rumos, pois não é possível deparar-se com ela e permanecer inerte. Ela chama, convoca e propõe um desafio: como aumentar nossa capacidade de respeitar e proteger nossas crianças?

---

4. Os parágrafos únicos dos arts. 213 e 214 do CP introduzidos pelo ECA foram revogados pela Lei 9.281, de 4.6.1996.

Instrução Normativa RFB 1.131, de 28 de dezembro de 2012
*(Capítulo que trata das doações ao
Fundo dos Direitos da Criança e do Adolescente)*

Art. 1º. Os procedimentos a serem adotados para fruição dos benefícios fiscais relativos ao Imposto sobre a Renda das Pessoas Físicas nas doações aos Fundos dos Direitos da Criança e do Adolescente, nas doações aos Fundos do Idoso, nos investimentos e patrocínios em obras audiovisuais, nas doações e patrocínios de projetos culturais, nas doações e patrocínios em projetos desportivos e paradesportivos, nas doações e patrocínios diretamente efetuados ao Programa Nacional de Apoio à Atenção Oncológica (Pronon) e ao Programa Nacional de Apoio à Atenção da Saúde da Pessoa com Deficiência (Pronas/PCD) e na contribuição patronal paga à Previdência Social incidente sobre a remuneração do empregado doméstico são efetuados de acordo com as disposições desta Instrução Normativa.

**Capítulo I
DOS FUNDOS DOS DIREITOS DA CRIANÇA
E DO ADOLESCENTE
Seção I – Das Doações Realizadas Diretamente
aos Fundos Nacional, Estaduais, Distrital e Municipais**

Subseção I – Do Benefício Fiscal

Art. 2º. A pessoa física pode deduzir do imposto apurado na Declaração de Ajuste Anual a que se refere o art. 54 as doações feitas em espécie ou em bens, no ano-calendário anterior à referida declaração, aos Fundos Nacional, Estaduais, Distrital e Municipais dos Direitos da Criança e do Adolescente.

Parágrafo único. As importâncias deduzidas a título de doações sujeitam-se à comprovação, por meio de documentos emitidos pelos conselhos gestores dos respectivos fundos.

Subseção II – Do Limite

Art. 3º. A dedução de que trata o art. 2º deve atender ao limite global estabelecido no art. 55.

Subseção III – Do Comprovante

Art. 4º. Os órgãos responsáveis pela administração das contas dos Fundos dos Direitos da Criança e do Adolescente Nacional, Estaduais, Distrital e Municipais, beneficiados pelas doações, devem emitir recibo em favor do doador, assinado por pessoa competente e pelo presidente do Conselho correspondente, especificando:

I – o número de ordem;

II – o nome, número de inscrição no Cadastro Nacional da Pessoa Jurídica (CNPJ) e o endereço do emitente;

III – o nome, número de inscrição no Cadastro de Pessoas Físicas (CPF) do doador;
IV – a data da doação e valor recebido; e
V – o ano-calendário a que se refere a doação.

§ 1º. O comprovante de que trata o *caput* pode ser emitido anualmente, desde que sejam discriminados os valores doados mês a mês.

§ 2º. No caso de doação em bens, o comprovante deve conter a identificação dos bens, mediante descrição em campo próprio ou em relação anexa ao comprovante, informando também, se houve avaliação, o nome, número de inscrição no CPF ou no CNPJ e endereço dos avaliadores.

Subseção IV – Da Doação em Bens

Art. 5º. Na hipótese de doação em bens, o doador deverá:
I – comprovar a propriedade dos bens mediante documentação hábil;
II – baixar os bens doados na Declaração de Bens e Direitos da Declaração de Ajuste Anual; e
III – considerar como valor dos bens doados o valor constante da última Declaração de Bens e Direitos da Declaração de Ajuste Anual, desde que não exceda o valor de mercado, ou o pago, no caso de bens adquiridos no mesmo ano da doação.

Parágrafo único. O preço obtido em caso de leilão não será considerado na determinação do valor dos bens doados, exceto se o leilão for determinado por autoridade judiciária.

Subseção V – Da Fiscalização e Prestação de Informação

Art. 6º. A Secretaria da Receita Federal do Brasil (RFB) fiscalizará, no âmbito de suas atribuições, a captação dos recursos efetuada na forma do art. 2º.

§ 1º. Para efeito do disposto no *caput*, os órgãos responsáveis pela administração das contas dos Fundos dos Direitos da Criança e do Adolescente deverão informar anualmente à RFB os dados relativos ao valor das doações recebidas identificando número de inscrição no CPF, valor doado e especificando se a doação foi em espécie ou em bens, nos termos do art. 57.

§ 2º. Em caso de descumprimento das obrigações previstas no § 1º, a RFB dará conhecimento do fato ao Ministério Público.

Seção II – **Das Doações Realizadas Diretamente na Declaração de Ajuste Anual**

Subseção I – Do Benefício Fiscal

Art. 8º-A. A pessoa física pode deduzir do imposto apurado na Declaração de Ajuste Anual, a que se refere o art. 54, as doações efetuadas no próprio exercício até a data de vencimento da 1ª (primeira) quota ou da quota única do imposto aos Fundos dos Direitos da Criança e do Adolescente Nacional, Estaduais, Distrital ou Municipais.

Subseção II – Dos Limites

Art. 8º-B. A doação de que trata o art. 8º-A poderá ser deduzida até o percentual de 3% (três por cento) aplicados sobre o imposto apurado na declaração, observado o limite global estabelecido no art. 55.

Subseção III – Das Condições

Art. 8º-C. A dedução de que trata o art. 8º-A:

I – não se aplica à pessoa física que apresentar a declaração fora do prazo, conforme dispõe o art. 54;

II – só se aplica às doações em espécie; e

III – não exclui ou reduz outros benefícios ou deduções em vigor.

Subseção IV – Do Pagamento

Art. 8º-D. O pagamento da doação de que trata o art. 8º-A deve ser efetuado até a data de vencimento da 1ª (primeira) quota ou da quota única do imposto, até o encerramento do horário de expediente bancário das instituições financeiras autorizadas, inclusive se realizado pela Internet ou por terminal de autoatendimento.

§ 1º. O não pagamento da doação no prazo estabelecido no *caput* implica a glosa definitiva desta parcela de dedução, ficando a pessoa física obrigada ao recolhimento da diferença de imposto devido apurado na Declaração de Ajuste Anual com os acréscimos legais previstos na legislação.

§ 2º. Após o prazo previsto para a apresentação da Declaração de Ajuste Anual, não será admitida retificação que tenha por objetivo o aumento do montante dedutível.

§ 3º. O programa da Declaração de Ajuste Anual emitirá um DARF para o pagamento de cada doação ao fundo beneficiário indicado, no valor informado pelo declarante e com código de receita 3351, que não se confunde com o DARF emitido para pagamento de eventual saldo de imposto sobre a renda devido.

§ 4º. O pagamento da doação informada na Declaração de Ajuste Anual deverá ser realizado mesmo que a pessoa física tenha direito a restituição ou tenha optado pelo pagamento do saldo de imposto por meio de débito automático em conta corrente bancária.

§ 5º. Uma vez recolhido o montante indicado no DARF, a doação efetuada ao fundo nele indicado torna-se irreversível e eventual valor recolhido a maior que o passível de dedução será também repassado ao fundo indicado, não cabendo devolução, compensação ou dedução desse valor.

§ 6º. Se o valor recolhido for menor que o informado na declaração, o contribuinte:

I – poderá, até a data de vencimento da 1ª (primeira) quota ou da quota única do imposto, complementar o recolhimento; ou

II – deverá, dentro do prazo decadencial e desde que não esteja sob procedimento de ofício, retificar a Declaração de Ajuste Anual para corrigir a informação referente ao valor doado.

§ 7º. Se o valor recolhido for maior que o informado na declaração, o contribuinte:

I – poderá, até a data de vencimento da 1ª (primeira) quota ou da quota única do imposto, retificar a Declaração de Ajuste Anual para corrigir a informação referente ao valor doado, respeitados os limites estabelecidos nos arts. 8º-B e 55; ou

II – deverá considerar como não dedutível o valor recolhido que ultrapassar os limites estabelecidos nos arts. 8º-B e 55, observado o disposto no § 5º.

§ 8º. O pagamento de que trata o *caput* não está sujeito a parcelamento.

Subseção V – Do Repasse das Doações aos Fundos

Art. 8º-E. A RFB efetuará o repasse das doações diretamente aos fundos indicados pelos contribuintes na Declaração de Ajuste Anual de que trata o art. 54, depositando os valores nas contas bancárias específicas informadas nos termos do art. 8º-F.

Subseção VI – Da Prestação de Informações pela
Secretaria de Direitos Humanos da Presidência da República

Art. 8º-F. A Secretaria de Direitos Humanos da Presidência da República (SDH/PR) encaminhará à RFB, até 31 de outubro de cada ano, arquivo eletrônico contendo a relação atualizada dos Fundos dos Direitos da Criança e do Adolescente Nacional, Estaduais, Distrital e Municipais, com a indicação dos respectivos números de inscrição no CNPJ e das contas bancárias específicas mantidas em instituições financeiras públicas, destinadas exclusivamente a gerir os recursos dos Fundos.

Parágrafo único. Excepcionalmente em relação ao ano de 2012, a SDH/PR encaminhará o arquivo eletrônico de que trata o *caput* até o dia 20 de janeiro de 2013.

Seção III – **Das Disposições Comuns**
Subseção I – Da Concomitância das Doações

Art. 8º-G. A pessoa física poderá deduzir do imposto devido apurado na Declaração de Ajuste Anual as doações feitas, no respectivo ano-calendário, diretamente aos fundos controlados pelos Conselhos dos Direitos da Criança e do Adolescente Nacional, Estaduais, Distrital, ou Municipais de que trata o art. 2º concomitantemente com a opção de que trata o art. 8º-A, respeitado o limite previsto no art. 55.

Subseção II – Dos Depósitos dos Recursos Incentivados

Art. 8º-H. As doações efetuadas em moeda devem ser depositadas em conta específica, aberta em instituição financeira pública, vinculada ao respectivo fundo.

Subseção III – Das Obrigações dos Fundos e dos Conselhos

Art. 8º-I. Os Fundos dos Direitos da Criança e do Adolescente devem:

I – possuir número de inscrição no CNPJ próprio; e

II – registrar em sua escrituração os valores recebidos e manter em boa guarda a documentação correspondente pelo prazo decadencial para fins de comprovação.

Art. 8º-J. Os Conselhos dos Direitos da Criança e do Adolescente fixarão critérios de utilização, por meio de planos de aplicação das doações subsidiadas e demais receitas, aplicando necessariamente percentual para incentivo ao acolhimento, sob a forma de guarda de criança ou adolescente, órfão ou abandonado, na forma do disposto no inciso VI do § 3º do art. 227 da Constituição Federal de 1988.

Art. 8º-K. Os órgãos responsáveis pela administração das contas dos Fundos dos Direitos da Criança e do Adolescente Nacional, Estaduais, Distrital e Municipais devem manter:

I – conta bancária específica destinada exclusivamente a gerir os recursos do Fundo; e

II – controle das doações recebidas.

Parágrafo único. Em caso de descumprimento das obrigações previstas no *caput*, a RFB dará conhecimento do fato ao Ministério Público.

Subseção IV – Da Definição das Prioridades

Art. 8º-L. Na definição das prioridades a serem atendidas com os recursos captados pelos Fundos Nacional, Estaduais e Municipais dos Direitos da Criança e do Adolescente, serão considerados as disposições do Plano Nacional de Promoção, Proteção e Defesa dos Direitos de Crianças e Adolescentes à Convivência Familiar, bem como as regras e princípios relativos à garantia do direito à convivência familiar previstos na Lei 8.069, de 13 de julho de 1990 (Estatuto da Criança e do Adolescente).

Subseção V – Da Divulgação à Comunidade

Art. 8º-M. Os Conselhos dos Direitos da Criança e do Adolescente Nacional, Estaduais, Distrital e Municipais divulgarão amplamente à comunidade:

I – o calendário de suas reuniões;

II – as ações prioritárias para aplicação das políticas de atendimento à criança e ao adolescente;

III – os requisitos para a apresentação de projetos a serem beneficiados com recursos dos Fundos dos Direitos da Criança e do Adolescente Nacional, Estaduais, Distrital ou Municipais;

IV – a relação dos projetos aprovados em cada ano-calendário e o valor dos recursos previstos para implementação das ações, por projeto;

V – o total dos recursos recebidos e a respectiva destinação, por projeto atendido, inclusive com cadastramento na base de dados do Sistema de Informações sobre a Infância e a Adolescência; e

VI – a avaliação dos resultados dos projetos beneficiados com recursos dos Fundos dos Direitos da Criança e do Adolescente Nacional, Estaduais, Distrital e Municipais.

Subseção VI – Da Atuação do Ministério Público

Art. 8º-N. O Ministério Público determinará em cada Comarca a forma de fiscalização da aplicação dos incentivos fiscais de que trata este Capítulo.

Parágrafo único. O descumprimento do disposto no § 1º do art. 6º e nos arts. 8º-K e 8º-M sujeitará os infratores a responder por ação judicial proposta pelo Ministério Público, que poderá atuar de ofício, a requerimento ou representação de qualquer cidadão.

BIBLIOGRAFIA

ALBERGARIA, Jason. *Comentários ao Estatuto da Criança e do Adolescente*. Rio, Aide, 1991.
AMARAL E SILVA, Antônio Fernando do. "A Justiça da Infância e da Juventude". *Brasil – Criança – Urgente*. São Paulo, Columbus Cultural Editora, 1989.
AMARAL SANTOS, Moacyr. *Primeiras Linhas de Direito Processual Civil*. V. I. São Paulo, Saraiva, 1980.
ASÚA, Jiménez de. *Tratado de Derecho Penal*. V. 3. Buenos Aires, Losada, 1951.

BANDEIRA DE MELLO, Celso Antônio. *Curso de Direito Administrativo*. 14ª ed., São Paulo, Malheiros Editores, 2002; 31ª ed., 2014.
BARBI, Celso Agrícola. *Comentários ao Código de Processo Civil*. V. I, t. I. Rio, Forense, 1981.
BARBOSA MOREIRA, José Carlos. *Comentários ao Código de Processo Civil*. V. V. Rio, Forense, 1981.
BARROS MONTEIRO, Washington de. *Curso de Direito Civil – Direito das Obrigações*. V. I. São Paulo, Saraiva.
BASTOS, Celso. *Comentários à Constituição do Brasil*. São Paulo, Saraiva, 1989.
BETTIOL, Giuseppe. *Direito Penal*. V. I. São Paulo, Ed. RT, 1977.
BEVILÁQUA, Clóvis. *Direito das Obrigações*.
_____. *Direito de Família*.
BRUNO, Aníbal. *Crimes Contra a Pessoa*. 3ª ed. São Paulo, Rio Gráfica, 1975.
_____. *Direito Penal*. V. I.

CALMON DE PASSOS, J. J. *Comentários ao Código de Processo Civil*. V. III. Rio, Forense, 1979.
CAMPOS COSTA, A., e LOPES, J. Seabra. *Organização Tutelar de Menores*. Coimbra, Almedina, 1962.

CARVALHO, Francisco Pereira de B. *O Direito do Menor*. Rio, Forense, 1978.

CARVALHO SANTOS, J. M. de. *Curso de Direito Civil*. V. XI.

CAVALLIERI, Alyrio. *Direito do Menor*. Rio, Freitas Bastos, 1978.

CHAVES, Antônio. *Comentários ao Estatuto da Criança e do Adolescente*. São Paulo, LTr, 1994.

CINTRA, A. C. de Araújo, GRINOVER, Ada Pellegrini, e DINAMARCO, Cândido R. *Teoria Geral do Processo*. 19ª ed., São Paulo, Malheiros Editores, 2003; 30ª ed., 2014.

CURY, Munir (org.) *Estatuto da Criança e do Adolescente Comentado*. 5ª ed., São Paulo, Malheiros Editores, 2002; 12ª ed., 2013.

CURY, GARRIDO e MARÇURA. *Estatuto da Criança e do Adolescente Anotado*. São Paulo, Ed. RT, 1991.

D'ANTONIO, Daniel Hugo. *Derecho de Menores*. Buenos Aires, Astrea, 1986.

DE PLÁCIDO E SILVA. *Vocabulário Jurídico*. Vs. 3 e 4. Rio, Forense, 1984.

DUARTE, José. *Comentários à Lei das Contravenções Penais*. V. 2.

FÁVERO, Flamínio. *Medicina Legal*. 7ª ed., v. 2. São Paulo, Livraria Martins.

FIGUEIRÊDO, Luiz Carlos de Barros. *Guarda – Questões Controvertidas*. Curitiba, Juruá, 1999.

_____. *Adoção para Homossexuais*. Curitiba, Juruá, 2001.

FRAGOSO, Heleno Cláudio. *Lições de Direito Penal*. V. I . São Paulo, José Bushatsky, 1976.

_____. *Lições de Direito Penal*. Rio, Forense, 1986.

FREIRE, Fernando (org.). *Abandono e Adoção – Contribuições para uma Cultura da Adoção*. V. II. Curitiba, Terre des Hommes, 1994.

GOMES, Orlando. *Direito de Família*.

GOMES DA COSTA, Antônio Carlos. *Brasil – Criança – Urgente – A Lei*. São Paulo, Columbus/IBPS, 1990.

GONÇALVES, Carlos Roberto. *Direito de Família*. Col. Sinopses Jurídicas, 8ª ed., v. 2. São Paulo, Saraiva, 2002.

GRINOVER, Ada Pellegrini. *A Tutela dos Interesses Difusos – Série de Estudos n. 1* (vários colaboradores). São Paulo, Max Limonad, 1984.

GRISARD FILHO, Waldyr. *Guarda Compartilhada – Um Novo Modelo de Responsabilidade Parental*. São Paulo, Ed. RT, 2000.

_____. "Guarda Compartilhada. Repensando o direito de família". *Anais do I Congresso de Direito de Família*. Belo Horizonte, Del Rey, 1999.

GRÜNSPUN, Haim. *Os Direitos dos Menores*. São Paulo, Almed Editora, 1985.

GUSMÃO, Alberto Cavalcanti. *Código de Menores*. Brasília, Senado Federal, 1982.

HUNGRIA, Nelson, e FRAGOSO, Heleno Cláudio. *Comentários sobre o Código Penal*. 5ª ed., v. 5. Rio, Forense, 1978.

JESUS, Damásio E. de. *Comentários ao Código Penal.* V. 2. São Paulo, Saraiva, 1985.

_____. *Direito Penal – Parte Especial.* V. 2. São Paulo, Saraiva, 1986.

_____. *Direito Penal – Parte Geral.* V. 1. São Paulo, Saraiva, 1985-A.

JORGE JÚNIOR, Alberto Gosson. "Comentários sobre a adoção no novo Código Civil". *Revista do Advogado*, ano XXII, n. 68, dez./2002.

LEAL, César Barros. *A Delinqüência Juvenil: seus Fatores Exógenos e Prevenção.* Rio, Aide, 1983.

LIBERATI, Wilson Donizeti. *Adoção. Adoção Internacional. Doutrina e Jurisprudência.* 2ª ed. São Paulo, Malheiros Editores, 2003.

_____. *Processo Penal Juvenil – A Garantia da Legalidade na Execução de Medida Socioeducativa.* São Paulo, Malheiros Editores, 2006.

_____. In: PEREIRA, Tânia da Silva (coord.). *O Melhor Interesse da Criança: um Debate Interdisciplinar.* Rio, Renovar, 1999.

_____. "A guarda familiar". *Revista do Ministério Público do Maranhão*, n. 9, 2002.

_____. *Adolescente e Ato Infracional – Medida socioeducativa é pena?* São Paulo, Juarez de Oliveira, 2003.

_____. *Manual de Adoção Internacional.* São Paulo, Malheiros Editores, 2009.

_____. "A revolução constitucional paradigmática dos direitos de crianças e de adolescentes". In: PADILHA, Norma Sueli, NAHAS, Thereza Christina, e MACHADO, Edinilson Donisete. *Gramática dos Direitos Fundamentais.* Rio de Janeiro, Campus Jurídico-Elsevier, 2009.

_____, e DIAS, Fábio Muller Dutra. *Trabalho Infantil.* São Paulo, Malheiros Editores, 2006.

_____, *et. alii. Direito à Educação: uma Questão de Justiça.* São Paulo, Malheiros Editores, 2004.

_____, e CYRINO, Públio Caio Bessa. *Conselhos e Fundos no Estatuto da Criança e do Adolescente.* 2ª ed. São Paulo, Malheiros Editores, 2003.

_____. *Gestão da Política de Direitos aos Adolescentes em Conflito com a Lei* (coord.). São Paulo, Letras Jurídicas, 2012.

_____. *Políticas Públicas no Estado Constitucional.* São Paulo, Atlas, 2013.

LOTUFO, Maria Alice Zaratin. "Direito de Família". In: CAMBLER, Everaldo (coord.). *Curso Avançado de Direito Civil.* V. 5. São Paulo, Ed. RT, 2002.

_____. *Políticas Públicas no Estado Constitucional.* São Paulo, Atlas, 2013.

MACHADO, Paulo Affonso Leme. *Ação Civil Pública e Tombamento.* São Paulo, Ed. RT, 1986.

MACIEL, Adhemar Ferreira. "Observações sobre a liminar no mandado de segurança". *RT* 547.

MAGALHÃES NORONHA, E. *Direito Penal.* 15ª ed., v. 2. São Paulo, Saraiva, 1978.

MALUF, Sahid. *Direito Constitucional.* 14ª ed. São Paulo, Sugestões Literárias, 1982.

MARANHÃO, Délio. *Direito do Trabalho.* 10ª ed. Rio, Fundação Getúlio Vargas, 1982.

MARQUES, J. B. A. *Marginalização: Menor e Criminalidade*. São Paulo, McGraw-Hill, 1976.

MARQUES, José Frederico. *Manual de Direito Processual Civil*. Vs. I e III. São Paulo, Saraiva, 1986.

_____. *Tratado de Direito Penal – Parte Especial*. V. 4. São Paulo, Saraiva, 1961.

MARREY, Adriano. *Menores*. São Paulo, Associação Paulista de Magistrados, 1980.

MEIRELLES, Hely Lopes. *Direito Administrativo Brasileiro*. 28ª ed., São Paulo, Malheiros Editores, 2003; 40ª ed., 2014.

MENDES JÚNIOR, João. *Direito Judiciário Brasileiro – Processo Criminal*. 3ª ed.

MIRABETE, Júlio Fabbrini. *Manual de Direito Penal*. Vs. I, II e III. São Paulo, Atlas, 1987.

_____. "Pena no Estatuto pode gerar controvérsia". *O Estado de S. Paulo*. Ed. 12.8.90.

MORAES, Walter. *Programa de Direito do Menor*. São Paulo, Cultural Paulista, 1984.

NOGUEIRA, Paulo Lúcio. *O Estatuto da Criança e do Adolescente Comentado*. São Paulo, Saraiva, 1991.

PAULA, Paulo Affonso Garrido de. *Menores, Direito e Justiça*. São Paulo, Ed. RT, 1989.

PEREIRA. Caio Mário da Silva. *Reconhecimento de Paternidade e seus Efeitos*. 4ª ed. Rio, Forense, 1993.

_____. *Gestão da Política de Direitos aos Adolescentes em Conflito com a Lei* (Coord,). São Paulo, Letras Jurídicas, 2012.

PIERANGELLI, José Henrique. "Agressões à natureza e proteção dos interesses difusos". *RT* 649.

PIMENTA BUENO, J. A. *Apontamentos sobre o Processo Criminal Brasileiro*. 1922.

PONTES DE MIRANDA, Francisco Cavalcanti. *Comentários ao Código de Processo Civil*. Ts. III e XII. 1976.

_____. *Tratado de Direito Privado*. T. IX. São Paulo, Ed. RT, 1983.

QUEIROZ, J. J., et al. *O Mundo do Menor Infrator*. São Paulo, Cortez, 1984.

REALE JÚNIOR, Miguel. *Novos Rumos do Sistema Criminal*. Rio, Forense, 1983.

RIBEIRO MACHADO, Antônio Luiz. *Código de Menores Comentado*. São Paulo, Saraiva, 1986.

RODRIGUES, Sílvio. *Direito Civil*. V. I. São Paulo, Saraiva, 1979 e 1982.

ROSA, Eliézer. *Dicionário de Processo Civil*. Rio, Freitas Bastos, 1986.

RUSSOMANO, Mozart Victor. *O Empregado e o Empregador*. Rio, Forense, 1984.

SARAIVA, João Batista da Costa. *Adolescente e Ato Infracional – Garantias Processuais e Medidas Socioeducativas*. Porto Alegre, Livraria do Advogado, 1999.

SEABRA FAGUNDES, M. *O Controle dos Atos Administrativos pelo Poder Judiciário*. 6ª ed. São Paulo, Saraiva, 1984.

SÊDA, Edson. *Brasil – Criança – Urgente – A Lei*. Columbus Cultural/IBPS, 1990.

_____. *O Direito e os Direitos da Criança e do Adolescente*. Apostila. 1990.

SILVA, José Luiz Mônaco da. "Adoção: mitos e verdades". *Revista Panorama da Justiça*, Ano V, n. 29, 2001.

SIQUEIRA, Galdino. *Curso de Processo Criminal*. 2ª ed.

SIQUEIRA, Liborni. *Liturgia do Amor Maior*. Rio, Liber Juris, 1979.

_____. *Sociologia do Direito do Menor*. Rio, Âmbito Cultural, 1979.

SNICK, Waldir. "A pena de trabalho e suas características". *Justitia* 130. PGJ/SP, 1985.

TAPPAN, W. *Juvenile Delinquency*. Nova York, McGraw-Hill, 1949.

TOURINHO FILHO, Fernando da Costa. *Processo Penal*. Vs.1 a 4. São Paulo, Saraiva, 1987.

VIANA, Marco Aurélio S. *Alimentos – Ação de Investigação de Paternidade e Maternidade*. Belo Horizonte, Del Rey, 1998.

VERONESE, Josiane Rose Petry. *Temas de Direito da Criança e do Adolescente*. São Paulo, LTr, 1997.

_____. *A Tutela Jurisdicional dos Direitos da Criança e do Adolescente*. São Paulo, LTr, 1998.

_____. *Os Direitos da Criança e do Adolescente*. São Paulo, LTr, 1999.

WALD, Arnoldo. *O Novo Direito de Família*. 12ª ed. São Paulo, Ed. RT, 1999.

***